Activez le plein potentiel de votre livre !

Accédez au matériel en ligne :

- Livre numérique
- Boîte à outils
  - Grilles d'autoévaluation
  - Aide-mémoire
  - Documents utiles à la supervision de stage
  - Et plus encore !

Plus qu'un livre, une expérience d'apprentissage complète !

SOULEVEZ POUR OBTENIR VOTRE CODE D'ACCÈS PERSONNEL

iplusinteractif.com

Soutien technique : 1 877 471-0002 ou soutien_technique@tc.tc

VOUS ÊTES ENSEIGNANT ?
Demandez votre code d'accès à votre représentant pour expérimenter et évaluer le matériel numérique exclusif.

(PRJ007361) ISBN 978-2-7650-653-71

SUPERVISION DE STAGE EN MILIEU CLINIQUE

Kathleen Lechasseur

Achetez en ligne ou en librairie
En tout temps, simple et rapide!
www.cheneliere.ca

CHENELIÈRE ÉDUCATION

Supervision de stage en milieu clinique

Kathleen Lechasseur

© 2023 TC Média Livres Inc.

Conception éditoriale : Daphné Marion-Vinet
Édition : Julie Roy
Coordination : Jessie Nicolas et Philippe Dor
Révision linguistique : Emmanuel Dalmenesche
Correction d'épreuves : Sabine Cerboni et Sandra Guimont
Conception graphique : Alibi Acapella
Conception de la couverture : Isabelle Salmon

Catalogage avant publication de Bibliothèque et Archives nationales du Québec et Bibliothèque et Archives Canada

Titre : Supervision de stage en milieu clinique / Kathleen Lechasseur.
Noms : Lechasseur, Kathleen, auteur.
Description : Comprend des références bibliographiques et un index.
Identifiants : Canadiana 20230054161 | ISBN 9782765065371
Vedettes-matière : RVM : Soins infirmiers—Étude et enseignement (Stage) |
   RVM : Infirmières—Supervision.
Classification : LCC RT73.L43 2023 | CDD 610.73071/1—dc23

CHENELIÈRE ÉDUCATION

5800, rue Saint-Denis, bureau 900
Montréal (Québec) H2S 3L5 Canada
Téléphone : 514 273-1066
Télécopieur : 514 276-0324 ou 1 800 814-0324
info@cheneliere.ca

TOUS DROITS RÉSERVÉS.
Toute reproduction du présent ouvrage, en totalité ou en partie, par tous les moyens présentement connus ou à être découverts, est interdite sans l'autorisation préalable de TC Média Livres Inc.
Toute utilisation non expressément autorisée constitue une contrefaçon pouvant donner lieu à une poursuite en justice contre l'individu ou l'établissement qui effectue la reproduction non autorisée.

ISBN 978-2-7650-6537-1

Dépôt légal : 2ᵉ trimestre 2023
Bibliothèque et Archives nationales du Québec
Bibliothèque et Archives Canada

Imprimé au Canada

1   2   3   4   5   M   27   26   25   24   23

Gouvernement du Québec – Programme de crédit d'impôt pour l'édition de livres – Gestion SODEC.

Ce projet est financé en partie par le gouvernement du Canada

Sources iconographiques

Couverture : sturti/iStockphoto ; **p. 1 :** Hiraman/ iStockphoto ; **p. 17 :** Monkey Business Images/ Shutterstock.com ; **p. 28 :** Pixel-Shot/Shutterstock.com ; **p. 44 :** Monkey Business Images/Shutterstock.com ; **p. 60 :** sturti/iStockphoto ; **p. 79 :** Tempura/iStockphoto ; **p. 103 :** Perawit Boonchu/iStockphoto ; **p. 117 :** FG Trade/iStockphoto ; **p. 140 :** ljubaphoto/iStockphoto ; **p. 158 :** Monkey Business Images/Shutterstock.com ; **p. 179 :** Wavebreak/iStockphoto ; **p. 199 :** AJ_Watt/ iStockphoto.

Dans cet ouvrage, le féminin est utilisé comme représentant des deux sexes, sans discrimination à l'égard des hommes et des femmes, et dans le seul but d'alléger le texte.

Des marques de commerce sont mentionnées ou illustrées dans cet ouvrage. L'Éditeur tient à préciser qu'il n'a reçu aucun revenu ni avantage conséquemment à la présence de ces marques. Celles-ci sont reproduites à la demande de l'auteur en vue d'appuyer le propos pédagogique ou scientifique de l'ouvrage.

La pharmacologie évolue continuellement. La recherche et le développement produisent des traitements et des pharmacothérapies qui perfectionnent constamment la médecine et ses applications. Nous présentons au lecteur le contenu du présent ouvrage à titre informatif uniquement. Il ne saurait constituer un avis médical. Il incombe au médecin traitant et non à cet ouvrage de déterminer la posologie et le traitement appropriés de chaque patient en particulier. Nous recommandons également de lire attentivement la notice du fabricant de chaque médicament pour vérifier la posologie recommandée, la méthode et la durée d'administration, ainsi que les contre-indications.

Les cas présentés dans les mises en situation de cet ouvrage sont fictifs. Toute ressemblance avec des personnes existantes ou ayant déjà existé n'est que pure coïncidence.

TC Média Livres Inc., les auteurs, les adaptateurs et leurs collaborateurs se dégagent de toute responsabilité concernant toute réclamation ou condamnation passée, présente ou future, de quelque nature que ce soit, relative à tout dommage, à tout incident – spécial, punitif ou exemplaire – y compris de façon non limitative, à toute perte économique ou à tout préjudice corporel ou matériel découlant d'une négligence, et à toute violation ou usurpation de tout droit, titre, intérêt de propriété intellectuelle résultant ou pouvant résulter de tout contenu, texte, photographie ou des produits ou services mentionnés dans cet ouvrage.

L'achat en ligne est réservé aux résidants du Canada.

FSC
www.fsc.org
MIXTE
Papier issu
de sources
responsables
FSC® C103567

*À toutes les personnes qui, de près ou de loin,
font du stage une expérience enrichissante
pour toutes et tous.*

Avant-propos

Dans les programmes de formation infirmière, les personnes qui supervisent les stages en milieu clinique jouent un rôle clé, voire essentiel pour soutenir les stagiaires dans le développement de leurs compétences et de leur professionnalisme. Leur expertise clinique est certes mise à contribution, mais elles doivent aussi être en mesure d'intégrer des stratégies pédagogiques et d'organiser des activités d'apprentissage répondant aux besoins des stagiaires.

Plus spécifiquement, les superviseures sont amenées à :

- mettre en place des conditions facilitant le bon déroulement du stage dans son ensemble ;
- structurer des activités répondant aux besoins d'apprentissage des stagiaires ;
- accroître leurs propres capacités à évaluer les apprentissages ;
- développer une boîte à outils pour consolider leur pratique en supervision.

Cela représente un défi pour plusieurs superviseures, en particulier en l'absence de formation spécifique sur les différents enjeux entourant la supervision en milieu clinique. Il n'existait pas d'ouvrages récents en français sur cette dimension de la pratique. De plus, les outils conçus pour soutenir les superviseures dans leurs fonctions étaient relativement rares. La publication de cet ouvrage vient donc combler une lacune importante.

Son objectif est de répondre aux besoins de formation des personnes appelées à superviser des stages, qu'elles soient novices ou qu'elles aient quelques années d'expérience. L'approche se veut réellement pratique : elle se fonde sur des exemples variés et offre aux superviseures des outils concrets qui leur permettront d'exercer leur rôle en étant plus confiantes. Les apprentissages réalisés ainsi contribueront à faire de la supervision une expérience enrichissante tant pour les superviseures que pour les stagiaires.

Fruit d'une longue réflexion, cet ouvrage s'appuie sur des écrits théoriques et scientifiques, mais il les traduit dans un langage accessible et orienté vers la pratique. Dans un premier temps, il pose les bases nécessaires pour bien cerner la contribution des stages dans les programmes de formation et dans l'approche par compétences préconisée pour la plupart d'entre eux. Ensuite, il examine un à un les grands enjeux rencontrés par les superviseures, du soutien au développement du raisonnement clinique à la gestion des conflits en contexte de stage, en passant par l'appui aux stagiaires présentant des difficultés.

Tout au long de l'ouvrage, des pistes concrètes sont suggérées pour permettre aux superviseures d'augmenter leur compétence et leur savoir-agir en contexte de supervision de stage.

Ce livre est pensé pour accompagner les étudiantes et étudiants qui se forment à la supervision de stage : outre sa dimension théorique, son contenu leur sera utile bien au-delà de la classe. Des outils pratiques intégrés au texte permettent de mettre en place une supervision de qualité en utilisant des questionnaires, des aide-mémoire et des grilles d'évaluation, et ce, dès la préparation à l'accueil des stagiaires.

Il est essentiel que les superviseures soient bien outillées afin d'accompagner leurs stagiaires plus efficacement, en leur démontrant de la bienveillance et en maintenant une qualité de soins optimale. Toute la profession en sortira gagnante !

Remerciements

Je tiens tout d'abord à remercier les étudiantes et étudiants que j'ai rencontrés au cours de mon parcours professionnel. Leur désir d'apprendre a joué un rôle clé dans les innovations pédagogiques que j'ai menées ainsi que dans mes travaux de recherche. Les recherches réalisées par d'autres chercheurs m'ont servi de points d'ancrage solides pour cet ouvrage. Le partage de leurs expériences par des personnes ayant supervisé des stagiaires ou gravité autour de l'organisation des stages est venu enrichir mes réflexions, tout en renforçant ma volonté de rédiger ce livre.

Plusieurs personnes ont cru en mes idées et m'ont soutenue dans l'aventure qu'a été la rédaction de cet ouvrage, et je leur en suis infiniment reconnaissante. Leur contribution a été essentielle pour mener à bien ce projet qui, je l'espère, viendra bonifier les expériences de stage tant pour les superviseures que pour les stagiaires.

À propos de l'autrice

Kathleen Lechasseur est professeure titulaire à la Faculté des sciences infirmières de l'Université Laval. Elle y a été directrice du programme de 1er cycle (2012-2016) et vice-doyenne aux études de 1er cycle et à la formation continue (2016-2021). Impliquée directement dans l'encadrement de stagiaires et de stages, elle s'intéresse depuis de nombreuses années à la formation infirmière et notamment à la supervision pédagogique en milieu clinique.

Ses travaux de recherche se concentrent sur les innovations pédagogiques en contexte de stage visant à soutenir le développement des compétences chez les étudiantes, et plus particulièrement le développement du raisonnement clinique et d'une pratique réflexive.

Un guide pratique pour une supervision de qualité !

De la réflexion à l'action, ce manuel accompagne concrètement le personnel de la santé en posture de supervision de stage.

Le contenu, plus pratique que théorique, rend fidèlement compte des réalités actuelles des milieux cliniques, que ce soit à travers le texte, les tableaux, les encadrés ou les définitions.

Sur le terrain : portes ouvertes sur la pratique

Les rubriques **Sur le terrain** proposent une foule d'exemples pratiques qui se déroulent dans une variété de milieux cliniques et qui permettent de saisir les enjeux en supervision de stage.

Sur le TERRAIN 1.7

Les compétences réflexives en action

Lors d'un échange avec sa superviseure Joëlle, Adolpho mentionne qu'il est peu satisfait de la façon dont il a participé à la ponction lombaire faite à Frédéric, huit ans. « J'ai été très attentif au déroulement de la procédure et aux ~~~~~~~~~

Questions de réflexion : des pistes pour prolonger l'apprentissage

Questions de réflexion

1. Quel est l'apport des stages dans le cursus de formation infirmière ?
2. Comment les superviseures peuvent-elles soutenir l'apprentissage expérientiel chez les stagiaires ?
3. Quelles caractéristiques des compétences, en tant que savoir-agir complexe, peuvent guider l'encadrement des stagiaires ?
4. Quelles sont les diverses contributions des apprentissages effectués en stage au processus de professionnalisation des étudiantes ?

En fin de chapitre, des questions sont proposées pour approfondir sa réflexion sur les thématiques abordées, valider sa compréhension du chapitre ou réfléchir à sa propre pratique.

Boîte à outils : les essentiels pour bien superviser !

Découvrez les rubriques **Boîte à outils**, qui présentent des exemples de journal de bord, de contrat pédagogique, d'aide-mémoire, de listes de questions et bien d'autres outils indispensables en supervision de stage.

Boîte à OUTILS 7.1 — Stratégies pour tirer profit du modèle de rôle

Avant le stage :
- ☐ Décrire à la stagiaire ce qui sera démontré en lui en précisant les buts et l'importance.
- ☐ Faire le lien entre ce qui sera démontré et les besoins d'apprentissage de la stagiaire ou les aspects d'une compétence visés.
- ☐ Attirer l'attention de la stagiaire sur ce qui sera démontré de façon explicite (connaissances, habiletés ou attitudes plus spécifiques).
- ☐ Lui fournir des consignes à propos de ce qu'elle devra observer.
- ☐ L'inciter à noter les questions que la démonstration peut soulever.

Pendant le stage :
- ☐ Faire la démonstration en soulignant certains points particuliers et en procédant plus lentement, si possible.
- ☐ Retenir les actions bien réussies et, s'il y a lieu, celles qui ont posé certains défis afin d'en discuter avec la stagiaire ensuite.

Après le stage :
- ☐ Amorcer des échanges à partir des observations faites par la stagiaire, de ce qu'elle a appris ou des aspects qui ont retenu son attention.

- ☐ Poser un regard critique sur ce qui a été démontré en soulignant les aspects positifs, les conséquences des gestes posés et, le cas échéant, les défis rencontrés ainsi que des stratégies potentielles pour les relever.
- ☐ Identifier avec la stagiaire des moyens concrets pour qu'elle s'approprie ce qui a été montré et le mette en pratique (par exemple, des pratiques avec du matériel ou une exposition à des situations de soins particulières).
- ☐ Interroger la stagiaire sur deux apprentissages clés réalisés et répondre à ses incertitudes et à ses questions.
- ☐ Solliciter la réflexion de la stagiaire sur ce qui a été modelé.
- ☐ Encourager la stagiaire à mettre en pratique ce qui a été modelé.
- ☐ Observer la stagiaire mettre ensuite en pratique ce qui a été modelé et lui offrir une rétroaction.

 Retrouvez cette liste à cocher dans la rubrique Boîte à outils sur la plateforme *i+ Interactif*.

Disponibles en version imprimable sur la plateforme
i+ Interactif

Liste des rubriques **Boîte à outils**

Table des matières

Chapitre 3

Chapitre 4

Chapitre 5

Chapitre 6

Chapitre 7

Agir comme modèle de rôle 103

Chapitre 8

Établir un dialogue de rétroaction 117

Chapitre 9

Superviser l'apprentissage du raisonnement clinique......................140

Chapitre 10

Chapitre 11

Chapitre 12

Gérer les conflits en situation de stage 199

Concevoir le stage comme une source d'apprentissage

Plan du chapitre

Objectifs du chapitre

- Comprendre la complémentarité entre la formation académique et la formation pratique.
- Découvrir les particularités de l'apprentissage expérientiel.
- Reconnaître l'apport des expériences vécues en milieu clinique.
- Explorer les bénéfices pour la professionnalisation des stagiaires en s'engageant activement dans l'encadrement.

Ressource en ligne sur la plateforme *i+ Interactif* :
- Livre numérique

Introduction

Les stages en milieu clinique sont parfois perçus comme des expériences d'apprentissage un peu en marge des programmes de formation. Cependant, ils sont une composante à part entière des programmes menant à l'exercice de la profession infirmière ; ils en font partie intégrante. Parce qu'ils exposent les stagiaires à des situations réelles de la pratique infirmière, les stages leur offrent une occasion sans équivalent d'enrichir leurs apprentissages sur le plan expérientiel et de développer les compétences requises pour assurer une qualité optimale des soins. De plus, les expériences vécues en stage suscitent chez les stagiaires une réflexion qui constitue une pierre d'assise de leur processus de professionnalisation.

1.1 La complémentarité entre l'apprentissage en milieu académique et l'apprentissage en milieu clinique

Un programme de formation infirmière a deux facettes indissociables et complémentaires : la formation théorique et la formation pratique. L'articulation entre ces deux facettes est cruciale pour permettre aux futures infirmières d'acquérir les connaissances nécessaires à leur pratique professionnelle et de développer les compétences répondant à ses exigences.

À travers les cours prévus dans le cursus de formation, le milieu académique concourt à l'acquisition de connaissances et au développement d'habiletés intellectuelles. Les laboratoires, lieux de formation pratique, contribuent quant à eux à l'acquisition des habiletés procédurales et au développement du jugement et du raisonnement clinique dans un contexte simulant le milieu de pratique. Différentes stratégies (par exemple, laboratoires et simulations) peuvent être mises de l'avant pour placer les étudiantes dans des situations des plus authentiques, mais ces stratégies présentent des limites. C'est pourquoi les stages en milieu clinique jouent un rôle clé. En effet, en étant en contact avec le lieu réel de l'exercice professionnel, les stagiaires sont confrontées à une multitude de situations professionnelles qui sollicitent l'intégration des connaissances qu'elles ont acquises dans les cours et les laboratoires, et elles apprennent à tenir compte des particularités des personnes et du contexte (Aloisio Alves et Fernandez, 2018 ; Dietemann *et al.*, 2018). Ainsi, les stages représentent un moyen privilégié pour faire réaliser aux étudiantes des apprentissages hautement « contextualisés ».

Par un accompagnement soutenu lors des stages, les superviseures favorisent le développement et le déploiement des compétences professionnelles des stagiaires (Côté *et al.*, 2013). Cet accompagnement consiste aussi à susciter une implication active des stagiaires dans leurs apprentissages. En fait, les stages représentent pour les superviseures et les stagiaires une occasion de travailler ensemble vers l'atteinte des objectifs de formation, tout en permettant aux stagiaires de tirer profit de leurs expériences d'apprentissage (Falender et Shafranske, 2021 ; Vandette *et al.*, 2021). La formation offerte en milieu académique n'est pas suffisante en soi : elle doit être complétée par l'intégration de stages qui ajoutent un volet expérientiel fondamental aux programmes.

1.2 L'apprentissage expérientiel

Apprendre dans le cadre de stages en milieu clinique, c'est apprendre à partir d'expériences vécues. L'apprentissage expérientiel est « un modèle d'apprentissage préconisant la participation [de l'étudiante] à des activités se situant dans des contextes les plus rapprochés possible des connaissances à acquérir, des habiletés à développer et des attitudes à former ou à changer » (Legendre, 2007, cité dans Pelaccia *et al.*, 2018, p. 62). Les stages offrent des occasions d'apprentissage aux stagiaires en les confrontant à des expériences variées, ce qui correspond à un apprentissage expérientiel. Ce modèle d'apprentissage

---

Apprentissage expérientiel
Modèle d'apprentissage où les stagiaires sont confrontées à des expériences variées.

implique que l'expérience se rapproche le plus possible de la réalité de la pratique professionnelle, comme c'est le cas lors des stages en milieu clinique. Plusieurs auteurs sont connus pour leurs travaux en lien avec l'apprentissage expérientiel.

Le psychologue John Dewey (1859-1952) est considéré comme le pionnier dans la théorisation du rôle de l'expérience dans l'apprentissage. Il a postulé qu'apprendre requiert de vivre des expériences, soit d'avoir un contact direct avec une situation et d'y réfléchir (d'où l'adage *Learning by Doing*, c'est-à-dire « apprendre en faisant »). Dewey décrit deux façons d'apprendre par l'expérience : la première consiste à procéder à tâtons, ou par essais et erreurs, et la seconde repose sur la réflexion.

Le psychologue Kurt Lewin (1890-1947) a exercé une influence importante en montrant comment la réflexion facilite l'apprentissage expérientiel. Selon Lewin, pour apprendre, il faut que la réflexion soit liée à l'action : il convient d'abord de vivre une expérience et ensuite d'y réfléchir afin de pouvoir transférer les apprentissages à de nouvelles situations (Kolb, 1984). Lewin souligne le rôle clé de la rétroaction dans l'apprentissage. À ses yeux, l'absence de rétroaction adéquate entraîne des dysfonctionnements dans la pratique professionnelle (Pelaccia *et al.*, 2018).

1.2.1 Le modèle de Kolb

Le psychologue et théoricien David Kolb (1939-) est l'un des chercheurs auxquels on se réfère le plus souvent pour décrire l'apprentissage expérientiel, en particulier chez les adultes. Kolb s'est appuyé sur les travaux réalisés par Lewin, Dewey et Piaget pour définir un modèle cyclique en quatre phases interreliées (Kolb, 1984). Ce modèle, qui vise particulièrement le développement d'un savoir basé sur les expériences en lien avec la pratique (Mandeville, 2009), a influencé grandement les théories de l'apprentissage en milieu authentique chez les adultes, d'où son intérêt en contexte de stage dans la formation infirmière (Pelaccia *et al.*, 2018).

Le modèle cyclique de Kolb en supervision de stage

Les superviseures de stage jouent un rôle clé dans le processus d'apprentissage expérientiel : d'abord, en choisissant les occasions d'apprentissage ; ensuite, en offrant aux stagiaires un accompagnement qui s'appuie sur chacune des quatre phases du cycle de Kolb. La figure 1.1 présente les quatre phases du modèle cyclique de Kolb (Pelaccia *et al.*, 2018 ; Scaife, 2019).

1. **Expérience concrète.** Favoriser l'expérience concrète consiste à amener les stagiaires à s'engager pleinement dans une expérience

Figure 1.1 Le modèle cyclique de Kolb

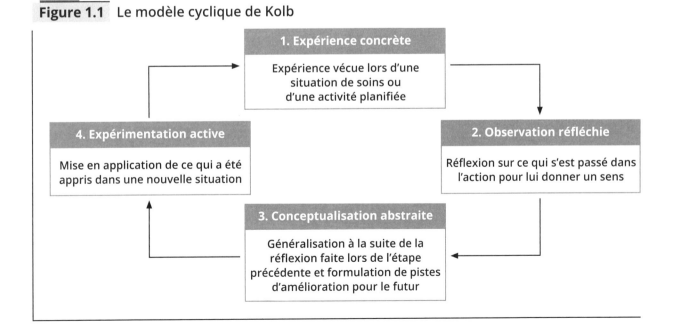

d'apprentissage qui est associée à une situation de soins et qui exige une intervention. Il s'agit du point de départ de l'apprentissage expérientiel. L'expérience qui leur est proposée doit être significative pour les stagiaires et doit correspondre le plus possible à la réalité à laquelle elles seront exposées comme professionnelles, tout en concordant avec les objectifs d'apprentissage.

2. **Observation réfléchie.** Cette phase consiste pour les stagiaires et les superviseures à faire un retour sur la situation en l'analysant. Plus précisément, les superviseures doivent amener les stagiaires à prendre du recul par rapport à l'expérience vécue et à y réfléchir afin de lui donner du sens, autrement dit à s'autoévaluer. Cette phase requiert un certain temps d'arrêt, utile à la réflexion. Afin de guider les stagiaires, les superviseures leur donnent des rétroactions.

3. **Conceptualisation abstraite.** En se fondant sur les réflexions faites et les observations réalisées lors de l'étape précédente, les superviseures peuvent aider les stagiaires à tirer profit des généralisations découlant de l'expérience vécue. Ensemble, elles formulent des pistes d'amélioration à suivre lors des situations de soins similaires que les stagiaires, voire les superviseures, pourront rencontrer dans leur pratique future.

4. **Expérimentation active.** Afin de confirmer la validité des pistes d'amélioration définies à l'étape précédente, les stagiaires les mettent à l'épreuve dans les nouvelles situations de soins qui leur sont proposées. Ces nouvelles expériences d'apprentissage amorceront un nouveau cycle. Les superviseures peuvent ainsi apprendre aux stagiaires à faire les choses d'une façon différente et à corriger d'anciens comportements (Vec *et al.*, 2014).

Trois éléments clés ressortent du modèle cyclique de Kolb : l'exposition à des situations de soins, un temps dédié à la réflexion et l'accompagnement des superviseures par leurs rétroactions (*voir Sur le terrain 1.1*).

Sur le TERRAIN 1.1   Le modèle cyclique de Kolb à l'urgence

Martine est superviseure et encadre Jessie, stagiaire de troisième année, qui effectue son stage à l'urgence. Elle lui a confié les soins de M. Côté, 41 ans, qui s'est présenté au centre hospitalier après une chute à vélo ayant occasionné une fracture du coude gauche. M. Côté doit rentrer chez lui sous peu, une fois qu'un plâtre aura été mis en place.

1. **Expérience concrète.** Martine connaît les stages antérieurs de Jessie et sait qu'elle est au fait des soins entourant les fractures. Elle lui demande : « Peux-tu te préparer pour donner l'enseignement sur la gestion de la douleur et de l'inflammation, les signes de complication et les soins du plâtre ? Tu pourras ensuite aller rencontrer M. Côté. » Jessie prend des notes sur une feuille qui lui servira d'aide-mémoire et valide l'enseignement prévu auprès de Martine. Elle se présente ensuite auprès de M. Côté pour lui donner l'enseignement et répondre à ses questions. Martine, qui n'est pas très loin, observe le déroulement des échanges en vue d'offrir ensuite une rétroaction à Jessie.

2. **Observation réfléchie.** De retour au poste des infirmières, Martine invite Jessie à revenir brièvement sur son expérience : « Comment s'est déroulé l'enseignement auprès de M. Côté ? » Jessie lui répond : « Comme il m'a dit qu'il avait déjà eu une fracture, j'ai d'abord pensé que je n'aurais rien à lui apprendre. Mais je me suis rapidement rendu compte qu'il avait oublié plusieurs choses. J'ai constaté que je pouvais lui transmettre des informations complémentaires. En plus de mes connaissances théoriques, j'ai acquis une bonne expérience lors d'un stage en pédiatrie orthopédique. »

3. **Conceptualisation abstraite.** Martine demande à Jessie : « Qu'est-ce que tu retiens de cette expérience d'enseignement auprès de M. Côté ? » Jessie lui répond : « Je pense que l'enseignement s'est bien déroulé. En effet, M. Côté s'est dit satisfait et il a été capable de résumer mes recommandations. Je réalise toutefois que j'étais trop soucieuse de ne pas lui faire perdre de temps, car il attendait que sa conjointe arrive pour quitter

l'hôpital. Je ne lui ai pas remis le guide d'informations écrites en guise d'aide-mémoire. À l'avenir, je vais m'assurer de l'avoir sous la main pour le remettre lors de l'enseignement. »

4. **Expérimentation active.** Martine encourage la stagiaire à mettre en application la piste d'amélioration qu'elle vient de mentionner : « Alors qu'est-ce que tu vas faire maintenant ? » Jessie lui répond : « Comme sa conjointe n'est pas arrivée, je vais aller remettre à M. Côté le guide d'information de ce pas. » Martine ajoute : « J'avais remarqué cet oubli et j'allais te le mentionner, mais je vois que tu en as pris conscience, c'est très bien ! »

Jessie retourne auprès de M. Côté. En arrivant, elle lui dit : « Je suis revenue pour vous remettre de la documentation écrite à titre d'aide-mémoire. Vous

pourrez la consulter une fois de retour à votre domicile. » Ce dernier la remercie en lui disant qu'il la donnera à sa conjointe, car il avoue rencontrer certaines difficultés en lecture.

En revenant auprès de Martine, Jessie lui dit : « Cette expérience a été fort enrichissante. Je tenais pour acquis qu'il n'avait aucune difficulté à lire, mais ce n'est pas le cas. Heureusement, sa conjointe pourra lui faire des rappels au besoin. À l'avenir, je me rends compte que je devrai veiller à valider le niveau de compréhension des personnes concernant la documentation écrite. D'ailleurs, j'ai appris dans mes cours que le niveau de littératie peut varier grandement d'une personne à l'autre et que plusieurs ont des difficultés à lire ou à comprendre les informations. »

Ainsi, comme dans le cas de Martine présenté dans la rubrique Sur le terrain 1.1, les superviseures peuvent constater les retombées positives de l'apprentissage expérientiel chez les stagiaires lorsque celles-ci apportent des modifications tangibles à leur pratique. Ces modifications, qui peuvent avoir lieu à différents niveaux (connaissances, sentiments, habiletés, attitudes), sont le résultat d'une réflexion consciente menée à la suite d'une expérience vécue. Les stagiaires apprennent ainsi à « apprendre à apprendre » en tirant profit de leurs expériences ou acquièrent des « savoirs d'expérience » en complément aux autres savoirs acquis au cours de leur formation. Ce faisant, elles créent des liens entre la théorie et la pratique (Pelaccia *et al.*, 2018). Pour les accompagner dans ce processus, il importe de mettre en place des conditions dans lesquelles les stagiaires se sentent en confiance et en sécurité, de façon à ce qu'elles se montrent ouvertes à réfléchir sur leurs expériences (Scaife, 2019). Les savoirs d'expérience qu'elles acquièrent – qui sont hautement personnalisés et contextualisés – leur permettront de faire face aux problèmes complexes qu'elles rencontreront dans leur pratique future. En tant qu'apprenante active, chaque stagiaire se doit d'intégrer, de reformuler et d'adapter ce qui a été vécu

(Aloisio Alves et Fernandez, 2018). Cependant, c'est en étant accompagnée dans sa réflexion par sa superviseure que la stagiaire consolide et valide ses savoirs expérientiels. En somme, il ne suffit pas de vivre des expériences pour acquérir des savoirs expérientiels : la réflexion est essentielle à leur acquisition (Vec *et al.*, 2014 ; Pelaccia *et al.*, 2018).

1.3 Les divers domaines d'apprentissage en stage

Les occasions d'apprentissage proposées par les superviseures peuvent relever de trois domaines : cognitif, psychomoteur et affectif. Ces derniers servent d'assise au développement des compétences professionnelles chez les stagiaires. Ils constituent également des points de repère qui aident les superviseures à choisir les occasions d'apprentissage et qui les guident dans l'accompagnement à offrir aux stagiaires. En réalité, il ne s'agit pas de trois entités distinctes, mais bien de trois réalités pouvant se chevaucher et être interreliées (Oermann *et al.*, 2018), comme l'illustre la figure 1.2 à la page suivante.

Figure 1.2 **Les trois domaines d'apprentissage en stage**

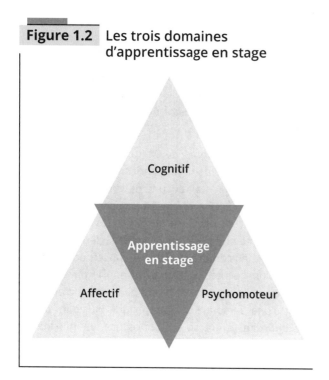

1.3.1 Le domaine cognitif

Le domaine cognitif correspond aux connaissances et aux habiletés intellectuelles que les stagiaires possèdent ou qu'elles peuvent développer (Côté *et al.*, 2013). Lors des différentes situations proposées en stage par leur superviseure, les stagiaires apprennent à transférer les connaissances acquises en milieu académique, à tenir compte des personnes et des contextes, à faire des liens entre la théorie et la pratique. L'intervention de la superviseure est fréquemment utilisée pour les aider à établir ces liens. Par ailleurs, les stagiaires constatent souvent qu'il existe certains écarts entre les théories et les évidences scientifiques abordées dans les cours et la réalité de la pratique, ce qui les déstabilise. Apprendre à adapter et à nuancer leurs connaissances représente donc un défi pour elles, d'où l'importance que revêt à cet égard la contribution des superviseures. L'exposition des stagiaires à des situations réelles favorise non seulement l'adaptation des connaissances qu'elles ont acquises dans les cours, mais également l'acquisition de nouvelles connaissances expérientielles venant enrichir leur bagage de connaissances.

En ce qui concerne les habiletés intellectuelles, elles renvoient, par exemple, à la capacité d'analyse, d'interprétation, de comparaison ou de synthèse. Elles servent à l'exercice d'un raisonnement clinique permettant un jugement clinique éclairé, la résolution de problème ou la prise de décisions, par exemple à propos des interventions à effectuer. Vivre des situations de soins représente pour les stagiaires une occasion de mettre leurs habiletés intellectuelles en action et de les développer. C'est ainsi qu'elles apprennent à prodiguer des soins basés sur de solides connaissances, sécuritaires et centrés sur la personne, tout en exerçant leur jugement clinique (Nyqvist *et al.*, 2020). Par exemple, une superviseure constate qu'une de ses stagiaires a appris les différents stades de développement de l'enfant. Toutefois, comme sa stagiaire n'a aucune expérience avec les enfants, la superviseure doit la guider pour l'amener à faire des liens entre la théorie et la pratique afin qu'elle apprenne à adapter sa façon de communiquer avec un enfant âgé de cinq ans qui se montre réticent à prendre l'antibiotique prescrit. Dans ce type de situation, la superviseure peut apprendre à la stagiaire à utiliser un vocabulaire et des stratégies appropriés pour un groupe d'âge particulier.

1.3.2 Le domaine psychomoteur

Les apprentissages dans le domaine psychomoteur ont trait à la dextérité manuelle ou aux habiletés psychomotrices. Ils se concrétisent par la qualité de l'exécution des procédures et requièrent une fine coordination permettant d'agir avec doigté. Or, le raffinement des gestes sur le plan psychomoteur exige deux choses : d'une part, des rétroactions efficaces des superviseures et, d'autre part, de multiples occasions de mise en pratique, et ce, dans des contextes différents pour apprendre à s'y adapter. Pour recourir à une analogie, lorsqu'un enfant apprend à faire du vélo, il faut parfois ajouter des roues stabilisatrices au départ. Puis, il parvient à garder l'équilibre et à rouler sur des surfaces stables sans avoir besoin de ces stabilisateurs. Avec l'expérience, il sera ensuite capable de faire du vélo sur des surfaces inégales et, qui sait, de participer un jour à des compétitions de vélo de montagne.

Au fil des expériences, les superviseures constatent ainsi que les stagiaires deviennent progressivement capables d'aller au-delà de la maîtrise du geste technique et de prendre en considération la personne tout en exécutant adéquatement la procédure. Par exemple, lorsqu'elles en sont à leurs premières ponctions veineuses, il est fréquent que les stagiaires débutantes n'adressent pas la parole à la personne, car l'exécution de la tâche requiert toute leur attention, ce qui est tout à fait normal à ce stade. Avec le temps, elles apprendront à bien l'exécuter tout en discutant avec la personne. Pour évaluer la qualité d'un geste technique, les superviseures peuvent porter attention aux aspects suivants : la rapidité d'exécution, la précision et l'efficacité du geste, et ce, de façon répétée dans différents contextes, ainsi que son exécution dans un délai raisonnable. De plus, pour porter un jugement, il importe de tenir compte du niveau de formation des stagiaires et de leurs expériences antérieures.

1.3.3 Le domaine affectif

Le domaine affectif se rapporte aux croyances, aux valeurs, aux attitudes et aux émotions. Lors des stages, les superviseures doivent guider les stagiaires de façon à ce qu'elles s'approprient les valeurs et les attitudes professionnelles souhaitées (par exemple, faire preuve de respect et d'ouverture à autrui). Les stages sont aussi l'occasion de se confronter à des valeurs différentes ou de clarifier certaines valeurs, processus dans lequel les superviseures peuvent jouer un rôle notable en engageant la discussion avec les stagiaires. Placées dans des situations réelles, celles-ci vivent également

diverses émotions qu'elles doivent apprendre à gérer pour intervenir adéquatement. Par exemple, il peut s'agir d'une détresse plus ou moins grande ressentie en présence d'une personne présentant une douleur difficile à soulager. Il peut arriver que de telles émotions fassent obstacle aux apprentissages relevant du domaine cognitif et psychomoteur, d'où l'importance de leur porter une grande attention.

1.4 Le développement du savoir-agir et des compétences

Les trois domaines d'apprentissage que nous venons de voir sont liés au savoir-agir en contexte et aux compétences professionnelles à développer. S'il n'existe pas de consensus dans la littérature à propos de ce qu'est une compétence, c'est la définition donnée par Tardif qui est la plus largement suivie dans le domaine infirmier, c'est-à-dire « un savoir-agir complexe prenant appui sur la mobilisation et la combinaison efficace d'une variété de ressources internes et externes à l'intérieur d'une famille de situations » (2006, p. 22). Afin d'en faciliter la compréhension, le tableau 1.1 décrit de façon détaillée ses différentes composantes (Prégent *et al.*, 2009 ; Tardif, 2006).

Tableau 1.1 Les éléments clés de la définition de compétence

Composante	Description
Savoir-agir complexe	Le *savoir-agir*, c'est : • être en mesure de poser des actions ou des gestes professionnels en maîtrisant de multiples savoirs (connaissances) nécessaires à l'exercice d'une profession (par exemple, savoirs théoriques, éthiques, expérientiels) ; • recourir, en plus des connaissances, à une combinaison de nombreux *savoir-faire* (habiletés) et *savoir-être* (attitudes, valeurs, comportements personnels et professionnels). Le savoir-agir est *complexe*, car : • chaque situation de soins est unique, évolue dans le temps et comporte des incertitudes ; • les informations disponibles sont souvent incomplètes et recueillies à partir de plusieurs sources ; • le problème n'est pas toujours clairement défini et sa résolution ne suit pas forcément une procédure préétablie ; • il n'existe aucune solution unique qui puisse être enseignée (Aloisio Alves et Fernandez, 2018) ; • certaines questions demeurent parfois sans réponse.

Tableau 1.1 Les éléments clés de la définition de compétence (*suite*)

Composante	Description
Mobilisation et combinaison d'une variété de ressources	*Mobiliser et combiner une variété de ressources* signifie adapter les ressources et les agencer entre elles (les orchestrer) pour agir adéquatement en fonction des particularités de la personne soignée et du contexte (Perrenoud, 2002).
Ressources internes et externes	Les *ressources internes* comprennent les acquis des stagiaires, à savoir : • les connaissances ; • les habiletés (intellectuelles, psychomotrices, interpersonnelles, organisationnelles) ; • les valeurs, les croyances, les dispositions et les expériences propres à chaque personne. Les *ressources externes* incluent toutes les autres ressources disponibles dans l'environnement entourant les stagiaires, par exemple : • les superviseures ; • les pairs ou membres de l'équipe de soins ; • la documentation écrite (par exemple, guides de pratique, livres), audiovisuelle, numérique, etc.
Famille de situations	La notion de *famille de situations* renvoie à des regroupements de situations professionnelles similaires survenant dans divers contextes de pratique professionnelle (Parent et Jouquan, 2016). Elle implique de savoir réaliser avec succès des tâches dans une même famille de situations (Leroux et Bélair, 2015).

Faire preuve de compétence, c'est donc faire preuve d'un savoir-agir qui va au-delà du simple savoir-faire. Le savoir-faire est nécessaire au déploiement d'une compétence, mais il n'y suffit pas à lui seul. En effet, le savoir-faire suit des règles, s'inscrit dans une séquence de réalisation. C'est le cas, par exemple, de l'exécution d'une procédure technique, qui est un geste « standardisé ou automatisé » par une répétition dans le temps et qu'il est possible de réaliser sans tenir compte du contexte. La séquence de réalisation peut bien sûr varier légèrement, mais une ligne de conduite prédéterminée demeure (Tardif, 2006).

En tant que savoir-agir complexe ou disposition à agir, le déploiement d'une compétence relève plutôt d'une démarche heuristique, c'est-à-dire que les étapes ne sont pas déterminées d'avance. Chaque situation de soins est unique, ce qui exige de tenir compte du contexte sans qu'il soit possible d'automatiser les actions, comme c'est le cas pour le savoir-faire (Prégent *et al.*, 2009).

En somme, pour aider les stagiaires à devenir compétentes, les superviseures leur donnent des occasions d'apprentissage qui leur permettent d'apprendre à :

• mobiliser leurs ressources et celles de leur environnement dans des situations concrètes pour réaliser les actions requises, comme prendre une décision quant à une intervention ;

• savoir comment agir, en toute connaissance de cause, avec efficacité et efficience, au bon moment ;

• combiner, souvent de manière novatrice, leurs différents savoirs dans des situations où des interventions ou des solutions s'avèrent nécessaires ;

• être en mesure de poser un regard sur leurs actions afin de les améliorer ou de comprendre les raisons de leur réussite ou de leur échec ;

• transposer leurs compétences dans d'autres situations similaires ou d'une même famille.

Pour explorer les compétences des stagiaires, il importe de se rappeler qu'elles se manifestent dans l'action et de façon différente selon la nature des situations de soins rencontrées (*voir Sur le terrain 1.2*).

Sur le TERRAIN 1.2 La supervision des compétences en stage

Karen est superviseure et encadre le stage en périnatalité de Joanie, étudiante de deuxième année. Aujourd'hui, elle lui assigne les soins de deux nouvelles mamans, Mme Villeneuve et Mme Lecours, dont les dossiers contiennent les informations présentées dans le tableau au bas de cette mise en situation.

Karen prend le temps d'échanger avec Joanie de façon à l'amener à prendre en compte les différences entre les situations de ces deux mères. Il s'agit entre autres des éléments suivants :

- dans un cas, soins à la suite de l'accouchement par voie vaginale et présence d'une déchirure périnéale ; dans l'autre, accouchement par césarienne ;

- dans un cas, joie d'accueillir un nouveau-né en bonne santé ; dans l'autre, inquiétude suscitée par la fracture du fémur du nouveau-né ;

- dans un cas, soutien de la famille immédiate disponible ; dans l'autre, absence de famille dans la région ;

- dans un cas, allaitement bien débuté ; dans l'autre, déception de ne pouvoir nourrir le bébé au sein, du moins pour le moment.

Ces deux situations ont beau être similaires – la naissance d'un enfant –, elles sont très distinctes sur plusieurs plans. À la suite de sa discussion avec sa superviseure, Joanie voit bien que les réalités des deux familles sont différentes et que, par conséquent, les priorités de soins le sont également. La situation permettra à Karen de voir si Joanie fait preuve d'un « savoir-agir » approprié pour répondre aux besoins de chaque famille et, donc, si elle sait mobiliser ses compétences différemment selon les situations et leurs ressources respectives. Par exemple, Joanie devra mobiliser une compétence relationnelle auprès de Mme Lecours afin d'explorer ses inquiétudes et sa déception concernant l'allaitement, et de la soutenir sur ce plan, ce qui ne sera pas le cas pour Mme Villeneuve. Ce sera pour Karen l'occasion de l'observer à cet égard. En matière d'organisation, Joanie devra aussi apporter des ajustements touchant la répartition de sa charge de travail en prenant en compte les besoins de chacune de ces mères.

Enfin, en tant que « ressource externe », Karen pourra suggérer à Joanie des options qu'elle ne connaît pas, puis noter ce qu'elle fera une fois qu'elle disposera de cette nouvelle information. Par exemple, il peut s'agir d'offrir à Mme Lecours la possibilité d'utiliser un tire-lait électrique. Mme Lecours a en effet dit qu'elle avait été incapable d'extraire manuellement son lait pour son premier enfant, et cela pourrait lui offrir l'occasion de nourrir son bébé avec son lait maternel au cours des trois prochaines semaines, puis de commencer l'allaitement au sein.

Mme Villeneuve	Mme Lecours
<ul><li>23 ans</li><li>Fréquente le père depuis 1 an et vit avec lui depuis 6 mois</li><li>Grossesse non planifiée, mais acceptée</li><li>1er enfant (une fille)</li><li>Accouchement par voie vaginale avec déchirure périnéale au 2e degré</li><li>Nouveau-né en bonne santé et parents heureux</li><li>Famille immédiate habitant tout près et disponible pour offrir du soutien</li><li>Allaitement débuté et se passant bien pour le moment</li></ul>	<ul><li>30 ans</li><li>En couple depuis 5 ans avec le père de ses enfants</li><li>Grossesse planifiée</li><li>2e enfant (un 2e garçon)</li><li>Accouchement par césarienne, la présentation transverse du bébé ne permettant pas un accouchement naturel</li><li>Nouveau-né en bonne santé, mais ayant subi une fracture du fémur lors de la césarienne, ce qui inquiète les parents</li><li>Nouveau-né mis sous traction pour 3 semaines</li><li>Aucune famille dans la région</li><li>Mère déçue de ne pouvoir nourrir son bébé au sein, du moins tant qu'il est en traction, alors qu'elle l'a fait pour son 1er garçon</li></ul>

Le développement des compétences s'effectue de façon graduelle dans le temps, voire sur toute une vie. Dans le contexte d'une formation, il faut le voir sous l'angle d'une progression qui se déroule au fil du programme chez les étudiantes (Tardif, 2017). La participation à un seul cours ou un seul stage ne suffit pas pour développer les compétences. Pour que les étudiantes y parviennent, il est indispensable qu'il y ait une complémentarité et une cohérence entre les activités de formation, et ce, tout au long de leur programme de formation. En fait, le développement des compétences repose surtout sur une exposition régulière à des situations diversifiées et correspondant à la réalité professionnelle, c'est-à-dire des tâches complexes comme celles rencontrées en stage (Tardif, 2017). C'est pourquoi les stages jouent un rôle clé dans le développement de l'ensemble des compétences requises pour des soins de qualité et sécuritaires centrés sur la personne (Bélisle *et al.*, 2020 ; Nyqvist *et al.*, 2020) et s'inscrivent dans un parcours de professionnalisation des étudiantes. Il importe donc que les superviseures tiennent compte du niveau de formation des stagiaires et de leurs capacités, afin de moduler les occasions d'apprentissage, les attentes et leur évaluation de leur performance.

1.5 La professionnalisation

La formation académique et la formation clinique forment un tout indissociable qui contribue à la professionnalisation des étudiantes infirmières, et cela vaut également dans toutes les autres professions du domaine de la santé. Celle-ci se définit comme « le processus dynamique par lequel les étudiantes apprennent graduellement à se percevoir comme des membres en devenir de leur profession ou à agir comme des professionnelles » (Bélisle *et al.*, 2021). La professionnalisation doit être comprise dans une perspective débouchant sur des qualités, des responsabilités et des obligations professionnelles ainsi que des comportements éthiques. Le processus d'apprentissage qui prépare à l'exercice d'une profession comprend trois dimensions interreliées : le développement des compétences professionnelles, l'appropriation de la culture professionnelle et la construction de l'identité professionnelle (Silva *et al.*, 2019).

1.5.1 Le développement des compétences professionnelles

Dans les programmes de formation infirmière, il n'existe pas de consensus quant aux compétences à développer chez les étudiantes. Toutefois, ces compétences peuvent être regroupées en six grandes catégories (Prégent *et al.*, 2009), comme l'illustre la figure 1.3.

Comme l'expression des compétences passe par l'action, les superviseures peuvent les voir mises en œuvre dans la pratique des stagiaires par différentes manifestations qui leur sont propres.

Les compétences disciplinaires et professionnelles

Les compétences disciplinaires renvoient à la maîtrise de l'ensemble des savoirs étudiés au cours du programme de formation. Elles portent par exemple sur :

- le développement et le fonctionnement de l'être humain (anatomie, physiologie, pharmacologie, psychologie, sociologie, etc.) ;
- les résultats issus des recherches en sciences infirmières ;
- les théories et les modèles conceptuels.

Ces compétences contribuent à ce que les stagiaires agissent en toute connaissance de cause, de la meilleure façon possible et au moment opportun sur la base des connaissances qu'elles ont acquises. Cependant, pour « prendre vie », les connaissances disciplinaires doivent s'inscrire dans le cadre de la pratique professionnelle, d'où leur lien avec les compétences professionnelles. En conjuguant connaissances disciplinaires et expériences vécues, les stagiaires sont ainsi en mesure de poser les actions requises dans leur pratique (*voir Sur le terrain 1.3*).

Professionnalisation
Processus évolutif qui permet à une étudiante de devenir une professionnelle.

Figure 1.3 Les types de compétences professionnelles à développer chez les futures infirmières

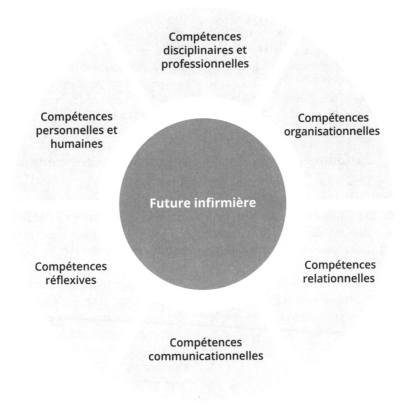

Sur le TERRAIN 1.3   Les compétences disciplinaires et professionnelles en action

Fabienne est superviseure. Elle a confié à son stagiaire, Maxime, les soins d'un enfant de quatre ans présentant un problème respiratoire. En l'observant, elle constate qu'il fait l'évaluation de sa condition physique en procédant, entre autres, à l'auscultation pulmonaire. Elle constate aussi qu'en se fondant sur l'analyse et l'interprétation des résultats obtenus, il adapte adéquatement ses interventions tout en tenant compte de l'âge de l'enfant et de sa capacité à participer aux soins. Il sollicite également la collaboration de ses parents.

Les compétences organisationnelles

Les compétences organisationnelles sont de nature méthodologique, qu'elles soient liées à l'organisation, à l'ordre ou à la rigueur. Elles se manifestent par la capacité de la stagiaire à s'appuyer sur des méthodes de travail structurées pour organiser de façon optimale les activités de soins, hiérarchiser les priorités et gérer le temps requis pour réaliser les soins à prodiguer. Ces compétences se manifestent également par la capacité de la stagiaire à gérer des équipes de travail et à assurer la continuité des soins (*voir Sur le terrain 1.4, page suivante*).

Sur le TERRAIN 1.4 — Les compétences organisationnelles en action

En début de quart de travail, Cathy, la stagiaire, élabore un plan de travail bien structuré. À 10 h 30, une transfusion sanguine est prescrite pour Mme Young. Avec Leïla, sa superviseure, elle consulte le protocole et prépare avec rigueur le matériel. Par la suite, Cathy réalise la procédure dans des délais raisonnables pour une étudiante de troisième année. Face à cet imprévu – administrer une transfusion sanguine –, elle réajuste son plan de travail en fonction des priorités et délègue certaines tâches à d'autres membres de l'équipe de soins qui peuvent s'en charger. Sa superviseure constate ainsi que, dans les circonstances, Cathy fait preuve de compétences organisationnelles adéquates pour son niveau de formation.

Les compétences relationnelles

Les compétences relationnelles reposent sur les habiletés à établir des relations interpersonnelles harmonieuses avec la personne et sa famille ainsi que des relations professionnelles saines et fructueuses avec ses collègues, et ce, en mettant à contribution un ensemble d'habiletés relationnelles (*voir Sur le terrain 1.5*) et en favorisant la collaboration. Les compétences relationnelles contribuent également à la capacité d'établir une collaboration interprofessionnelle ou de gérer les conflits.

Les compétences communicationnelles

Dans la pratique infirmière, les compétences communicationnelles renvoient à la capacité d'agir comme un « émetteur » de messages efficace, c'est-à-dire de s'exprimer clairement, de façon logique, organisée et respectueuse, tant à l'oral qu'à l'écrit ou en utilisant différents médiums, dont les technologies de l'information et de communication. Les stagiaires peuvent également démontrer des compétences communicationnelles par leur capacité d'écouter une personne avec attention et de tenir compte de l'opinion d'autrui, ou encore d'expliciter leur raisonnement en énonçant clairement leurs justifications (*voir Sur le terrain 1.6*).

Sur le TERRAIN 1.5

Les compétences relationnelles en action

Mme Bergeron est anxieuse à l'idée de subir une chirurgie demain. Myriam, la stagiaire responsable de ses soins, perçoit bien son anxiété. Au lieu de procéder uniquement à la vérification de ses signes vitaux et à l'évaluation de sa douleur, elle prend d'abord le temps d'écouter Mme Bergeron, d'approfondir ses craintes et de lui transmettre des informations pour les démystifier. Témoin de la situation, William, son superviseur, observe les compétences relationnelles qu'elle met en œuvre et la félicite de l'attention portée à Mme Bergeron.

Sur le TERRAIN 1.6

Les compétences communicationnelles en action

Anne-Claude, la superviseure, note qu'au terme de sa journée de stage, Félix donne un rapport inter-services bien structuré et concis à l'infirmière de soirée. Il emploie une terminologie professionnelle et lui répond clairement lorsqu'elle lui demande des précisions. Les notes au dossier qu'il a rédigées sont pertinentes, claires et exemptes de fautes de français. Ces actions dénotent des compétences communicationnelles.

Les compétences réflexives

Les compétences réflexives jouent aussi un rôle important dans le développement des compétences et dans le processus de professionnalisation. Elles correspondent à la capacité des stagiaires à poser un regard critique, à partir de critères explicites, sur l'efficacité de leurs actions et sur leurs conséquences. De la sorte, les stagiaires peuvent apprendre de leurs réussites et de leurs erreurs dans une perspective de développement professionnel continu (*voir Sur le terrain 1.7*).

Sur le TERRAIN 1.7

Les compétences réflexives en action

Lors d'un échange avec sa superviseure Joëlle, Adolpho mentionne qu'il est peu satisfait de la façon dont il a participé à la ponction lombaire faite à Frédéric, huit ans. « J'ai été très attentif au déroulement de la procédure et aux mesures d'asepsie, lui dit-il. Mais je n'ai pas accordé suffisamment d'attention à l'enfant pour le sécuriser. En fait, je suis resté en retrait et j'ai laissé l'étudiant en médecine présent, qui maintenait Frédéric pour qu'il garde la position adéquate, le faire. J'aurais sûrement pu distraire Frédéric en lui parlant. Je vais tenter de porter davantage attention à la personne la prochaine fois. » Joëlle constate qu'Adolpho démontre une capacité à poser un regard critique sur ses actions et qu'il cherche des pistes d'amélioration pour sa pratique future. Il tire profit des apprentissages expérientiels qui lui sont proposés.

Les compétences personnelles et humaines

Les compétences personnelles et humaines correspondent aux qualités et aux forces intrinsèques que les stagiaires mettent de l'avant dans leurs actions et leur façon d'agir. En reconnaissant leurs qualités, les stagiaires parviennent à les développer de façon à les mettre à contribution dans les soins qu'elles prodiguent (*voir Sur le terrain 1.8*).

Sur le TERRAIN 1.8

Les compétences personnelles et humaines en action

Mme Lapointe est triste et se sent seule, car, aujourd'hui encore, son fils ne pourra la visiter. Sophie, par sa bonne humeur et son sourire communicatif, prend le temps de lui parler et lui propose des activités pour la divertir, ce qui redonne le sourire à Mme Lapointe. Jessica, sa superviseure, présente dans la chambre à ce moment, constate que Sophie, avec sa joie communicative, possède une belle qualité qu'elle met à profit dans ses soins.

Si elles ont été présentées séparément, ces six catégories de compétences professionnelles sont indissociables et s'utilisent de façon complémentaire dans les situations professionnelles. Généralement, les compétences visées dans les programmes de formation infirmière relèvent de ces grandes catégories et se déclinent dans un référentiel de compétences. Ce référentiel détaille les compétences à développer ainsi que les résultats d'apprentissage attendus au terme de la formation (Le Boterf, 2008 ; Prégent *et al.*, 2009). Il sert de base à l'élaboration des grilles d'évaluation ou d'appréciation des compétences utilisées lors des stages. Les superviseures peuvent donc se référer à ces outils pour identifier les compétences à observer et à évaluer chez leurs stagiaires. Ces grilles d'évaluation sont en général plus précises que le libellé des compétences, qui est très englobant et moins précis quant aux comportements observables attendus.

Référentiel de compétences
Document utilisé pour développer les cursus de formation académiques et cliniques qui décrit, notamment, le rôle des stages à toutes les étapes de la formation.

1.5.2 L'appropriation de la culture professionnelle

L'appropriation de la culture professionnelle est la deuxième dimension de la professionnalisation (Bélisle *et al.*, 2021 ; Bélisle *et al.*, 2020). Pour recourir à une analogie, lorsqu'une personne arrive dans un nouveau pays, elle doit s'approprier la culture de ce pays, c'est-à-dire faire siennes les valeurs qui y prévalent, ainsi que les normes de conduite ou les attitudes qu'il convient d'adopter dans diverses situations, ou encore les symboles en vigueur. Dans le domaine des soins, l'appropriation de la culture professionnelle s'enracine dans les connaissances propres à la discipline. Elle requiert une bonne compréhension de ce qu'est la profession et des rôles qu'exercent les infirmières ainsi que de l'étendue du champ d'exercice de leur profession.

Les stages permettent une exposition des étudiantes à la culture professionnelle en les plaçant dans différents contextes de la pratique infirmière, où cette culture professionnelle se décline de multiples façons. Cela présente toutefois un défi pour les stagiaires lorsque les situations soulèvent des enjeux éthiques ou déontologiques qui ne sont pas toujours évidents à leurs yeux. À cet égard, les superviseures peuvent jouer un rôle clé en apportant un éclairage significatif sur ces questions lors de leurs échanges avec les stagiaires ou en les accompagnant de façon avisée dans ce type de situations. Elles peuvent également leur faire des rappels ou porter à leur attention des faits qui peuvent leur avoir échappé et qui méritent d'être pris en considération. Par ailleurs, les stages permettent aux étudiantes de poser un regard critique sur différents modèles et styles de pratique qu'elles observent chez leurs superviseures, d'autres infirmières ou d'autres professionnels de la santé. En somme, les stages sont essentiels pour aider les futures infirmières à s'approprier concrètement les valeurs, les normes, les attitudes et les symboles propres à la profession infirmière, et à les intégrer dans leur pratique (*voir Sur le terrain 1.9*).

Sur le TERRAIN 1.9 Un exemple d'appropriation de la culture professionnelle

Vincent est stagiaire en gérontologie. Il pose plusieurs questions à Roxane, sa superviseure, notamment au sujet de certaines attitudes à adopter en tant qu'infirmier et de son rôle comparativement à celui d'autres professionnels de la santé. Roxane profite de l'occasion pour lui proposer d'assister à une rencontre interprofessionnelle. Elle lui demande de porter une attention particulière aux rôles des professionnels impliqués, à la nature de leurs propos et de leurs contributions respectives. Ensuite, ils pourront échanger sur ses constats et les questions qu'il se posait. À la suite de cette rencontre interprofessionnelle, ils en discutent comme prévu et ce temps d'échange s'avère précieux pour la réflexion de Vincent.

Un peu plus tard lors du stage, Vincent dit à Roxane : « M. Simon est tellement satisfait de mes soins qu'il veut me donner 100 $. Il les a même glissés subtilement dans ma poche pour que je les accepte. Je ne sais pas trop quoi faire. À l'école, on nous apprend à refuser, mais... » Roxane comprend bien son malaise : il arrive souvent que les personnes veuillent démontrer leur reconnaissance en faisant des présents. Toutefois, elle lui fait le rappel suivant : « Le code de déontologie des infirmières et des infirmiers est très clair à ce propos. Accepter un présent te met en situation de conflit d'intérêts. Tu dois donc établir tes limites et lui rendre son argent en lui expliquant ton geste. S'il souhaite toujours faire un présent, suggère-lui de plutôt offrir des chocolats ou une jolie plante à toute l'équipe. Il est important que tu connaisses bien le code ou que tu le consultes en cas de doute pour respecter tes obligations professionnelles, et ce, même comme stagiaire. »

Vincent la remercie de son conseil. Il prend conscience qu'il doit non seulement connaître ses obligations professionnelles, mais aussi, et surtout, les mettre en application au quotidien. Par professionnalisme, il retourne auprès de M. Simon pour appliquer les recommandations de Roxane. Roxane représente un modèle pour Vincent à travers les comportements professionnels qu'elle démontre et qui reflètent bien les valeurs et les normes de la profession.

1.5.3 La construction de l'identité professionnelle

La construction de l'identité professionnelle constitue la troisième dimension de la professionnalisation. Pour le formuler simplement, l'identité professionnelle est une représentation de soi comme devenant ou étant une professionnelle, en l'occurrence une infirmière. La construction de l'identité professionnelle s'appuie non seulement sur la représentation que les stagiaires ont d'elles-mêmes en tant que professionnelles, mais également sur le rapport qu'elles entretiennent avec la profession, leur formation et la société. Le sentiment d'appartenance à un groupe constitue aussi une composante importante pour la construction de l'identité professionnelle. Celle-ci s'échelonne dans le temps au fil des situations de soins, des rencontres avec d'autres infirmières, avec d'autres professionnels ou avec des personnes soignées. Il s'agit pour les stagiaires de déterminer quelles infirmières elles sont et quelles infirmières elles veulent devenir (*voir Sur le terrain 1.10*).

Les stages sont sans contredit une des composantes de la formation qui contribue le plus à la professionnalisation des étudiantes en santé, notamment les étudiantes infirmières (Bélisle *et al.*, 2020). Toutefois, les expériences de stage doivent avoir certaines caractéristiques pour favoriser la professionnalisation des étudiantes. Tout d'abord, la complexité des situations liées à la pratique professionnelle doit correspondre aux capacités croissantes des stagiaires. Ces situations doivent aussi couvrir différentes facettes des rôles professionnels infirmiers, et ce, dans différents contextes de pratique. Par exemple, une superviseure peut proposer à sa stagiaire de faire le suivi d'une personne en période postopératoire immédiate ou de lui donner de l'enseignement sur les soins des plaies en vue de son retour à son domicile. En les plaçant dans des situations réelles, les stages permettent aux étudiantes d'acquérir une plus grande confiance en leurs capacités d'agir en tant que futures professionnelles. La rétroaction et l'accompagnement que les superviseures offrent aux stagiaires sont déterminants pour que les expériences vécues deviennent des expériences de développement du professionnalisme (Bélisle *et al.*, 2021).

Sur le TERRAIN 1.10

La construction de l'identité professionnelle lors du stage

En tant que futur infirmier, Zachary se pose des questions sur ce qu'il veut devenir. Il doit faire un stage dans une unité qui accueille des personnes se présentant pour un traitement de dialyse rénale, auxquelles il devra prodiguer des soins. Il n'est pas très motivé à l'idée de ce stage, sa préférence allant pour le moment aux soins en santé communautaire. Rachel, sa superviseure, possède une bonne expertise dans son domaine. Elle s'enthousiasme pour son travail, qu'elle aime beaucoup, et présente à Zachary plusieurs aspects intéressants de sa pratique. En l'observant, il découvre toute la rigueur technique dont il faut faire preuve dans les soins aux personnes dialysées. Il découvre aussi l'importance de la relation d'aide et du rôle de l'infirmier dans l'accompagnement des personnes souffrant de maladies chroniques telles que les problèmes rénaux. Rachel lui transmet sa passion en discutant avec lui de son rôle plus spécifique auprès des personnes dialysées et de leur famille. Elle répond à ses interrogations et lui pose des questions pour susciter sa réflexion. Au terme du stage, Zachary s'est découvert de nouvelles affinités et projette de travailler dans ce milieu au terme de ses études. Il croit avoir les qualités requises pour travailler auprès de cette clientèle.

Conclusion

Il est nécessaire de bien comprendre la place des stages dans les programmes de formation infirmière pour mesurer leur contribution essentielle. Les stages offrent sans contredit des occasions d'apprentissage irremplaçables pour ce qui est du développement des compétences chez les futures infirmières et de leur devenir professionnel. En s'inspirant du modèle de l'apprentissage expérientiel de Kolb, les superviseures peuvent moduler leurs actions de façon à amener les stagiaires à tirer profit de leurs expériences et à les transformer en savoirs d'expérience, c'est-à-dire à « apprendre à apprendre » de leurs expériences, ce qui constitue un pas vers l'autonomie professionnelle. Dans une perspective d'apprentissage expérientiel, superviser implique aussi d'offrir aux stagiaires un accompagnement leur permettant d'être actives dans leurs apprentissages, sur les plans cognitif, psychomoteur et affectif. Les étudiantes pourront faire preuve de compétences, ou d'un savoir-agir adapté et contextualisé, dans les situations complexes rencontrées dans la pratique infirmière en mettant en action les apprentissages réalisés sur ces trois plans et en les combinant. C'est ce que rend possible l'encadrement offert par les superviseures. Enfin, les expériences vécues en stage contribuent à la professionnalisation graduelle des stagiaires et représentent un « tremplin » pour les amener à se percevoir comme des infirmières à part entière.

Questions de réflexion

1 Quel est l'apport des stages dans le cursus de formation infirmière ?

2 Comment les superviseures peuvent-elles soutenir l'apprentissage expérientiel chez les stagiaires ?

3 Quelles caractéristiques des compétences, en tant que savoir-agir complexe, peuvent guider l'encadrement des stagiaires ?

4 Quelles sont les diverses contributions des apprentissages effectués en stage au processus de professionnalisation des étudiantes ?

Superviser en milieu clinique

Plan du chapitre

Objectifs du chapitre

- Comprendre les particularités de la supervision en milieu clinique.
- Découvrir les compétences à développer en tant que superviseure.
- Déterminer des pistes d'action pour superviser efficacement.

Ressource en ligne sur la plateforme *i+ Interactif* :
- Livre numérique

Introduction

Les stages jouent un rôle essentiel dans la formation des étudiantes, en particulier en leur donnant l'occasion de vivre des situations réelles de soins. Si les stages sont cruciaux pour les préparer à l'exercice de la profession infirmière, il serait impossible de les déployer sans la contribution indispensable des superviseures. Celles-ci sont en effet les maîtres d'œuvre de l'accompagnement des stagiaires dans la progression de leurs apprentissages. Pour offrir une supervision professionnelle de qualité, elles doivent développer au fil du temps des compétences particulières. La supervision en milieu clinique a des caractéristiques propres, ce qui la distingue de la supervision exercée dans d'autres contextes de travail : il importe donc d'en définir les contours et d'explorer les défis qu'elle comporte.

2.1 Les particularités de la supervision en milieu clinique

L'enseignement en milieu scolaire est balisé par un programme structuré et il est généralement destiné à un groupe d'étudiantes. Dans le cadre de la supervision en milieu clinique, l'accent porte davantage sur les besoins d'apprentissage propres à chacune des stagiaires, même si les objectifs et les compétences visés par un programme restent essentiels. On définit habituellement la supervision comme étant une intervention fournie par un membre plus expérimenté d'une profession à un ou plusieurs collègues plus jeunes qui sont généralement (mais pas toujours) membres de cette même profession (Bernard et Goodyear, 2019, p. 9, traduction libre). Étymologiquement, le terme « supervision » signifie « regarder au-dessus ». La superviseure peut être vue comme regardant par-dessus l'épaule de la stagiaire pour guider son travail (Bernard et Goodyear, 2019).

Dans le domaine des soins infirmiers, les stagiaires doivent être supervisées directement par une infirmière afin d'acquérir les connaissances et les compétences professionnelles attendues. La supervision en milieu clinique consiste aussi à accompagner les stagiaires dans leur processus de professionnalisation (*voir la section 1.5, p. 10*) pour qu'elles s'approprient, entre autres, les normes professionnelles et éthiques en vigueur. Vue sous un autre angle, la supervision peut aussi être définie comme une relation interpersonnelle entre la superviseure et la stagiaire visant à permettre à cette dernière d'apprendre à assumer les responsabilités professionnelles inhérentes à sa pratique et à prodiguer des soins sécuritaires et de qualité (Dietemann *et al.*, 2018).

De façon plus concrète, la supervision en milieu clinique comporte quatre objectifs (Bernard et Goodyear, 2019 ; Milnes et Watkins, 2014 ; Vandette *et al.*, 2021), à savoir :

- assurer une pratique sécuritaire et éthique ainsi que la protection de la population grâce à des services de qualité ;

- favoriser le développement des compétences professionnelles des stagiaires par la mise en place de stratégies appropriées ;

- donner aux stagiaires des occasions d'exprimer leurs émotions, et les aider à y faire face et à en tirer des apprentissages ;

- soutenir le processus de professionnalisation et, plus précisément, la construction de l'identité professionnelle.

Ces quatre objectifs mettent bien en évidence le fait que la supervision en milieu clinique comporte deux dimensions essentielles. D'une part, elle exige d'assurer la qualité et la sécurité des soins, et cet impératif prime sur toute autre considération. Ainsi, les superviseures qui encadrent des stagiaires infirmières doivent veiller constamment à assurer cette sécurité. D'autre part, les superviseures doivent planifier et mettre de l'avant des occasions d'apprentissage qui stimuleront les stagiaires afin qu'elles développent leurs compétences et deviennent aptes à exercer la profession. Ainsi, les superviseures ont également un rôle d'enseignement à jouer. La supervision comporte à cet égard trois volets : un volet pédagogique, un volet évaluatif et un volet accompagnement.

2.1.1 Le volet pédagogique

Le volet pédagogique est une composante majeure de la supervision en milieu clinique. Les infirmières qui supervisent les stagiaires remplissent en effet une fonction de pédagogues en contribuant à les préparer à réfléchir, à être performantes et à agir avec intégrité conformément aux normes éthiques et déontologiques (Falender et Shafranske, 2021 ; Tugendrajch, 2021). Dans ce cadre, il incombe aux superviseures d'employer des stratégies pédagogiques efficaces, et ce, dans un climat bienveillant et stimulant. Cela suppose non seulement d'exposer les stagiaires à des situations de soins au quotidien, mais également de recourir à un processus structuré, continu et dynamique visant à créer un environnement qui leur offre l'occasion d'apprendre, d'évaluer leur pratique et de réfléchir sur leurs forces et leurs limites, de développer leurs compétences professionnelles et d'obtenir le soutien dont elles ont besoin (King *et al.*, 2020). Dans cette optique, les superviseures peuvent mettre en place de multiples conditions facilitantes et faire appel à une panoplie de stratégies efficaces, qui sont présentées dans cet ouvrage.

2.1.2 Le volet évaluatif

Outre le volet pédagogique, la supervision comprend un volet évaluatif. En effet, les superviseures doivent procéder à l'évaluation de la performance des stagiaires, et ce, tout au long du stage (évaluation formative) ainsi qu'au terme du stage (évaluation sommative ou certificative). L'évaluation en continu permet aux superviseures de jouer deux rôles : d'une part, veiller à la sécurité des personnes soignées ; d'autre part, s'assurer du niveau d'atteinte des objectifs ou des compétences visés par le stage, ce qui garantit que les stagiaires pourront exercer adéquatement leur profession.

Étant donné que la supervision comporte un volet évaluatif, les superviseures se trouvent en position d'autorité hiérarchique et détiennent un certain pouvoir en tant qu'évaluatrices (Bernard et Goodyear, 2019). Cela peut influencer les comportements des stagiaires et les amener à accorder plus d'attention à l'aspect évaluatif qu'à l'aspect de l'apprentissage. Si elle est teintée par le volet évaluatif de la supervision, la relation superviseure-supervisée peut tout de même être envisagée dans un esprit collaboratif.

Le volet évaluatif est un enjeu important dans la supervision : il fera l'objet d'un chapitre complet de cet ouvrage (*voir le chapitre 10*).

2.1.3 Le volet accompagnement

S'ajoutant aux volets pédagogique et évaluatif, le volet accompagnement est un aspect tout aussi essentiel de la supervision en milieu clinique. L'accompagnement signifie à la fois « être avec » et « aller vers ». En contexte de stage, la relation qui s'établit entre les superviseures et les stagiaires correspond bien à l'idée d'« être avec » et le travail de collaboration mené pour atteindre les objectifs, à l'idée d'« aller vers » (Dietemann *et al.*, 2018). L'accompagnement se doit donc d'être personnalisé, en fonction des caractéristiques propres aux objectifs d'apprentissage de chaque stagiaire.

Plus précisément, l'accompagnement présente quatre grandes caractéristiques (Dietemann *et al.*, 2018) :

- Il consiste à mettre les stagiaires au premier plan et à les rendre actives dans leurs apprentissages, tout en étant soutenues par leurs superviseures qui sont à leurs côtés.

- C'est un processus qui stimule la progression des apprentissages des stagiaires et qui requiert un engagement de part et d'autre.

- Il permet une relation étroite entre la superviseure et la stagiaire dont le résultat est le fruit d'un travail commun.

- Il s'agit d'un processus temporaire, car il s'inscrit dans un contexte particulier et limité dans le temps et dans l'espace.

L'accompagnement met ainsi en jeu une dimension relationnelle et une dimension organisationnelle. Pour accompagner les stagiaires dans leurs apprentissages, les superviseures peuvent mettre en place diverses stratégies ; celles-ci feront l'objet des prochains chapitres. Succinctement, l'accompagnement des superviseures se concrétise notamment par les éléments suivants (Dietemann *et al.*, 2018) :

- un soutien à l'apprentissage expérientiel (*voir la section 1.2, p. 2*) ;

- un soutien émotif, notamment pour ce qui est du stress ;

- le choix de situations d'apprentissage adéquates au regard des objectifs ;
- un regard attentif et critique sur la qualité du travail réalisé par les stagiaires.

L'accompagnement vise fondamentalement à soutenir les stagiaires dans le développement de leurs compétences et de leur autonomie tant dans leurs apprentissages que sur le plan professionnel. Par exemple, les superviseures peuvent susciter chez les stagiaires des questionnements concernant leur pratique professionnelle, ce qui les amène à réfléchir sur leurs forces et leurs lacunes en vue de s'améliorer. L'accompagnement offert aux stagiaires s'inscrit toujours dans le respect de la sécurité de la personne soignée et de la qualité des soins, qui demeurent incontournables.

Néanmoins, dans certaines circonstances, accompagner ne suffit pas. Autrement dit, les superviseures ne doivent pas se contenter d'« être avec » les stagiaires, elles doivent également « aller vers » elles. Les superviseures jouent alors un rôle plus actif en tant que guide, en assurant une présence plus soutenue auprès des stagiaires (*voir Sur le terrain 2.1*).

Il peut être approprié d'agir en tant que guide auprès des stagiaires lorsque celles-ci sont en début de formation ou se trouvent dans un contexte très nouveau pour elles. Cela doit cependant être transitoire, car cette façon d'encadrer les stagiaires ne favorise pas le développement de leur autonomie (Dietemann *et al.*, 2018). Plus rarement, l'accompagnement peut consister à aider les stagiaires, c'est-à-dire à intervenir lorsqu'elles rencontrent des difficultés particulières ou font face à des imprévus qui les désarçonnent ou à des situations impliquant une charge émotive importante. Dans de tels cas, il arrive que les superviseures doivent reprendre la situation en main, du moins pendant un certain temps, tout en prévoyant ensuite un temps d'échange avec les stagiaires pour leur permettre de revenir sur la situation et d'exprimer leurs émotions (Dietemann *et al.*, 2018). Ce type d'accompagnement devrait être ponctuel ou dicté par les circonstances (*voir Sur le terrain 2.2*), ce qui le distingue de l'accompagnement d'une stagiaire aux prises avec des difficultés, qui sera abordé au chapitre 11.

Sur le TERRAIN 2.1 Un éventail de situations différentes

Amélia est une superviseure expérimentée. Naomie, la stagiaire de première année qu'elle encadre aujourd'hui, est nerveuse, car il s'agit de son premier stage. À titre d'activité lors de la journée d'accueil, Amélia lui propose de procéder à la prise de signes vitaux chez trois personnes aux profils différents. Elle lui précise qu'elle veut ainsi lui permettre d'exercer ses techniques d'évaluation, mais aussi d'explorer la condition de santé des personnes soignées, ce sur quoi elles pourront échanger ensuite. Comme les personnes collaborent généralement très bien lorsqu'il s'agit de contribuer à la formation des stagiaires, Amélia suggère à Naomie de ne pas hésiter à dire qu'elle est stagiaire. Pour débuter, elles se rendent ensemble auprès de M. Sansfaçon. La vérification de ses signes vitaux se déroule bien. Les choses se passent moins facilement avec Mme Rivard. Vu la maigreur de la dame, Naomie éprouve des difficultés lorsqu'elle veut vérifier sa tension artérielle. Constatant son insécurité et sa maladresse, Amélia partage avec elle quelques trucs du métier pour l'aider à faire face à une situation qu'elle ne semble pas avoir rencontrée précédemment. La troisième situation comporte une autre difficulté pour Naomie : M. Giroux présente un surpoids. De nouveau, Amélia fait preuve de patience et guide Naomie. De retour au poste, Amélia lui confie qu'elle a choisi ces trois personnes justement pour qu'elle apprenne à s'adapter à des corpulences et des situations différentes. Elles effectuent ensemble un retour sur cette activité, et Amélia s'assure que Naomie en tire des apprentissages qu'elle pourra réinvestir plus tard.

Sur le TERRAIN 2.2

Une nouvelle expérience déstabilisante

Marie-Ève, étudiante de troisième année, effectue un stage dans une unité d'oncologie et de soins palliatifs. Sa superviseure, Cécilia, lui a confié les soins de M. Rodrigue, un homme de 58 ans, depuis trois jours. M. Rodrigue, atteint d'un cancer du poumon, est actuellement en fin de vie et reçoit des soins palliatifs. Des membres de sa famille viennent régulièrement à son chevet, ce qui a donné l'occasion à Marie-Ève d'établir une relation de confiance avec la famille.

Aujourd'hui, au retour du dîner, Marie-Ève apprend par l'infirmière qui la remplaçait que M. Rodrigue est décédé durant son absence et que la famille est présente pour lui faire ses adieux. Marie-Ève se rend à la chambre. Dès qu'elle voit M. Rodrigue et sa famille, l'émotion la submerge et les larmes lui montent aux yeux. Elle dit à la famille qu'elle reviendra dans une minute et va retrouver Cécilia au poste des infirmières. Celle-ci constate le désarroi de Marie-Ève. Sachant que c'est la première fois que Marie-Ève vit un décès et qu'elle a tissé des liens avec la famille, Cécilia la conduit dans un endroit plus calme pour lui permettre de ventiler ses émotions. Marie-Ève mentionne que la situation la touche particulièrement, car M. Rodrigue a le même âge que son père. Après avoir discuté avec Cécilia, Marie-Ève reprend le contrôle de ses émotions. Cécilia l'accompagne à la chambre pour aller parler avec la famille et pour la suite des choses.

Une analogie avec les cours de conduite automobile permet de bien distinguer les trois formes d'accompagnement. Quand un élève débute, le moniteur peut avoir à le guider en lui indiquant le parcours à prendre ou en faisant un rappel (p. ex., en lui disant de mettre son clignotant pour indiquer au conducteur qui le suit son intention de tourner à droite). Un peu plus tard, lorsque l'élève aura gagné en confiance

et en expérience, le moniteur pourra lui laisser plus d'autonomie dans ses actions et l'accompagner dans ses initiatives (p. ex., en lui disant : « En suivant les indications sur la route, conduis-moi au centre hospitalier. »). Mais si le jeune conducteur commet des erreurs potentiellement dangereuses, le moniteur peut intervenir en lui demandant de ranger la voiture au bord de la route pour échanger avec lui, le temps que son stress diminue, avant de reprendre la route.

Ces trois formes d'accompagnement ne se présentent pas forcément dans l'ordre où elles apparaissent dans cette analogie. Les superviseures devront déterminer la forme d'accompagnement à privilégier en fonction des capacités des stagiaires et des situations de soins dans lesquelles elles interviennent afin d'assurer la sécurité des personnes soignées et les conditions favorisant la progression des stagiaires.

En bref, accompagner, c'est laisser une place de plus en plus grande à l'autonomie des stagiaires à mesure qu'elles se montrent plus aptes à poser des actions adéquatement. C'est aussi une façon de contribuer à leur professionnalisation.

Comme c'est également le cas pour d'autres activités professionnelles, afin d'être en mesure d'encadrer les stagiaires en recourant à ces trois formes d'accompagnement en milieu clinique, les superviseures doivent développer les compétences requises en matière de supervision, qui sont complémentaires des compétences nécessaires pour prodiguer des soins.

2.2 Les compétences à développer en supervision

Le passage du rôle de clinicienne à celui de superviseure peut présenter un réel défi pour les infirmières. Les apprentissages nécessaires pour consolider le développement de leur identité en tant que superviseure s'effectuent souvent en procédant par essais et erreurs. En effet, la majorité des programmes de formation infirmière ne comportent pas de cours spécifiquement consacrés à la supervision. Devenir superviseure sous-entend de développer de nouvelles compétences

Figure 2.1 Les types de compétences à développer chez les superviseures

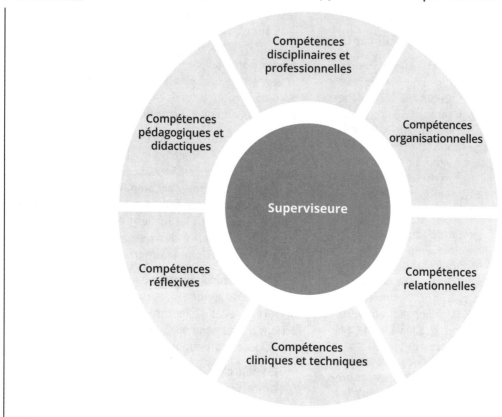

liées à la supervision. Ces compétences peuvent être regroupées en six catégories qui s'apparentent dans une large mesure aux compétences attendues chez les stagiaires, mais envisagées dans la perspective de la supervision (Bownes et Freeman, 2020 ; Otti *et al.*, 2017 ; Pilling et Roth, 2014). Ces six types de compétences sont présentés ci-dessous et à la figure 2.1.

2.2.1 Les compétences disciplinaires et professionnelles

Les compétences disciplinaires et professionnelles correspondent à la capacité d'exercer comme infirmière en respectant les normes, les exigences et les obligations professionnelles. Elles se manifestent aussi par la capacité d'assumer entièrement ses rôles et ses responsabilités professionnelles. Ce sont ces compétences qui dictent ce qui doit être enseigné (le *quoi*), alors que les compétences pédagogiques et didactiques (*voir la section 2.2.6, p. 25*) font référence aux moyens pour les enseigner (le *comment*). Les compétences disciplinaires et professionnelles se manifestent chez les superviseures par le soutien qu'elles donnent aux stagiaires dans l'exercice de leur pratique professionnelle en vue de favoriser leur professionnalisation tout en s'appuyant sur de grands principes éthiques ou des normes professionnelles (*voir Sur le terrain 2.3*) (Otti *et al.*, 2017).

Sur le TERRAIN 2.3

L'utilisation des compétences disciplinaires et professionnelles

Avant d'entrer avec elle dans la chambre de Mme Turcot, Julien, superviseur de stage en soins critiques, s'assure que sa stagiaire Lyse-Anne connaît les nouvelles mesures de prévention et de contrôle des infections requises par l'état de santé de Mme Turcot et qu'elle les respectera bien. Julien en profite pour sensibiliser Lyse-Anne à certains enjeux éthiques en lui disant : « C'est primordial de bien respecter ces mesures de prévention, mais au-delà de celles-ci, il faut aussi nous préoccuper du bien-être de la personne à tout point de vue. Comme ces mesures sont nouvelles pour Mme Turcot, il sera important de bien lui expliquer et de répondre à ses questions afin d'éviter de susciter chez elle un stress inutile. »

2.2.2 Les compétences organisationnelles

Chez les superviseures, les compétences organisationnelles correspondent à la capacité de gérer adéquatement leurs activités de soins en respectant à la fois les conditions liées à l'organisation du travail dans le milieu de soins ainsi que leurs activités liées à la supervision de stagiaires. Plus particulièrement, ces compétences favorisent chez les superviseures une utilisation optimale du temps dédié au stage en tenant compte des contraintes liées au contexte, des besoins des stagiaires et de la condition de santé des personnes à qui elles donnent des soins (Pilling et Roth, 2014 ; Vandette, 2019). Elles se manifestent, entre autres, par la capacité de planifier de façon structurée des activités d'apprentissage et de supervision, tout en instaurant un climat de bienveillance (Otti *et al.*, 2017), en collaboration avec les stagiaires et les autres membres de l'équipe de soins (*voir Sur le terrain 2.4*).

Sur le TERRAIN 2.4

L'utilisation des compétences organisationnelles

Dès le début du quart de travail, Julie-Anne établit son plan de travail en fonction du temps à consacrer à sa stagiaire, Audrey, qui est en deuxième année. Constatant qu'Audrey semble légèrement désorganisée par le plan de travail qu'elle lui présente, Julie-Anne lui propose des ajustements de façon à mieux planifier ses activités. Comme elle veut guider Audrey dans la planification de son travail, Julie-Anne lui demande de prévoir environ 10 minutes au retour de la pause, vers 10 heures, pour faire le point sur la première partie de la journée. Elle pourra ainsi valider la planification du travail d'Audrey pour le reste de l'avant-midi et anticiper des modifications à apporter à sa propre planification, si nécessaire, en fonction des besoins d'Audrey. Julie-Anne sait aussi qu'Audrey n'a jamais procédé au retrait d'agrafes d'une plaie chirurgicale. Elle a donc prévu de lui en faire une démonstration cet après-midi lorsqu'elle le fera auprès de Mme Plante, et elle demande à Audrey de l'intégrer à son plan de travail.

2.2.3 Les compétences relationnelles

Les compétences relationnelles correspondent à la capacité de la superviseure d'établir et de maintenir une relation interpersonnelle harmonieuse avec les stagiaires. Ces compétences peuvent se manifester de différentes manières, par exemple par l'instauration d'un climat de confiance ou par une alliance de travail collégiale, ce qui peut exiger de la superviseure qu'elle fasse preuve de patience, d'ouverture et de disponibilité, par exemple. Cela peut aussi passer, entre autres, par le recours à des qualités personnelles telles que la capacité d'utiliser l'humour adéquatement pour diminuer le stress présent (Otti *et al.*, 2017). Ces compétences se manifestent également par des relations empreintes de respect, d'équité et d'inclusion avec les stagiaires comme avec les personnes soignées (*voir Sur le terrain 2.5, page suivante*) (Vandette, 2019).

Yasmine accueille aujourd'hui une stagiaire de première année, Anne-Hélène. Elle est souriante et se rappelle sa première expérience de stage ainsi que la nervosité qu'elle éprouvait. Yasmine prend le temps de se présenter et d'échanger avec Anne-Hélène de façon informelle pour la mettre à l'aise. En cours de journée, elle lui demande de préparer une injection d'insuline. Comme il s'agit de sa première expérience en dehors du contexte du laboratoire, Anne-Hélène est nerveuse et s'exécute plus lentement pour bien respecter la procédure. Pour la mettre en confiance, Yasmine demeure patiente et lui donne du renforcement au fur et à mesure qu'elle s'exécute.

2.2.4 Les compétences cliniques et techniques

Les compétences cliniques et techniques renvoient à la capacité de prodiguer des soins de qualité et sécuritaires. Celles-ci se fondent sur de solides connaissances, des habiletés cliniques et techniques, ainsi qu'un solide raisonnement clinique, et en ayant un regard réflexif sur sa pratique professionnelle (Chamberland et Hivon, 2005 ; Vandette *et al.*, 2021). Ces compétences peuvent se manifester par l'expression des connaissances acquises, le fait d'exécuter les procédures avec dextérité et rigueur ou encore des interventions adéquates pour répondre aux besoins des personnes soignées (*voir Sur le terrain 2.6*).

2.2.5 Les compétences réflexives

Les compétences réflexives correspondent à la capacité de procéder à une autoévaluation de sa performance en vue d'améliorer sa pratique en tant que superviseure (Cantillon *et al.*, 2019 ; Vandette, 2019) ainsi que sa pratique professionnelle en tant qu'infirmière (Otti *et al.*, 2017). Elles se manifestent par la mise en place d'un plan de formation continue pour les activités cliniques, l'ouverture aux rétroactions des stagiaires et la participation à des formations sur la supervision (*voir Sur le terrain 2.7*) (Otti *et al.*, 2017).

L'utilisation des compétences cliniques et techniques

Francine a une grande expertise en matière de soins de trachéostomie. James, le stagiaire de troisième année qu'elle supervise, lui avoue qu'il a appris à faire des soins de trachéostomie en laboratoire au cours de son programme de formation, mais que c'est la première fois qu'il doit le faire auprès d'une personne réelle. Francine lui propose de lui en faire une démonstration ce matin en prodiguant elle-même les soins de trachéostomie à M. Lamothe, tout en commentant certains gestes importants. Ensuite, lui explique-t-elle, elle reverra avec lui les grands principes à respecter et leurs justifications, et pourra répondre à ses questions et à ses préoccupations, s'il en a.

L'utilisation des compétences réflexives

Priscilla est superviseure de stage depuis deux ans. Elle trouve qu'il est particulièrement difficile de donner des rétroactions constructives aux stagiaires. Elle passe sous silence leurs points faibles et leur laisse peu de place pour discuter lorsqu'elle communique ses évaluations. D'ailleurs, des stagiaires lui ont fait comprendre qu'elles auraient aimé recevoir plus de rétroaction de sa part afin de pouvoir s'améliorer davantage. Voyant qu'il y a une formation offerte sur la rétroaction, Priscilla décide de s'y inscrire pour parfaire ses connaissances et se sentir mieux outillée.

2.2.6 Les compétences pédagogiques et didactiques

Les compétences pédagogiques et didactiques réfèrent à la capacité de moduler l'encadrement de la stagiaire en fonction des exigences du programme dans lequel s'inscrit le stage, d'assumer ses responsabilités pédagogiques en tant que superviseure et d'agir en tant que modèle de rôle auprès des stagiaires. Elles correspondent aussi à la capacité d'appliquer auprès des stagiaires des connaissances en matière de pédagogie et de supervision, par exemple sur les principes de l'apprentissage expérientiel (*voir la section 1.2, p. 2*) ou sur des rétroactions efficaces, tout en tenant compte des besoins des stagiaires lors du choix des occasions d'apprentissage.

Les compétences pédagogiques et didactiques entrent aussi en jeu lorsqu'il s'agit de favoriser les liens entre la théorie et la pratique chez les stagiaires et de soutenir le développement de leur raisonnement clinique, que ce soit au cours du processus d'évaluation des apprentissages ou lors de l'identification des difficultés qu'elles rencontrent (*voir Sur le terrain 2.8*) (Cantillo *et al.*, 2019 ; Chamberland et Hivon, 2005).

C'est au fil du temps que les compétences professionnelles se développent chez les stagiaires, et il en va de même pour les compétences en supervision. En effet, les superviseures doivent apprendre à concilier les soins et l'enseignement en développant ces multiples compétences lors de leurs expériences en supervision. Participer à des formations continues en matière de pédagogie ou de supervision est une option intéressante pour favoriser le développement des compétences en supervision.

2.3 Les défis d'une supervision de qualité

Une supervision de qualité est sans contredit un élément fondamental pour l'apprentissage des stagiaires. Mais comment parvenir à une supervision de qualité ? Qu'est-ce qui distingue une « bonne superviseure » d'une « superviseure efficace » ?

La notion de « bonne superviseure » fait écho à la satisfaction des stagiaires, ou à leur insatisfaction, concernant l'encadrement qui leur est offert et les compétences de la superviseure. Cette appréciation ne tient pas compte de l'effet de la supervision sur la qualité des soins qu'elles ont pu prodiguer à la personne soignée, des résultats obtenus ou encore des apprentissages réalisés. Dans cette optique, être une bonne superviseure ne signifie pas nécessairement offrir une supervision efficace. À l'opposé, la notion de « superviseure efficace » prend en compte l'effet de la supervision sur la qualité des soins offerts aux personnes ou sur les compétences démontrées par les stagiaires. Il ne s'agit donc pas simplement

---

Sur le TERRAIN 2.8 — **L'utilisation des compétences pédagogiques et didactiques**

Comme elle connaît les grands principes de l'andragogie et de la pédagogie active, Annick sait qu'il est préférable de rendre l'apprenant adulte actif dans ses apprentissages et lorsqu'il se trouve dans des situations qui suscitent son intérêt. En se fondant sur ces principes, elle offre à Isabelle, sa stagiaire de troisième année, de participer à une rencontre interprofessionnelle concernant une des personnes à qui elle donne des soins. Annick valide ainsi les connaissances d'Isabelle et son aisance à participer à des rencontres interprofessionnelles. Ensemble, elles préparent la rencontre prévue dans l'optique du congé de Mme Richard, 73 ans, qui avait été admise pour un déséquilibre de sa glycémie lié à son diabète. Annick invite Isabelle à présenter elle-même les observations infirmières recueillies et les recommandations qui en découlent, de façon à ce qu'elle fasse partie intégrante des échanges lors de la rencontre. Annick lui dit qu'elle assistera à la rencontre à titre d'observatrice pour faire une évaluation formative de ses interventions et qu'elle échangera ensuite avec elle et lui donnera une rétroaction. Pour l'aider à s'améliorer, Annick pourra aussi lui communiquer quelques « trucs du métier » qu'elle a développés au cours de ses années de pratique.

d'une appréciation de la satisfaction des stagiaires (Falender et Shafranske, 2021), mais d'un effet réel de la supervision sur leurs performances.

Pour assurer une supervision efficace, c'est-à-dire une supervision de qualité, certaines recommandations peuvent être mises en œuvre (Falender et Shafranske, 2021 ; Immonen *et al.*, 2019 ; Kilminster *et al.*, 2007). Elles sont présentées dans l'encadré 2.1. Plusieurs d'entre elles seront discutées de façon plus approfondie dans la suite de cet ouvrage.

La qualité de la relation entre les superviseures et les stagiaires joue grandement dans l'efficacité de la supervision. Cette relation est en partie influencée par l'engagement des superviseures dans leur rôle d'enseignement ainsi que par leurs attitudes. L'engagement des stagiaires est, lui aussi, incontournable (Kilminster *et al.*, 2007). Établir une relation harmonieuse bénéficie autant aux stagiaires qu'aux superviseures, car une telle relation contribue au développement des compétences de part et d'autre (Otti *et al.*, 2017). Les superviseures peuvent également ressentir un sentiment de satisfaction qui tient au fait qu'elles participent à la formation de futures collègues et d'une relève de qualité dans leur profession. Il en résulte souvent un sentiment de valorisation professionnelle et personnelle. De plus, superviser des stagiaires représente une occasion de réfléchir sur sa propre pratique en vue de la bonifier. Comme les stagiaires abordent les connaissances les plus récentes dans le cadre de leur programme de formation, les échanges avec elles peuvent aussi être très enrichissants pour les superviseures. Celles-ci peuvent en tirer profit en mettant

à jour leurs propres connaissances, voire, parfois, en remettant en question certaines pratiques. C'est aussi pour elles une façon de découvrir ce qui est enseigné dans le milieu scolaire (Loughran et Koharchick, 2019).

2.4 Les obstacles à une supervision efficace

Le milieu clinique constitue un environnement de choix pour le développement des compétences. Toutefois, il existe plusieurs obstacles à l'exercice d'une supervision efficace, et tous ne relèvent pas directement des superviseures. Il s'agit notamment des obstacles suivants (Dietemann *et al.*, 2018) :

- le manque de précision quant aux objectifs d'apprentissage du stage, ou la compréhension insuffisante de ces objectifs ;

- le souci constant, chez les stagiaires, de la performance et de la réussite des évaluations, qui les pousse à se conformer aux exigences de leurs superviseures, est un phénomène fréquent en sciences de la santé ;

- le refus de certaines personnes de recevoir des soins donnés par des stagiaires ;

- le manque de temps à consacrer aux activités de supervision, en raison du poids de toutes les autres activités des superviseures en milieu clinique ;

- les rétroactions inappropriées ou centrées sur leur domaine d'expertise clinique, de la part des superviseures, qui ne reflètent pas une démarche visant à favoriser les apprentissages chez les stagiaires.

Encadré 2.1 **Des recommandations pour une supervision efficace**

- Encourager l'autonomie des stagiaires.
- Développer une relation de supervision basée sur des ententes mutuelles claires.
- Assurer un suivi du progrès des personnes soignées et des stagiaires.
- Observer directement les stagiaires auprès de la personne soignée.

- Encourager les stagiaires en leur donnant des rétroactions régulières.
- Leur proposer des défis à la hauteur de leurs capacités et leur offrir du soutien.
- Agir comme modèle de rôle.
- Créer un environnement propice au développement d'une compétence culturelle.

Conclusion

Superviser en contexte clinique suppose d'assurer la sécurité des personnes soignées et la qualité des soins prodigués par les stagiaires. En tant qu'activité professionnelle distincte des activités cliniques, la supervision en milieu clinique vise à créer un environnement empreint de bienveillance, afin que les stagiaires apprennent, s'autoévaluent et réfléchissent sur leur pratique, développent des compétences professionnelles et reçoivent le soutien nécessaire. Superviser comporte également des avantages pour les superviseures, par exemple l'acquisition au fil du temps de compétences plus spécifiques à la supervision et, souvent, un sentiment de valorisation dû au fait qu'elles contribuent à la formation d'une relève infirmière compétente.

Questions de réflexion

1. En quoi le volet pédagogique, le volet évaluatif et le volet accompagnement de la supervision en milieu clinique sont-ils complémentaires ?

2. Quel parallèle peut-on établir entre les compétences en supervision et les compétences professionnelles des infirmières ?

3. Parmi les recommandations suggérées pour une supervision efficace et de qualité, lesquelles peuvent être intégrées à votre pratique et lesquelles présentent un défi ?

Objectifs du chapitre

- Appliquer les principes de l'andragogie.
- Distinguer les stades de développement de l'expertise.
- Explorer les spécificités des stagiaires d'aujourd'hui.
- Connaître des stratégies d'accompagnement des stagiaires.

 Ressource en ligne sur la plateforme *i+ Interactif*:
- Livre numérique

Introduction

Afin de leur offrir une supervision de qualité, les superviseures doivent reconnaître que les stagiaires ne peuvent pas être réduites à leur simple identité d'étudiante : elles ont chacune leur caractère, leurs particularités, leur vécu, et elles doivent parfois aussi surmonter des défis d'apprentissage particuliers. En contexte de supervision, il devient alors impératif d'adapter les stratégies pédagogiques et d'encadrement en fonction du mode d'apprentissage des stagiaires, notamment en raison de leur statut d'apprenantes adultes. Plus les superviseures seront outillées pour encadrer efficacement les stagiaires, plus l'expérience qu'en tireront ces dernières sera enrichissante.

3.1 Les caractéristiques de l'apprenant adulte

Les étudiantes arrivent dans les programmes de formation infirmière avec leur bagage personnel, ce qui comprend, entre autres, leurs expériences, leur culture, leurs croyances et leurs besoins d'apprentissage. Tous ces éléments, qui caractérisent les apprenantes adultes qu'elles sont, influencent leurs façons d'agir, leur motivation à apprendre en stage et leur manière d'interagir avec leur superviseure (Taylor et Hamdy, 2013). Pour qualifier l'apprentissage chez l'adulte, Knowles (1990) a proposé le concept d'andragogie selon lequel c'est l'apprenant lui-même qui est le moteur essentiel de ses apprentissages. Les spécificités de l'adulte en formation peuvent être présentées à travers six grands principes qui tiennent lieu de repères utiles en supervision (Cheng et Hackworth, 2021 ; Danan *et al.*, 2018 ; Scaife, 2019).

1. L'apprenant adulte veut connaître les raisons pour lesquelles il doit apprendre et il veut prendre part aux décisions. Les stagiaires aiment être impliquées activement dans leur apprentissage et pouvoir solliciter leur superviseure pour atteindre leurs objectifs. Elles veulent connaître la justification des activités d'apprentissage proposées et être parties prenantes des choix et des décisions (Danan *et al.*, 2018).

2. L'apprenant adulte apprend en se basant sur ses expériences antérieures. Les stagiaires détiennent un bagage expérientiel varié qui teinte leurs actions, leurs apprentissages et leur pratique, et qui constitue une richesse à prendre en considération. Elles apprécient que leurs connaissances et leurs expériences antérieures soient valorisées et sollicitées.

3. L'apprenant adulte possède ses propres objectifs d'apprentissage. Les stagiaires souhaitent que leurs objectifs d'apprentissage personnels soient pris en compte, en plus de ceux du programme de formation. Elles se montrent enclines à réviser régulièrement leurs objectifs personnels.

4. L'apprenant adulte doit être motivé. Pour que les stagiaires soient motivées, il faut que les activités d'apprentissage qui leur sont proposées leur apparaissent pertinentes, c'est-à-dire qu'elles soient étroitement liées à leurs objectifs d'apprentissage. Elles sont intéressées par des activités d'apprentissage pratiques, lesquelles sont déterminantes pour leur orientation de carrière.

5. L'apprenant adulte recherche les applications pratiques et concrètes des nouveaux apprentissages. Les stagiaires s'investissent plus activement lorsque les nouvelles connaissances à acquérir leur permettent de trouver des pistes de solution à des problèmes courants ou de se préparer à faire face à des situations concrètes et fréquentes dans leur future pratique professionnelle (Danan *et al.*, 2018 ; Taylor et Hamdy, 2013).

6. L'apprenant adulte apprécie la collaboration. Les stagiaires attribuent une grande importance à la relation de collaboration établie avec la superviseure qui les encadre.

Le tableau 3.1, à la page suivante, présente quelques exemples d'actions qui permettent d'appliquer ces six principes.

Tableau 3.1 L'intégration des principes de l'andragogie en stage

Principe	Exemples d'applications
1. L'apprenant adulte veut connaître les raisons pour lesquelles il doit apprendre et il veut prendre part aux décisions.	• Clarifier avec les stagiaires ce qu'elles souhaitent apprendre, leurs objectifs d'apprentissage. • Les inviter à prendre part aux décisions et à l'évaluation de leurs apprentissages. • Leur expliquer en quoi les apprentissages suggérés contribuent au développement de leurs compétences. • Leur indiquer certains apprentissages spécifiques qui peuvent être faits dans le milieu du stage.
2. L'apprenant adulte apprend en se basant sur ses expériences antérieures.	• Donner aux stagiaires des occasions de se référer à leurs expériences acquises lors des stages antérieurs pour guider leur pratique. • Les questionner sur des expériences de travail pouvant leur être profitables. • Leur permettre de mettre à contribution leurs expériences de vie personnelles.
3. L'apprenant adulte possède ses propres objectifs d'apprentissage.	• Demander aux stagiaires de préciser leurs objectifs d'apprentissage personnels en début de stage. • Valider le fait que les objectifs ont été atteints ou se sont modifiés en cours de route. • Adapter le choix des occasions d'apprentissage offertes en fonction des objectifs personnels des stagiaires.
4. L'apprenant adulte doit être motivé.	• Échanger avec les stagiaires sur leurs objectifs de carrière. • Discuter avec elles des avantages offerts par les occasions d'apprentissage proposées. • Leur permettre la prise d'initiatives, lorsque c'est opportun.
5. L'apprenant adulte recherche les applications pratiques et concrètes des nouveaux apprentissages.	• Aider les stagiaires à trouver des pistes de solution ou d'amélioration lorsqu'elles rencontrent des problèmes dans les situations de soins. • Leur proposer de participer, avec des membres de l'équipe de soins, à des activités de soins pouvant étoffer leurs apprentissages. • Leur proposer des occasions d'apprentissage liées à des situations fréquemment rencontrées dans la pratique plutôt qu'à des situations liées à des situations d'exception.
6. L'apprenant adulte apprécie la collaboration.	• Adopter une attitude basée sur la réciprocité, le respect mutuel, et caractérisée par des attentes claires et des valeurs communes. • Inviter les stagiaires à collaborer à l'évaluation de leurs apprentissages. • Les inviter à participer à des activités de soins en collaboration.

L'andragogie permet de comprendre le processus d'apprentissage des étudiantes adultes. Ainsi, les superviseures peuvent offrir aux stagiaires un encadrement vraiment optimal et établir avec elles une relation plus harmonieuse. En adoptant les principes d'andragogie, les superviseures :

• suscitent l'engagement des stagiaires et le maintien d'une relation harmonieuse avec elles ;

• rendent les stagiaires coresponsables de leur apprentissage, ce qui est pour elles une source de motivation ;

• incitent les stagiaires à leur faire part de leurs propres objectifs d'apprentissage, de façon à ajuster en conséquence les occasions d'apprentissage ;

• stimulent chez les stagiaires l'autonomie et la confiance en soi dont elles auront besoin dans leur pratique professionnelle future.

La rubrique Sur le terrain 3.1 illustre la façon dont les six principes de l'andragogie peuvent être appliqués lors d'un stage.

Sur le TERRAIN 3.1 L'andragogie en stage

Lors de la journée d'accueil, Lysanne revoit les objectifs du stage avec Philippe, son stagiaire. Puis, elle clarifie avec lui les objectifs d'apprentissage qu'il s'est fixés et l'invite à proposer des moyens pour les atteindre (faire prendre part aux décisions et tenir compte de ses objectifs personnels).

Plus tard, après avoir observé Philippe administrer un antibiotique par voie intraveineuse, Lysanne prend quelques minutes pour lui donner une rétroaction et échanger avec lui. Elle l'invite d'abord à présenter son point de vue (inviter à collaborer à l'évaluation de ses apprentissages) avant de lui faire part de ses propres observations.

Le lendemain, en vue d'un enseignement à faire auprès de Mme Cantin, nouvellement diabétique, Lysanne invite Philippe à lui parler des expériences antérieures sur lesquelles il peut s'appuyer (se référer à ses expériences antérieures). Philippe lui fait part des apprentissages qu'il a réalisés lors de stages antérieurs et lui confie qu'il est lui-même diabétique et bien informé sur ce trouble. D'ailleurs, les points d'enseignement qu'il soulève sont pertinents et fondés. Il

est très motivé à partager ses connaissances et les stratégies qu'il a découvertes pour bien gérer le diabète tout en menant une vie normale (stimuler la motivation).

À mi-stage, Lysanne profite de l'évaluation formative pour demander à Philippe de revoir ses objectifs personnels, puisque certains lui semblent maintenant atteints. Elle pourra ensuite adapter les occasions d'apprentissage qu'elle lui proposera en conséquence (tenir compte de ses objectifs personnels).

En lien avec l'objectif de Philippe – développer des habiletés pour participer et intervenir lors de rencontres interprofessionnelles –, Lysanne lui offre de participer à la rencontre prévue dans l'après-midi à propos de Mme Morino, l'une des personnes auxquelles il donne des soins en lui assurant sa collaboration au cours de la rencontre. Ainsi, Philippe pourra prendre part pour la première fois à ce type de réunions, ce qui lui donnera un aperçu plus concret du rôle et des responsabilités de chacun des professionnels présents (favoriser une application concrète des apprentissages, inviter à la collaboration).

Toutes les stagiaires sont différentes, par leur personnalité, leurs habiletés, leurs émotions ou leur capacité à les gérer, de même que leur niveau d'expertise. Ce sont autant de caractéristiques qui exercent une influence sur le mode d'apprentissage de chacune. De plus, chaque stagiaire se situe à un stade de développement de l'expertise qui varie selon les années d'études et le nombre de stages auxquels elle a participé. Lorsqu'elles sont en mesure d'en tenir compte, les superviseures peuvent proposer aux stagiaires des occasions d'apprentissage plus adaptées.

3.2 Les stades de développement de l'expertise

L'expertise professionnelle est en constante évolution, et ce, du début des études jusqu'à la fin de la carrière. Ainsi, autant les superviseures que les stagiaires possèdent des niveaux d'expertise variables.

Le modèle proposé par Benner dans son ouvrage *De novice à expert* (1995) décrit bien ce processus et fait ressortir les caractéristiques de chacun de ces stades. Il est important que les superviseures connaissent les stades de développement de l'expertise et prennent en compte le stade où se situent leurs stagiaires afin d'avoir à leur égard des attentes plus réalistes. Les stagiaires se situent généralement au stade novice ou au stade débutante. Comme dans le modèle de l'apprentissage expérientiel (*voir la section 1.2, p. 2*), les expériences vécues sont le moteur du développement de l'expertise. Le tableau 3.2, à la page suivante, décrit les stades de l'expertise (Benner, 1995 ; Benner *et al.*, 2009).

À mesure qu'elle développe son expertise, l'infirmière passe donc d'une vision fragmentée et d'une pensée plus rigide à une plus grande autonomie en s'appuyant sur des principes abstraits ainsi que sur une pensée critique plus développée.

Tableau 3.2 Les stades de l'expertise selon le modèle de Benner

Stade	Description
Novice	• La personne n'a aucune expérience des situations pratiques auxquelles elle est confrontée. • Elle peut ressentir de l'insécurité et douter d'elle-même. • Elle décrit les situations de soins sur la base d'éléments objectifs, de paramètres mesurables. • Elle tend à suivre avec rigidité les règles enseignées, son seul point d'appui étant la théorie apprise dans les cours. • Ayant peu de repères, elle tire des conclusions sur la situation à partir de ses expériences personnelles. • Elle a des difficultés à établir des priorités d'intervention et les actions qui en découlent. • Elle a des difficultés à faire des liens entre la théorie apprise et les situations cliniques rencontrées. • Elle exécute des tâches attendues, ce qui monopolise en grande partie sa concentration.
Débutante	• La personne a fait face à suffisamment de situations pour être capable d'identifier des données significatives qui se présentent dans des situations de soins similaires. • Elle a encore le sentiment de ne pas être compétente. • Elle n'a encore qu'une vision fragmentée d'une situation de soins et ne la voit pas dans sa globalité. • Elle a des difficultés à discerner les données importantes des données superflues ou non significatives. • Elle a des difficultés d'adaptation et d'organisation, mais son niveau de pratique est acceptable. • Elle a encore besoin de soutien pour exécuter des actes professionnels, car la plupart des situations rencontrées sont encore nouvelles pour elle.
Compétente	• La personne a généralement de deux à trois ans d'expérience (environ). • Elle a acquis un sentiment de maîtrise et d'efficacité dans la plupart des situations, mais ressent encore le besoin de s'améliorer. • Elle n'a pas encore suffisamment d'expérience pour envisager la situation dans sa globalité. • Elle distingue certains éléments pertinents dans une situation et est capable d'intervenir dans une situation complexe. • Elle perçoit ses actes en termes d'objectifs ou de plans à long terme. • Elle organise mieux ses soins en se basant sur ses expériences antérieures. • Elle est capable d'analyse, mais de façon moins souple que l'infirmière performante.
Performante	• La personne a généralement entre deux et cinq ans d'expérience. • Elle appréhende la situation de soins comme un tout (vision holistique) et non comme un ensemble d'éléments isolés. • Elle peut reconnaître des changements subtils et le fait souvent de façon inconsciente ou intuitive en se basant sur ses perceptions et les données cliniques. • Elle prend plus facilement des décisions et identifie les priorités. • Elle cerne plus efficacement le problème, entre différentes hypothèses, avant d'intervenir.
Experte	• La personne a généralement cinq ans d'expérience (environ). • Elle a développé des automatismes. • Elle procède avec rapidité à l'évaluation et aux interventions dans des situations familières grâce à son bagage, son expérience. • Elle agit de façon plus intuitive. • Elle fait preuve de souplesse dans ses actions, d'adaptabilité, d'agilité et d'innovation. • Elle détient des habiletés analytiques de haut niveau qui lui sont utiles notamment dans des situations moins familières.

Toutefois, la progression entre ces stades ne s'effectue pas de façon linéaire au fil de l'exposition à des situations professionnelles. À titre d'exemple, une infirmière qui pratique depuis deux ans dans un même milieu peut présenter à la fois certaines caractéristiques du stade débutante et d'autres qui relèvent du stade compétente (Benner, 1995). Si l'expérience contribue au développement de l'expertise, elle n'en est pas la garante. Ainsi, certaines infirmières n'atteindront jamais le stade experte. Lors d'un changement de contexte de travail, l'infirmière peut aussi régresser vers un stade d'expertise inférieur; toutefois, son expérience pourra lui permettre de progresser plus rapidement par la suite.

Au cours de leur programme de formation, la plupart des stagiaires se situent entre le stade novice et le stade débutante. En effet, au cours de leurs stages, elles sont amenées à évoluer dans différents milieux de soins et à aborder diverses spécialités, et ce, pour de courtes périodes, ce qui leur donne peu d'occasions de cheminer vers des stades plus avancés. Les superviseures doivent tenir compte du fait que les novices se basent sur des faits observables et mesurables et éprouvent des difficultés à établir des priorités et à s'organiser. Les stagiaires qui commencent leur programme de formation sont généralement novices. Elles auront besoin d'un accompagnement plus soutenu, par exemple pour prendre en compte plusieurs dimensions d'une situation, identifier les problèmes présents ou déterminer les interventions les plus adéquates. Une attention particulière devra être accordée au développement de leur raisonnement clinique. Les stagiaires qui abordent leurs derniers stages font davantage de liens entre la théorie et la pratique, mais éprouvent toujours des difficultés à appréhender la situation dans sa globalité. Elles sont habituellement au stade débutante. Les superviseures peuvent recourir à des stratégies telles que le questionnement, ce qui peut aider les stagiaires à surmonter ces difficultés, ou encore agir comme modèle de rôle en explicitant la démarche intellectuelle mise en œuvre. Au terme des stages de fin de programme, les étudiantes atteignent généralement le stade débutante, mais il leur faudra encore quelques années de pratique avant de passer au stade compétente. Il est déplacé de s'attendre à ce qu'une stagiaire atteigne en stage le stade compétente, performante, voire experte : de telles attentes sont démesurées et ne devraient pas être envisagées.

3.3 Les défis des stagiaires d'aujourd'hui

En raison de l'évolution de la société et des changements qu'elle connaît, il existe actuellement des enjeux plus diversifiés chez les stagiaires. Les stagiaires actuelles se distinguent ainsi des générations qui les précèdent, notamment celle de leurs superviseures. Le fait que les superviseures comprennent mieux les enjeux que vivent les stagiaires peut contribuer à éviter un choc entre les générations et à favoriser des relations plus harmonieuses. Les superviseures qui se montrent sensibles et qui cherchent à mieux connaître individuellement les stagiaires peuvent adapter l'encadrement offert. Plusieurs enjeux couramment observés aujourd'hui peuvent exiger une adaptation de la part des superviseures, notamment : la conciliation entre les études et les contraintes liées au travail ou à la vie personnelle; les technologies de l'information et des communications; l'équité, la diversité et l'inclusion; la situation de handicap; et la gestion du stress.

3.3.1 La conciliation

Faire des études pour devenir infirmière est très exigeant. Plusieurs programmes de formation infirmière exigent de concilier les cours théoriques et les stages. De plus, dans une proportion importante, les stagiaires travaillent parallèlement à leurs études, qu'il s'agisse d'un emploi d'infirmière, pour les détentrices d'un permis de pratique, ou de préposée aux bénéficiaires, pour d'autres, ou de tout autre type d'emploi.

En plus d'avoir à concilier les études et le travail, les étudiantes doivent respecter les contraintes liées aux cours théoriques, celles liées à la charge de travail et l'horaire des stages. Elles se retrouvent donc à jongler entre les plages horaires dédiées à l'étude, à la préparation aux examens, aux pratiques en laboratoire, aux stages et à leur travail. Par exemple, des stages qui ont lieu en soirée peuvent occasionner chez les étudiantes une fatigue qui les rend moins attentives lors des cours auxquels elles assistent le matin.

Dans certains cas, la conciliation avec la vie familiale peut aussi avoir un impact. Que l'étudiante soit proche aidante d'un membre de sa famille ou parent de jeunes enfants, cela représente un défi supplémentaire pour elle. Certaines sont des mères monoparentales ou vivent dans une famille reconstituée, ce qui peut ajouter à leur fardeau en tant que parent.

Plusieurs stagiaires tentent de trouver un juste équilibre entre ces réalités qui comportent leur lot d'imprévus et sont fréquemment une source de stress. Elles peuvent manquer de temps pour combler leurs besoins personnels, par exemple faire de l'activité physique ou s'accorder des moments de détente (Lechasseur, 2009), ce qui peut contribuer à augmenter leur niveau de stress. Les superviseures peuvent ouvrir la discussion avec elles pour les aider à identifier des pistes de solution (*voir Sur le terrain 3.2*).

Sur le TERRAIN 3.2

Les difficultés d'être parent et stagiaire

Lydia supervise le stage de troisième année de Christina depuis 13 jours (sur un total de 20 jours). Elle remarque chez Christina des signes de fatigue plus marqués depuis deux ou trois jours. Ses yeux sont plus cernés, elle bâille fréquemment et a de plus en plus souvent des difficultés à être attentive. Lydia décide d'aborder le sujet avec elle en lui faisant part de ses observations et de ses inquiétudes pour sa santé et la réussite de son stage. Christina lui confie alors qu'elle a un examen la semaine prochaine, qu'elle doit étudier tard le soir. Par ailleurs, son fils a eu une poussée dentaire et il s'est réveillé fréquemment les dernières nuits. De plus, le chauffe-eau de leur logement a fui, ce qui a occasionné un dégât au sous-sol. Et, comble de malheur, son conjoint travaille à l'extérieur ces jours-ci. Après avoir échangé avec Lydia, Christina constate que les difficultés qu'elle rencontre sont passagères et devraient s'estomper. Le conjoint de Christina revient le soir même pour prendre le relais, ce qui lui permettra de mieux dormir. Comme la prochaine journée du stage aura lieu après l'examen, Christina affirme qu'elle sera alors en pleine forme. Il n'y a donc pas lieu de revoir l'horaire des journées de stage. Cependant, il arrive que des situations exceptionnelles l'exigent: dans de tels cas, il peut être envisagé de revoir l'horaire des journées de stage, en fonction des disponibilités des superviseures et après entente avec la responsable académique de stage.

Lorsqu'elles sont ponctuelles, les difficultés de conciliation se résorbent généralement d'elles-mêmes. Néanmoins, si elles tiennent à des situations plus complexes ou évoluant sur le long terme, les superviseures peuvent faire appel à la responsable académique de stage pour aider les stagiaires à trouver des pistes de solution ou du soutien. Les établissements d'enseignement offrent des services d'aide vers lesquels les étudiantes peuvent être orientées. Certains établissements prévoient aussi des mesures particulières pour les étudiantes-parents. Pour les superviseures qui désirent en savoir davantage, il peut être intéressant de consulter le site web du centre d'aide aux étudiants des établissements d'enseignement d'où proviennent les stagiaires. Ultimement, c'est aux stagiaires qu'il incombe de trouver un équilibre et de concilier leurs différentes activités, en ayant recours aux mesures d'aide. Sinon, elles s'exposent au risque de rencontrer des difficultés, voire d'échouer à leur stage.

3.3.2 Les technologies de l'information et des communications

Pour la plupart, les stagiaires d'aujourd'hui ont toujours connu Internet et les médias sociaux, ce qui a une grande influence sur leurs attitudes et leurs comportements. Les technologies de l'information et des communications font partie intégrante de leurs activités quotidiennes, qu'elles les utilisent pour obtenir des informations à travers Google, Wikipédia ou YouTube. Les téléphones intelligents font également partie de leur quotidien. Elles ont ainsi rapidement accès à un large éventail d'informations tout en pouvant communiquer en temps réel ou presque par messages textes, courriels ou autres. Hyperconnectées et adeptes des médias sociaux, elles sont parfois en interaction avec leur entourage en tout temps (Eckleberry-Hunt, 2018; Shorey *et al.*, 2021).

Habituées à vivre dans l'immédiateté, elles s'attendent donc généralement à ce qu'on réponde rapidement à leurs demandes, quelle que soit la personne à qui elles s'adressent, ce qui inclut leur superviseure de stage. Pour celles qui passent beaucoup de temps connectées, cela réduit les occasions de socialiser en face-à-face avec d'autres personnes, ce qui est associé à un sentiment accru de solitude, à une plus grande propension à l'anxiété et, dans certains cas, à une difficulté à établir des relations interpersonnelles

(Eckleberry-Hunt, 2018 ; Lerchenfeldt *et al.*, 2021). Même si elles ont l'habitude d'utiliser les technologies actuelles pour rechercher des informations, les stagiaires d'aujourd'hui ne sont pas forcément plus portées que celles des générations précédentes à analyser la validité des sources et des contenus. Leur hyperconnectivité, leurs habiletés technologiques, leur capacité de travail et leur volonté d'apprendre en font toutefois des étudiantes très productives (Schenarts, 2020).

3.3.3 L'équité, la diversité et l'inclusion

Les établissements de formation font désormais preuve d'une plus grande sensibilité à la diversité des clientèles étudiantes accueillies dans les programmes, que cette diversité touche à leur expérience, à leur « race », à leur origine ethnique ou culturelle, à leur sexe, genre ou orientation sexuelle (Eckleberry-Hunt, 2018). Ainsi, une attention de plus en plus grande est accordée à l'équité, à la diversité et à l'inclusion.

L'Université Laval (2022) propose des définitions éclairantes pour différencier les trois concepts :

- L'équité se définit comme un « principe qui permet que les personnes, quelles que soient leur identité et leurs différences, soient traitées en tenant compte de leurs caractéristiques particulières afin d'en arriver à un résultat qui soit le plus juste possible ».

- La diversité se rapporte « aux conditions, aux modes d'expression et aux expériences de différents groupes définis par l'âge, l'orientation sexuelle, le statut Autochtone, la religion, la situation de handicap, la langue, la race, le lieu d'origine, l'origine ethnique, la culture, la situation socioéconomique ou d'autres attributs ».

- Finalement, l'inclusion s'incarne « par des actions et des mesures, mise en place d'un environnement où toutes les personnes sont respectées dans leur unicité, valorisées de manière équitable et ont accès aux mêmes possibilités ».

De plus, des activités consacrées à la culture autochtone ou des mesures visant à promouvoir une pédagogie inclusive sont mises en place afin de prévenir les situations susceptibles de faire obstacle à l'inclusion et d'intervenir à bon escient lorsqu'elles surviennent. Les superviseures doivent, elles aussi, se montrer sensibles si une stagiaire fait partie d'un des groupes visés par de telles mesures.

Les mesures concernant l'équité, la diversité et l'inclusion qui sont mises en place dans les milieux cliniques où œuvrent les superviseures peuvent également servir de repères dans un contexte de supervision.

En s'appropriant les concepts d'équité, de diversité et d'inclusion, les superviseures pourront développer une plus grande sensibilité à ces différents enjeux et créer un climat exempt de discrimination et de préjugés en contexte de supervision. Adopter une approche favorisant l'inclusion permet d'obtenir les retombées les plus positives pour les personnes concernées. L'inclusion a une portée plus large que l'équité, car elle ne renvoie pas à des caractéristiques propres à des individus, mais vise à assurer le respect des personnes de façon générale, peu importe leurs caractéristiques personnelles. Par exemple, lorsqu'une rampe d'accès pour les personnes présentant un handicap physique est ajoutée près d'un escalier, elle peut aussi servir à une mère qui utilise une poussette ou à une personne se déplaçant en fauteuil roulant temporairement à la suite d'un accident. De même, le fait qu'une vidéo utilisée lors d'un cours soit sous-titrée permet de s'adresser aux différents types d'apprenants ainsi qu'à des personnes qui maîtrisent moins bien le français. Dans ce cas, les sous-titres pourraient aussi servir à des étudiantes ayant des difficultés auditives. Autrement dit, en matière d'inclusion, une même mesure peut être bénéfique pour un plus grand nombre de personnes ayant des caractéristiques diverses.

La figure 3.1, à la page suivante, illustre de façon concrète la différence entre l'égalité, l'équité et l'inclusion.

Chaque personne a des préjugés pouvant faire obstacle à l'équité et à l'inclusion. Les préjugés sont des façons de voir le monde inconscientes ou implicites. De façon automatique, les préjugés nous amènent à tenir pour acquis que ce que nous percevons des personnes ou des situations représente ce qu'elles sont. Les préjugés peuvent être culturels, sexistes, linguistiques ou liés à l'âge. Il est essentiel de prendre conscience de ses préjugés lorsqu'il est question de porter un jugement sur la qualité des actions ou sur les compétences d'une personne, comme c'est le cas

Figure 3.1   La différence entre l'égalité, l'équité et l'inclusion

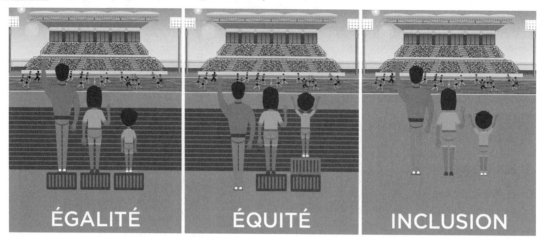

ÉGALITÉ   ÉQUITÉ   INCLUSION

Source : UQAM, inspirée de l'illustration originale créée par Craig Froehle, University of Cincinnati.

en supervision. Pour ce faire, une réflexion sur ses propres préjugés s'impose en vue d'adopter des comportements d'ouverture à l'égard de la diversité (Programme des chaires de recherche du Canada, 2017).

Afin d'agir dans un esprit d'inclusion et d'explorer la vision des stagiaires concernant des aspects qui sont souvent vus sous des angles différents selon les cultures, les superviseures peuvent recourir à diverses stratégies, notamment (Bernard et Goodyear, 2019) :

- ouvrir la discussion avec les stagiaires afin de mieux les connaître en tant qu'individus ;

- être attentive à leur vision de l'autorité dans la relation entre l'enseignante/superviseure et l'étudiante ;

- échanger avec elles sur leur conception de la santé et les pratiques reliées à la santé et aux soins ;

- être attentive au sens accordé aux comportements non verbaux tels que les distances acceptables entre les personnes, le toucher ou le contact visuel.

En matière de diversité, de nombreux cas de figure peuvent se présenter aux superviseures. Néanmoins, les principes d'andragogie ainsi que les concepts d'équité, de diversité et d'inclusion constituent des repères qui leur permettent de mieux accompagner les stagiaires en tenant compte de leurs particularités. Cela peut être le cas, par exemple, lorsqu'il y a une différence d'âge et d'expérience (*voir Sur le terrain 3.3*).

Sur le TERRAIN 3.3   La supervision d'une personne effectuant un retour aux études

Jonathan reprend ses études à 36 ans. Il appréhende sa première journée dans un milieu clinique qu'il ne connaît pas. Lorsqu'il arrive, Camille, sa superviseure âgée de 27 ans, se sent intimidée par le fait que son stagiaire est plus âgé qu'elle. Après les présentations d'usage, elle lui expose le plan pour la journée, puis prend quelques minutes pour mieux le connaître.

— J'aimerais bien que tu me parles de ton parcours avant tes études pour devenir infirmier. Quelles étaient tes motivations pour effectuer ce changement ?

— J'étais technicien en environnement. La profession infirmière m'a toujours intéressé, surtout dans les soins en oncologie, mais j'hésitais.

Maintenant, je plonge et j'avoue que je me sens passablement nerveux. J'ai beaucoup à apprendre, mais je suis très motivé.

Par cette courte conversation, Camille découvre la passion de Jonathan pour tout ce qui touche à la santé et, plus particulièrement, à l'oncologie. Consciente de l'ouverture à apprendre de son stagiaire et forte de son expérience comme infirmière, Camille reprend confiance : « Cela me fera grand plaisir de partager mes connaissances avec toi. J'ai terminé mes études il y a déjà six ans. Si tu le veux, tu pourrais partager avec moi tes connaissances fraîchement acquises dans tes cours. »

3.3.4 Les situations de handicap

Les personnes en situation de handicap peuvent présenter des déficiences dues à une perte ou à une anomalie touchant une fonction physique, psychologique ou anatomique (Philibert, s. d.). Le concept de handicap renvoie aux conséquences de la déficience ou de l'incapacité, dans le sens où elles limitent la personne dans l'exercice des rôles attendus d'un individu dans la société ou l'empêchent d'exercer ces rôles. La clientèle estudiantine en situation de handicap a significativement augmenté ces dernières années (Association québécoise interuniversitaire des conseillers aux étudiants en situation de handicap, 2020). Par conséquent, un plus grand nombre de stagiaires se trouvent en situation de handicap et ont besoin d'accommodements.

Les personnes en situation de handicap peuvent présenter des déficiences auditive, visuelle ou motrice, des troubles d'apprentissage, comme la dyslexie, ou encore un déficit de l'attention. Si ces personnes ont les habiletés intellectuelles nécessaires pour réussir leurs études ou exercer la profession infirmière, ces handicaps n'en affectent pas moins leur apprentissage. À cet égard, ce qui explique l'augmentation du nombre d'étudiantes en situation de handicap, c'est l'augmentation de la clientèle présentant une déficience dite « invisible », telle qu'un trouble de l'attention, un trouble d'apprentissage ou un trouble de santé mentale.

Le fait qu'une stagiaire soit en situation de handicap peut susciter chez les superviseures des inquiétudes et des questionnements, par exemple :

- La stagiaire réussira-t-elle son stage malgré son handicap ? Arrivera-t-elle même à le terminer ?
- L'étudiante parviendra-t-elle à trouver un emploi d'infirmière ?
- Comment est-il possible de l'accompagner au cours du stage ?
- Faut-il s'inquiéter pour la sécurité des personnes soignées ? Ou des réactions de ces personnes ?

La possibilité de l'échec ou de l'arrêt des études fait partie de la réalité pour toutes les stagiaires. Offrir des accommodements à celles qui sont en situation de handicap vise à leur donner toutes les chances de réussir, mais cela ne garantit pas leur réussite pour autant. En adoptant des accommodements qui pallient leurs limitations, il est souvent possible et réaliste de donner accès aux stages aux étudiantes en situation de handicap. Les superviseures peuvent jouer un rôle important à cet égard en identifiant au préalable les obstacles ou les défis que ces stagiaires sont susceptibles de rencontrer dans le milieu clinique. Habituellement, elles le font conjointement avec la responsable académique de stage et avec la stagiaire, avant le début du stage. Enfin, le climat d'accueil et le soutien offert durant le stage constituent des atouts indéniables pour favoriser la confiance chez la stagiaire (Université Laval, 2020).

Le tableau 3.3, à la page suivante, précise quels sont les rôles et les responsabilités des différents acteurs impliqués dans un stage.

Tableau 3.3 Les rôles et les responsabilités des acteurs impliqués dans un stage

Acteurs	Rôles et responsabilités
La stagiaire	• Dévoiler sa situation de handicap à la direction de programme de son établissement afin que des mesures d'accommodement puissent être mises en place. • Informer sa superviseure de sa situation de handicap seulement si un accommodement est nécessaire pour développer pleinement ses compétences.
La superviseure	• Identifier les défis que le milieu présente pour la stagiaire et envisager des modalités pour les contourner ou y remédier. • Mettre en œuvre les mesures d'accommodement demandées par l'établissement d'enseignement. • Accompagner la stagiaire dans ses apprentissages.
Le centre d'aide aux étudiants de l'établissement d'enseignement	• Aider la stagiaire et la responsable académique de stage ainsi que la direction du programme à trouver des solutions créatives pour faire face aux obstacles pouvant être rencontrés. • Offrir un soutien à la stagiaire selon ses besoins.
La responsable académique de stage et la direction de programme	Assurer le suivi nécessaire pour la mise en place des mesures d'accommodement recommandées par le centre d'aide aux étudiants.

Source : Inspiré de Université Laval, 2020, p. 8.

Les stages posent plusieurs défis ou mettent en évidence certaines difficultés. Le centre d'aide aux étudiants de l'établissement d'enseignement peut recommander des mesures d'accommodement tant pour les cours en classe que pour les laboratoires et les stages en milieu clinique. C'est à la stagiaire qu'il revient de dévoiler à sa superviseure son handicap et les mesures d'accommodement à instaurer, dans le cas où celles-ci sont nécessaires lors du stage. Néanmoins, comme certains handicaps ne sont pas visibles, une bonne pratique en supervision consiste à ouvrir la discussion avec toutes les stagiaires afin de savoir si elles ont besoin d'accommodements particuliers pour exercer leurs fonctions en cours de stage (Bernard et Goodyear, 2019). Le cas échéant, la superviseure doit aussi ouvrir le dialogue avec la stagiaire sur le « quand » et le « comment », et s'assurer si elle souhaite ou non aviser de son handicap les personnes soignées.

La responsable académique de stage peut aussi contribuer à apporter un soutien dans la mise en place de ces mesures qui favorisent la réussite de la stagiaire. Il peut également s'avérer nécessaire de lui apporter un soutien particulier pour l'aider à faire face aux défis que présente le milieu clinique. Pour des compléments d'information, les superviseures peuvent consulter le site Web du centre d'aide aux étudiants de l'établissement d'enseignement fréquenté par la stagiaire.

Les mesures d'accommodement peuvent s'avérer bénéfiques tant pour les stagiaires que pour les superviseures, de même que pour la profession infirmière (*voir Sur le terrain 3.4*).

3.3.5 Le stress

Les réalités de la vie auxquelles sont confrontées les étudiantes d'aujourd'hui apportent leur lot de stress, sans compter la charge de travail imposée par le programme de formation, qui est souvent qualifiée de lourde (Bhurtun *et al.*, 2019). Les stages représentent une source de stress modéré pour la plupart des étudiantes (Bhurtun *et al.*, 2019). Elles sont confrontées à des situations souvent nouvelles, uniques et sources de multiples incertitudes (Oermann *et al.*, 2018). Dit autrement, le stress survient quand les étudiantes font face à des demandes qu'elles perçoivent comme excédant leurs ressources ou leurs habiletés, ce qui entraîne un déséquilibre personnel qui met à l'épreuve leurs capacités d'adaptation (Fortinash et Holoday Worret, 2016 ; Pulido-Martos *et al.*, 2012).

Sur le TERRAIN 3.4 — L'encadrement d'une stagiaire en situation de handicap

En début de deuxième année, Mylène effectue un stage dans une unité de médecine. Thomas, son superviseur, se rend compte qu'elle rencontre des difficultés à comprendre ce qu'il lui dit : quand il y a beaucoup de gens autour d'eux, il doit répéter, car elle ne semble pas avoir bien saisi. Il constate aussi que, par moments, ses interprétations sont erronées et ses réponses plus ou moins appropriées. Comme les difficultés de Mylène s'accroissent et qu'elle est de plus en plus stressée, Thomas décide d'en discuter avec elle.

— Je veux parler avec toi aujourd'hui des difficultés que je constate depuis le début de ton stage. À plusieurs reprises, tu ne semblais pas comprendre des explications. Par exemple, ce matin, au rapport interservices, j'ai dû répéter plusieurs informations qui t'ont été transmises par l'infirmière de nuit. Cela pose un problème parce que tu éprouves par la suite des difficultés à identifier les interventions à réaliser.

Thomas n'a pas terminé de parler que Mylène se met à pleurer.

— Je pensais que tout irait bien, mais les choses sont plus difficiles pour moi que ce que j'anticipais. Il y a tant de nouveautés et de bruits… Je ne voulais pas le dire, mais j'ai un problème de surdité.

— As-tu un appareil auditif qui pourrait t'aider ?

— Oui, mais il ne fonctionne pas très bien et je refuse de le porter. Je ne veux pas que les gens le sachent. Même mon amoureux n'est pas au courant de mon problème. Généralement, j'arrive à me débrouiller assez bien dans le quotidien. Je vais faire davantage d'efforts pour bien comprendre, mais je ne souhaite pas porter cet appareil.

Devant le refus de Mylène d'utiliser son appareil pour pallier sa déficience auditive, Thomas lui dit qu'il discutera avec la responsable académique de stage pour envisager la suite des choses. Il ne sait pas comment l'aider.

Après l'appel de Thomas, la responsable académique de stage rencontre Mylène. Elles conviennent que Mylène ira consulter le centre d'aide aux étudiants pour avoir du soutien dans la recherche de solutions. Mylène abandonne le stage pour se donner le temps de trouver des solutions.

Lors de sa rencontre avec la conseillère aux étudiants en situation de handicap, Mylène réalise qu'elle ne peut pas faire de stages sans avoir recours à un meilleur appareil auditif. Elle fait donc les démarches nécessaires tout en recevant le soutien de la conseillère. Lors de la session suivante, elle reprend son stage.

Cette fois-ci, elle avise sa superviseure Sylvia qu'elle a un déficit auditif, mais qu'il est bien compensé par son nouvel appareil auditif. Elle précise cependant qu'elle l'utilise depuis peu et que certains sons sont nouveaux pour elle. Elle apprend graduellement à s'adapter et ressent encore le besoin de lire sur les lèvres pour être sûre de bien comprendre. Sylvia se montre ouverte à l'accompagner et lui dit qu'elle veillera à être dans son champ de vision lorsqu'elle lui parlera. Ensemble, elles s'entendent sur d'autres mesures pouvant aider Mylène dans son adaptation et ses apprentissages. Ce deuxième stage se déroule sans problème, Mylène progresse bien avec l'accompagnement de Sylvia. Celle-ci a de son côté appris plusieurs choses sur le vécu des personnes présentant un problème de surdité ou en situation de handicap.

Si les stages et le contexte de supervision peuvent générer du stress, le fait d'être supervisées sécurise grandement la majorité des stagiaires et réduit leur niveau de stress (Bernard et Goodyear, 2019). Par ailleurs, le stress peut aussi avoir un effet positif en stimulant la motivation à apprendre et en permettant d'agir adéquatement : par exemple, sous le regard de la superviseure, la stagiaire peut s'appliquer davantage dans le montage d'une tubulure afin de ne rien oublier.

À l'inverse, le stress peut entraîner des réponses moins adaptées et nuire à la performance (Oermann *et al.*, 2018 ; Pulido-Martos *et al.*, 2012). Il peut affecter la capacité des stagiaires à démontrer des habiletés déjà acquises ou à nuire à leurs relations avec leur superviseure (Bernard et Goodyear, 2019). En présence d'un stress important, les stagiaires éprouvent des difficultés à prendre en compte les nouvelles informations et à les décoder, ce qui limite leur capacité d'apprendre et peut conduire à des erreurs ou à de mauvaises décisions (Bernard et Goodyear, 2019 ; Bhurtun *et al.*, 2019 ; Lazarus et Folkman, 1984).

En étant davantage sensibles au fait que les stages sont une source de stress, les superviseures peuvent offrir à leurs stagiaires un accompagnement mieux adapté à ce qu'elles vivent.

Les principales sources de stress liées aux stages peuvent être regroupées en cinq catégories : les soins aux personnes, l'appropriation du contexte clinique, les relations avec le personnel du milieu, les relations avec la superviseure et le contexte d'évaluation (McCarthy *et al.*, 2018). Des exemples de motifs associés à ces catégories sont présentés au tableau 3.4.

Tableau 3.4 Des exemples de motifs de stress selon la source

Source de stress	Exemples de motifs
Les soins aux personnes	• Peur de commettre des erreurs et de porter préjudice aux personnes soignées et par conséquent de se sentir responsable des conséquences pour celles-ci (Bhurtun *et al.*, 2019 ; Ching *et al.*, 2020) • Crainte que les personnes refusent d'être soignées par une stagiaire (Simpson et Sawatzky, 2020) • Émotions provoquées par les soins donnés à des personnes présentant de la douleur, en fin de vie ou en soins palliatifs • Sentiment d'être dépassée lorsque la charge de travail est trop lourde ou exige d'assumer des responsabilités qui excèdent ses capacités • Nécessité de s'adapter constamment en raison des différences entre les personnes soignées (Oermann *et al.*, 2018)
L'appropriation du contexte clinique	• Nécessité de se familiariser avec les lieux physiques, le matériel disponible, l'organisation du travail, les modes de fonctionnement et le personnel (McCarthy *et al.*, 2018) • Appropriation du langage et des procédures en vigueur, qui varient souvent d'un milieu de stage à l'autre • Pression résultant d'une cadence de travail très soutenue à laquelle il faut s'adapter tout en préservant la qualité du travail et en ne commettant pas d'erreur • Volonté de réaliser les tâches confiées tout en respectant les routines en vigueur pour se montrer compétente et être acceptée (Ching *et al.*, 2020)
Les relations avec le personnel du milieu	• Appréhension d'être jugée en tant que stagiaire par les autres membres du personnel (Bhurtun *et al.*, 2019) • Découverte de règles sociales souvent implicites à appliquer pour maintenir des relations harmonieuses (Ching *et al.*, 2020) • Impression de manquer de soutien de la part de l'équipe, d'être ignorée ou même non désirée ou rejetée en tant que stagiaire • Crainte de subir la critique de la part du personnel • Insécurité lors des échanges verbaux avec l'équipe médicale (Bhurtun *et al.*, 2019)
Les relations avec la superviseure	• Crainte d'être critiquée devant les personnes soignées et leur famille plutôt que dans un endroit en retrait (Pulido-Martos *et al.*, 2012) • Contradictions entre les consignes et ce qui a été appris durant la formation théorique • Soutien émotif insuffisant lors de situations d'urgence ou fortement émotives comme le décès d'une personne (McCarthy *et al.*, 2018)

Tableau 3.4 Des exemples de motifs de stress selon la source (*suite*)

Source de stress	Exemples de motifs
Le contexte d'évaluation	• Impression d'être constamment observée, par sa superviseure, par les autres membres de l'équipe soignante ou par les personnes soignées elles-mêmes ou leur famille (Bhurtun *et al.*, 2019) • Perception d'être constamment évaluée alors que le stage est synonyme d'apprentissage et de processus d'acquisition de différentes habiletés (Oermann *et al.*, 2018) • Préoccupation d'avoir à satisfaire aux exigences académiques pour la réussite des stages et parfois crainte de l'échec • Stress de performance lié aux notes (Ching *et al.*, 2020)

Sur le TERRAIN 3.5 Une erreur due au stress

Josyane, 20 ans, entame sa première journée de stage dans une unité de médecine. Nancy, sa superviseure, la sent très nerveuse. Alors qu'elle lui fait visiter l'unité lors de la journée d'orientation, elle lui explique qu'elles iront ensemble vérifier les signes vitaux de M. Carignan en guise de pratique et qu'elle devra vérifier sa tension artérielle manuellement. En arrivant à la chambre, Nancy constate que Josyane rougit en saluant le patient et bafouille en se présentant. M. Carignan se montre aimable et lui sourit.

Au moment de mesurer sa tension artérielle, Josyane place correctement le brassard et le pavillon du stéthoscope, puis gonfle le brassard. Tout à coup, elle se tourne vers sa superviseure et, d'un ton anxieux, lui dit qu'elle n'entend rien. Nancy constate que Josyane est si nerveuse qu'elle a simplement oublié de mettre les embouts du stéthoscope dans ses oreilles (ils sont restés autour de son cou !). Elle lui dit discrètement « Mets les embouts du stéthoscope dans tes oreilles » en lui faisant un clin d'œil. Josyane rougit davantage et se sent stupide, car c'est une technique qu'elle maîtrise habituellement. M. Carignan, témoin de la scène, éclate de rire et lui dit de simplement recommencer. Il lui raconte ensuite une anecdote qu'il a vécue alors qu'il était lui-même jeune stagiaire. L'atmosphère se détend. En corrigeant délicatement la maladresse de Josyane et en lui adressant un sourire réconfortant, Nancy l'a aidée à se détendre et à reprendre confiance en elle. Finalement, Josyane mesure la tension artérielle adéquatement.

Aux sources de stress déjà évoquées peuvent s'ajouter d'autres facteurs tels que les conflits entre la vision idéalisée ou théorique de la pratique infirmière et les constats réalisés en stage. En somme, les superviseures ont un rôle important à jouer pour aider les stagiaires à moduler leur stress en mettant en place différentes stratégies, comme l'illustre la rubrique Sur le terrain 3.5. D'autres stratégies seront présentées plus en détail dans les prochains chapitres.

La gestion du stress

La gestion du stress par les stagiaires dépend, entre autres, de leur niveau de maturité, de leur niveau d'expérience, de leur personnalité et de la nature des relations établies avec la personne soignée et sa famille (Bernard et Goodyear, 2019). Par ailleurs, au sein des établissements d'enseignement, notamment dans les centres d'aide aux étudiants, elles ont à leur disposition de nombreuses ressources pour apprendre à mieux gérer leur stress. Il ne faut pas hésiter à les orienter vers ces services, au besoin, ou vers la responsable académique de stage, qui pourra les diriger vers ces ressources.

En leur disant qu'il est normal de ressentir du stress lorsqu'on doit apprendre dans un nouveau milieu, les superviseures rassurent les stagiaires et, ce faisant, elles normalisent la situation, ce qui peut s'avérer une stratégie gagnante. Il est également recommandé de leur rappeler qu'il est normal de ne pas tout savoir et qu'elles ont droit à l'erreur et peuvent prendre des risques (sans qu'il y ait danger de préjudice aux personnes) (Bernard et Goodyear, 2019). Des moments d'échange devraient aussi être prévus pour les encourager à partager leurs expériences, leurs pensées, leurs sentiments et les aider à combler le fossé qui peut exister entre leurs attentes et la réalité (Ching *et al.*, 2020).

Pour certaines procédures ou techniques de soins, une autre stratégie consiste à prévoir une période qui sera consacrée aux apprentissages à réaliser avant de se présenter auprès de la personne soignée (Pepin *et al.*, 2017). Amener les stagiaires à reconnaître que les compétences s'acquièrent avec le temps et que les expériences cliniques sont une occasion d'apprendre peut également apaiser leur stress (Ching *et al.*, 2020). En ce sens, encourager l'autoévaluation et la réflexion sur soi, ce qui leur permet de reconnaître leurs forces et les aspects à améliorer, est une autre option à encourager.

Enfin, donner aux stagiaires des rétroactions fréquentes sur leur pratique joue un rôle majeur dans la réduction de leur stress.

L'encadré 3.1 présente différentes stratégies auxquelles les superviseures peuvent recourir pour minimiser le stress chez les stagiaires.

L'accompagnement des stagiaires constitue un levier essentiel pour leur permettre de tirer profit des apprentissages en stage tout en modulant le stress qui leur est associé. L'encadré 3.2 présente d'autres stratégies que les superviseures peuvent recommander aux stagiaires pour diminuer leur stress (Fortinash et Holoday Worret, 2016).

Tout comme les stagiaires, les superviseures peuvent, elles aussi, vivre du stress lors du stage. Par exemple, ce stress peut être lié au fait qu'elles manquent de temps pour encadrer les stagiaires, qu'elles doivent assurer la sécurité des personnes soignées ou encore qu'elles doivent régulièrement donner des rétroactions. Les stratégies évoquées dans les deux encadrés suivants peuvent donc aussi s'appliquer aux superviseures.

Encadré 3.1 **Des stratégies pour minimiser le stress chez les stagiaires**

- Adopter une attitude empreinte de calme et d'ouverture.
- Normaliser le stress face aux nouvelles situations d'apprentissage.
- Reconnaître que les stagiaires ne peuvent pas tout savoir, qu'elles ont droit à l'erreur.
- Prévoir avec elles des moments d'échange pour explorer leur vécu en stage.
- Réaffirmer que les compétences s'acquièrent avec le temps.

- Leur octroyer le temps nécessaire à l'apprentissage, par exemple avant l'exécution d'une procédure.
- Encourager les stagiaires à l'autoévaluation et à la réflexion sur leur pratique.
- Leur offrir des rétroactions sur une base régulière.
- Les orienter, au besoin, vers le centre d'aide aux étudiants de leur établissement d'enseignement.

Encadré 3.2 **Des exemples d'activités proposées pour réduire le stress**

- Activité physique
- Art thérapie (musique, danse, art dramatique, lecture, peinture…)
- Relaxation
- Méditation

- Yoga ou taï-chi
- Thérapie basée sur la pleine conscience
- Distraction, humour
- Ressources d'aide dans le milieu scolaire ou dans le milieu de travail

Conclusion

Avoir une communication franche et ouverte avec les stagiaires contribue à instaurer une bonne relation dès le départ, ce qui est propice à une gestion efficace du stress de part et d'autre. Il est également important que les superviseures tiennent compte des spécificités des stagiaires et de leur situation particulière afin de pouvoir leur offrir un accompagnement plus personnalisé qui contribue à maintenir une relation harmonieuse. Reconnaître les acquis des stagiaires, tels que leurs expériences antérieures, est aussi une façon pour les superviseures de les engager plus activement dans leurs apprentissages. L'adoption d'une vision fondée sur l'équité, la diversité et l'inclusion favorise des mesures qui sont bénéfiques pour toutes. Malgré les défis que rencontrent les personnes en situation de handicap, chacune d'entre elles peut apporter une contribution significative à la profession infirmière, lorsque des mesures d'accommodement à la fois raisonnables et réalistes peuvent être mises en place. Enfin, si les stages sont une source de stress, l'encadrement par les superviseures est quant à lui une source de réconfort qui contribue au bon déroulement de l'apprentissage.

Questions de réflexion

1. Comment intégrer les principes de l'andragogie au quotidien dans la supervision ?
2. Lorsque les stagiaires sont novices ou débutantes, quels sont les aspects à prendre en considération pour mieux les accompagner ?
3. Quels sont les enjeux liés aux caractéristiques des stagiaires d'aujourd'hui dont il est souhaitable de tenir compte dans la préparation et le déroulement d'un stage ?
4. Comment les superviseures peuvent-elles contribuer à réduire les sources de stress liées au stage et aider les stagiaires à gérer le stress efficacement ?

CHAPITRE

4

Se préparer à superviser

Plan du chapitre

Objectifs du chapitre

- Distinguer la position d'évaluation de la position d'apprentissage et leurs retombées sur l'apprentissage et les relations superviseure-supervisée.

- Connaître des stratégies favorisant une position d'apprentissage chez les stagiaires et chez les superviseures.

- S'approprier des orientations pour intégrer une pédagogie active en supervision.

- Comprendre les rôles et les responsabilités des stagiaires et des superviseures.

- Identifier les ressources offertes en appui aux superviseures.

 Ressources en ligne sur la plateforme *i+ Interactif* :
- Livre numérique
- Boîte à outils

Introduction

Se préparer à superviser amène à se questionner sur sa propre conception des deux facettes indissociables du stage que sont l'apprentissage et l'évaluation. À cet égard, on retrouve deux conceptions opposées chez les enseignantes comme chez les superviseures et les apprenantes : la position d'apprentissage et la position d'évaluation. Le fait d'adopter l'une ou l'autre de ces conceptions teinte fortement les interactions entre les superviseures et les stagiaires lors des stages en milieu clinique ainsi que le climat d'apprentissage. Explorer ces deux conceptions permet à la superviseure de réfléchir à la façon dont elle-même conçoit l'apprentissage et l'évaluation en vue de mieux soutenir le développement des compétences chez les stagiaires. Par ailleurs, comme les stagiaires sont des apprenantes adultes, il est pertinent d'aborder la supervision en s'inscrivant dans une vision de pédagogie active. Afin d'identifier des stratégies pouvant y contribuer, il est nécessaire de mener une réflexion préalablement au stage. De plus, pour que l'expérience de supervision soit enrichissante à la fois pour la superviseure et la stagiaire, la préparation à l'encadrement d'un stage devrait déboucher sur une bonne compréhension de leurs rôles respectifs ainsi que sur l'identification des ressources offertes.

4.1 La position d'apprentissage et la position d'évaluation

Le principal objectif des stages devrait être de favoriser des apprentissages contribuant au développement de l'autonomie professionnelle des stagiaires (Dietemann *et al.*, 2018). Dans ce contexte, le rôle des superviseures est d'encourager les stagiaires à adopter certaines des attitudes et des modes de pensée qui concourent à tirer tout le profit possible des occasions d'apprentissage qu'elles leur proposent. Pour ce faire, il est préférable de privilégier la position d'apprentissage chez les stagiaires, plutôt que la position d'évaluation. En effet, la position d'apprentissage se caractérise par l'ouverture et par la confiance, ce qui est essentiel pour expérimenter, réfléchir et tirer profit des expériences (Giroux et Girard, 2009).

Position d'apprentissage
Position orientée vers les apprentissages à réaliser et dans laquelle l'évaluation est envisagée comme étant formative et faisant partie de la formation.

Position d'évaluation
Position principalement guidée par un désir de réussir les activités d'évaluation et de se conformer aux attentes.

4.1.1 La position d'évaluation et la position d'apprentissage chez les stagiaires

Selon qu'elle privilégiera une position d'évaluation ou une position d'apprentissage, le choix de la stagiaire influencera la façon dont elle agira en stage. Cela aura une incidence non seulement dans ses comportements et ses relations avec la superviseure, mais aussi jusque dans ses motivations, ses pensées, ses émotions, ainsi que dans ses attitudes face à l'apprentissage et à la rétroaction, et sa capacité à l'autocritique (*voir le tableau 4.1, page suivante*).

Lorsque les stagiaires adoptent une position d'évaluation, leurs comportements et leurs choix sont avant tout guidés par la volonté que leur performance soit perçue comme adéquate et qu'elle se conforme aux attentes (Dietemann *et al.*, 2018). Mais, en niant les difficultés rencontrées et en minimisant les critiques constructives qui leur sont faites, elles se privent d'opportunités précieuses pour poursuivre le développement de leurs compétences. À l'inverse, lorsqu'elles adoptent une position d'apprentissage, les stagiaires sont prêtes à recevoir une évaluation qui leur donne l'heure juste afin de progresser pour devenir compétentes en vue de leur pratique future.

Tableau 4.1 Une comparaison entre la position d'évaluation et la position d'apprentissage chez la stagiaire

Position d'évaluation	Position d'apprentissage
Besoins et motivations	
• Cherche avant tout à paraître compétente • Souhaite se conformer aux attentes et aux exigences de sa superviseure • Recherche la reconnaissance et l'approbation de sa superviseure • Espère obtenir une évaluation favorable	• Cherche avant tout à devenir compétente • Désire apprendre et expérimenter • Est motivée par ses progrès • Aspire à une évaluation qui lui donne l'heure juste
Pensées	
• Fait preuve de rigidité • Adopte une vision à court terme axée sur ce qui est certain ou connu • Ignore les éléments discordants dans sa démarche de soins et dans ses actions • S'efforce de donner les bonnes réponses en devinant les attentes de sa superviseure • S'expose aux lacunes ou aux distorsions dans son autoévaluation • Essaie avant tout de réussir le stage	• Fait preuve de souplesse • Adopte une vision à moyen et à long terme faisant place à la nouveauté • Intègre d'autres points de vue pour élargir ses horizons • S'attaque à ses lacunes, à ses difficultés en vue d'identifier des pistes d'amélioration avec sa superviseure • Montre de l'authenticité dans son autoévaluation • Vise à devenir une professionnelle compétente
Émotions	
• Présente un stress de performance qui freine parfois ses apprentissages • Se sent vulnérable s'agissant des compétences à développer • Perçoit ses lacunes comme des marques de faiblesse, consciemment ou non • Ressent une forme de honte à être débutante	• Aborde avec confiance les activités proposées • Gère bien son stress et interagit spontanément avec sa superviseure • Normalise son statut de débutante • Fait confiance à sa superviseure
Comportements	
• Affiche ce qu'elle sait ou est en mesure de faire • Peut être tentée de camoufler ses faiblesses, ses incertitudes ou ses lacunes • Privilégie les occasions d'apprentissage qu'elle maîtrise, afin d'éviter les difficultés • Choisit des objectifs d'apprentissage stéréotypés plutôt que personnalisés	• Énonce à la fois ses forces et ses points à améliorer ainsi que ses objectifs personnels d'apprentissage • Choisit des situations d'apprentissage présentant un défi motivant • Est motivée à apprendre et à expérimenter, la nouveauté représentant pour elle une occasion d'apprentissage
Attitudes face à l'apprentissage et à la rétroaction	
• Est sur la défensive et adopte une attitude fermée dénotant une peur du risque • Se justifie face à la critique et minimise les commentaires défavorables qui lui sont adressés • Nie les difficultés rencontrées	• Fait preuve d'une volonté de progresser et se montre ouverte aux démarches pour y parvenir • Accepte la critique, qu'elle perçoit comme étant constructive et favorable à ses apprentissages • Discute volontiers de ses difficultés avec sa superviseure • Pose des questions pour mieux comprendre les commentaires défavorables qui lui sont adressés

Tableau 4.1 Une comparaison entre la position d'évaluation et la position d'apprentissage chez la stagiaire (*suite*)

Position d'évaluation	Position d'apprentissage
Relations avec la superviseure	
• Se perçoit dans une relation dominant-dominé où elle est constamment évaluée et jugée • Adhère à la vision de sa superviseure afin de répondre à ses exigences et de lui fournir les réponses attendues	• Se perçoit dans une relation d'égal à égal où les deux parties peuvent apprendre l'une de l'autre • N'hésite pas à poser ses questions à sa superviseure • Suscite des échanges dans lesquels elle se sent à l'aise de donner son avis • Est prudente dans son ouverture si sa superviseure est perçue comme possiblement intimidante
Autocritique	
• Tend à se sous-évaluer ou à se surévaluer • Est réticente à nuancer son autoévaluation • Éprouve de la difficulté à faire des liens entre les rétroactions quotidiennes de sa superviseure et l'évaluation sommative en fin de stage	• S'autoévalue de façon réaliste et fait preuve d'une capacité d'analyse critique • Tient compte des rétroactions quotidiennes de sa superviseure pour mieux comprendre l'évaluation sommative à la fin du stage

Source : Adapté de Giroux et Girard, 2009, tableau II, p. 200-201 ; Giroux *et al.*, 2016.

En acceptant plus facilement la critique et en reconnaissant davantage leurs difficultés, leurs faiblesses et leurs besoins, elles se placent dans une perspective favorisant le développement de leurs compétences. De leur côté, par leurs attitudes et leurs interventions, les superviseures ont un rôle primordial à jouer pour encourager une position d'apprentissage chez les stagiaires. Ainsi, il est essentiel qu'elles accueillent sans jugement les difficultés des stagiaires afin d'éviter que celles-ci ne les taisent (Giroux et Girard, 2009 ; Giroux *et al.*, 2016). Les rubriques Sur le terrain 4.1 et 4.2 (*voir page suivante*) illustrent respectivement la position d'évaluation et la position d'apprentissage chez une stagiaire.

Sur le TERRAIN **4.1** La position d'évaluation chez une stagiaire

Sylvain, infirmier dans une unité de chirurgie, est un superviseur expérimenté. Cette session-ci, il encadre deux étudiantes. Avant la mi-session, il reçoit Marika, étudiante de troisième année. Habituée à obtenir de bons résultats, celle-ci se montre très performante et exigeante envers elle-même. Cependant, elle semble souvent stressée. Chaque fois qu'il lui mentionne une amélioration possible, Sylvain note que Marika justifie ses actes par des excuses. Il prend néanmoins le temps de revenir sur ces points tout en lui précisant qu'il est convaincu qu'elle parviendra à s'améliorer. Lors de l'évaluation formative de mi-stage, Sylvain souligne les points forts qu'il a observés en lien avec les objectifs du stage : Marika se montre alors très intéressée et motivée. Par contre, lorsqu'il aborde les points à améliorer, elle argumente systématiquement. Sylvain a beau s'appuyer sur des faits concrets pour justifier son évaluation et l'aider à identifier les façons de s'améliorer, Marika affirme qu'elle pourra très bien y parvenir seule, car ce sont des difficultés mineures et qu'elle est habituée à être performante. Non seulement Marika a tendance à nier ses lacunes, elle a aussi des difficultés à s'autoévaluer. Sylvain insiste pour établir un plan d'action commun pour lui permettre de progresser, car il souhaite que les attentes soient claires entre eux. Marika accepte, mais démontre une attitude fermée.

La position d'apprentissage chez une stagiaire

Après la mi-session, Sylvain, le superviseur de la rubrique Sur le terrain 4.1, encadre le stage de Bianca, elle aussi étudiante de troisième année. Rapidement, il constate que sa stagiaire adopte une position orientée vers l'apprentissage. Bianca est attentive aux personnes soignées et soucieuse de la qualité des soins prodigués. Elle valide régulièrement la satisfaction des personnes au sujet des soins. Elle écoute avec attention les commentaires que Sylvain lui adresse. D'ailleurs, celui-ci remarque que Bianca tient compte de ses commentaires et tend à progresser. Sylvain lui offre des occasions d'apprentissage diversifiées pour l'exposer à des défis qu'elle pourra relever. Par exemple, hier, il lui a fait la démonstration de la réfection d'un pansement complexe. Aujourd'hui, Bianca doit le faire sous sa supervision. Un peu nerveuse, elle lui dit : « N'hésite pas à me guider lors de la procédure, je ne veux pas faire d'erreurs. » Les choses se déroulent très bien. Lors de l'évaluation formative de mi-stage, Sylvain aborde les points forts de Bianca en lien avec les objectifs du stage et n'hésite pas à souligner les points à améliorer. Bianca écoute ses commentaires en se montrant ouverte et réceptive et le questionne pour mieux comprendre les points à améliorer. Sylvain lui propose qu'ils envisagent ensemble les meilleures stratégies pour poursuivre ses apprentissages. Bianca se montre alors proactive et suggère des moyens d'amélioration.

Évidemment, chaque stagiaire adopte une position personnelle qui se situe quelque part entre la position d'apprentissage et la position d'évaluation, et qui peut varier dans le temps. Néanmoins, on constate chez plusieurs stagiaires une tendance à privilégier la position d'évaluation. Cela découle notamment d'un souci de performance et de réussite de leur part (*voir la section 2.4, p. 26*). Étant donné que l'évaluation est une réalité incontournable lors des stages et qu'elle est présente dans toutes les situations d'apprentissage, il n'est pas étonnant qu'une telle position soit prédominante.

Les superviseures et le milieu de stage exercent également une influence sur le positionnement de la stagiaire, que ce soit à travers l'accueil qui lui est réservé par le personnel de l'unité ou la nature de la relation superviseure-stagiaire. La position de la stagiaire peut combiner à des degrés différents des caractéristiques de la position d'évaluation et de la position d'apprentissage. Les superviseures doivent en avoir conscience afin de mieux saisir les réactions des stagiaires. Elles peuvent encourager l'adoption d'une position d'apprentissage chez leurs stagiaires, entre autres, en leur offrant régulièrement des rétroactions efficaces (*voir le chapitre 8*). Elles les amènent ainsi à prendre conscience de leurs progrès graduels tout en renforçant leur sentiment de compétence.

En somme, l'adoption d'une position d'apprentissage relève d'une responsabilité partagée, réciproque et explicite entre les stagiaires et les superviseures. Elle repose sur des interactions ouvertes et bienveillantes de part et d'autre, chacune participant à créer les conditions nécessaires pour optimiser les occasions d'apprentissage (Giroux *et al.*, 2016).

4.1.2 La position d'évaluation et la position d'apprentissage chez les superviseures

En tant que superviseures, les infirmières ont également un statut d'apprenante pour ce qui est de leurs nouveaux rôles. Elles ont donc, elles aussi, à opter entre une position d'apprentissage et une position d'apprentissage d'évaluation, selon leur vision de l'apprentissage et de l'évaluation, laquelle est teintée par leurs expériences passées. L'adoption de l'une ou l'autre de ces positions a des effets similaires à ceux constatés chez les stagiaires. Mener une réflexion sur sa propre position en tant que superviseure est des plus profitable pour s'engager dans une supervision efficace, porteuse des apprentissages escomptés. Les rubriques Sur le terrain 4.3 et 4.4 illustrent respectivement la position d'évaluation et la position d'apprentissage chez une superviseure.

Ces deux situations ne couvrent pas tout l'éventail des cas de figure possibles entre la position d'apprentissage et la position d'évaluation. D'ailleurs, tout comme pour les stagiaires, la position adoptée par les superviseures peut varier dans le temps. Elle peut

Sur le TERRAIN 4.3 La position d'évaluation chez une superviseure

Tina est superviseure depuis des années et elle aime accompagner des étudiantes en stage comme Léane. Elle connaît bien les attentes de l'établissement d'enseignement et s'efforce de s'y conformer afin d'être choisie à nouveau pour encadrer des stagiaires. Elle désire paraître compétente. Cela fait des années qu'elle a adopté un style de supervision et elle ne souhaite pas en changer, car selon elle, il lui donne la réputation d'être une bonne superviseure. Quand des occasions se présentent de faire un retour sur sa supervision et de s'enquérir des rétroactions de ses stagiaires, Tina n'a pas tendance à les saisir. En réalité, elle ne veut pas être confrontée au fait que certains aspects de sa pratique de superviseure pourraient être améliorés. Tina est à l'aise dans son milieu de travail et choisit des situations similaires d'une stagiaire à l'autre (souvent des cas faciles qu'elle maîtrise). Elle demeure centrée sur les objectifs du stage sans tenir compte des objectifs personnels de ses stagiaires. Celles-ci lui ont d'ailleurs dit à plusieurs reprises qu'elles aimeraient recevoir plus de rétroactions de sa part, mais Tina se met alors sur la défensive. Tous les jours, elle les encourage en leur disant : « Tu as bien fait cela aujourd'hui », mais sans leur donner davantage de précisions. Selon elle, les stagiaires sont bien exigeantes de nos jours. D'ailleurs, en tant que superviseure, c'est elle l'experte. À ses yeux, l'évaluation la plus importante est l'évaluation sommative.

Sur le TERRAIN 4.4 La position d'apprentissage chez une superviseure

Christel est superviseure depuis plus de six ans. Elle apprécie le contact des stagiaires, car il nourrit ses connaissances et l'aide à demeurer à jour. Elle accorde de l'attention aux commentaires qu'elles lui font et cherche à obtenir des rétroactions de leur part pour s'améliorer en tant que superviseure. Ses moments d'échange avec ses stagiaires sont pour elle constructifs. Christel est à l'aise dans son milieu de travail, ce qui facilite le choix des situations de soins qu'elle propose à ses stagiaires en vue de répondre aux objectifs du programme. Elle n'hésite pas à être flexible dans le choix des activités d'apprentissage pour tenir compte de leurs objectifs personnels et des occasions qui se présentent (par exemple, des cas représentant un défi). Elle comprend bien ce que cela signifie pour elles d'être des novices. Christel se sent en confiance, qu'il s'agisse d'assumer ses fonctions de superviseure ou de proposer des activités à ses stagiaires.

aussi combiner à des degrés différents des caractéristiques de la position d'évaluation et de la position d'apprentissage. De plus, rappelons que la position de la superviseure peut influencer celle de la stagiaire.

Les positions adoptées par les superviseures et les stagiaires peuvent être très similaires ou très différentes. Si l'une ou l'autre a une tendance plus marquée pour la position d'évaluation, cela peut freiner les apprentissages et nuire à l'établissement d'un climat harmonieux, voire occasionner des conflits (*voir le chapitre 12*). Cela dit, le fait d'adopter une position d'apprentissage ne signifie pas que le rôle des superviseures dans l'évaluation des apprentissages est mis de côté. Bien au contraire, cela donne à cette évaluation une place de premier choix en tant que levier formatif, auquel les stagiaires doivent prendre part au quotidien (*voir le chapitre 10*). S'interroger sur ses convictions personnelles en matière d'apprentissage et d'évaluation constitue un premier pas pour adopter des stratégies qui favorisent une position d'apprentissage.

4.1.3 Des stratégies pour favoriser une position d'apprentissage

Plusieurs stratégies permettent de stimuler le développement d'un sentiment de compétence chez les stagiaires et, ainsi, de favoriser l'adoption d'une position d'apprentissage (Giroux *et al.*, 2016). Ces stratégies ont pour caractéristique essentielle d'impliquer à la fois les stagiaires et les superviseures. Les rubriques Boîte à outils 4.1 et 4.2 présentent deux autoévaluations sur les stratégies favorisant l'adoption de la position d'apprentissage. La première autoévaluation s'adresse aux stagiaires – elle peut leur être remise et leur servir d'aide-mémoire –, et la seconde, aux superviseures.

Boîte à OUTILS 4.1 — Autoévaluation de la position d'apprentissage (stagiaire)

☐ Je fais le point régulièrement avec ma superviseure en lui faisant part de mes inquiétudes, de mes buts, de mes attentes d'encadrement, car c'est de ma formation qu'il s'agit.

☐ Je prends le temps de faire mon autoévaluation en vue de discuter avec ma superviseure du prochain pas à franchir pour développer mes compétences.

☐ Je demande à ma superviseure de clarifier ses attentes dans la mesure où elles peuvent être différentes des miennes.

☐ Je profite des moments d'échange avec ma superviseure pour lui poser une question ou deux et trouver une réponse avec elle.

☐ J'identifie avec ma superviseure des temps protégés réalistes pour approfondir certains sujets.

☐ Avant de demander une rétroaction à ma superviseure, je prends le temps d'évaluer mon travail ou mes actions.

☐ Je communique à ma superviseure mon autoévaluation.

☐ Je prends le temps de me féliciter pour mes bons coups et je les valide avec ma superviseure.

☐ Je prends le temps de revoir mes objectifs et mon plan d'action avec ma superviseure.

☐ Je porte attention aux points positifs soulignés par ma superviseure et aux points à améliorer.

☐ Je discute avec ma superviseure des modifications à apporter à la suite de mon autoévaluation.

☐ Dans certaines situations, j'alterne les rôles avec ma superviseure pour apprendre en l'observant.

☐ Je donne une rétroaction à ma superviseure concernant l'encadrement offert et mes attentes.

i+ Retrouvez cette autoévaluation à cocher dans la rubrique Boîte à outils sur la plateforme *i+ Interactif*.

Source : Inspirée de Giroux *et al.*, 2016, p. 87.

Boîte à OUTILS 4.2 — Autoévaluation de la position d'apprentissage (superviseure)

☐ Je fais le point régulièrement avec ma stagiaire en l'invitant à me faire part de ses inquiétudes, de ses buts et de ses attentes.

☐ Je discute avec ma stagiaire de sa capacité à mettre en œuvre ses compétences dans les activités du stage.

☐ J'échange avec ma stagiaire pour identifier des moyens pour soutenir le développement de ses compétences.

☐ Je fais part à ma stagiaire de mes attentes en tenant compte des siennes et des objectifs du stage.

☐ Je profite des moments d'échange avec ma stagiaire pour l'inciter à me poser une question ou deux et trouver une réponse avec elle.

☐ J'identifie avec ma stagiaire des temps protégés réalistes afin qu'elle puisse approfondir certains sujets.

| Boîte à **OUTILS** 4.2 | Autoévaluation de la position d'apprentissage (superviseure) (*suite*) |

☐ Avant de lui donner une rétroaction, je laisse à ma stagiaire l'occasion de s'autoévaluer et de me faire part de sa vision des choses.

☐ Je peux nuancer l'autoévaluation de ma stagiaire en la questionnant.

☐ Je souligne explicitement les bons coups de ma stagiaire et ses points à améliorer de façon à ce qu'elle ne retienne pas uniquement ces derniers.

☐ Je prends le temps de revoir les objectifs et le plan d'action avec ma stagiaire en cours de stage.

☐ Après lui avoir donné une rétroaction, je valide avec ma stagiaire sa compréhension des points positifs et des points à améliorer.

☐ J'agis comme modèle de rôle pour que ma stagiaire apprenne en m'observant et j'en discute ensuite avec elle.

☐ Je demande à ma stagiaire de me donner une rétroaction sur mon encadrement.

i+ Retrouvez cette autoévaluation à cocher dans la rubrique Boîte à outils sur la plateforme i+ *Interactif*.

Source : Inspirée de Giroux *et al.*, 2016, p. 87.

Ces stratégies d'autoévaluation sont aussi présentées à travers les objectifs suivants :

- Encourager l'autonomie des stagiaires (*voir le chapitre 3*).

- Favoriser une discussion ouverte et fréquente avec les stagiaires sur leur sentiment de compétence (*voir le chapitre 5*).

- Clarifier les attentes du côté des superviseures (*voir le chapitre 6*).

- Alterner entre les rôles d'observé et d'observateur (*voir le chapitre 7*).

- Agir comme modèle de rôle (*voir le chapitre 7*).

- Transmettre des rétroactions efficaces pour soutenir l'autoévaluation (*voir le chapitre 8*).

- Stimuler le questionnement des stagiaires et réserver du temps pour répondre à leurs questions (*voir le chapitre 9*).

- Soutenir le processus d'autoévaluation et de réflexion chez les stagiaires (*voir le chapitre 10*).

Comme les stagiaires sont des apprenantes adultes (*voir le chapitre 3*), il est préconisé de recourir à une pédagogie active pour favoriser chez elles l'adoption d'une position d'apprentissage.

4.2 Des orientations pour une pédagogie active

Lors des stages, les étudiantes sont amenées à transposer les apprentissages réalisés en classe dans un contexte réel de pratique professionnelle, ce qui présente un défi considérable. En plus d'exposer les stagiaires à des situations de soins, les superviseures peuvent s'inspirer des orientations issues de la pédagogie active pour les accompagner efficacement dans leurs apprentissages.

La pédagogie active consiste à privilégier l'activité de l'apprenante et non pas celle de l'enseignante. Cela signifie que les stagiaires doivent être au cœur de leurs apprentissages. Les mettre en action permet d'accroître leur niveau de motivation de même que leur aptitude à apprendre de façon autonome. Ainsi, leurs apprentissages vont au-delà de la simple mémorisation des informations : ils s'avèrent plus durables et s'intègrent à leurs connaissances antérieures (Normand, 2017). Dans l'optique du développement des compétences, les superviseures peuvent mettre de l'avant, au cours des stages, certaines actions qui s'inscrivent dans une perspective de pédagogie active (Pelaccia *et al.*, 2018). La figure 4.1 illustre les quatre grandes orientations d'une pédagogie active.

Ces quatre types d'actions non seulement s'insèrent dans une visée de pédagogie active, mais contribuent à stimuler l'adoption d'une position d'apprentissage chez les stagiaires, tout en tenant compte de leur niveau d'expertise.

Figure 4.1 Les orientations d'une pédagogie active

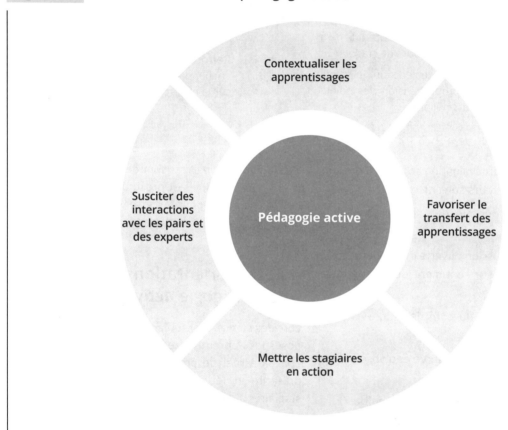

4.2.1 Contextualiser les apprentissages

Dans le cadre d'un stage, les expériences d'apprentissage contextualisées sont les expériences qui se rapprochent le plus des situations fréquemment rencontrées dans la pratique professionnelle. Toutefois, en tant que novices ou débutantes, les étudiantes ont souvent tendance à appliquer les connaissances acquises en tenant plus ou moins compte des éléments contextuels qui peuvent amener à nuancer l'évaluation de la situation ou les interventions à effectuer. Pour prendre pleinement conscience des facteurs contextuels ou des détails propres à une situation, elles ont besoin d'être guidées par les superviseures. Par exemple, une superviseure demande à sa stagiaire pourquoi, à son avis, des anticonvulsivants sont prescrits à une personne donnée alors qu'elle n'a aucun problème d'épilepsie. Elle souhaite ainsi susciter chez elle un questionnement de façon à l'amener à prendre en considération des aspects qu'elle ne voit pas encore, en lui expliquant que ces médicaments sont prescrits pour soulager des douleurs de type neurologique. C'est une manière très concrète de rendre les stagiaires actives.

4.2.2 Favoriser le transfert des connaissances antérieures

L'apprentissage passe par la modification et l'enrichissement des connaissances antérieures. Pour ce faire, les stagiaires doivent établir des liens entre les nouvelles connaissances acquises lors des situations vécues et leurs connaissances antérieures (*voir le chapitre 3*). Dans cette optique, une stratégie efficace consiste à interroger les stagiaires sur leurs connaissances antérieures, afin de les rendre explicites, et à leur faire prendre ainsi conscience de ce qu'elles savent, ou non, sur le sujet (Poteaux et Pelaccia, 2016). Par la suite, les superviseures peuvent les aider à faire des liens entre les connaissances acquises et les situations de soins actuelles ou les actions à poser. Les superviseures peuvent aussi aider les stagiaires à combler leurs lacunes ou à corriger leurs connaissances erronées afin qu'elles puissent construire des connaissances exactes et pertinentes (Tardif, 2016). Les stagiaires éprouvent en général de la difficulté à transférer leurs connaissances (Pelaccia *et al.*, 2018). Le seul fait de les exposer à des situations de soins ne leur permet pas de transférer efficacement les apprentissages antérieurs. Le transfert requiert une adaptation aux nouveaux contextes et repose sur la qualité des expériences vécues (Poteaux et Pelaccia, 2016). L'accompagnement d'une personne plus expérimentée, comme le sont les superviseures, est nécessaire pour que les stagiaires développent la capacité à faire des liens entre les connaissances antérieures et la situation actuelle (Vanpee *et al.*, 2010). Par exemple, après avoir questionné son stagiaire sur le diabète, une superviseure constate qu'il en maîtrise bien la physiopathologie. Toutefois, concernant l'adaptation de la personne à cette nouvelle réalité, bien qu'il ait reçu de la formation à ce sujet, ses souvenirs sont plutôt vagues. Afin qu'il comprenne mieux les réactions de la personne qui vient de recevoir un diagnostic de diabète de type 2, elle lui propose de visionner une vidéo destinée aux personnes nouvellement diabétiques qu'elle juge pertinente. Après le visionnement, elle discute avec lui pour l'amener à prendre conscience des apprentissages réalisés et de la façon

dont ils s'appliquent à la situation de cette personne. Ainsi, le stagiaire demeure en action et se trouve au premier plan de son apprentissage.

4.2.3 Mettre les stagiaires en action

L'expertise ne peut s'acquérir de façon passive. Comme nous l'avons souligné précédemment en décrivant l'apprentissage expérientiel (*voir le chapitre 1*), les stagiaires doivent être actives dans leurs apprentissages en contexte clinique. Cela correspond d'ailleurs à un souhait des apprenantes adultes! Être actives les amène à solliciter leurs capacités cognitives et à organiser leurs connaissances en leur attribuant un sens (Pelaccia *et al.*, 2018) dans un contexte donné. Les activités où la seule modalité d'apprentissage est l'observation s'avèrent donc peu efficaces, à moins que les stagiaires reçoivent des consignes pour mettre leurs capacités et leurs habiletés intellectuelles en action. L'encadré 4.1 (*voir page suivante*) présente des stratégies visant à rendre les stagiaires actives, du moins sur le plan cognitif, en situation d'observation.

Par exemple, une superviseure propose à sa stagiaire d'assister aux soins de colostomie donnés à une personne assignée à une autre infirmière, ce à quoi toutes deux donnent leur accord. L'infirmière en question accepte volontiers d'expliquer à la stagiaire ce qu'elle fait et pourquoi elle le fait, ainsi que de répondre à ses questions, le cas échéant. Pour éviter que la stagiaire soit une observatrice passive, sa superviseure lui dit : « Le but est de te familiariser avec les soins des stomies, mais également de mieux comprendre le vécu des personnes stomisées. Au cours des soins de colostomie, porte attention à l'état de la stomie, aux mesures prises pour préserver l'intégrité de la peau tout en assurant une bonne adhésion du sac collecteur pour éviter les fuites, ainsi qu'à toutes les autres recommandations faites par l'infirmière. Je t'invite aussi à observer les réactions de la patiente, à noter ses préoccupations ou ses questions, si elle en a. Ensuite, tu pourras me faire une synthèse de tes observations, en faisant la comparaison avec ce que tu as appris, et me poser tes questions. À tout à l'heure. » En proposant à sa stagiaire d'observer les interventions d'une autre infirmière ou d'autres professionnels de la santé, la superviseure lui donne l'occasion de découvrir d'autres façons de faire, ce qui est globalement enrichissant.

Encadré 4.1

Des stratégies pour rendre la stagiaire active en situation d'observation

- Indiquer le but et les objectifs de l'activité proposée.

- Mentionner spécifiquement des aspects à observer.

- Encourager la stagiaire à poser des questions aux personnes présentes, si c'est opportun.

- Encourager la stagiaire à demander à la personne qui intervient de lui expliquer ce qu'elle fait et pourquoi elle le fait afin de susciter des échanges constructifs.

- Rappeler à la stagiaire de remercier les personnes présentes lors de l'activité observée, y compris la personne soignée.

- Proposer de faire à la suite de l'activité une synthèse des apprentissages portant sur les aspects à observer.

- Amener la stagiaire à faire une comparaison entre ce qui a été observé et les acquis antérieurs (cours, laboratoires, stages) pour dégager les similitudes et les différences afin d'établir les raisons potentielles à l'origine de la situation.

- Amener la stagiaire à exprimer ses questionnements, ses incertitudes avant et après l'observation.

- Dégager des pistes de réflexion pour répondre aux questionnements et aux incertitudes de la stagiaire.

4.2.4 Susciter et exploiter les interactions avec les pairs et des experts

Les interactions jouent un rôle-clé dans l'apprentissage. Pour construire leurs connaissances, les stagiaires doivent être en mesure d'exprimer leurs idées et de les confronter à celles d'autres personnes, notamment d'autres membres de l'équipe de soins. Il faut donc les encourager à agir ainsi (Pelaccia *et al.*, 2018). Ces interactions peuvent avoir lieu avec la superviseure, mais aussi avec des pairs, des membres de l'équipe de

soins comme les physiothérapeutes ou les médecins. Par exemple, il est recommandé d'inciter les stagiaires à être présentes lors de la visite de l'équipe médicale auprès d'une personne soignée.

Le processus d'apprentissage ne se réalise pas par une simple transmission de connaissances (Poteaux et Pelaccia, 2016). En effet, en contexte de stage, il faut impliquer les stagiaires activement dans leurs apprentissages, ce qui permet de répondre à leurs besoins en tant qu'apprenantes adultes. C'est également bénéfique pour le développement de leurs compétences, et cela favorise l'adoption d'une position d'apprentissage où les deux parties ont des attentes respectives claires parce qu'elles connaissent leurs rôles et leurs responsabilités.

4.3 Les rôles et les responsabilités des stagiaires et des superviseures

L'appropriation des principes de pédagogie active représente un atout majeur en supervision. Se familiariser avec les rôles et les responsabilités des stagiaires et des superviseures contribue également à assurer une préparation efficace au stage et à en faire une expérience positive tant pour les stagiaires que pour les superviseures (Bernard et Goodyear, 2019 ; Loughran et Koharchik, 2019). Ces rôles et responsabilités se déclinent en trois temps : avant, pendant et après le stage.

4.3.1 Les rôles et les responsabilités des stagiaires

Préalablement au stage, il incombe à toutes les stagiaires de faire les démarches requises pour obtenir leur immatriculation auprès de l'Ordre des infirmières et des infirmiers du Québec (OIIQ). Il leur faut également s'approprier le Code de déontologie des infirmières et infirmiers afin de s'assurer que leur pratique soit en conformité avec celui-ci. Il est aussi attendu des stagiaires qu'elles s'impliquent activement dans l'identification de leurs objectifs d'apprentissage, même si elles ont souvent besoin d'être guidées en début de formation (Oermann *et al.*, 2021). Leur établissement de formation peut leur demander des travaux préparatoires, par exemple la rédaction d'un contrat d'apprentissage (*voir le chapitre 5*) ou l'analyse d'un cas clinique (Scaife, 2019).

Pendant le stage, les responsabilités des stagiaires sont multiples. Dès le départ, il est souhaité qu'elles fassent part à leur superviseure de leurs attentes en matière d'encadrement. En tant qu'actrices principales de leur apprentissage, les stagiaires doivent également veiller à leur communiquer leurs objectifs personnels d'apprentissage et à mettre en place des moyens pour les atteindre. L'encadré 4.2 présente certains aspects des rôles et des responsabilités de la stagiaire (Dietemann *et al.*, 2018 ; Scaife, 2019).

Les stagiaires doivent connaître les personnes impliquées dans la gestion de leur stage ainsi que leurs rôles et leurs responsabilités respectives. Par exemple, si une stagiaire éprouve des difficultés relationnelles avec sa superviseure, elle doit savoir à quelle personne s'adresser pour qu'elle intervienne ; dans ce cas, ce sera généralement la responsable académique de stage (Oermann *et al.*, 2021). De plus, toute erreur ou omission, le cas échéant, doit être rapportée dans les plus brefs délais aux superviseures pour assurer la sécurité et le bien-être des personnes soignées. Par ailleurs, dans les milieux de soins comme dans les milieux scolaires, il existe des modalités de signalement pour toutes les formes d'incidents ou d'accidents.

Au terme du stage, une rencontre visant à faire le point peut être prévue avec la responsable académique de stage. Les stagiaires ont un rôle à jouer dans l'appréciation de la qualité de la supervision offerte, en fonction des différents acteurs et du milieu lui-même (Dietemann *et al.*, 2018 ; Oermann *et al.*, 2021). Parfois, un questionnaire est utilisé à cette fin dans lequel figurent diverses rubriques portant sur les points suivants :

- Organisation du stage : accueil de la stagiaire dans le milieu, présentation du milieu clinique, matériel et lieux mis à sa disposition, adéquation avec les objectifs du stage.

- Acteurs : qualité de la relation avec les personnes impliquées dans le stage, notamment la superviseure ou la responsable académique de stage.

- Accompagnement offert : modalités d'accompagnement mises en place, telles que la fréquence et la qualité des échanges, des rétroactions, lors des évaluations.

- Qualité de la formation clinique : adéquation entre les occasions d'apprentissage offertes ou possibles dans le milieu clinique, en fonction du niveau de formation de la stagiaire, de ses objectifs et des compétences visées.

- Outils d'apprentissage proposés : documents fournis lors du stage ou grilles d'évaluation.

Encadré 4.2 **Les rôles et responsabilités des stagiaires**

- Participer aux activités de soins proposées en fonction des objectifs d'apprentissage du programme de formation, de leurs attentes ainsi que des occasions offertes dans le milieu clinique.

- S'impliquer lors des moments d'apprentissage dédiés à des activités ou à des situations prévalentes du milieu de stage (p. ex., pour s'approprier une nouvelle procédure ou du nouveau matériel).

- Prendre des initiatives en tenant compte de leurs limites et de leurs capacités.

- Interagir avec l'équipe de travail.

- Tenter de trouver des réponses par elles-mêmes avant de les valider avec leur superviseure.

- Contribuer au processus d'évaluation en cours de stage et au terme du stage en utilisant les grilles d'évaluation ou de suivi fournies et en réalisant une évaluation de leur progression par rapport aux objectifs.

- Utiliser de façon optimale le temps de supervision en faisant preuve d'une attitude d'ouverture et en communiquant constructivement avec la superviseure.

- Faire preuve d'une motivation à participer aux occasions d'apprentissage proposées par la superviseure.

4.3.2 Les rôles et les responsabilités des superviseures

Puisqu'ils servent de trame de fond aux différents chapitres du livre, les rôles et les responsabilités des superviseures ne sont pas détaillés dans cette section.

Pour l'essentiel, la superviseure de stage assure un rôle pédagogique auprès d'une ou de plusieurs stagiaires pour les accompagner dans le développement des compétences professionnelles visées. Elle les supervise au quotidien sur la base des objectifs établis. Elle participe au suivi de leur progression en transmettant les informations utiles à la responsable académique de stage. La superviseure assure également la traçabilité des activités réalisées par les stagiaires en les documentant et participe à l'évaluation de leurs apprentissages. Dans le contexte québécois, les stages en milieu clinique effectués au niveau collégial sont encadrés par des professeures travaillant dans le collège lui-même. Leur rôle en tant que superviseures demeure fondamentalement le même. Il faut mentionner que si les stagiaires doivent rendre compte de leurs gestes auprès des personnes soignées, la responsabilité incombe à l'infirmière chargée des soins de cette personne (Oermann *et al.*, 2018). À titre d'aide-mémoire, l'encadré 4.3 dresse une synthèse des rôles et responsabilités des superviseures.

Les stagiaires et les superviseures ont des rôles et des responsabilités complémentaires à assumer pour faire en sorte que le stage soit une expérience positive de part et d'autre. Pour exercer leurs fonctions, les superviseures bénéficient de ressources provenant tant du milieu scolaire que du milieu clinique. Elles ne doivent pas hésiter à y recourir.

Encadré 4.3 Les rôles et responsabilités des superviseures

- Assurer la sécurité et le bien-être des personnes soignées et des stagiaires.

- Échanger régulièrement avec les stagiaires sur leurs progrès et leurs objectifs ainsi que sur les objectifs du programme (*voir le chapitre 5*).

- Orienter les stagiaires dans le milieu clinique et leur fournir les ressources nécessaires pendant la durée du stage (*voir le chapitre 6*).

- Faciliter l'intégration des stagiaires dans le milieu clinique (*voir le chapitre 6*).

- Clarifier avec les stagiaires leurs attentes respectives concernant l'encadrement et le déroulement du stage dès le début et, au besoin, par la suite (*voir le chapitre 6*).

- Proposer des activités d'apprentissage en fonction des objectifs du stage, des objectifs personnels des stagiaires et de leurs capacités (*voir le chapitre 6*).

- Aider les stagiaires à identifier des activités d'apprentissage en fonction des objectifs mentionnés précédemment et des possibilités du milieu.

- Agir comme modèle de rôle (*voir le chapitre 7*).

- Offrir des rétroactions régulières et efficaces dans une optique d'évaluation formative (*voir le chapitre 8*).

- Remplir les documents requis par le milieu scolaire (p. ex., un suivi d'incidents ou d'erreurs de médication).

- Communiquer avec la responsable académique de stage selon ce qui a été convenu ou pour signaler rapidement des problèmes.

- Contribuer à l'évaluation sommative (certificative) au terme du stage en coresponsabilité avec la responsable académique de stage (*voir le chapitre 10*), en remplissant la grille d'appréciation des apprentissages et en apportant des précisions fondées sur des comportements objectifs.

Source : Inspiré de Oermann *et al.*, 2021, Encadré 11.1, p. 213 ; Dietemann *et al.*, 2018.

4.4 Des ressources disponibles pour les superviseures

Différentes personnes-ressources peuvent venir en appui aux superviseures, que ce soit avant, pendant ou après le stage. Bien que la structure et le fonctionnement puissent différer selon les milieux, il est possible de distinguer certaines catégories d'acteurs (Dietemann *et al.*, 2018). Il est recommandé aux superviseures de les identifier dans leur contexte respectif.

4.4.1 Les ressources du milieu scolaire

Le partenariat entre le milieu scolaire et le milieu clinique est au cœur de l'organisation des stages et du succès de leur mise en œuvre, et les superviseures en font partie intégrante. Dans les établissements de formation, des responsables de stage se consacrent habituellement de façon spécifique à l'un ou l'autre des stages du programme. En plus de veiller à l'organisation et à la mise en œuvre des stages, elles apportent un soutien aux stagiaires et accompagnent de façon plus suivie les stagiaires présentant des difficultés (*voir le chapitre 11*). Elles agissent aussi comme personnes-ressources pour les superviseures à différents moments des stages.

En vue de la préparation aux stages, selon les établissements d'enseignement, une rencontre en personne ou une rencontre téléphonique ou virtuelle peut être prévue entre les superviseures et la responsable académique du stage en question. Lors de cette rencontre, plusieurs informations sont transmises aux superviseures, notamment sur les points suivants (Oermann *et al.*, 2021) :

- le curriculum de formation dans son ensemble (pour situer la place qu'y occupe le stage) ;
- le niveau d'expertise des stagiaires et leurs expériences antérieures, pour permettre de mieux anticiper le temps à leur accorder ;
- les objectifs du stage ou les compétences visées et les liens du stage avec le programme de formation, pour permettre de prévoir des activités de formation ;
- la durée et l'horaire du stage ;

- les activités que les stagiaires peuvent effectuer ou non et les activités d'apprentissage souhaitées ;
- des stratégies d'encadrement visant à assurer une supervision efficace ;
- les modalités d'évaluation formative et certificative, de même qu'une explication des outils d'évaluation ;
- les rôles attendus des superviseures et leur contribution en tant que modèle de rôle ;
- le rôle de la responsable académique de stage ;
- la façon de contacter la responsable académique de stage (comment et quand) ;
- le soutien pouvant être offert aux superviseures.

Des documents nécessaires à l'encadrement des stagiaires, tels que les grilles d'évaluation des apprentissages ou d'autres documents jugés pertinents, peuvent aussi être remis aux superviseures. Cette rencontre avec la responsable académique de stage est également l'occasion pour les superviseures de clarifier leur compréhension et de poser leurs questions, ainsi que d'établir un lien avec une personne-ressource qui peut leur permettre de briser un éventuel sentiment d'isolement. En cours de stage, la responsable académique de stage offre aux superviseures un accompagnement visant à assurer le bon déroulement du stage, notamment en cas de situations particulières ou en présence de stagiaires présentant des difficultés. Les superviseures sont encouragées à consulter ces responsables si nécessaire, sans attendre que la situation se détériore. La rubrique Sur le terrain 4.5 (*voir page suivante*) illustre ce que peut être une première expérience de préparation à la supervision.

Les responsables académiques de stage sont habituellement responsables de l'évaluation sommative (ou certificative) des apprentissages des stagiaires. Toutefois, puisqu'elles ne rencontrent les stagiaires que dans des circonstances particulières, en cas de difficultés en cours de stage, elles partagent cette responsabilité avec les superviseures qui, elles, sont sur le terrain. Une collaboration étroite entre les responsables des stages et les superviseures permet d'assurer un suivi efficace des stagiaires.

Corinne a été sollicitée par la responsable de son unité pour être superviseure de stage. Elle a accepté, mais comme ce sera sa première expérience, hormis ses stages en tant qu'étudiante, elle n'a aucune idée de ce qu'implique la supervision. Elle se pose une multitude de questions : « Serai-je à la hauteur ? Comment choisir des situations d'apprentissage appropriées ? Quels seront les objectifs du stage ? Comment vais-je m'y prendre pour l'évaluer ? Heureusement, elle est invitée à une rencontre préparatoire au stage, ce qui lui donne l'occasion d'avoir une réponse à la plupart de ses questions. Grâce à une rencontre préparatoire avec la responsable académique de stage, Corinne cerne mieux ses responsabilités ainsi que celles de la stagiaire. La responsable lui a présenté la grille d'appréciation des compétences, avec plusieurs exemples à l'appui, et lui a bien expliqué la distinction entre l'évaluation formative et l'évaluation sommative, ce qui lui a permis de prendre conscience qu'elle devra offrir des rétroactions régulières à la stagiaire. Corinne comprend mieux les objectifs du stage et a été conseillée quant aux situations d'apprentissage auxquelles elle pourrait exposer la stagiaire. D'ailleurs, d'autres superviseures plus expérimentées participent à la réunion et partagent leurs trucs du métier. Corinne est attentive aux discussions. Elle a pu aussi poser plusieurs questions, elle sait qu'elle pourra s'adresser à la responsable académique de stage au besoin et qu'au final, ce sera cette dernière qui portera le jugement sur l'évaluation sommative. Au terme de la rencontre, la responsable académique de stage lui propose de l'appeler au téléphone à la mi-stage pour échanger avec elle, ce que Corinne accepte volontiers. Lorsqu'elle quitte la rencontre, Corinne se sent mieux outillée. Avant de commencer le stage, elle pourra consulter plus en détail la documentation qui lui a été remise.

4.4.2   Les ressources du milieu clinique

Dans le milieu clinique, une personne est responsable de la gestion des stages. En général, elle est chargée de la mise en œuvre des stages, de l'accompagnement des superviseures et du suivi des stagiaires, particulièrement lorsque celles-ci présentent des difficultés. Elle peut alors offrir un soutien et des conseils aux superviseures qui les encadrent. Cette personne développe des liens avec le milieu scolaire et collabore étroitement avec le personnel impliqué directement dans l'organisation et le déploiement des stages. Au terme des stages, elle évalue le niveau de satisfaction des stagiaires, dresse un bilan concernant la mise en œuvre des stages et identifie des pistes d'amélioration. Enfin, elle peut aussi être responsable de la formation à la supervision offerte dans le milieu clinique. La responsable des stages dans le milieu clinique représente donc une personne-ressource que les superviseures peuvent consulter à différents moments, par exemple si elles rencontrent des difficultés mineures en cours de stage.

Les responsables au sein de l'unité de soins peuvent conseiller les superviseures et leur offrir un soutien. Les collègues de travail des superviseures peuvent aussi leur apporter un soutien de différentes façons, d'abord en créant un climat d'accueil chaleureux pour les stagiaires et un climat de collaboration avec la superviseure. Par exemple, elles peuvent inviter les stagiaires à participer avec elles à des activités de soins propices aux apprentissages visés.

Conclusion

Les stages offrent un éventail d'occasions d'apprentissage très riches, et ce, à plusieurs niveaux. En vue de s'y préparer, les superviseures peuvent s'accorder un temps de réflexion sur leur conception de l'apprentissage et de l'évaluation, ainsi que sur la façon dont l'évaluation sert de levier pour faire de la supervision une expérience bénéfique de part et d'autre. Il est recommandé aux superviseures comme aux stagiaires d'adopter une position d'apprentissage, ou du moins de tendre vers une telle position, tout en étant conscientes du rôle prépondérant qui est le leur dans l'évaluation en tant qu'outil formateur. Les superviseures peuvent recourir à différentes stratégies pour favoriser cette position dans le cadre de leur supervision et dans leur relation avec les stagiaires. Le recours à des orientations issues de la pédagogie active constitue un autre levier pour inciter les apprenantes adultes que sont les stagiaires à adopter une position d'apprentissage. La tâche consistant à encadrer un stage apparaît par moments lourde et les superviseures peuvent se sentir isolées et parfois démunies. Pour faire en sorte que cette expérience soit positive tant pour elles que pour les stagiaires, les superviseures ne devraient pas hésiter à s'adresser à des personnes-ressources du milieu scolaire ou du milieu clinique, et ce, aux divers moments du stage.

Questions
de réflexion

1. Quels sont les éléments de la position d'apprentissage et de la position d'évaluation qui retiennent le plus votre attention ?

2. Quelles stratégies peuvent être mises en place pour que les superviseures tendent vers une position d'apprentissage ?

3. Quelles stratégies peuvent être mises en place pour que les stagiaires qu'elles encadrent tendent vers une position d'apprentissage ?

4. Quelles orientations de la pédagogie active peuvent être intégrées à votre pratique de supervision ?

5. Parmi les rôles et les responsabilités des stagiaires et des superviseures, lesquels sont différents et lesquels sont similaires ?

6. De quelles ressources disposez-vous en contexte de supervision ?

Établir une relation pédagogique

Plan du chapitre

Objectifs du chapitre

- Comprendre ce que représente la relation pédagogique en contexte de supervision.
- Identifier des stratégies pour établir et maintenir une relation pédagogique favorable à l'enseignement et à l'apprentissage.
- S'outiller pour instaurer une alliance pédagogique.
- Être en mesure d'accompagner les stagiaires dans la mise en œuvre d'un contrat pédagogique.

Ressources en ligne sur la plateforme *i+ Interactif* :
- Livre numérique
- Boîte à outils

Introduction

L'existence d'une relation de confiance mutuelle entre la stagiaire et la superviseure constitue un levier indispensable aux apprentissages de la future infirmière. Pour qu'un stage soit véritablement formateur, la superviseure doit valoriser des comportements précis qui se transposeront dans une relation pédagogique de qualité. C'est à la faveur de cette relation pédagogique de qualité qu'une alliance « pédagogique » peut se créer. Afin de concrétiser cette alliance et l'entente passée entre la superviseure et la stagiaire pour y parvenir, l'élaboration d'un contrat pédagogique est une pratique recommandée.

5.1 La relation pédagogique

Dans leur quotidien, les infirmières cherchent toujours à établir une relation harmonieuse avec la personne soignée et ses proches, relation qui occupe une place prépondérante dans leur pratique. Elles mettent aussi ces compétences relationnelles à contribution dans leurs relations professionnelles avec les membres de leur équipe de travail ainsi qu'avec les stagiaires (*voir le chapitre 2*). Cependant, la relation qui s'établit en contexte de supervision comporte une dimension additionnelle, parce qu'elle vise la formation des stagiaires (*voir le chapitre 2*). C'est la notion de « relation pédagogique ». Or, il est rare que les superviseures aient été formées en pédagogie au cours de leurs études. Apprendre à mettre en œuvre une relation pédagogique représente donc un défi pour elles, mais s'il est bien encadré, ce défi peut être relevé sans trop de difficultés.

5.1.1 Le rôle de la relation pédagogique

Plusieurs types de relation s'établissent en contexte d'apprentissage et de supervision en milieu clinique. Trois éléments entrent en relation dans le processus pédagogique : la superviseure, le savoir et la stagiaire (*voir la figure 5.1*).

Figure 5.1 Le triangle pédagogique de Houssaye (1988)

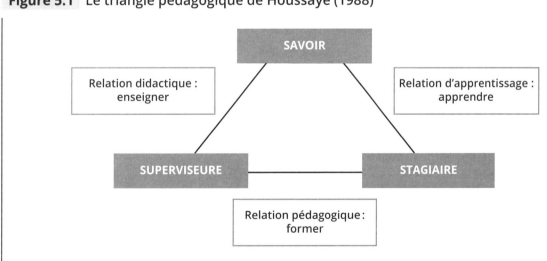

Source : Adaptée de Page, 2015, p. 10.

Dans toutes les situations d'enseignement ou de formation, comme celles vécues en stage, des relations distinctes s'établissent entre ces trois pôles. Ces relations correspondent chacune à un processus particulier :

- La relation didactique : c'est la relation que la superviseure entretient avec les savoirs qu'elle détient ou auxquels elle peut faire appel pour transmettre ses connaissances en fonction des visées du programme. Elle correspond au processus *enseigner*.

- La relation d'apprentissage : c'est la relation que la stagiaire entretient avec le savoir à acquérir et le processus d'apprentissage qu'elle met en branle en vue de développer ses compétences. Elle correspond au processus *apprendre*.

- La relation pédagogique : c'est la relation qui unit la superviseure à la stagiaire dans une perspective de formation. Elle correspond au processus *former*.

Dans la réalité, l'acte pédagogique implique parfois deux pôles de ce triangle au détriment du troisième. Il survient alors un déséquilibre entre ces trois relations complémentaires, comme l'illustre la rubrique Sur le terrain 5.1.

Le déséquilibre dans le processus pédagogique peut être le fait de la superviseure, mais ce n'est pas forcément le cas. Il peut également être dû à la stagiaire. Par exemple, la stagiaire peut être peu investie dans ses apprentissages, voire peu motivée : la relation d'apprentissage est alors ténue (faible désir d'apprendre). Elle peut aussi se montrer peu encline à établir une relation pédagogique avec sa superviseure, ce qui risque d'affaiblir grandement cette relation (former), malgré toutes les initiatives pédagogiques avisées que peut prendre sa superviseure.

Il est donc indispensable d'avoir un juste équilibre entre les trois types de relation (didactique, apprentissage, pédagogique). En fait, la relation pédagogique doit être intégrée dans chaque situation d'encadrement, au même titre que les deux autres types de relation (Page, 2015). C'est ce qu'illustre la rubrique Sur le terrain 5.2 en reprenant la situation de Gaétan qui, cette fois, se montre plus enclin à maintenir un meilleur équilibre dans le triangle pédagogique.

Sur le TERRAIN 5.1 Un déséquilibre dans le triangle pédagogique

Gaétan supervise des stagiaires depuis quelques sessions. Soucieux d'avoir une pratique clinique exemplaire, il maintient ses connaissances à jour en participant à des formations et en lisant. Il démontre une grande rigueur dans sa pratique en tant qu'infirmier. Toutefois, n'ayant reçu aucune formation à ce sujet, Gaétan en sait très peu sur les stratégies pédagogiques pouvant susciter de réels apprentissages chez les stagiaires. Il préfère mettre à profit ses connaissances cliniques et les partager avec Fanny, sa stagiaire actuelle, ce qu'il fait avec une grande générosité. Fanny apprécie beaucoup les interventions de Gaétan et fait de nombreux apprentissages. Mais elle se sent souvent incompétente et dévalorisée, car Gaétan la questionne très peu sur ce qu'elle sait. Elle aimerait avoir l'occasion de lui faire part de ses propres connaissances afin de développer davantage d'autonomie.

Lors des échanges, au lieu d'aborder les points forts et les lacunes de Fanny, Gaétan fait plutôt valoir ce qu'il sait sur le sujet. Pour le moment, Fanny constate qu'elle ne sait pas beaucoup de choses comparativement à Gaétan, qui est sans aucun doute un excellent infirmier. Elle aimerait qu'il s'intéresse davantage à ses objectifs d'apprentissage. Peu à peu, Fanny perd sa motivation à développer ses connaissances et ses compétences (apprendre). Sans s'en rendre compte, Gaétan privilégie une relation didactique (enseigner), car il n'est pas assez conscient de la nécessité d'instaurer une relation pédagogique (former).

Sur le TERRAIN 5.2

Un équilibre dans le triangle pédagogique

Gaétan supervise des stagiaires depuis quelques sessions. Pour développer ses compétences en supervision, il a suivi récemment une formation pour mieux connaître son rôle de superviseur et pour s'approprier des stratégies visant à susciter des apprentissages chez les stagiaires. Il aime partager ses connaissances et ses expériences cliniques pour aider Fanny, sa stagiaire actuelle, à faire des liens entre la théorie et la pratique. Il la questionne souvent pour l'amener à mettre à contribution ses connaissances et l'aider à trouver des réponses à ses incertitudes. Fanny tire profit de ces échanges qui donnent lieu à un partage de connaissances. Gaétan prend également le temps de discuter avec Fanny des activités qu'elle a réalisées et de revenir avec elle sur ses points forts et ses lacunes. Grâce à ces rétroactions, elle peut avoir l'heure juste et, avec le soutien de Gaétan, elle parvient à identifier des moyens de s'améliorer.

Au contact de Gaétan, Fanny a l'impression d'apprendre et de progresser chaque jour : elle considère qu'il est un bon modèle en tant qu'infirmier et le voit comme un superviseur qui la guide efficacement dans son cheminement. Elle apprécie aussi qu'il s'intéresse à ses objectifs d'apprentissage personnels. Alors que Fanny veut développer ses connaissances et ses compétences (apprendre), Gaétan assure un équilibre entre une relation didactique (enseigner) et une relation pédagogique (former). Il prend plaisir à voir Fanny progresser en tant que future infirmière.

L'existence d'une relation pédagogique peut être considérée comme l'une des conditions essentielles d'une supervision efficace (Gibson *et al.*, 2019). Plus encore, c'est un facteur crucial dans la quête de sens et d'autonomie des stagiaires d'aujourd'hui (Kozanitis, 2015). La relation pédagogique correspond à l'ensemble des interactions entre les superviseures et les stagiaires sur les plans cognitif (intellectuel), affectif et social.

Ces interactions visent à susciter tant l'apprentissage que l'épanouissement de la personne, ici la stagiaire, ainsi que la professionnelle en devenir qu'elle est, et même la superviseure (Kozanitis, 2015). Ainsi, dans une relation pédagogique, la superviseure et la stagiaire ont des buts complémentaires, échangent entre elles et s'influencent de façon réciproque (Kozanitis, 2015). Alors qu'elle était jadis vue comme un « transmetteur de savoir », la superviseure est maintenant considérée comme un médiateur entre les connaissances et l'apprenant, ce qui donne à ce dernier un rôle prépondérant en tant qu'acteur dans ses apprentissages. La relation pédagogique suppose donc une collaboration entre la superviseure et la stagiaire (Prégent *et al.*, 2009).

Une relation pédagogique de qualité a plusieurs effets positifs, notamment sur le développement affectif et cognitif des stagiaires. En tant qu'apprenantes adultes, les stagiaires ont besoin de sentir que leurs opinions sont respectées et que leurs intérêts sont pris en compte (*voir le chapitre 3*). Elles sont rassurées de savoir qu'elles peuvent s'adresser à leur superviseure en tout temps, en toute confiance et sans être jugées. Elles apprécient de pouvoir compter sur ses qualités d'écoute, d'empathie, de respect et de considération positive, ce à quoi contribue la relation pédagogique instaurée par leur superviseure. De plus, une bonne relation pédagogique suscitant la motivation et l'engagement, les stagiaires se sentent davantage portées à prendre « des risques ». Elles adoptent ainsi plus facilement une posture d'apprentissage (*voir le chapitre 4*).

Une bonne relation pédagogique prévient aussi l'apparition de situations problématiques, ce qui tend à réduire le nombre d'interventions de remédiation auxquelles devront procéder par la suite les superviseures, de concert avec le milieu scolaire. D'autres effets positifs peuvent se faire sentir pour les superviseures. Par exemple, en raison de la collaboration et de la participation active des stagiaires, la pression d'avoir à « tout montrer aux stagiaires », qui est souvent vécue par les superviseures, se trouve amoindrie. Ainsi, la construction des apprentissages des stagiaires se réalise dans un esprit de partenariat, ce qui permet également aux superviseures de tirer certains apprentissages significatifs.

5.1.2 Les frontières relationnelles dans la relation pédagogique

Comme dans toutes les relations humaines en milieu de travail, il existe des enjeux particuliers dans la relation pédagogique, dont certains méritent d'être abordés ici. Notamment, l'esprit de partenariat créé lors de la relation pédagogique suscite souvent des questions chez les superviseures au sujet des frontières relationnelles à établir. Par exemple, elles peuvent se demander :

- Dois-je passer mes pauses avec mes stagiaires ? Dois-je aller dîner avec elles ?

- Dois-je accepter une invitation à prendre un café ou un repas avec elles ?

- Que faire si elles me confient des choses très personnelles ?

- Jusqu'à quel point puis-je faire preuve d'humour ?

- Dois-je accepter de communiquer par textos avec mes stagiaires ou leur donner mon numéro de téléphone personnel afin qu'elles puissent me joindre en cas de maladie ou de retard ?

- Puis-je interagir avec elles à travers les médias sociaux ?

La relation pédagogique est avant tout une relation professionnelle, et non une relation amicale, tout comme les relations existant entre une infirmière et les personnes qu'elle soigne. Dans une situation caractérisée par un rapport hiérarchique, une relation trop étroite ou amicale peut devenir un problème en soi, car elle peut influencer le jugement des superviseures. Le but de la relation pédagogique demeure le développement des connaissances et des compétences chez les stagiaires (Falender et Shafranske, 2021). Cette relation repose sur un juste équilibre établi en fonction des rôles et des responsabilités des deux parties. Il est donc nécessaire de fixer des limites claires et structurantes pour préserver un rapport professionnel entre les superviseures et les stagiaires tout en restant à l'écoute (Tugendrajch *et al.*, 2021). Des frontières claires et explicites, tout en étant souples, contribuent à instaurer la confiance dans la relation superviseure-stagiaire. En précisant ces frontières, les superviseures confirment aux stagiaires ce qu'elles peuvent faire ou non. Cette clarification est d'ailleurs souhaitée par les stagiaires (Kozanitis, 2015), car elles préfèrent avoir des balises claires quant aux comportements attendus et acceptés. Lorsqu'elles établissent les frontières relationnelles, les superviseures doivent rechercher un équilibre qui leur permette, d'une part, d'exercer pleinement leurs responsabilités en faisant preuve d'équité et de justice envers les stagiaires qu'elles encadrent et, d'autre part, d'éviter les conflits d'intérêts.

Des petits gestes simples et bienséants, comme ceux suggérés dans l'encadré 5.1 (Scaife, 2019) peuvent jouer un rôle important, tout en maintenant des frontières relationnelles appropriées (Kozanitis, 2015). La rubrique Sur le terrain 5.3 illustre ces recommandations de manière plus concrète.

Encadré 5.1 **Des pratiques pour maintenir des frontières relationnelles**

- Dès le début du stage, indiquer les règles et les limites de la relation en précisant celles qui sont non négociables.

- En cours de stage, réviser régulièrement ces limites avec les stagiaires.

- Démontrer du plaisir et de la satisfaction au contact des stagiaires.

- Partager ses disponibilités avec les stagiaires au cours du stage.

- Exprimer sa volonté de les aider en vue d'atteindre les objectifs d'apprentissage.

- Se montrer de bonne humeur.

- Faire preuve de patience lorsque les stagiaires ont des hésitations.

- Recourir à l'humour pour désamorcer certaines situations plus difficiles.

- Saisir des occasions pour interagir de façon informelle avec les stagiaires tout en évitant les sujets trop personnels.

- Apprendre à les connaître et s'intéresser à elles et à leurs activités.

Sur le TERRAIN 5.3 Le maintien des relations professionnelles

Le stage de Brenda se déroule très bien. Soucieuse d'établir de bonnes relations avec elle, Sophia, sa superviseure, une jeune infirmière qui a deux ans d'expérience, fait preuve d'enthousiasme dans son travail et dans l'encadrement du stage. Sophia est souriante et se montre patiente ; Brenda étant en première année, elle a besoin de plus de temps pour s'exécuter et elle pose de nombreuses questions. Sophia se souvient de ses propres expériences de stage, qui ne sont pas très loin derrière elle.

Aujourd'hui, en voulant ouvrir une ampoule de médicament, Brenda s'est coupé un doigt. Aussitôt, elle a rougi de gêne. Pour désamorcer la situation, Sophia lui a raconté une situation similaire qu'elle a elle-même vécue lors de ses stages, ce qui a fait sourire Brenda et l'a détendue.

Un peu plus tard, alors qu'elles prennent l'ascenseur pour aller en pause, Sophia profite de l'occasion pour connaître un peu plus Brenda.

— Quelle belle neige aujourd'hui. J'ai bien hâte d'aller faire du ski ce soir. Et toi, aimes-tu les sports d'hiver ?

— Je fais du ski de randonnée, est-ce que tu en fais ?

— Oui, mais malheureusement mes amies n'en raffolent pas !

— Nous avons un groupe de randonneurs. Si tu veux, je peux t'ajouter à notre groupe sur Facebook pour que tu sois informée de nos sorties.

Sophia est tentée d'accepter, mais elle préfère maintenir des limites plus professionnelles, d'autant plus qu'elle et Brenda n'ont pas une grande différence d'âge. Au sortir de l'ascenseur, elle lui dit poliment et en souriant : « C'est bien gentil, mais je ne souhaite pas côtoyer des stagiaires en dehors des heures de stage. Je préfère garder des relations plus professionnelles comme avec les personnes soignées. À tantôt ! » Sophia va ensuite rejoindre des collègues à la cafétéria, alors que Brenda va retrouver des camarades de classe au casse-croûte. Brenda se dit que c'est mieux ainsi, car elle préfère préserver sa « bulle » à elle aussi.

Malheureusement, il n'y a pas de réponse universelle à tous les questionnements concernant les frontières relationnelles à instaurer. Toutefois, une piste sûre consiste à s'inspirer des normes professionnelles en vigueur pour les infirmières. Cela dit, il peut arriver que des centres d'intérêt communs ou une proximité d'âge entraînent des situations délicates entre les superviseures et les stagiaires (voir *Sur le terrain 5.4*).

Sur le TERRAIN 5.4 Des discussions autour d'un lunch

Kathia, une nouvelle superviseure, est à peine plus âgée que ses deux stagiaires. Voulant établir de bonnes relations avec elles, Kathia accepte de se joindre à elles pour le dîner lors de la journée d'orientation. Jour après jour, elle dîne en compagnie de ses deux stagiaires qui se sont liées d'amitié et échangent des confidences sur leur vie personnelle. Kathia ressent un malaise : d'une part, en tant que superviseure, elle ne souhaite pas entendre ces confidences et, d'autre part, elle ne souhaite pas partager des aspects intimes de sa vie privée avec ses stagiaires.

Au fil des jours, son malaise s'accentue, car une des stagiaires, Mélissa, présente des difficultés en stage. En raison des liens d'amitié qui se sont noués entre elles, Kathia craint de lui en faire part de peur de briser la bonne relation qui s'est établie et de blesser l'étudiante, qui est très gentille. Après réflexion, elle avise les étudiantes qu'elle ne dînera plus avec elles pour la suite du stage. Elle leur dit : « J'apprécie votre compagnie, mais de mon côté, j'ai besoin de prendre un répit, car les journées sont bien remplies. Je vais en profiter pour faire un peu de lecture et me

▶

détendre sur l'heure du lunch. Vous pourrez en profiter pour jaser entre vous. »

Les étudiantes sont bien heureuses de se retrouver toutes les deux. Quant à Kathia, elle aime vraiment avoir un moment pour elle et se détendre. Elle se sent mieux disposée pour la suite de sa journée.

Lorsque le moment de l'évaluation formative de mi-stage arrive, elle est aussi plus à l'aise de faire part à Mélissa des difficultés qu'elle a constatées. Si elle se montre d'abord un peu surprise, celle-ci fait aussitôt preuve d'une ouverture à s'améliorer et à mettre en place des moyens pour y parvenir.

Établir de saines frontières relationnelles a des effets bénéfiques tant pour les superviseures que pour les stagiaires. Et le fait de maintenir des frontières adéquates contribue à mieux délimiter les rôles et les responsabilités des deux parties, ce qui permet de préserver de part et d'autre des zones d'intimité en lien avec la vie personnelle.

Cependant, dans les faits, une saine distance peut être perçue négativement. Par exemple, pour reprendre la mise en situation de la rubrique Sur le terrain 5.4, si Kathia avait refusé de se joindre aux stagiaires pour le dîner lors de la première journée du stage sans leur donner la moindre justification, elles auraient pu en déduire un manque d'intérêt de sa part, ce qui aurait pu nuire à sa relation avec elles. Il est toujours préférable d'expliquer dès le début du stage les balises de la relation pédagogique, de façon à éviter les ambiguïtés ou de clarifier rapidement ces balises si des ambiguïtés surviennent ensuite. Comme dans l'exemple de Kathia, il n'est jamais trop tard pour s'ajuster et clarifier ses nouvelles décisions auprès des stagiaires. De tels ajustements et clarifications contribuent à maintenir un climat de confiance qui est essentiel à la relation pédagogique (Page, 2015).

5.1.3 La confiance mutuelle dans la relation pédagogique

Pour qu'il y ait un climat de confiance, il faut qu'une relation de confiance mutuelle s'installe entre les superviseures et les stagiaires. Une telle relation est le socle du bon déroulement du stage et de son succès, car elle aide à l'adoption par les stagiaires d'une position d'apprentissage (Bernard et Goodyear, 2019;

King *et al.*, 2020), ainsi qu'à l'établissement d'une relation pédagogique de qualité. Toute relation de confiance est amorcée à l'initiative des superviseures, mais elle requiert également l'engagement des stagiaires, non seulement au moment de l'instaurer, mais aussi lorsqu'il s'agit de la maintenir (Oermann *et al.*, 2021). Or, faire confiance implique d'accepter une certaine vulnérabilité envers l'autre, qui peut heurter en retour (Bernard et Goodyear, 2019; Scaife, 2019). La confiance prend sa source dans un environnement où les stagiaires se sentent en sécurité, discutent ouvertement de leurs préoccupations et font part de leurs questionnements à leur superviseure (Bernard et Goodyear, 2019).

Comme dans toutes les situations impliquant des individus, la confiance se noue graduellement au fil des interactions et à travers une prise de risques interpersonnels (Bernard et Goodyear, 2019). Pour gagner la confiance de leurs stagiaires, les superviseures doivent se comporter de manière à leur inspirer confiance, par exemple en les évaluant de façon juste et transparente ou en agissant de façon professionnelle et éthique. Cela exige également d'elles que, dans certaines situations, elles se sentent à l'aise de faire preuve d'humilité en reconnaissant leurs propres limites (Bernard et Goodyear, 2019).

Pour établir et maintenir la confiance au quotidien, les superviseures peuvent recourir à certaines stratégies qui ont fait leurs preuves (Beinart, 2014; Scaife, 2019). L'encadré 5.2 présente les principales d'entre elles et, pour certaines, renvoie aux chapitres de cet ouvrage où elles sont abordées de façon plus précise.

Encadré 5.2 Des stratégies à intégrer pour instaurer la confiance

- Énoncer dès le début du stage les attentes respectives et les clarifier au besoin par la suite (*voir le chapitre 6*).

- Démontrer de l'écoute face au vécu des stagiaires et les encourager à s'exprimer (*voir le chapitre 1*).

- Être respectueuse des particularités des stagiaires (*voir le chapitre 3*).

- Faire preuve de transparence dans ses décisions concernant les occasions d'apprentissage (*voir le chapitre 6*).

- Éviter les malentendus ou les corriger dès qu'ils surviennent (*voir le chapitre 12*).

- Discuter des situations problématiques plutôt que de les éviter (*voir le chapitre 12*).

- Offrir aux stagiaires de collaborer lors de situations à leur portée.

- Encourager les stagiaires à faire part de leurs objectifs personnels d'apprentissage et à les revoir.

- S'engager dans un dialogue de rétroaction sur une base régulière (*voir le chapitre 8*).

Tout comme les superviseures, les stagiaires contribuent à la relation de confiance : elles jouent à cet égard un rôle actif, au même titre que les superviseures, en mettant de l'avant certaines des stratégies mentionnées à l'encadré 5.2.

Une autre dimension de la relation de confiance renvoie à la nécessité d'assurer la sécurité des personnes soignées : comme cette responsabilité leur incombe, les superviseures doivent pouvoir faire confiance aux stagiaires à ce sujet et, pour leur part, celles-ci doivent se montrer à la hauteur de cette attente (Bernard et Goodyear, 2019). Il importe donc que les stagiaires fassent preuve d'honnêteté et de transparence quant aux faits entourant leurs actions auprès des personnes soignées. Il est attendu d'elles qu'elles signalent rapidement à leur superviseure tous les problèmes constatés ou qu'elles sollicitent leur aide lorsque c'est nécessaire (Jackson *et al.*, 2019). Toutefois, certaines stagiaires peuvent avoir tendance à retenir des informations ou à déformer la réalité, consciemment ou non. Dans certains cas, leur capacité d'évaluer leurs forces et leurs difficultés peut être limitée. Il est primordial de faire confiance aux stagiaires, mais la vigilance demeure de mise pour s'assurer de la qualité de leur travail (Bernard et Goodyear, 2019). Comme dans toute situation, la confiance se gagne et se mérite, et un bris de confiance peut avoir des conséquences néfastes sur la relation pédagogique.

En résumé, la relation de confiance est un terreau fertile pour instaurer et maintenir une relation pédagogique de qualité. Établir une bonne relation entre la superviseure et la stagiaire est primordial pour nouer une alliance pédagogique (Côté *et al.*, 2017 ; Schut *et al.*, 2020).

5.2 L'alliance pédagogique

L'alliance pédagogique constitue une manifestation plus concrète de la relation pédagogique. Lorsque la superviseure et la stagiaire créent une alliance pédagogique, il se développe entre elles une dynamique enrichissante dans laquelle chacune apprécie l'autre, lui fait confiance et l'estime.

5.2.1 La création d'une alliance pédagogique

Instaurer une alliance pédagogique relève d'une responsabilité partagée entre la superviseure et la stagiaire, mais la superviseure n'en a pas moins un rôle prépondérant en tant que « gardienne » de cette alliance, chargée de préserver et de consolider le lien de confiance (Falender et Shafranske, 2021). Ainsi, en début de stage, l'une des tâches clés de la superviseure est de réunir les conditions d'une telle alliance.

Pour mieux comprendre ce qu'est l'alliance pédagogique, on peut la comparer à l'alliance thérapeutique en contexte de soins. Tout comme l'alliance thérapeutique, l'alliance pédagogique vise des buts communs, s'appuie sur un accord sur les moyens pour y parvenir et repose sur une relation de confiance entre les deux parties (Bordin, 1983 ; Telio *et al.*, 2015).

Cependant, elles se distinguent par leur visée : l'alliance thérapeutique est axée sur le soin ou le traitement des personnes soignées, alors que l'alliance pédagogique est axée sur la formation des stagiaires (Bernard et Goodyear, 2019). Une autre différence touche aux informations personnelles. Dans l'alliance thérapeutique, lorsque la personne soignée dévoile des informations personnelles au professionnel de la santé, cela peut avoir pour effet de consolider leur alliance. Dans l'alliance pédagogique, le fait de divulguer des informations personnelles peut au contraire placer les stagiaires en situation de vulnérabilité et affaiblir cette alliance. Une certaine prudence s'impose dans la révélation de soi. Par exemple, si une stagiaire a connu un épisode de dépendance aux drogues, maintenant résolu, elle n'a pas à le divulguer. Cet élément de son passé n'interfère pas avec sa performance actuelle ou ses besoins de formation. De plus, si elle le révélait, cela influencerait peut-être sa relation avec sa superviseure. Toutefois, si une stagiaire lui dévoile des informations trop personnelles, la superviseure doit faire preuve de prudence. Par exemple, si sa stagiaire lui fait part de ses conflits actuels avec son conjoint, une superviseure doit user de tact en lui rappelant que ces informations relèvent du domaine privé et qu'elle n'a pas à les connaître à titre professionnel. En revanche, elle peut lui indiquer les ressources d'aide disponibles, au besoin. Il est essentiel que les superviseures maintiennent les frontières relationnelles pour éviter de se retrouver dans une position de thérapeute. Cela prévient aussi l'instauration d'une relation où la sympathie fausserait l'évaluation de la performance des stagiaires.

En contexte de supervision, la mise en place de l'alliance pédagogique repose sur la collaboration (Falender et Shafranske, 2021 ; Vandette *et al.*, 2021). Pour instaurer une telle alliance, la superviseure peut clarifier avec la stagiaire leurs attentes respectives par une discussion ouverte et explicite (*voir le chapitre 6*). Cela signifie que la stagiaire doit lui faire part de ses besoins d'apprentissage ou de situation personnelle (sans entrer dans les détails) pouvant exercer une influence sur ses apprentissages en cours de stage. Par exemple, si une stagiaire est en situation de handicap, elle pourrait le mentionner afin que des mesures d'accommodement soient mises en place au besoin

(*voir le chapitre 3*). Ainsi, la superviseure connaît les besoins de sa stagiaire et, le cas échéant, peut déterminer les mesures de soutien appropriées (Jackson *et al.*, 2019). Évidemment, en raison du rôle des superviseures dans leur évaluation, les stagiaires peuvent avoir des réticences à faire preuve d'ouverture ; si c'est le cas, elles doivent être sécurisées.

En résumé, pour instaurer une alliance pédagogique, tout en privilégiant une relation de confiance mutuelle, les superviseures doivent s'assurer d'une entente claire avec les stagiaires basée sur les quatre éléments clés suivants (Falender et Shafranske, 2021 ; Telio *et al.*, 2015) :

- les buts et les objectifs pédagogiques du stage ;
- les moyens pour atteindre ces buts et objectifs ;
- les objectifs personnels affichés et réalistes de la stagiaire ;
- les rôles et les responsabilités des deux parties.

Fait important, cette entente ou vision commune, qui est au cœur de l'alliance pédagogique, permet à la superviseure d'exercer adéquatement son rôle d'accompagnement des stagiaires dans leurs apprentissages ainsi que son rôle d'évaluation (Jackson *et al.*, 2019).

L'encadré 5.3 présente une analogie entre l'alliance pédagogique et le tango.

Encadré 5.3

L'alliance pédagogique vue sous l'angle du tango (Bing-You *et al.*, 2018)

Le tango, danse née en Argentine, est fait de pas complexes à la fois prévisibles et inattendus où les émotions des danseurs viennent influencer leurs mouvements. Le cœur du tango est d'écouter, de comprendre et de converser avec son partenaire de façon à suivre ensemble le rythme. De même, en contexte de supervision, l'important est d'avoir un partenariat entre la superviseure et la stagiaire (plutôt qu'une approche dans laquelle l'information est transmise de façon unidirectionnelle), où l'impact des émotions est aussi pris en compte dans un climat de confiance mutuelle.

À l'image d'un danseur de tango, la superviseure doit manifester les habiletés nécessaires pour intervenir avec souplesse, ce qu'elle fait notamment par ses rétroactions, qui représentent son principal outil d'encadrement (*voir le chapitre 8*).

Instaurer une alliance pédagogique peut s'avérer plus facile ou naturel entre certaines superviseures et certaines stagiaires. Divers facteurs facilitent cette démarche, alors que d'autres entraînent des bris de confiance qui, si minimes soient-ils, ont un impact.

5.2.2 Des conditions facilitantes de l'alliance pédagogique

L'alliance pédagogique constitue un processus relationnel complexe qui est tributaire de multiples conditions associées à l'établissement d'une relation de confiance. Les conditions qui facilitent l'établissement d'une alliance pédagogique sont notamment les suivantes : création d'un climat sécuritaire ; intérêt porté aux stagiaires ; partage d'expériences ; franchise et honnêteté ; rétroactions ; et sensibilité à la diversité chez les stagiaires.

La clé de voûte de ce processus est la création d'un climat sécuritaire et bienveillant. En effet, les stagiaires qui évoluent dans un milieu où elles se sentent accueillies et intégrées adoptent plus facilement une position d'apprentissage (*voir le chapitre 4*). Pour rappel, la position d'apprentissage stimule leur participation aux nouvelles situations riches d'apprentissages et, par conséquent, favorise chez elles un engagement accru dans une alliance pédagogique. L'encadré 5.4 présente des stratégies contribuant à instaurer un climat sécuritaire et bienveillant (Dietemann *et al.*, 2018 ; Poteaux et Pelaccia, 2016).

Ces quelques stratégies permettent d'améliorer la perception de compétence chez les stagiaires, ce qui constitue un puissant levier pour favoriser leur engagement dans les activités d'apprentissage, leur motivation et leur persévérance face aux difficultés, comme l'illustre la rubrique Sur le terrain 5.5.

Encadré 5.4 **Quelques stratégies pour créer un climat sécuritaire et bienveillant**

- Permettre aux stagiaires de poser librement leurs questions ou d'exprimer leurs lacunes ou leurs incertitudes, sans être jugées.

- Offrir des rétroactions efficaces (*voir le chapitre 8*) tant sur les éléments positifs que sur les éléments à améliorer.

- Rassurer les stagiaires quant à leur capacité de réussir les activités qui leur sont proposées.

- Accueillir l'erreur ou les maladresses avec bienveillance et comme faisant partie de l'apprentissage, sans toutefois les minimiser.

- Valoriser les éléments positifs des actions posées et les efforts, et pas uniquement la performance.

Sur le TERRAIN 5.5 La création d'un climat bienveillant

Depuis trois jours, Élizabeth supervise Nathan, étudiant en début de deuxième année. Elle constate qu'il éprouve des difficultés lors de la rédaction de notes d'observation infirmières. Comme les jours précédents, elle lui a demandé de préparer une version « brouillon », qu'elle revoit avec lui avant qu'il n'inscrive ses notes au dossier. Comme Élizabeth se montre ouverte à ses questions, Nathan lui avoue que cette partie du travail est moins facile pour lui.

— Je ne sais jamais ce que je dois écrire ou non, j'ai toujours peur d'oublier quelque chose ou d'en mettre trop.

— C'est vrai que c'est complexe de savoir ce qu'il est pertinent d'inscrire. Ce n'est que ton deuxième stage, c'est normal. Comme elle n'informe pas sur l'état de santé de la personne, cette donnée-ci n'est pas pertinente, tu vois ? En revanche, celle-ci est importante, c'est très bien que tu l'aies

▶

notée : elle nous informe sur l'évolution de sa condition respiratoire à la suite de la modification du traitement.

Élizabeth poursuit en indiquant à Nathan les aspects positifs de ses notes d'observation et ceux qui sont à améliorer. Elle termine en lui disant de ne pas s'en faire, qu'il progresse bien et que, bientôt, il rédigera des notes concises et pertinentes.

Plusieurs autres facteurs, qui s'apparentent à ceux favorisant une relation de confiance, peuvent influencer positivement l'alliance pédagogique (Côté *et al.*, 2018). Pour valider leur présence, la superviseure peut proposer à la stagiaire une autoévaluation de l'engagement dans l'alliance pédagogique (*voir Boîte à outils 5.1*). Une autoévaluation équivalente pour la superviseure est aussi disponible (*voir Boîte à outils 5.2*). Ces autoévaluations sont aussi utiles pour susciter la discussion avec les stagiaires et les amener à prendre conscience de leur rôle actif dans l'établissement d'une alliance pédagogique.

Du côté de la superviseure, porter une attention particulière aux stagiaires, mais sans porter de jugement sur elles, plutôt que centrer son attention sur la tâche qu'elles doivent exécuter, est sans contredit une façon de faire gagnante (Bernard et Goodyear, 2019). Comme mentionné précédemment, faire confiance aux stagiaires et leur manifester de l'intérêt sont d'autres façons d'instaurer une alliance pédagogique.

De plus, les superviseures peuvent partager des expériences qu'elles ont elles-mêmes vécues, comme infirmière, comme superviseure ou même comme stagiaire. Le partage d'expériences est très apprécié par les stagiaires. Il fait écho à leur vécu et s'avère souvent riche d'apprentissages. Partager ses expériences est un moyen efficace de susciter une alliance pédagogique et d'engager les stagiaires dans des apprentissages significatifs et durables (Shorey *et al.*, 2021). Il est possible de tirer des leçons à partir des réussites autant que des situations plus difficiles (Bernard et Goodyear, 2019).

La franchise et l'honnêteté sont d'autres conditions incontournables de l'alliance pédagogique. En la matière, tout réside dans la façon de dire les choses. Le chapitre 8, qui porte sur la rétroaction, donne des pistes concrètes à cet égard. Par ailleurs, faire preuve de sensibilité aux différences et avoir une attitude d'inclusion envers la diversité constituent d'autres manières d'engager une alliance pédagogique (*voir le chapitre 3*).

Les stagiaires contribuent également à l'établissement de l'alliance pédagogique. Plusieurs conditions facilitantes s'apparentent à celles évoquées à propos des superviseures : il s'agit notamment du respect et de la confiance envers sa superviseure, de l'intérêt à apprendre en s'impliquant activement dans les activités proposées ainsi que de l'ouverture aux commentaires. Lorsque la stagiaire a des incertitudes ou des questionnements, la superviseure doit l'écouter avec bienveillance et l'aider à trouver des réponses. Cela consolide à la fois le lien de confiance et l'alliance pédagogique. Lorsqu'elles en ont besoin, il est crucial de réactiver l'espoir chez les stagiaires, par exemple en leur rappelant qu'il est normal de ne pas tout savoir ou de commettre des erreurs dans le processus d'apprentissage, ou en les rassurant sur leurs capacités de réussite (Bernard et Goodyear, 2019). Cela les aide à bien gérer leur stress, ce qui est un atout.

Boîte à OUTILS 5.1 — Autoévaluation de l'engagement dans l'alliance pédagogique (stagiaire)

- ☐ Je porte attention à ma superviseure.
- ☐ Je démontre du respect envers ma superviseure.
- ☐ Je démontre ma confiance à ma superviseure.
- ☐ Je souhaite apprendre et tirer profit des expériences proposées.
- ☐ Je collabore dans le choix des occasions d'apprentissage.
- ☐ Je m'implique activement dans l'évaluation de mes apprentissages.
- ☐ Je prends en compte les connaissances que ma superviseure partage avec moi pour améliorer ma pratique.
- ☐ Je me montre ouverte aux rétroactions.
- ☐ Je participe aux rétroactions en faisant mon auto-évalutation.
- ☐ Je fais preuve de franchise et d'honnêteté.
- ☐ Je reconnais mes limites.
- ☐ Je demande de l'aide, si nécessaire, en fonction de mes besoins d'apprentissage et de mes caractéristiques personnelles.

i+ Retrouvez cette autoévaluation à cocher dans la rubrique Boîte à outils sur la plateforme *i+ Interactif*.

Boîte à OUTILS 5.2 — Autoévaluation de l'engagement dans l'alliance pédagogique (superviseure)

- ☐ Je porte attention à ma stagiaire (caractéristiques, objectifs...).
- ☐ Je démontre du respect envers ma stagiaire.
- ☐ Je lui fais part de ma confiance en elle.
- ☐ Je démontre mon intérêt pour soutenir ses apprentissages.
- ☐ Je sollicite sa collaboration dans l'encadrement et dans l'évaluation de ses apprentissages.
- ☐ Je partage avec elle mes expériences et mes connaissances cliniques.
- ☐ Je lui offre régulièrement des rétroactions efficaces.
- ☐ Je fais preuve de franchise et d'honnêteté.
- ☐ Je reconnais mes limites.
- ☐ J'accueille avec ouverture la diversité dans un esprit d'équité et d'inclusion.

i+ Retrouvez cette autoévaluation à cocher dans la rubrique Boîte à outils sur la plateforme *i+ Interactif*.

Même si le temps est limité lors de la supervision de stage, cela vaut la peine de porter une attention particulière à la qualité de l'alliance pédagogique (Telio *et al.*, 2015). Compte tenu des retombées positives pour les deux parties, ce temps est bien employé et les efforts investis sont largement récompensés.

5.2.3 Des conditions défavorables à l'alliance pédagogique

L'instauration d'une alliance pédagogique est décisive pour s'assurer d'une expérience positive tant pour les superviseures que pour les stagiaires. Néanmoins, comme dans toute relation interpersonnelle, il peut survenir des conflits plus ou moins importants. Safran et ses collègues définissent le conflit comme une tension ou une rupture dans la relation collaborative dont l'intensité et la durée peuvent varier, l'une ou les deux participantes pouvant n'en être que vaguement consciente, jusqu'à ce que surviennent des ruptures majeures dans la collaboration (Safran *et al.*, cités dans Falender et Shafranske, 2021, p. 143, traduction libre). Bien qu'ils soient peu discutés dans la littérature, ces conflits sont fréquents dans la réalité et leur présence peut affecter l'alliance pédagogique (Bernard et Good-year, 2019 ; Falender et Shafranske, 2021).

À titre d'exemple, une alliance pédagogique peut être altérée, voire compromise, en cas de différends de personnalité d'intensité variable, de manque d'entente ou de confusion au sujet des priorités et des moyens pour atteindre les objectifs ou résoudre les problèmes. Plusieurs expressions populaires, telles que « le courant passe » ou « avoir des atomes crochus », traduisent le fait qu'il existe parfois des affinités naturelles, mais qu'elles peuvent être plus ou moins absentes dans d'autres situations (Kozanitis, 2015).

Certaines situations peuvent aussi avoir un impact sur l'alliance pédagogique. Par exemple, des rétroactions mal formulées ou soulignant des difficultés chez les stagiaires, bien que formatrices, peuvent conduire ces dernières à adopter une attitude défensive. Faute d'expérience, il arrive que les superviseures aient des réactions maladroites qui peuvent aussi altérer l'alliance pédagogique (Bernard et Goodyear, 2019). Dans de telles circonstances, il importe que les superviseures interviennent rapidement, que ce soit pour corriger un malentendu ou pour gérer un conflit potentiel. Par ailleurs, si des difficultés relationnelles sont présentes, il est impératif de mettre en place une bonne gestion des conflits avant qu'ils ne s'amplifient. Le chapitre 12 sur la gestion des conflits donne des pistes en ce sens. Toujours en matière de relations interpersonnelles, les attitudes de discrimination, qu'elles soient liées à la culture ou au genre de la personne, interfèrent avec l'alliance pédagogique (*voir la section 3.3.3, p. 35*).

Si les fondements de l'alliance pédagogique sont solides, de telles fluctuations offrent des occasions d'apporter des modifications pour pallier les difficultés et consolider l'alliance pédagogique (Falender et Shafranske, 2021).

De façon générale, ces conditions défavorables à une alliance pédagogique peuvent avoir des impacts significatifs sur la relation entre les superviseures et les stagiaires et créer des tensions qu'il est possible d'éviter. Les principales conséquences chez les superviseures et les stagiaires sont les suivantes :

- un sentiment de malaise à discuter avec l'autre ;
- une communication difficile caractérisée par l'impression de devoir « marcher sur des œufs » ;
- la perception de ne pas être comprise ;
- un sentiment général de frustration et de fatigue ;
- une atteinte à l'estime de soi.

Ces conséquences augmentent avec l'ampleur des difficultés émotionnelles et relationnelles présentes entre les superviseures et les stagiaires (Côté *et al.*, 2018). Par exemple, le fait de prendre un engagement mutuel étant une prémisse de l'alliance pédagogique, il est possible que l'alliance puisse difficilement s'établir si l'une ou l'autre des parties ne s'investit pas, pour quelque raison que ce soit (Côté, 2015).

Le sentiment d'incompréhension évoqué plus haut contribue de façon plus marquée encore à la fragilité ou à la rupture du lien de confiance et, par conséquent, de l'alliance pédagogique. Lorsqu'il existe des difficultés à établir ou à maintenir une alliance pédagogique, les superviseures et les stagiaires ont tendance à analyser la situation « chacune de leur côté ». Elles consultent leurs pairs pour obtenir des avis, des conseils ou des comparatifs afin de tenter de trouver des solutions pour préserver l'alliance pédagogique ou la rétablir.

Un moyen de rétablir l'alliance pédagogique consiste à prendre l'initiative d'en discuter avec la personne concernée. La discussion constitue évidemment une option privilégiée pour tenter de remédier à la situation et rétablir une alliance pédagogique, bien que cela puisse s'avérer difficile. Dans de tels cas, recourir aux personnes-ressources disponibles dans le milieu clinique ou dans le milieu scolaire peut aider à rétablir l'alliance pédagogique. Mieux vaut les consulter rapidement avant de se retrouver dans une impasse qui risque de devenir plus difficile à résoudre et même de mener à suspendre le stage.

Afin de prévenir les bris pouvant survenir dans l'alliance pédagogique et jeter d'emblée des bases solides garantes d'une expérience positive tant pour les superviseures que pour les stagiaires, une solution intéressante à envisager consiste à établir un contrat pédagogique dès le début du stage.

5.3 Le contrat pédagogique

S'entendre sur les modalités du stage contribue à harmoniser les attentes respectives des parties et favorise l'établissement d'une alliance pédagogique. Pour ce faire, l'une des stratégies à privilégier est le recours à un contrat pédagogique, ou contrat d'apprentissage, individualisé (Oermann *et al.*, 2021 ; Tugendrajch *et al.*, 2021).

Par définition, le terme « contrat » peut inquiéter certaines personnes. Dans le contexte des stages, il s'agit d'un outil flexible et évolutif, dont le but est de servir de guide et non de constituer une contrainte.

5.3.1 Le rôle d'un contrat pédagogique

De façon générale, le contrat pédagogique vise à stimuler chez les apprenants la motivation, le développement de l'autonomie, l'apprentissage de la responsabilité et de l'initiative. Il contribue à une individualisation de l'encadrement et des apprentissages, selon le rythme de l'apprenant, tout en favorisant les échanges entre les superviseures et les stagiaires et en améliorant leurs relations (Jubin, 2013). Ces échanges ouvrent des pistes qui aident à mieux adapter les occasions d'apprentissage à proposer aux stagiaires en fonction de leurs objectifs.

Comme les stagiaires sont des apprenantes adultes (*voir le chapitre 3*), l'établissement d'un contrat pédagogique leur permet de s'impliquer activement dans leurs apprentissages, d'établir avec leur superviseure une relation fondée sur la réciprocité et des attentes respectives claires, ce qui correspond bien à leurs besoins. Le contrat pédagogique jette les bases d'une relation de collaboration, si valorisée aux yeux des stagiaires et essentielle à une alliance pédagogique (Chen *et al.*, 2020). Plus encore, les changements de comportements en vue d'améliorer la performance sont plus susceptibles de survenir lorsque les apprenants adultes formulent eux-mêmes leurs objectifs d'apprentissage, les communiquent à leurs superviseures, procèdent à une autoévaluation en fonction de ces objectifs et déterminent des actions à prendre pour y parvenir (Ramani *et al.*, 2019).

Contrat pédagogique
Entente écrite de départ permettant de clarifier les objectifs spécifiques des stagiaires, entre autres, et pouvant guider les superviseures dans leur encadrement.

Le contrat pédagogique est négocié entre les superviseures et les stagiaires, mais il peut aussi impliquer la responsable académique de stage, au besoin. La négociation se base sur une discussion ouverte dans laquelle les superviseures et les stagiaires s'entendent sur les termes du contrat (Scaife, 2019). Bien qu'il soit individualisé en fonction des objectifs d'apprentissage personnels des stagiaires, ceux-ci doivent être cohérents avec ceux du programme de formation et du stage lui-même. Ce document permet de garder des traces des ententes et prévient les mésententes ultérieures ou peut contribuer à les résoudre si elles surviennent.

Le contrat pédagogique peut faire l'objet d'une révision ou d'une mise à jour, lorsque c'est jugé opportun (Falender et Shafranske, 2021). Il évolue selon la progression et le développement des stagiaires; les ajustements se basent sur la performance observée. En fait, le contrat pédagogique n'est pas établi une fois pour toutes. Il est nécessaire d'accompagner les stagiaires lorsqu'elles participent à sa consolidation ou à sa modification au fil de leurs apprentissages (Jubin, 2013; Tugendrajch *et al.*, 2021). De plus, procéder à une révision régulière des objectifs d'apprentissage fait partie intégrante du processus de supervision.

5.3.2 Les composantes du contrat pédagogique

Les objectifs d'apprentissage identifiés par les stagiaires constituent sans contredit l'élément clé du contrat pédagogique. L'aide des superviseures peut s'avérer nécessaire pour préciser ces objectifs ou identifier plus clairement les ressources disponibles dans le milieu, par exemple du matériel d'apprentissage existant (vidéo, documents ou autres) (Falender et Shafranske, 2021).

Un contrat pédagogique type peut être fourni par le milieu scolaire. Dans le cas contraire, les superviseures peuvent l'exiger de leurs stagiaires, car il s'agit d'un outil d'encadrement précieux. La rubrique Boîte

à outils 5.3 présente un exemple d'un tel contrat. En général, le contrat pédagogique comprend les éléments suivants, ceux-ci pouvant être adaptés selon le contexte (Jubin, 2013):

- des informations de nature générale, notamment à propos du stage, de la stagiaire, de la superviseure, du milieu clinique ou de la durée du stage:
  - l'identification du stage,
  - les informations sur la stagiaire (nom, numéro de téléphone, adresse courriel),
  - les informations sur la superviseure (nom, numéro de téléphone du milieu clinique, adresse courriel professionnelle),
  - l'identification du milieu, de la superviseure et de la clientèle dans le milieu;
- l'expérience antérieure de la stagiaire (stages, expériences personnelles ou de travail pertinentes, etc.);
- les attentes de la superviseure et de la stagiaire;
- les objectifs d'apprentissage scolaires et personnels rédigés de façon opérationnelle (*voir la section 5.3.3, p. 76*): ce sont des connaissances à acquérir (savoirs), des savoir-faire ou savoir-être à développer au cours du stage, qui représentent un écart entre les acquis actuels et les acquis visés;
- les activités d'apprentissage prévues pour atteindre ces objectifs;
- l'entente sur la rétroaction (fréquence, moment de la journée, rétroaction individuelle ou de groupe, etc.);
- l'entente sur le moment de l'évaluation formative et celui de l'évaluation sommative;
- l'entente sur le moment de la remise de l'auto-évaluation de la stagiaire en vue de l'évaluation formative (l'autoévaluation servira alors de base aux échanges à la période mi-stage);
- la signature datée des deux parties (chacune devrait avoir une copie signée du contrat).

Boîte à OUTILS 5.3 — Exemple d'un contrat pédagogique

Contrat pédagogique

Nom de la stagiaire : _Anne-Marie Plante_   Numéro de téléphone : _418-123-4567_

Adresse courriel étudiante : _plante.anne-marie@universite.ca_

Expériences antérieures pertinentes (stages, études, travail, etc.) :

Préposée aux bénéficiaires à temps partiel depuis 1 ½ an, a fait des études techniques d'hygiène dentaire

Informations générales

Année du programme	1re ☐	2e ☐	3e ☒
Dates du stage	Du : 12 sept. 2023 au 7 octobre 2023		
Identification du milieu clinique	Soutien à domicile auprès de personnes âgées		
Contexte de pratique	Soins aigus et de courte durée ☐	Réadaptation ☐	Soins ambulatoires ☐
	Soins dans la communauté ☒	Autres (préciser) :	

Information concernant la superviseure	**Superviseure 1** Nom : Laetitia Germain Adresse courriel professionnelle : Germain.Laetitia@hopital.ca	**Superviseure 2** Nom : Adresse courriel professionnelle :

Numéro de téléphone du milieu de soins (si retard ou absence) : 418-224-5678

Plan d'amélioration des apprentissages

Date	Objectif	Moyens d'apprentissage	Atteint	À revoir
12 sept.	Communiquer des informations pertinentes sur la situation de santé des personnes lors des rencontres interprofessionnelles d'ici le 30 sept.	• Me documenter sur les problèmes de santé particuliers des personnes et les besoins en découlant • Rédiger un aide-mémoire des informations à partager lors des rencontres interprofessionnelles en tenant compte des particularités des personnes • Demander une rétroaction sur mon aide-mémoire à ma superviseure • Être à l'écoute des rétroactions des autres membres de l'équipe interprofessionnelle	☐	☐
12 sept.	Indiquer des ressources fiables à transmettre à des personnes nouvellement diabétiques d'ici le 15 sept.	• Explorer le Web pour déterminer des ressources documentaires fiables • Trouver des associations pouvant offrir du soutien • Consulter la documentation actuellement disponible au soutien à domicile sur les ressources accessibles dans le secteur où habite la personne	☐	☐

Boîte à OUTILS 5.3   Exemple d'un contrat pédagogique (*suite*)

Évaluation des apprentissages

Évaluation formative :

- Entente sur la fréquence et les moments des rétroactions ☒
- Précisions sur l'autoévaluation à faire par la stagiaire ☒
- Date de remise de l'autoévaluation par la stagiaire : *23 sept. à 8 h 00*
- Date de la rencontre pour l'évaluation formative : *23 sept. à 15 h 30*

Évaluation sommative :

Date de la rencontre pour l'évaluation sommative : *7 oct.*

Autres attentes :

Revoir ensemble chaque semaine le plan d'amélioration des apprentissages pour faire le point et l'actualiser.

En tant que stagiaire, je m'engage à :

☒ *M'impliquer activement dans mes apprentissages et pour ma réussite*

☒ *Formuler des objectifs d'apprentissage précis, pertinents, mesurables, atteignables et réalistes selon les délais fixés*

☒ *Participer de façon constructive au dialogue de rétroaction avec la superviseure*

En tant que superviseure, je m'engage à :

☒ *Être attentive aux besoins d'apprentissage de la stagiaire*

☒ *Offrir à la stagiaire des occasions/activités pour soutenir ses apprentissages*

☒ *Instaurer un dialogue de rétroaction efficace*

Nous, _____*Anne-Marie Plante*_____ (stagiaire), _____*Laetitia Germain*_____ (superviseure 1) et _____ (superviseure 2), nous engageons à respecter ce contrat et à le réviser en cours de stage, si nécessaire.

Date : _____*12 sept. 2023*_____

Date de révision du contrat : _____

 Retrouvez ce contrat à remplir dans la rubrique Boîte à outils sur la plateforme *i+ Interactif*.

5.3.3 La rédaction des objectifs d'apprentissage

Les termes du contrat, ainsi que les critères de performance et de résultat qui y sont utilisés, doivent faire l'objet d'une formulation à la fois objective et descriptive. Pour s'assurer qu'un objectif est bien rédigé, il est recommandé de recourir à la méthode SMART (*voir l'encadré 5.5, inspiré de MacLeod, 2012*). Employer cette méthode (introduite par Doran en 1981) permet de s'assurer qu'un objectif présente les caractéristiques suivantes : Spécifique, Mesurable, Atteignable, Réaliste et Temporellement défini. Lorsqu'un objectif est bien défini et bien formulé, il est beaucoup plus facile de formuler un plan d'action et d'évaluer son atteinte.

La rubrique Sur le terrain 5.6 illustre la nécessité de bien formuler les objectifs d'apprentissage et de les revoir en cours de stage en fonction de la progression des stagiaires, du niveau de complexité de l'objectif et des situations de soins rencontrées.

Encadré 5.5 La méthode SMART

SMART	Signification	Description
S	Spécifique	L'objectif est précis et concret, sans ambiguïté possible pour un lecteur autre que la stagiaire.
M	Mesurable	L'objectif est quantifié de sorte que les progrès et les résultats peuvent être mesurés au terme de la période donnée.
A	Atteignable	Le niveau d'atteinte doit être réaliste, c'est-à-dire ni trop haut (découragement), ni trop bas (perte de motivation). L'objectif doit aussi être réalisable dans le temps escompté et au regard des capacités de la stagiaire. Si plusieurs objectifs sont visés, les échéances fixées pour chacun d'eux doivent être compatibles et réalistes.
R	Réaliste	L'objectif doit tenir compte du contexte et des ressources disponibles. Il doit en outre être pertinent au regard du programme de formation.
T	Temporellement défini	L'échéance doit être précisée dans le temps.

Sur le TERRAIN 5.6 La rédaction d'objectifs d'apprentissage

Au début de son stage en obstétrique, Brittany présente son contrat pédagogique à sa superviseure Monica. Celle-ci note que le premier objectif est bien formulé :

Objectif 1 : Informer la mère sur les stratégies facilitant une prise du sein adéquate par le nouveau-né tout en assurant son confort d'ici la 10e journée du stage.

Cet objectif clarifie les résultats escomptés par Brittany, ce que Monica pourra évaluer avec sa stagiaire. L'échéance est également raisonnable dans les situations où la mise au sein se déroule bien. Brittany et Monica pourront réévaluer l'atteinte de cet objectif selon le progrès effectué et les situations de soins rencontrées. Dans certains cas, la mise au sein peut s'avérer plus complexe et demander une bonne expérience clinique.

En revanche, Monica trouve que le deuxième objectif manque de précision. Elle mentionne à Brittany que cet objectif est trop vague et qu'aucune échéance n'est précisée :

Objectif 2 : Évaluer la condition de la mère.

Après des échanges avec Monica, Brittany reformule ainsi son deuxième objectif :

Objectif 2 (reformulé) : Procéder à une évaluation juste du fond utérin (hauteur, position, fermeté, présence de tranchées) chez une femme ayant accouché par voie vaginale d'ici la 6e journée du stage.

Là aussi, le délai paraît raisonnable. Brittany aura possiblement été exposée à suffisamment de situations pour être autonome, du moins en l'absence de complications chez les mères.

D'autres objectifs pourraient également être ajoutés au contrat pédagogique de Brittany.

Conclusion

Superviser efficacement signifie avant tout entrer dans une relation pédagogique avec les stagiaires. Dans une relation pédagogique, l'encadrement va au-delà de l'exposition de la stagiaire à des activités de soins, il comprend également des activités d'accompagnement et éducatives. Cette relation contribue à susciter la motivation et l'engagement des stagiaires dans leurs apprentissages. La jonction entre une relation de confiance et une relation pédagogique se concrétise par une alliance pédagogique entre la superviseure et la stagiaire. Pour créer cette alliance, il est fondamental de clarifier préalablement les attentes respectives des parties à travers une discussion ouverte, ainsi que de s'entendre sur les buts et les objectifs, les moyens pour les atteindre, les rôles de chacune des parties et la qualité de la relation à maintenir. Le contrat pédagogique vient sceller ces ententes, qui peuvent toutefois être revues à tous moments. Il constitue une solution à privilégier, puisqu'il implique activement les stagiaires dans leurs apprentissages et crée une relation de réciprocité avec les superviseures.

Questions de réflexion

1 Quelles sont des retombées positives d'une relation pédagogique pour les superviseures et pour les stagiaires ?

2 Quelles stratégies peuvent contribuer à instaurer une relation pédagogique entre les superviseures et les stagiaires ?

3 Comment est-il possible de créer des conditions facilitant l'alliance pédagogique et de prévenir celles qui lui sont défavorables ?

4 Quelles mesures, en tant que superviseure, pourrez-vous mettre en place pour intégrer le contrat pédagogique dans votre pratique de supervision ?

Mettre en œuvre des conditions favorisant le bon déroulement du stage

CHAPITRE **6**

Plan du chapitre

Objectifs du chapitre

- Décrire la préparation nécessaire des stagiaires et des superviseures avant le stage.
- Instaurer des activités favorisant l'accueil et l'intégration des stagiaires.
- Choisir des occasions d'apprentissage appropriées et diversifiées.

 Ressources en ligne sur la plateforme *i+ Interactif* :
- Livre numérique
- Boîte à outils

Introduction

Pour bien démarrer le stage, il est essentiel de s'y être préparé, tant pour les stagiaires que pour les superviseures. Planifier la façon dont le stage sera organisé, et ce, de l'accueil à la dernière journée, permet aux superviseures de jouer plus efficacement leur rôle et d'assumer pleinement leurs responsabilités. Le temps consacré à cette préparation est un investissement profitable. Le choix préalable des occasions d'apprentissage exerce une influence déterminante sur les apprentissages des stagiaires. Il existe une variété d'occasions d'apprentissage, mais toutes n'ont pas la même portée ou ne sont pas cohérentes avec les objectifs du stage. Il importe donc d'apporter une attention particulière dans leur sélection afin de faire du stage une expérience significative et enrichissante pour les stagiaires comme pour les superviseures.

6.1 La préparation des stagiaires

La préparation est essentielle tant pour les stagiaires que pour les superviseures afin que le stage repose sur des bases solides et constitue pour les deux parties une expérience enrichissante.

Pour bien se préparer au stage, les stagiaires doivent d'abord s'investir dans leurs cours afin d'acquérir le bagage de connaissances théoriques nécessaire à une pratique de qualité. Elles doivent aussi mettre à profit les laboratoires afin de développer les habiletés psychomotrices requises pour poser les gestes techniques avec dextérité et rigueur. En outre, elles peuvent s'appuyer sur les apprentissages qu'elles ont réalisés lors des stages antérieurs.

Concernant plus particulièrement le stage, les stagiaires sont tenues de participer activement à la rencontre préparatoire prévue dans les programmes de formation et animée par la responsable académique de stage. Il leur incombe de s'approprier les informations qui leur sont transmises à cette occasion, qui sont sensiblement les mêmes que celles abordées avec les superviseures lors de la rencontre préparatoire aux stages (*voir la section 4.4.1, p. 57*). À titre de rappel, cette rencontre porte notamment sur :

- les objectifs du stage en fonction des compétences visées ;
- les rôles et responsabilités des différents acteurs, dont ceux des superviseures ;
- les modalités d'évaluation et grilles d'évaluation ;
- le fonctionnement global du stage (milieu de soins, nom de la superviseure, horaire, moment de l'évaluation formative de mi-stage et de l'évaluation sommative, etc.) ;
- les caractéristiques générales du milieu de soins.

Cette rencontre est pour les stagiaires l'occasion de clarifier les choses et d'obtenir des réponses à leurs questions. C'est une première entrée en matière avec le stage en lui-même, ce qui peut contribuer à diminuer chez certaines étudiantes le stress souvent lié au stage, mais l'augmenter chez d'autres.

Les futures stagiaires prennent connaissance des documents qui leur sont alors remis en fonction des objectifs du stage, tels que :

- le gabarit à utiliser pour un journal de bord ;
- la fiche de documentation concernant les médicaments ;
- les guides pour l'évaluation de la condition physique ou mentale ;
- les guides d'entrevue ;
- la synthèse des critères de qualité des notes d'observation infirmières.

Il peut également leur être demandé de préparer un contrat pédagogique afin d'en discuter avec leur superviseure dès la première journée du stage. Cela exige donc de leur part une réflexion préalable sur leurs objectifs d'apprentissage et sur les moyens pour les atteindre. Enfin, les futures stagiaires doivent se renseigner sur le milieu clinique où se déroulera leur stage et sur la clientèle qu'elles seront appelées à côtoyer.

6.2 La préparation des superviseures

La préparation des superviseures en vue de l'encadrement d'un stage suit deux axes : d'une part, elles se préparent elles-mêmes à assumer leur rôle de superviseure et, d'autre part, elles s'organisent pour structurer l'accueil des stagiaires dans le milieu et envisagent les occasions d'apprentissage qui leur seront offertes. La planification est un élément clé pour s'assurer que le stage sera une expérience réussie (Scaife, 2019).

La rubrique Boîte à outils 6.1 présente quelques exemples de questions guidant les superviseures dans la préparation du stage. Plusieurs éléments de réponse seront apportés dans les chapitres suivants, auxquels les superviseures pourront se référer.

Habituellement, les superviseures rencontrent la responsable académique de stage qui leur transmet alors plusieurs informations, notamment à propos des objectifs et des attentes. La rubrique Boîte à outils 6.2 présente des questions que les superviseures peuvent poser lors de cette rencontre.

Boîte à OUTILS 6.1 — Questions pour guider la superviseure dans la préparation du stage

- Parmi mes forces, quelles sont celles que je peux mettre à contribution comme superviseure ?

- Quelles stratégies puis-je mettre en place pour créer une relation harmonieuse avec la stagiaire ?

- D'après ce que je connais de la stagiaire, dois-je faire une préparation additionnelle pour répondre à ses besoins d'apprentissage ? Y a-t-il des difficultés que je peux anticiper ?

- D'après ce que j'entrevois, y aura-t-il des difficultés à atteindre certains objectifs du stage et de la stagiaire ?

- Comment devrai-je procéder à l'orientation de la stagiaire dans le milieu et à l'égard de la clientèle soignée ? Comment l'intégrer dans l'équipe de soins ou aviser les membres de l'équipe de sa présence et des objectifs du stage ?

- Parmi les méthodes d'encadrement que je connais, lesquelles pourrai-je utiliser ?

- Comment vais-je m'y prendre pour l'attribution des situations de soins ? La stagiaire peut-elle être exposée à d'autres activités d'apprentissage ?

- Sur quelles ressources matérielles, physiques et humaines puis-je m'appuyer dans mes fonctions de superviseure ?

 Retrouvez cette liste de questions à imprimer dans la rubrique Boîte à outils sur la plateforme *i+ Interactif*.

Boîte à OUTILS 6.2 — Questions à la responsable académique de stage

- Comment sera déterminé l'horaire spécifique du stage ?

- Dois-je accéder aux demandes de modification de la stagiaire ?

- Qui dois-je aviser en cas de modification d'horaire ou d'absences ?

- Quels sont les objectifs du programme ?

- À quel niveau du programme le stage s'insère-t-il ?

- Quels sont les objectifs spécifiques du stage ?

- Y a-t-il des exemples d'activités d'apprentissage à proposer ? Quels sont-ils ?

Boîte à OUTILS 6.2 — Questions à la responsable académique de stage (*suite*)

- Y a-t-il des activités pour lesquelles les stagiaires ne sont pas préparées et que je dois éviter ?

- S'il y a des objectifs plus difficiles à atteindre dans mon contexte clinique, à qui puis-je m'adresser pour en discuter ?

- Quels sont les outils d'évaluation des apprentissages (évaluation formative et évaluation sommative) ?

- Qu'est-ce qui est attendu de ma part lors de l'évaluation formative et de l'évaluation sommative ?

- À quoi dois-je m'attendre de la part de la stagiaire ?

- Si j'ai des questions ou des préoccupations liées à la stagiaire, vers quelles personnes-ressources pourrai-je me tourner ?

- Comment pourrai-je communiquer avec la responsable académique de stage ?

- Quels règlements relatifs aux stages dois-je connaître ?

Retrouvez cette liste de questions à imprimer dans la rubrique Boîte à outils sur la plateforme *i+ Interactif.*

Source : Inspiré de Bernard et Goodyear, 2019, p. 147.

Enfin, discuter avec des collègues qui ont déjà agi comme superviseures peut aussi être très inspirant. Celles-ci partageront leurs expériences et des stratégies qu'elles ont acquises avec le temps concernant différents moments du stage, dont l'accueil et l'intégration, ou encore le choix des occasions d'apprentissage. Cela sera également l'occasion pour les superviseures de mieux distinguer activités de soins et activités d'apprentissage, tel que présenté dans l'encadré 6.1 (Oermann *et al.*, 2021).

Encadré 6.1

La différence entre les activités de soins et les activités d'apprentissage

Les activités d'apprentissage en milieu clinique sont souvent confondues avec des activités de soins. Il faut se rappeler les points suivants :

- Les activités de soins proposées aux stagiaires sont avant tout des activités d'apprentissage.

- Les étudiantes infirmières font des stages non pas pour « soigner », mais pour « apprendre » à prodiguer des soins.

- Les stagiaires n'étant pas des infirmières, leur rôle est avant tout d'apprendre.

6.3 La planification de l'accueil et de l'intégration des stagiaires

Les stages offrent aux étudiantes de grandes occasions en matière d'apprentissage, mais ils sont aussi pour elles une source importante de stress (*voir le chapitre 3*). La première journée de leur stage, la découverte du milieu clinique, peut stimuler leur intérêt et leur autonomie en tant qu'apprenante, mais, en raison de leur anxiété, elle favorise parfois leur dépendance envers leur superviseure. Les activités d'accueil et d'intégration représentent donc une occasion précieuse pour apaiser les craintes des stagiaires et désamorcer leur stress, du moins en partie, et permettre aux stagiaires et aux superviseures d'apprendre à se connaître (Oermann *et al.*, 2021).

Une planification structurée de l'accueil et de l'intégration des stagiaires évite d'improviser et d'oublier des points essentiels (Loughran et Koharchick, 2019). Cela traduit également l'importance accordée à l'arrivée des stagiaires et contribue à ce qu'elles se sentent bien accueillies. Comme les stages sont généralement de courte durée, des activités d'accueil structurées optimisent le temps qu'elles passeront dans le milieu clinique. La planification de l'accueil des stagiaires est étroitement liée aux objectifs du stage (Bernard et Goodyear, 2019). L'encadré 6.2 suggère différents outils que les superviseures peuvent préparer pour l'accueil des stagiaires.

Par ailleurs, avant l'arrivée des stagiaires, des actions très concrètes peuvent être posées pour préparer leur accueil et favoriser leur intégration (Bernard et Goodyear, 2019 ; Loughran et Koharchick, 2019 ; Oermann *et al.*, 2021 ; Scaife, 2019). La rubrique Boîte à outils 6.3 énumère les principales actions à planifier.

6.4 L'accueil et l'intégration des stagiaires

La première journée dans le milieu de stage donne le ton pour la suite. Les impressions initiales des stagiaires colorent la relation de confiance qui s'amorce. Leur accueil vise à les initier au milieu clinique et à explorer leurs besoins particuliers. C'est une étape déterminante en vue de leur intégration dans le milieu clinique. Leur capacité à s'approprier le contexte et les

---

Encadré 6.2 Des outils à préparer pour l'accueil de stagiaires

- Aide-mémoire concernant les informations importantes à transmettre aux stagiaires.

- Documents d'information pertinents à leur remettre ou auxquels les renvoyer à titre de sources de référence, le cas échéant.

- Ressources pouvant être fournies aux stagiaires, par exemple des vidéos dédiées à l'enseignement aux personnes.

Boîte à OUTILS 6.3 Liste d'actions à planifier avant l'arrivée de stagiaires

- ☐ Préciser ses attentes en tant que superviseure afin de les communiquer ensuite aux stagiaires.

- ☐ Valider que l'horaire de travail comprend un moment consacré à l'accueil des stagiaires.

- ☐ Planifier des activités permettant aux stagiaires de se familiariser avec le milieu clinique, plus particulièrement des activités sur les aspects à privilégier dans le cadre du stage.

- ☐ Identifier un endroit où les stagiaires pourront ranger leurs effets personnels (livres, manteau, etc.).

- ☐ Déterminer un lieu où il sera possible de rencontrer les stagiaires. Idéalement, il doit être exempt de distraction et permettre de discuter de façon confidentielle.

- ☐ Annoncer l'arrivée des stagiaires à l'équipe de soins et faire un appel à la collaboration de tous ses membres.

- ☐ Vérifier si des activités d'orientation générale sont organisées par les responsables de stage du milieu clinique, par exemple une visite incluant les lieux que les stagiaires seront amenées à fréquenter dans l'institution.

- ☐ Vérifier si les formalités de nature plus administrative sont prises en charge lors de l'orientation générale dans le milieu clinique (p. ex., accès à un vestiaire ou obtention d'un mot de passe permettant d'accéder aux systèmes informatisés).

- ☐ Rechercher les politiques ou les procédures propres au milieu clinique qui peuvent être pertinentes pour les stagiaires.

(i+) Retrouvez cette liste à cocher dans la rubrique Boîte à outils sur la plateforme *i+ Interactif*.

relations qu'elles noueront avec le personnel constituent des enjeux majeurs : il importe donc de poser des actions qui leur permettront de s'intégrer activement dans le milieu clinique (Ching *et al.*, 2020). Plusieurs activités peuvent être mises de l'avant. Il convient de les adapter ou de les bonifier selon les réalités du milieu. Elles sont décrites dans les paragraphes suivants, mais ne doivent pas forcément se dérouler dans l'ordre où elles sont présentées. À titre de rappel, de nombreuses informations seront transmises aux stagiaires lors de la première journée. Il est important de sélectionner les plus pertinentes et d'inviter les stagiaires à prendre des notes pour ne rien oublier.

6.4.1 La première rencontre avec la superviseure et le personnel

Un mot de bienvenue de la part de la superviseure et de brèves présentations mutuelles amorcent favorablement l'accueil. Cela permet déjà de dissiper une partie de l'inconnu auquel font face les stagiaires et d'atténuer leur stress initial.

Dans un esprit d'intégration, les stagiaires apprécient que les superviseures leur présentent les membres du personnel de l'unité rencontrés au cours de la journée, en leur précisant le nom de chacun et, sommairement, son rôle et ses responsabilités. Il est très sécurisant pour les stagiaires de savoir à qui s'adresser, comment et quand faire appel au personnel selon les situations qui se présentent à elles. S'il n'y a pas assez de temps pour le faire, il est suggéré de les

présenter au moins aux personnes qu'elles côtoieront le plus fréquemment. Une façon de les intégrer à l'équipe est de jumeler les stagiaires à des membres du personnel pour une courte période au cours de la journée de façon à les exposer à des activités ciblées et pertinentes au regard des objectifs de stage (*voir Sur le terrain 6.1*).

6.4.2 L'orientation dans le milieu clinique

Comme toute personne qui découvre un environnement inconnu, les stagiaires ont besoin d'être orientées dans le lieu où se déroule leur stage afin de s'approprier ce nouveau contexte. Pour commencer, il est intéressant d'effectuer une visite générale des lieux physiques pour leur donner une vision globale du milieu. De préférence, il convient de cibler les aspects ou les endroits qui les concernent afin d'éviter de les noyer sous les informations (Oermann *et al.*, 2021), par exemple :

- le lieu où elles peuvent déposer leurs effets personnels tels que leurs livres de référence ;
- l'endroit où elles peuvent s'installer pour rédiger les notes au dossier ou effectuer certaines recherches (p. ex., sur les médicaments à administrer) ;
- la localisation du poste de travail des infirmières ;
- l'endroit où se trouve le matériel nécessaire aux soins ;
- l'endroit où doit être stocké le matériel souillé ;

Sur le TERRAIN 6.1 Le jumelage à un membre du personnel

Le stage en périnatalité de Stéphanie débute aujourd'hui. C'est un tout nouvel environnement pour elle. Lors de l'accueil dans l'unité, sa superviseure Anne-Hélène profite du fait que l'infirmière auxiliaire doit donner son premier bain à un nouveau-né. Avec son accord, Stéphanie assiste avec plaisir au bain et aux soins du cordon ombilical. Pour éviter de la placer dans une position d'observatrice passive, Anne-Hélène demande à Stéphanie de porter attention aux particularités du nouveau-né et aux façons de prévenir les pertes de chaleur corporelle.

Elles pourront en discuter ensuite. L'infirmière auxiliaire explique à Stéphanie comment et pourquoi elle effectue ces soins. Elle en profite pour lui transmettre quelques trucs du métier. Elles échangent aussi quelques mots de façon informelle sur les études et les projets de Stéphanie, qui se sent bien accueillie et heureuse de commencer son stage. Ingrid, une infirmière qui passe près d'elles, lui demande : « Es-tu une nouvelle stagiaire ici ? » Stéphanie acquiesce. « Alors, bienvenue parmi nous ! », ajoute Ingrid, enthousiaste.

- la salle mise à la disposition des personnes soignées et de leur famille ;
- la salle de bains du personnel ;
- la cuisinette.

S'il y a des informations particulières à connaître, par exemple la possibilité ou non pour les stagiaires d'utiliser le four à micro-ondes dans la cuisinette du personnel, il est préférable de leur en faire part afin de leur éviter des surprises désagréables.

6.4.3 La familiarisation avec le matériel disponible et la documentation des soins

Il est également nécessaire que les stagiaires se familiarisent avec le matériel disponible pour effectuer les soins et les documenter. Il peut s'agir, par exemple, du matériel suivant : pompes à perfusion intraveineuse, dispositifs pour mesurer la glycémie ou système de distribution des médicaments. Il est important d'indiquer aux stagiaires où trouver le matériel, mais aussi comment s'en servir. Il peut différer de celui que les stagiaires connaissent ou même être nouveau pour elles. Si possible, il faut prévoir des occasions leur permettant de le manipuler au cours de la journée d'accueil.

La superviseure peut faire visiter une chambre inoccupée à la stagiaire afin de la familiariser avec son organisation et le matériel qui s'y trouve. Il est souhaitable de faire une démonstration de l'utilisation de ce matériel, qu'il s'agisse de l'ajustement des lits ou du fonctionnement de la cloche d'appel, qui diffère d'un milieu à l'autre.

Il convient de prévoir un moment pour s'assurer que la stagiaire connaît la façon de documenter les soins et d'effectuer la tenue du dossier patient, car celle-ci peut également varier selon les milieux cliniques. Valider ses connaissances à ce propos et les compléter représentent un bon investissement de temps.

La rubrique Sur le terrain 6.2 illustre une façon efficace de faire découvrir le milieu de stage.

Sur le TERRAIN 6.2 Un rallye pour découvrir son milieu de stage

Carole-Anne a déjà supervisé des stagiaires et a remarqué qu'elles avaient tendance à oublier une grande partie des informations qui leur sont données lors de la journée d'accueil. Alors qu'elle se prépare à accueillir des stagiaires, elle cherche une solution favorisant une meilleure rétention de ces informations afin de ne pas avoir à les répéter inutilement avant de mettre les stagiaires en action. Elle en discute avec une collègue qui a déjà été superviseure. Celle-ci lui suggère d'organiser un court rallye dans l'unité pour permettre aux stagiaires de s'orienter et de trouver le matériel dont elles auront besoin selon les situations. Carole-Anne organise un rallye en fonction de situations types, qu'elle note sur des cartes-fiches (*voir Boîte à outils 6.4, page suivante*), consistant par exemple à trouver le matériel pour :

- préparer un médicament *per os* ;
- monter une tubulure intraveineuse ;
- retirer des agrafes d'une plaie à la suite d'une césarienne.

Après lui avoir fait visiter l'unité de soins, Carole-Anne propose un rallye à sa stagiaire Salima en tenant compte du fait qu'elle est en deuxième année. Comme une des activités consiste à trouver le matériel pour administrer un médicament sous-cutané, elle lui remet une carte-fiche à cet effet. Carole-Anne possède aussi une copie de la carte-fiche sur laquelle elle a noté des informations supplémentaires.

Par la suite, Carole-Anne prend quelques minutes pour faire un retour avec sa stagiaire sur ce qu'elle a pu trouver ou non et répond à ses questions pour clarifier certaines incertitudes. Carole-Anne a non seulement validé le fait que Salima peut repérer le matériel dans l'unité, elle a aussi pu vérifier ses capacités à calculer adéquatement la quantité à administrer ainsi qu'à déterminer le matériel adéquat en fonction de cette quantité et de la corpulence de la personne.

Boîte à OUTILS 6.4 — Exemples de cartes-fiches pour un rallye (version stagiaire et version superviseure)

Version stagiaire :

Objectif : Préparer une médication sous-cutanée pour M. Bombardier

L'ordonnance est : Morphine 5 mg/mL SC (1 mL = 10 mg SC), toutes les 4 heures au besoin, si douleur

- Calculer la quantité à administrer : _____

- Trouver le matériel nécessaire en fonction du fait que M. Bombardier a un poids santé :

☐ Seringue appropriée   ☐ Étiquette pour identifier la seringue

☐ Aiguille de calibre approprié   ☐ Ampoule de morphine

☐ Tampon d'alcool   ☐ FADM

- Préciser la procédure pour la double vérification lors de l'administration d'un narcotique.

Version superviseure :

Objectif : Préparer une médication sous-cutanée pour M. Bombardier

L'ordonnance est : Morphine 5 mg SC (1 mL = 10 mg SC), toutes les 4 heures au besoin, si douleur

- Calculer la quantité à administrer : *0,5 mL*

- Trouver le matériel nécessaire en fonction du fait que M. Bombardier a un poids santé :

☐ Seringue appropriée (*devrait choisir une seringue de 1 mL ou à tuberculine*)

☐ Aiguille de calibre approprié (*devrait choisir un calibre entre 23 à 27 G, habituellement 25 G, longueur 12 mm pour injection à 90°*)

☐ Tampon d'alcool

☐ Étiquette pour identifier la seringue

☐ Ampoule de morphine

☐ FADM

- Préciser la procédure pour la double vérification lors de l'administration d'un narcotique.

Note : Les réponses manuscrites sont de la superviseure. Elles ne devraient pas être sur la carte-fiche de la stagiaire, car ce sont des indications pour un choix approprié du matériel. C'est ce à quoi Carole-Anne s'attend de la part de Salima.

 Retrouvez ces cartes-fiches à remplir dans la rubrique Boîte à outils sur la plateforme *i+ Interactif*.

6.4.4 La description de l'organisation du travail

L'organisation du travail varie d'un milieu à l'autre. Les stagiaires peuvent se sentir facilement perdues face aux règles internes, qui sont parfois implicites et tenues pour acquises, alors qu'elles ne vont pas forcément de soi. Leur donner des explications sur le mode de fonctionnement propre au milieu de stage favorise leur intégration. Par exemple, les aspects à aborder peuvent concerner la répartition de la charge de travail (p. ex., comment savoir quelle infirmière est responsable des soins de tel patient), les modes de communication dans l'équipe, les routines et les protocoles (incluant les différents codes d'urgence) en vigueur, les modalités d'échange d'information entre les infirmières de différents quarts de travail, ou encore les conventions visant à assurer la sécurité des personnes soignées lors des pauses du personnel ou des repas.

6.4.5 Les particularités de la clientèle

Chaque milieu clinique accueille habituellement une clientèle type. Indiquer aux stagiaires quels sont les problèmes de santé les plus couramment rencontrés et les caractéristiques de la clientèle leur permet de se préparer en conséquence. Les superviseures suggèrent parfois certaines lectures pour mieux comprendre ces problèmes de santé et les caractéristiques de la clientèle. Elles profiteront de cette occasion pour aborder la crédibilité des sources d'information utilisées. Faciles à consulter, les ressources en ligne fournissent des informations souvent présumées vraies (Schenarts, 2020). Même si les étudiantes sont sensibilisées à l'importance de recourir à des sources fiables dans la pratique infirmière, il est pertinent de leur rappeler. Une réflexion est aussi encouragée concernant les sites Web crédibles pouvant être recommandés aux personnes soignées, qui tendent de plus en plus à consulter ces sources (Shorey *et al.*, 2021).

Les superviseures demandent parfois aux stagiaires de rédiger des fiches sur les médicaments les plus fréquemment administrés en vue de se préparer. Par exemple, une stagiaire pourrait remplir une fiche-médicament pour Mme Simon, une personne qui présente de la fièvre (*voir Boîte à outils 6.5*). Ces fiches peuvent servir d'aide-mémoire, mais elles ne remplacent pas les guides de médicaments.

Boîte à OUTILS 6.5 Exemple de fiche-médicament[1]

Nom générique du médicament : *Acétaminophène*

Noms commerciaux : *Tylenol*

Famille/Classe du médicament : *analgésique non opioïde, antipyrétique*

Posologie : *adultes P.O., 325–650 mg q. 4–6 h p.r.n. ; max. de 4 g/jour*

Indications : *(pour Mme Simon) traitement de la fièvre faible à modérée*

Contre-indications : *hypersensibilité à l'acétaminophène*

Effets secondaires/indésirables : *GI : nausée, vomissements, douleur abdominale, hépatotoxicité, hémorragie digestive ; d'autres effets secondaires sont liés à un surdosage ou à une utilisation prolongée.*

Surveillance : *Évaluer la présence de fièvre. Les résultats des tests de fonction hépatique et de fonction rénale seraient à surveiller lors d'un traitement prolongé à l'acétaminophène.*

Notes personnelles : *Évaluer la présence d'une réaction allergique (éruptions cutanées, urticaire). Ne pas consommer de produits homéopathiques ou de plantes médicinales sans l'approbation préalable du médecin ou du pharmacien (Mme Simon dit n'en prendre aucun).*

 Retrouvez cette fiche-médicament à remplir dans la rubrique Boîte à outils sur la plateforme *i+ Interactif*.

---

1. Informations pharmacologiques tirées de Skidmore-Roth, 2016, *Le guide des médicaments*, Chenelière Éducation.

Sur le TERRAIN 6.3   Les besoins de la clientèle

Pier-Luc est infirmier dans une unité d'orthopédie. Il accueille aujourd'hui Annabelle, une stagiaire de deuxième année. Conscient que les stagiaires peuvent manquer de temps durant leurs journées de stage pour se documenter sur les problèmes de santé des personnes soignées, Pier-Luc veut lui donner l'occasion de pouvoir se préparer un peu. Il l'informe donc qu'il prévoit lui attribuer lors des premiers jours les soins d'une personne ayant subi une arthroplastie du genou. Il lui recommande de se documenter au préalable sur cette chirurgie, les soins postopératoires, notamment l'évaluation à faire en suivi, les complications à surveiller, la gestion de la douleur et la mobilisation. Pour éviter de surcharger Annabelle, Pier-Luc lui suggère aussi de préparer une fiche sur deux des analgésiques habituellement prescrits (en lui donnant leurs noms).

Encadré 6.3   Les enjeux éthiques envers les personnes soignées

Dans le secteur des sciences de la santé, les expériences d'apprentissage des stagiaires impliquent des personnes soignées (Dietemann *et al.*, 2018), ce qui soulève des enjeux éthiques. Tout d'abord, il est important que les personnes soient informées qu'à certains moments ou en totalité, selon le cas, leurs soins seront prodigués par une stagiaire en fonction des objectifs du stage en cours (Dietemann *et al.*, 2018). Cela dit, même si le consentement général aux soins signé lors de leur admission inclut une autorisation à la participation de stagiaires à leurs soins, leur volonté à cet égard doit être respectée.

À certains moments, comme lors de situations de crise, il peut arriver que la personne soignée, ou sa famille, ne désire pas qu'une nouvelle personne intervienne dans les soins (Oermann *et al.*, 2018). De façon générale, il est rare que des personnes refusent d'être soignées par une stagiaire : certaines le voient même comme une occasion d'avoir son « infirmière privée » ! Souvent, le fait de leur mentionner que les soins seront effectués sous supervision directe, lorsqu'elle est requise, ou indirecte, selon le niveau d'autonomie de la stagiaire, favorise la collaboration des personnes qui ont certaines réticences.

La rubrique Sur le terrain 6.3 illustre l'importance pour les stagiaires de se documenter sur les problèmes des personnes soignées. Quant à l'encadré 6.3, celui-ci présente les enjeux éthiques soulevés par la posture de la stagiaire et qui doivent être abordés lors de l'intégration de celle-ci.

6.4.6   Les attentes et les aspects opérationnels

Prévoir un moment d'échanges au cours de la journée d'accueil permet de recueillir les premières impressions des stagiaires, ce qui rend leur accueil plus chaleureux et contribue souvent à diminuer leur stress. Les superviseures en profiteront aussi pour leur permettre d'exprimer leurs émotions et de normaliser leur anxiété en leur disant qu'elle diminue généralement en cours de stage (Oermann *et al.*, 2021). Le moment s'avère opportun pour faire davantage connaissance avec les stagiaires en les questionnant, par exemple, sur leurs expériences de stage antérieures ou même sur leurs expériences personnelles qui peuvent les aider au cours du stage.

Ensuite, les échanges porteront sur les attentes respectives, ce qui permet de s'engager dans la construction d'une relation superviseure-stagiaire positive. Si les attentes sont floues, les stagiaires n'auront pas une idée claire de ce qui est attendu d'elles et de la façon dont se déroulera l'encadrement, ce qui crée parfois de la confusion (Bernard et Goodyear, 2019).

L'incertitude entourant les rôles et les attentes des superviseures est presque inévitablement une source de stress. Les superviseures doivent donc aborder ces aspects rapidement et directement en ouvrant le dialogue à ce propos (Bernard et Goodyear, 2019). Elles incitent ainsi les stagiaires à exprimer leurs propres attentes, ce qui permet de les recadrer au besoin. C'est aussi un moment privilégié pour les encourager à utiliser les ressources mises à leur disposition (Ching *et al.*, 2020). Il est primordial de clarifier les attentes mutuelles lors de l'accueil. Par exemple, les superviseures doivent insister sur l'importance qu'il y a à rapporter :

- toute erreur ou tout oubli dès que le constat en est fait, le cas échéant ;
- toutes les modifications dans la condition de santé des personnes soignées qui suscitent un doute.

L'encadré 6.4 présente des questions permettant de clarifier les attentes des superviseures à l'égard des stagiaires.

Les échanges porteront également sur la question de la disponibilité des superviseures. C'est

l'occasion de rassurer les stagiaires sur le fait que les superviseures sont là pour répondre à leurs questions et les soutenir dans leurs apprentissages.

De plus, cette première rencontre avec les stagiaires permet d'aborder les aspects opérationnels du stage. Il est important d'en parler pour s'assurer que le cadre de fonctionnement est bien clair, et ce, dès le début du stage, et éviter ainsi des surprises de part et d'autre (Danan *et al.*, 2018 ; Falender et Shafranske, 2021 ; Scaife, 2019). Par exemple, les superviseures s'attarderont aux points suivants :

- Confirmer les dates et l'horaire du stage.
- Préciser les attentes concernant la ponctualité (et clarifier l'heure d'arrivée attendue).
- Indiquer les actions à poser en cas de retard ou d'absence justifiée. Par exemple, préciser aux stagiaires qu'elles doivent contacter par téléphone directement le milieu clinique pour laisser un message à l'intention des superviseures (leur donner le numéro à appeler).

Encadré 6.4 **Des questions pour clarifier ses attentes à l'égard des stagiaires**

- Quelles sont les mesures ou les procédures que les stagiaires doivent respecter pour assurer la sécurité des personnes soignées ? (Par exemple, les mesures de prévention des infections ou de chute, les mesures pour signaler une urgence.)

- Quelles sont les mesures que je souhaite rappeler pour assurer la confidentialité des informations ? (Par exemple, éviter de laisser traîner un dossier ou de jeter le plan de travail ou le brouillon de notes d'observation dans une poubelle plutôt que dans un endroit prévu à cet effet.)

- Quelles sont les activités de soins pour lesquelles je souhaite être présente ? (Par exemple, toutes les interventions non supervisées précédemment, lors de la préparation et de l'administration de médicaments…)

- Comment est-ce que je souhaite valider les notes d'observations infirmières avant leur inscription au dossier des patients ? Est-ce que je veux que les stagiaires rédigent une version « brouillon »

préalablement ? À quel moment devront-elles me la faire valider ?

- Vers qui vais-je diriger les stagiaires dans le cas où je ne suis pas disponible pour répondre à une question ?

- Quelles actions doivent-elles poser avant de quitter l'unité, que ce soit pour une pause, pour le repas ou à la fin d'un quart de travail ?

- Quelle implication est-ce que je souhaite de la part des stagiaires dans les activités proposées et dans la recherche d'information ?

- De quelle façon doivent-elles collaborer dans l'évaluation de leurs apprentissages ?

- Est-ce que je préfère qu'elles me posent leurs questions de façon systématique ou ne valident auprès de moi leur compréhension que lorsque c'est nécessaire ?

- Est-ce que je m'attends à ce qu'elles prennent des initiatives à la mesure de leurs capacités ? Si oui, doivent-elles obtenir mon autorisation ?

- Mentionner que seul le courriel professionnel de la superviseure doit être utilisé pour communiquer avec elle et que tout courriel envoyé à une autre adresse sera automatiquement détruit sans être lu.

- Clarifier le délai de réponse en dehors des heures du stage pour éviter des frustrations pouvant ternir la relation (Eckleberry-Hunt *et al.*, 2018). Certaines étudiantes adeptes des nouvelles technologies et des réseaux sociaux pourraient s'attendre à ce que la superviseure soit disponible 24 heures sur 24.

- Rappeler la tenue professionnelle (vêtements, port de l'identification, hygiène, propreté) attendue dans le milieu de soins.

- Spécifier quel matériel personnel peut être apporté ou non (p. ex., stéthoscope).

- Préciser dans quelle mesure les appareils électroniques (cellulaire, tablette, etc.) peuvent être utilisés (il faut savoir que certains milieux de soins les interdisent).

- Rappeler aux stagiaires qu'elles doivent aviser les superviseures lorsqu'elles s'absentent ou quittent l'unité ou le milieu de soins.

La communication entre les stagiaires et les superviseures doit se faire en recourant aux voies professionnelles, comme l'illustre la rubrique Sur le terrain 6.4.

Il est aussi judicieux de rappeler l'importance de préserver la confidentialité des informations concernant les personnes soignées et leur famille (Oermann *et al.*, 2021 ; Shorey *et al.*, 2021). La place qu'occupent les médias sociaux dans la vie de plusieurs stagiaires et l'impression – tout illusoire – de jouir de l'anonymat derrière son clavier justifient d'insister sur ce point. Lorsqu'elles s'expriment sur les réseaux sociaux, que ce soit sur le plan personnel ou professionnel, les infirmières, dont les étudiantes, doivent s'assurer de respecter la dignité, la réputation et la vie privée d'autrui. De même, elles doivent s'assurer de toujours agir conformément à leurs obligations déontologiques, notamment celles relatives à l'image et à la crédibilité de la profession.

Après avoir abordé les attentes et les aspects opérationnels, il est important de faire un retour sur les rôles et les responsabilités pour s'assurer que les deux parties les comprennent de la même façon (*voir le chapitre 4*). Il est également nécessaire de revoir les objectifs du stage et les grilles d'évaluation pour s'assurer d'une compréhension commune, ce qui conduira à la finalisation du contrat pédagogique (*voir le chapitre 5*) convenu entre les superviseures et les stagiaires en fonction de leurs objectifs d'apprentissage. Enfin, si la superviseure est en mesure d'assigner à la stagiaire les soins d'une personne pour la prochaine journée de stage, elle doit prendre le temps de consulter son dossier ou d'aller la rencontrer brièvement afin d'établir un premier contact avec elle. Cette activité peut réduire le stress chez les stagiaires.

Sur le TERRAIN 6.4 Communiquer rapidement... et professionnellement

Lors de la rencontre d'accueil avec Chantale, sa superviseure, Mathieu lui propose de communiquer avec elle par messages textes dans le cas où il se présenterait en retard ou devrait s'absenter, ajoutant que ce serait beaucoup plus simple. Chantale se demande si elle doit accepter : en effet, ce serait efficace. Mais, en y réfléchissant bien, elle se dit que dans sa pratique professionnelle, elle ne donne pas ses coordonnées personnelles aux patients. Pourquoi le ferait-elle avec des stagiaires ? Elle ne souhaite pas que Mathieu la contacte à n'importe quel moment, ni que les communications perdurent après le stage. Elle lui propose donc de recourir à des voies de communication professionnelles : « Si tu dois m'aviser rapidement, je te suggère plutôt de contacter l'unité de soins à ce numéro de téléphone et de laisser un message à mon attention. Si c'est moins urgent, tu peux aussi utiliser mon courriel professionnel. » En privilégiant ainsi les modalités de communication professionnelles, Chantale s'assure que les relations avec Mathieu se dérouleront de manière adéquate.

6.5 Le choix des occasions d'apprentissage

Le choix entre les différentes occasions d'apprentissage possibles est en tout premier lieu tributaire des objectifs du stage. Bien entendu, les objectifs personnels et les besoins spécifiques d'apprentissage des stagiaires, tels que précisés et entendus dans le contrat pédagogique, sont à prendre en compte.

Cela dit, les superviseures peuvent avoir l'embarras du choix lorsque vient le moment de choisir quelles situations d'apprentissage offrir aux stagiaires. Le tableau 6.1 donne à cet égard quelques repères qui aideront les superviseures dans leur choix (Lyons *et al.*, 2021 ; Pelaccia *et al.*, 2018).

Lors du choix des occasions d'apprentissage, il faut aussi envisager un temps d'enseignement quand la stagiaire ne possède pas les prérequis nécessaires pour réaliser la tâche. Par exemple, une stagiaire qui n'aurait jamais enlevé les agrafes d'une plaie chirurgicale devrait bénéficier d'une explication et d'une démonstration de cette tâche, avant de l'effectuer elle-même sous supervision (Oermann *et al.*, 2021).

Différents types d'activités constituent des occasions d'apprentissage. Cela peut aller de l'exécution de procédures spécifiques à l'implication dans des rencontres interprofessionnelles. Cet éventail d'activités est d'une grande richesse et permet d'exposer la stagiaire à la diversité des situations rencontrées par les infirmières.

Au-delà des soins à la personne, la collaboration interprofessionnelle est une occasion d'apprentissage stimulante pour développer à la fois la participation et le leadership. Exposer les stagiaires à des activités de ce type les prépare à mieux exercer leur rôle au sein des équipes de soins dans leur pratique future. En raison d'une grande utilisation des médias sociaux, certaines stagiaires ont été moins exposées aux relations sociales face-à-face et aux avantages du travail d'équipe et de la collaboration (Lerchenfeldt *et al.*, 2021). Comme elles peuvent tendre à valoriser l'individualisme plutôt que de contribuer aux efforts de groupe, elles doivent être sensibilisées aux avantages et à l'importance du travail d'équipe et de la collaboration dans leur pratique professionnelle future (Schenarts, 2020).

Par ailleurs, s'il est recommandé d'exposer les stagiaires à des situations récurrentes ou similaires, il est également souhaitable de les soumettre à des situations plus diversifiées. Les stagiaires disent que diversifier ainsi le type de cas cliniques les amène à recourir à une plus grande diversité de leurs connaissances et les aide à consolider leur raisonnement clinique (Nyqvist *et al.*, 2020). Une place peut aussi être accordée aux stagiaires dans le choix des activités d'apprentissage.

Tableau 6.1 Quelques caractéristiques des occasions d'apprentissage

Type	Description
Occasions récurrentes	Les stagiaires pourront rencontrer ce type de situations ou une situation similaire plus d'une fois au cours du stage.
Occasions prévalentes	Les occasions proposées permettent aux stagiaires de développer des compétences pour faire face à des situations courantes et fréquentes dans la pratique infirmière.
Occasions accessibles	Le degré de complexité est compatible avec le niveau de développement des stagiaires et les place dans une zone proximale de développement ou de « délicieuse incertitude ». Les situations sont adaptées aux objectifs du stage ou aux besoins de formation de la stagiaire, elles présentent un défi réaliste et stimulant.
Occasions significatives	Les occasions d'apprentissage sont porteuses de sens pour les stagiaires, suscitent leur motivation et leur intérêt.

Néanmoins, les superviseures peuvent également prendre en considération d'autres éléments, en particulier le niveau des connaissances et des habiletés et la zone proximale de développement des stagiaires.

6.5.1 Le niveau des connaissances et des habiletés

Le premier élément à prendre en compte pour déterminer les occasions d'apprentissage est l'évaluation du niveau de développement des stagiaires, s'agissant de leurs connaissances comme de leurs habiletés. Pour ce faire, les superviseures peuvent s'informer auprès des stagiaires des cours suivis et des thématiques abordées en lien avec le stage (Lazarus, 2016). Selon leurs expériences antérieures, les stagiaires ne se présentent pas toutes avec le même bagage. Le rôle des superviseures à cet égard est de les amener à se construire à partir de leurs connaissances et de leurs expériences antérieures.

Comme elles sont novices, les stagiaires réclameront d'être guidées en début de formation. Les superviseures peuvent s'attendre à les aider davantage et à ce qu'elles leur posent plus de questions. Les stagiaires plus avancées auront peut-être moins besoin d'être guidées pour certaines tâches plus routinières, mais elles devront être accompagnées pour résoudre des problèmes ou prendre des décisions dans un contexte qui est nouveau pour elles (Oermann *et al.*, 2021).

Un deuxième élément à prendre en compte concerne les caractéristiques personnelles des stagiaires qui influencent leur performance et leurs apprentissages. Par exemple, les étudiantes appartiennent à des générations différentes et à des cultures variées (*voir le chapitre 3*) : elles viennent donc avec des caractéristiques liées à leur vie, à leur travail, à leur formation ou à d'autres expériences, qui sont autant de richesses et qui peuvent teinter leur approche auprès des personnes, leur aisance à travailler en équipe, leur raisonnement clinique ou leur facilité à utiliser les technologies (Oermann *et al.*, 2021).

Enfin, comme chaque personne apprend différemment, il est également pertinent d'explorer la façon dont les stagiaires aiment apprendre. Par exemple, pour apprendre une nouvelle procédure de soins,

certaines préfèrent d'abord lire sur le sujet avant d'agir, alors que d'autres aiment mieux observer une démonstration faite par une autre personne. Comme leur style d'apprentissage peut différer grandement de celui des superviseures, s'intéresser de près à leur mode d'apprentissage permet de comprendre leurs manières de faire et d'éviter des malentendus et des désaccords éventuels.

6.5.2 La zone proximale de développement

La zone proximale de développement, appelée communément zone de « délicieuse incertitude », constitue un repère pour sélectionner les occasions d'apprentissage (Kantar *et al.*, 2020). Cette zone est définie, chez l'apprenant, par la distance entre le niveau de développement réel (tel que déterminé par sa capacité de résoudre un problème de façon indépendante) et le niveau de développement potentiel (tel que déterminé par la résolution de problèmes sous la direction d'un adulte ou en collaboration avec des pairs plus capables) (Vygotsky, 1978, p. 86, traduction libre).

La superviseure doit donc proposer aux stagiaires des situations qui correspondent pour elles à une zone de difficulté optimale, c'est-à-dire des situations qui sont à la fois réalistes au regard de leurs capacités et stimulantes par le défi qu'elles présentent (Lyons *et al.*, 2021 ; Oermann *et al.*, 2021). L'accompagnement des superviseures est précieux pour permettre aux stagiaires d'être en mesure de faire face à la situation et d'en tirer des apprentissages significatifs. La figure 6.1 illustre le concept de zone proximale de développement.

Si le niveau d'exigence de la situation proposée aux stagiaires excède leurs capacités, cela risque de générer chez elles de l'anxiété et de l'inquiétude, ce qui freine leurs apprentissages et nuit à leur performance, et peut même leur faire perdre tous leurs moyens. Se sentant dépassées par la situation, les stagiaires ne sont alors plus en mesure de réaliser ce qu'elles étaient capables de faire adéquatement auparavant (Bernard et Goodyear, 2019 ; Falender et Shafranske, 2021). À l'inverse, si le défi que présente la situation est en deçà de leurs capacités, cela entraîne chez elles de l'ennui, voire une perte de motivation. Comment

Figure 6.1 La zone proximale de développement de Vygotsky

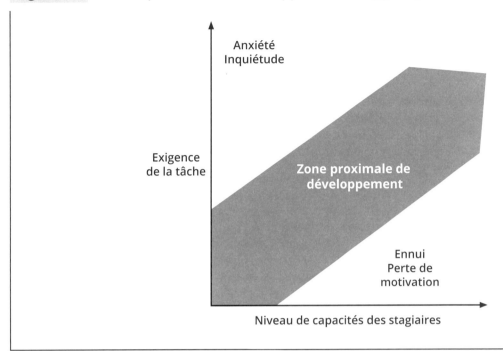

Source : Adaptée de Hill *et al*., 2020, p. 331.

trouver un équilibre ? Pour y parvenir, il faut échanger régulièrement avec les stagiaires et observer leur performance. Le but de la planification des activités est de faire augmenter graduellement le niveau de défi des situations proposées de façon à favoriser une progression des stagiaires dans les apprentissages et le développement des compétences.

La recherche de cette zone proximale de développement vaut aussi pour les superviseures. Lorsqu'elles choisissent les situations à proposer aux stagiaires, il est judicieux qu'elles respectent leurs propres limites tant sur le plan clinique qu'en matière de supervision. Une superviseure qui en est à ses premières expériences a elle-même plusieurs apprentissages à réaliser : elle devrait donc choisir des situations de soins moins complexes, mais répondant aux objectifs, afin de ne pas éprouver une anxiété qui affecterait son expérience de supervision.

La rubrique Sur le terrain 6.5 illustre l'importance pour la superviseure de choisir des situations d'apprentissage compatibles avec sa charge de travail.

Sur le TERRAIN 6.5 Le choix d'une situation de soins

Infirmière depuis quatre ans dans une unité de chirurgie, Emy a accepté d'encadrer une stagiaire pour la première fois. Le stage est bien amorcé et Maryse, la stagiaire, se montre performante : elle apprend vite et offre des soins de qualité. Ce matin, Emy a demandé à ses collègues de lui déléguer certaines activités qu'elle aimerait faire accomplir par Maryse pour l'exposer à un grand éventail de situations d'apprentissage. Comme elles apprécient Emy, ses collègues n'hésitent pas à lui proposer des activités pour sa stagiaire. Enthousiaste, Emy en accepte plusieurs. Cependant, au cours de la journée, Emy se trouve rapidement débordée par les activités de soins qui se sont ajoutées à sa charge de travail.

Sur le TERRAIN 6.5   Le choix d'une situation de soins (*suite*)

Maryse est une bonne stagiaire, mais elle a besoin de plus de temps pour s'acquitter des tâches à réaliser ainsi que d'une supervision, ce qu'Emy n'avait pas suffisamment anticipé. Emy se sent stressée par la charge de travail et ses nouvelles fonctions comme superviseure. Elle termine sa journée fatiguée, en ayant accumulé du retard, et elle n'a pas le temps de revenir sur la journée avec Maryse, qui est tout aussi fatiguée, bien que satisfaite de sa journée.

Le lendemain, ses collègues lui offrent d'autres activités à proposer à Maryse. Emy les remercie et leur en est reconnaissante. Mais, cette fois-ci, elle se permet de mieux les cibler et en refuse certaines. Elle sollicite aussi la collaboration de deux de ses collègues pour encadrer Maryse lors de l'exécution des activités qu'elles ont suggérées (changement d'un pansement chirurgical, pour l'une, et accueil d'une personne en postopératoire, pour l'autre). Celles-ci consentent volontiers. De son côté, Emy se charge de l'installation et de la surveillance d'un culot plaquettaire pour une de leurs patientes. Comme l'une des personnes dont s'occupe Maryse doit obtenir son congé vers 10 h 30, elles pourront très bien l'intégrer dans leur plan de travail respectif, sans que cela entraîne une surcharge. Maryse pourra en parallèle collaborer à la réfection d'un pansement avec une autre infirmière, puis accueillir une personne en postopératoire en cours d'après-midi avec la collaboration de l'autre. Après l'administration du culot plaquettaire, Emy prend un moment pour échanger avec Maryse et faire un retour sur les activités de la journée.

Même si les situations choisies par les superviseures les placent dans une zone proximale de développement, les stagiaires n'en demeurent pas moins des apprenantes et peuvent se montrer parfois maladroites ou commettre des erreurs. Cela découle du fait que l'insécurité et l'anxiété les rendent souvent hésitantes à poser leurs questions, mais elles sont aussi parfois réticentes à reconnaître ce qu'elles ne savent pas (Schenarts, 2020). À cet égard, la valorisation des apprentissages réussis joue un rôle facilitant qui contribue au maintien d'un climat de confiance, même lorsque les tâches ne sont pas réussies à la perfection. Les stagiaires ont besoin d'encouragement pour exprimer les incertitudes et apprendre de leurs erreurs (Eckleberry-Hunt *et al.*, 2018). Cependant, les erreurs ne doivent pas pour autant être ignorées ou minimisées. En effet, pour apprendre de ses erreurs, il faut d'abord les reconnaître. Donner des rétroactions bienveillantes au sujet des erreurs commises est essentiel pour le développement des compétences (*voir le chapitre 8*). En contexte de stage, des rétroactions de qualité contribuent à maintenir la motivation des stagiaires, malgré les difficultés rencontrées (Danan *et al.*, 2018). Les erreurs ou les échecs doivent être envisagés comme une étape temporaire vers la réussite, dans un processus de formation, et non pas systématiquement comme un geste à sanctionner (*voir Sur le terrain 6.6*).

Sur le TERRAIN 6.6   Un moment de malaise

Kelly-Ann est stagiaire et doit pour la première fois installer une sonde vésicale. Sous la supervision de Benjamin, elle prépare avec minutie le matériel requis et revoit la procédure en détail. Benjamin perçoit bien la nervosité de Kelly-Ann et la rassure en lui disant qu'elle connaît très bien la procédure et qu'il sera à ses côtés pour la guider au besoin.

Ils se présentent au chevet de Mme Laverdière, qui a été avisée de l'installation de la sonde vésicale. Kelly-Ann prépare le matériel en respectant adéquatement les mesures d'asepsie. Benjamin remarque des gouttes de sueur sur le front de Kelly-Ann. Après avoir enfilé les gants stériles, celle-ci devient pâle. Un choc vagal se fait sentir. Se sentant faiblir, elle s'adosse au mur et se laisse tomber en position assise au sol tout en maintenant ses mains dans les airs. Quelques secondes plus tard, elle a repris ses esprits et constate la situation. Elle se relève, un peu hésitante, avec le soutien de Benjamin. Elle se sent honteuse et se confond en excuses. Mme Laverdière, qui a été elle-même infirmière, lui dit : « Ce sont des choses qui arrivent et qu'on ne peut contrôler. Ne t'en fais pas. » Puis, elle ajoute pour la taquiner et faire baisser sa nervosité : « En plus, tu n'as même pas contaminé tes gants ! » Benjamin ramasse le matériel et dit qu'ils reviendront dans quelques minutes. Il conduit Kelly-Ann un peu à l'écart et lui apporte une

débarbouillette imbibée d'eau glacée. Elle lui dit qu'elle n'a pas déjeuné, car elle était trop nerveuse. Elle se rend bien compte que ce n'était pas une bonne idée et prend une bouchée du muffin qu'elle avait apporté. Lorsque Kelly-Ann se sent mieux, Benjamin lui dit que tout s'est bien passé jusqu'à son malaise, qu'elle sera donc en mesure de se reprendre si elle s'en sent capable. Il ajoute qu'il est convaincu que tout se passera mieux cette fois-ci. Kelly-Ann accepte et, cette fois, elle réalise très bien la procédure. De retour au poste des infirmières, Benjamin la félicite pour avoir bien exécuté l'installation et respecté les mesures d'asepsie.

Comme l'illustre la situation précédente, les stagiaires ont besoin d'un accompagnement et d'un soutien adaptés, en particulier lorsqu'elles doivent réaliser des activités similaires ou nouvelles (Danan *et al.*, 2018). Néanmoins, en raison de leurs conséquences potentielles, certaines erreurs ne doivent pas être vues seulement sous l'angle de l'apprentissage (*voir Sur le terrain 6.7*).

Sur le TERRAIN 6.7   Une erreur à ne pas passer sous silence

Marc-André a préparé du Gravol, un antinauséeux, pour M. Émile Tremblay sous la supervision de Teresa. Il a procédé aux vérifications qui s'imposent, et comme Teresa le juge apte à administrer cette médication sans supervision directe, elle le laisse se présenter seul au chevet de M. Émile Tremblay, dans la chambre 204-B.

Un peu plus tard, Teresa se présente à la chambre 204 pour y faire un suivi auprès des deux personnes auxquelles Marc-André donne des soins. M. Émile Tremblay, qui occupe le lit B, se dit encore nauséeux. Il demande à Teresa : « Quand est-ce que Marc-André va m'apporter mon Gravol ? Ça fait un bon moment que j'attends ! » Teresa est surprise : « Mais il vous l'a donné il y a plus d'une demi-heure, non ? » Le patient lui répond : « Non, je n'ai rien reçu. »

En l'entendant, M. Francis Tremblay, qui occupe le lit A, dit : « Je pense qu'il y a eu une erreur. Tout à l'heure, j'ai reçu un médicament que je ne prends pas d'habitude, une petite pilule couleur orangée. » Teresa soupçonne aussitôt qu'il y a eu une erreur sur la personne.

De retour au poste des infirmières, elle demande à Marc-André s'il a bien administré le Gravol à M. « Émile » Tremblay. Marc-André bafouille et affirme que oui : « J'ai vérifié le bracelet, même si j'ai ce patient depuis deux jours. » Teresa le confronte aux dires des deux MM. Tremblay et, tout à coup, Marc-André réalise qu'il a fait une erreur d'inattention. C'est vrai qu'il a vérifié le bracelet, mais il l'a fait rapidement sans mesurer qu'il y avait un risque de confusion plus important dû au fait que les deux personnes sous ses soins ont le même nom de famille et occupent la même chambre. Il dit : « De toute façon, ce n'est pas si grave, ce n'est que du Gravol. Dans le pire des cas, l'autre M. Tremblay fera une petite sieste. »

Teresa le confronte à son erreur et au fait qu'il la minimise. L'important, ce n'est pas que ce ne soit que du Gravol ou autre chose. Il y a eu une erreur et des suites doivent être données pour la rapporter comme il se doit. Teresa invite Marc-André à prendre les mesures nécessaires et à réfléchir à ce qui vient de se passer afin qu'ils en discutent ensemble ultérieurement pour éviter qu'une telle situation se reproduise.

Quelles que soient les activités choisies, il est important de rappeler que le fait de leur donner des consignes claires sur les objectifs de l'activité ainsi que des points à observer rend les stagiaires plus actives dans leurs apprentissages.

- Administrer des médications par voie sous-cutanée, intramusculaire ou intraveineuse.
- Effectuer des prélèvements sanguins.
- Effectuer une aspiration naso-pharyngée chez un enfant.
- Effectuer des soins de trachéostomie ou de colostomie.
- Assurer un suivi postopératoire immédiat.

- Rencontrer la famille pour discuter des capacités de la personne à se prendre en charge à domicile et des ressources possibles.
- Observer un soin effectué par une autre infirmière, par exemple un changement de pansement.
- Collaborer à l'examen physique fait par un physiothérapeute.
- Faire l'auscultation pulmonaire ou cardiaque.
- Assister à un examen subi par la personne (p. ex., résonance magnétique) ou une chirurgie.
- Mener un entretien motivationnel pour soutenir le changement d'habitudes de vie chez une personne.

Dans le cas de certaines erreurs, comme celles commises par Marc-André, il faut leur donner les suites nécessaires, tout en amenant les stagiaires à en tirer des apprentissages significatifs. Néanmoins, le fait que des erreurs ou des négligences soient minimisées ou niées peut laisser penser que les stagiaires présentent des difficultés (*voir le chapitre 11*).

Afin de tirer profit de chaque situation pour susciter des apprentissages diversifiés, il faut garder en tête que les stagiaires sont avant tout des apprenantes.

Parmi les options ou activités suggérées aux stagiaires, il importe de cibler celles qui sont les plus pertinentes dans le contexte du stage. L'encadré 6.5 présente des exemples de cette diversité d'activités. Les superviseures veilleront à ne pas surcharger les stagiaires de travail, notamment celui à réaliser à domicile. Elles doivent prendre en considération le fait que les stagiaires ont à effectuer d'autres travaux pour leurs cours ou à étudier après leur journée de stage (*voir la section 3.3.1, p. 33*).

6.6 L'apprentissage et la supervision d'un geste technique

Habituellement, l'apprentissage initial de gestes techniques à effectuer en pratique clinique se déroule en laboratoire au cours du programme de formation, puis ces gestes sont raffinés lors des stages. Dans certaines circonstances, de nouveaux gestes sont cependant appris durant les stages, puisqu'ils revêtent un intérêt pour la pratique future des stagiaires. L'apprentissage d'un geste technique est encadré par les superviseures et se fait en six étapes. Des recommandations quant au rôle des superviseures à chacune de ces étapes sont précisées dans le tableau 6.2.

En bref, deux grands principes peuvent guider l'apprentissage des gestes techniques et leur supervision (Ammirati *et al.*, 2016):

- Ne pas enseigner les gestes techniques de façon isolée, mais comme faisant partie d'une action, d'une situation plus globale.
- Susciter chez les stagiaires une réflexion sur les variations à apporter aux gestes en fonction du contexte et des personnes.

Lors de l'apprentissage de gestes techniques, il est possible de faire varier certains paramètres afin d'optimiser l'apprentissage. Le tableau 6.3 présente les principaux paramètres que la superviseure peut prendre en compte pour apporter des variations aux occasions d'apprentissage.

Tableau 6.2 Les étapes de l'apprentissage d'un geste technique

Étape	Recommandations pour les superviseures
1. Situer le geste	• Situer le geste à apprendre dans un contexte clinique et préciser son but. • Suggérer à la stagiaire une mise en situation pour le contextualiser.
2. Expliquer le geste	• Préciser à la stagiaire comment faire le geste (étapes), pourquoi (objectifs) et quand (dans quel contexte ou quelles circonstances). • Lui présenter le matériel requis et les vérifications d'usage. • Lui suggérer des lectures préalables, si cela est souhaitable ou possible.
3. Faire une démonstration	• Faire une démonstration du geste dans son ensemble, puis le refaire en attirant l'attention de la stagiaire sur les mouvements et étapes clés. • Présenter, si accessible, une démonstration vidéo.
4. Prévoir des pratiques	Donner à la stagiaire des occasions de pratique pour lui permettre de développer ses habiletés. Le nombre d'occasions dépend de la complexité du geste et de la progression de la stagiaire.
5. Évaluer la performance	• Faire une évaluation formative en cours d'apprentissage, pour corriger les erreurs de la stagiaire et lui fournir des rétroactions visant l'amélioration. • Évaluer la rétention du geste dans le temps. • Évaluer le niveau d'autonomie de la stagiaire avant de décider si elle peut agir seule, sans supervision. • Faire une évaluation sommative pour valider le degré de maîtrise selon des critères donnés (surtout en milieu scolaire).
6. Favoriser des pratiques en continu	• Faire pratiquer à la stagiaire des procédures techniques de façon répétée au cours du stage pour ancrer les apprentissages et offrir des rétroactions régulières qui lui permettront de maîtriser le geste. • Faire pratiquer le geste dans différents contextes ou dans des conditions variables pour permettre à la stagiaire d'acquérir une plus grande maîtrise.

Source : Adapté de Ammirati *et al.*, 2016 ; Kardong-Edgren *et al.*, 2019 ; Oermann *et al.*, 2021.

Tableau 6.3 Les variations des paramètres lors de l'apprentissage de gestes techniques

Paramètre	Exemples de variations
Contexte	• Établissement de santé ou à domicile (lieux différents dans la maison) • Personne allongée dans un lit ou assise dans un fauteuil • Situation non urgente ou requérant une action rapide
Environnement	• Mesures de protection nécessaires ou non • Présence ou non d'un bon éclairage • Présence ou non d'animaux (p. ex., à domicile)
Entourage	• Présence ou non de la famille, de visiteurs • Présence ou non d'autres patients

Tableau 6.3 Les variations des paramètres lors de l'apprentissage de gestes techniques (*suite*)

Paramètre	Exemples de variations
Personne soignée	• Coopérative ou non • Morphologie ou corpulence particulières ou non • Port de vêtements personnels ou non • État de santé s'améliorant, se détériorant ou instable
Matériel	• Complet ou non • Modèles différents, récents ou non • Fonctionnel ou défectueux • Connu ou nouveau

Source : Inspiré de Ammirati *et al.*, 2016, p. 244.

Sur le TERRAIN 6.8

L'accompagnement selon le niveau de formation

C'est le deuxième stage de Béatrice, après un premier stage très court effectué dans une optique d'observation participative. Aujourd'hui, elle doit faire une ponction veineuse à Mme Lirette. Elle a bien procédé à la préparation du matériel et peut décrire la procédure à Carla, sa superviseure. Toutes deux se présentent à la chambre de Mme Lirette. Béatrice l'avise qu'elle est stagiaire et fera sa ponction veineuse sous la supervision de Carla. Comme elle sait que les débutantes doivent accorder toute leur attention à leurs gestes, Carla dit à Béatrice de procéder, en gardant un œil sur elle pour intervenir au besoin. Béatrice s'exécute avec lenteur en éprouvant un peu de difficulté à trouver une veine. Pendant ce temps, consciente que Béatrice ne pourra parler en même temps qu'elle effectue la ponction veineuse, Carla échange avec Mme Lirette. Béatrice montre du doigt la veine qu'elle a choisie, Carla acquiesce d'un hochement de tête. Béatrice ne pense pas à dire qu'elle va insérer l'aiguille. Carla dit alors : « Mme Lirette, ça va piquer maintenant, mais ce sera de courte durée. » Au terme de la procédure qu'elle a bien réussie, Béatrice s'adresse ensuite à Mme Lirette et la remercie de sa participation.

Lorsque qu'elles doivent effectuer un geste technique pour lequel elles sont peu expérimentées, les stagiaires doivent se concentrer et ce geste requiert souvent toute leur attention (*voir Sur le terrain 6.8*).

Comme l'illustre la situation précédente, mieux vaut laisser les stagiaires agir sans les distraire. Au début, le geste peut comporter des erreurs et la stagiaire peut l'effectuer avec lenteur et maladresse, car il exige une grande attention de sa part. Il faut que les stagiaires acquièrent une certaine pratique avant de pouvoir parler et répondre aux questions tout en exécutant correctement la tâche. Dans certains cas, lorsqu'un geste technique n'a pas été effectué fréquemment ou récemment, il peut également être nécessaire de procéder à un « rafraîchissement ».

6.7 Le journal de bord

Parmi les autres activités d'apprentissage que les superviseures peuvent utiliser pour favoriser le bon déroulement du stage, le journal de bord est souvent privilégié. Avant tout, le journal de bord est un outil d'apprentissage et d'accompagnement qui permet aux stagiaires de mettre par écrit les situations de soins vécues lors du stage et de faire un retour réflexif sur leur pratique et leur expérience. Il sert aussi à documenter les activités réalisées, telles que les rencontres avec leur superviseure et les ententes prises. Demander aux stagiaires de tenir un journal de bord, c'est leur donner l'occasion d'approfondir cinq aspects essentiels qui les renvoient à elles-mêmes : ce qu'elles savent, ce qu'elles ressentent, ce qu'elles font, la façon dont elles le font et les raisons pour lesquelles elles le font (Otti *et al.*, 2017 ; Rozental *et al.*, 2021). Le journal de bord leur permet de remettre en question leur pratique en vue de la bonifier. Il peut aussi servir d'outil de communication entre les superviseures et les stagiaires.

Le journal de bord peut être utile aux stagiaires de différentes façons (Oermann *et al.*, 2021), qui peuvent varier dans le temps :

- Il favorise une meilleure compréhension des contenus théoriques reliés aux soins des personnes et, par conséquent, aide à consolider les liens théorie-pratique.
- Il leur permet d'examiner leurs propres valeurs, sentiments, croyances ou pensées suscités lors des expériences cliniques.
- Il contribue à développer chez elles des habiletés à exprimer leur pensée par écrit.

Du côté des superviseures, le journal de bord peut être utile pour :

- prendre connaissance des champs d'intérêt des stagiaires, de leurs forces et des défis qu'elles rencontrent, ce qui peut aider dans le choix des situations d'apprentissage subséquentes ;
- comprendre le raisonnement des stagiaires ;
- accompagner les stagiaires dans leurs apprentissages et le développement d'une pratique réflexive.

Pour favoriser un retour sur l'expérience et sur soi, les consignes de rédaction peuvent porter, par exemple, sur les valeurs des stagiaires et les sentiments qu'elles ont éprouvés lors d'une situation de soins, en vue d'analyser les impacts qu'ils ont eus sur la qualité des soins, la relation avec la personne et sa famille ou encore avec l'équipe de soins. Le journal de bord peut également viser à faire réfléchir les stagiaires sur des dimensions éthiques d'une situation afin qu'elles proposent des options aux actions à mettre en place ou prennent position sur une question.

S'agissant des liens théorie-pratique, le journal de bord représente un outil pour amener les stagiaires à faire un retour sur leurs connaissances acquises et le fait qu'elles les utilisent ou non dans une situation, en vue d'examiner leurs prises de décision, leurs actions et leur capacité d'anticiper les conséquences.

Selon les établissements de formation, la rédaction du journal de bord peut être facultative ou obligatoire. Si elles le souhaitent, les superviseures peuvent néanmoins y recourir comme modalité d'accompagnement des stagiaires. Il existe différentes façons de structurer un journal de bord, selon les objectifs. La première étape consiste donc à déterminer les objectifs pour lesquels on recourt au journal de bord. Il convient ensuite de préciser les éléments de contenu qui doivent y être discutés ainsi que la fréquence de rédaction.

Essentiellement, le journal de bord est configuré selon les phases de l'approche expérientielle de Kolb (*voir la section 1.2.1, p. 3*) :

- Présenter une situation vécue.
- Prendre du recul pour réfléchir à ce qui s'est produit.
- Établir des liens entre ce qui s'est produit, ce qui a été appris et la pratique actuelle et future.
- Envisager des applications dans sa pratique future.

Le journal de bord n'a pas pour finalité d'atteindre certains résultats, mais bien de dialoguer avec les stagiaires et de soutenir leur réflexion par la rétroaction. Toutefois, il n'est pas simple d'offrir une rétroaction écrite, car il est impossible de la moduler en recourant au langage non verbal.

Pour faciliter la rédaction d'une rétroaction efficace, l'encadré 6.6 offre des pistes concrètes mémorisables grâce à l'acronyme FACILITE (Rozental, 2021).

Il existe de nombreuses variantes du journal de bord, qu'il convient d'adapter selon le contexte. La rubrique Boîte à outils 6.6 en présente un exemple. Concrètement, la stagiaire peut remplir la partie du haut et la remettre à la superviseure, qui rédigera ensuite sa partie à elle. Pour les besoins de l'exemple, la rétroaction de la superviseure est faite selon la méthode FACILITE.

En lisant un journal de bord, la superviseure prend connaissance des émotions vécues par la stagiaire et des défis qu'elle a rencontrés. Elle sera alors en mesure de mieux l'accompagner au cours de la journée subséquente en fonction de ses besoins d'apprentissage.

À l'opposé, les stagiaires percevront une rétroaction comme non facilitante si elle comporte des propos de nature impersonnelle, ou générique, et pouvant s'adresser à toute personne. Il en est de même lorsque le ton du message est jugé négatif, ce qui doit inviter les superviseures à être prudentes dans la formulation de leurs commentaires.

Encadré 6.6

Des pistes pour rédiger une rétroaction efficace : l'acronyme FACILITE

(F)aire aux stagiaires la rétroaction sur la situation particulière rapportée et sur les préoccupations nommées.

(A)ccueillir avec empathie les émotions vécues et exprimées par les stagiaires, légitimer leurs émotions et leurs comportements.

(C)ommuniquer des encouragements aux stagiaires.

(I)nviter les stagiaires à développer leurs capacités de réflexion en les amenant à penser la situation sous un autre angle, par exemple dans la perspective de la personne soignée.

(L)imiter le nombre de commentaires pour ne pas surcharger les stagiaires et respecter leurs émotions.

(I)nterpeller les stagiaires sans donner à ses propos un ton négatif.

(T)endre à partager ses expériences personnelles ou professionnelles avec les stagiaires.

(E)ncourager un dialogue ouvert pour explorer la façon dont la rétroaction a été reçue.

Boîte à OUTILS 6.6 Exemple de journal de bord

Nom de la stagiaire : _Arianne Daigle_

Date : _12/10/23_

Description d'une expérience significative vécue en stage

Il peut s'agir d'une expérience vécue comme étant positive ou négative, d'une situation où sont présents des enjeux de différentes natures (interpersonnels, professionnels, éthiques, etc.).

J'avais sous mes soins une jeune mère de 15 ans (J. L.), premier bébé, grossesse non désirée, mais acceptée. Je ne savais pas comment intervenir vu le jeune âge de la mère et l'absence du père (inconnu). Sa mère était à son chevet toute la journée et voulait s'impliquer dans les soins du nouveau-né et de sa fille.

Quelles émotions, valeurs ou pensées ont eu une influence sur mon expérience ?

J'étais triste et choquée de voir que l'enfant a une mère si jeune, je m'inquiète quant aux soins qu'il aura. J'ai tendance à croire que la mère ne sera pas apte à l'élever correctement.

Boîte à OUTILS 6.6   Exemple de journal de bord (*suite*)

Quels sont mes points forts ou les choses que j'ai bien réussies ?

Ne sachant pas comment m'adresser à la jeune mère, je l'ai vouvoyée. Elle a été surprise, mais m'a dit qu'elle appréciait cette marque de respect, alors qu'elle se sent jugée par plusieurs.

Qu'est-ce qui a été plus difficile pour moi ?

Surmonter mes émotions et mes préjugés face à la mère. J'ai eu de la difficulté au départ à lui transmettre des informations, j'ai eu tendance à m'adresser à sa mère à elle.

Comment ces apprentissages teinteront-ils ma pratique future ?

Peu importe l'âge ou les autres caractéristiques des personnes, elles méritent qu'on les aide à prendre en charge leur santé en leur donnant des soins de qualité. Il importe aussi de les mettre en contact avec des ressources pouvant les soutenir.

Rétroaction de la superviseure :

Dans cette situation, aujourd'hui, je comprends très bien les émotions que tu as ressenties et le bouleversement au niveau de tes valeurs. Tu as néanmoins fait preuve de respect envers elle et sa mère. Bravo pour le climat de confiance instauré !

Tu lui as fourni des informations appropriées sur les soins du nouveau-né. Tu as aussi soutenu le développement du lien parental en lui permettant de prendre son bébé dans ses bras et en lui parlant doucement sans l'interrompre.

J'ai noté que tu t'es centrée davantage sur les questions de la mère (J. L.) au cours de la journée, ce qui est très bien. En présence d'une jeune mère comme elle, il est important d'évaluer les ressources dont elle et sa famille disposent pour s'assurer de son bien-être et de celui de l'enfant, comme tu le mentionnes. Je pourrai te guider. Pour alimenter ta réflexion, quels peuvent être les besoins de la mère de J. L. ? Quel est le rôle de l'infirmière face à elle ?

Signature de la superviseure : _____Patricia Gourde_____

> **i+** Retrouvez ce journal de bord à remplir dans la rubrique Boîte à outils sur la plateforme *i+ Interactif*.

Conclusion

Pour être positive tant pour les stagiaires que les superviseures, une expérience de stage doit avant tout reposer sur une préparation préalable des deux parties. Procéder à une planification réfléchie de plusieurs activités simples contribue à créer un sentiment d'accueil bienveillant propice à l'intégration. De multiples occasions d'apprentissage peuvent être sélectionnées et offertes par les superviseures aux stagiaires. Afin que leur choix soit orienté vers l'atteinte des objectifs d'apprentissage, les superviseures doivent prendre en compte à la fois les stagiaires en tant qu'individus et leurs acquis. Plusieurs points de repère, liés aux caractéristiques des occasions d'apprentissage, peuvent les aider à identifier celles qui offrent un potentiel d'apprentissage optimal. De la sorte, les superviseures jouent un rôle clé dans le développement des compétences des infirmières de demain.

Questions
de réflexion

1. Quels éléments clés les superviseures doivent-elles prendre en considération dans la préparation et la planification de l'accueil et de l'intégration des stagiaires ?

2. Quelles stratégies peuvent contribuer à un accueil réussi et à une bonne intégration des stagiaires dans le milieu clinique ?

3. Comment les superviseures peuvent-elles choisir des occasions d'apprentissage qui placent les stagiaires dans une zone proximale de développement ?

4. Quels sont les aspects à prendre en compte pour bien encadrer l'apprentissage d'un geste technique ?

5. Quels enjeux et défis entrevoyez-vous dans votre pratique de la supervision pour faciliter l'intégration des stagiaires et le choix des occasions d'apprentissage ? Quels moyens peuvent être mis en place pour relever ces défis ?

Agir comme modèle de rôle

Plan du chapitre

Objectifs du chapitre

- Discuter des influences du modèle de rôle en tant qu'intervention pédagogique.
- Découvrir les impacts du modèle de rôle sur l'apprentissage.
- Explorer la contribution du modèle de rôle dans le processus de professionnalisation.
- Distinguer des caractéristiques d'un modèle de rôle positif.
- Décrire des stratégies pour agir explicitement en tant que modèle de rôle.

Ressources en ligne sur la plateforme *i+ Interactif* :
- Livre numérique
- Boîte à outils

Introduction

Au cours de leur formation, bien des infirmières ont rencontré des modèles de rôle, dont des superviseures, qui les ont marquées et de qui elles se sont inspirées pour construire leur vision des professionnelles qu'elles voulaient devenir. Ces modèles de rôle ont marqué le développement professionnel de ces futures infirmières en partageant avec elles, consciemment ou non, un bagage de savoirs expérientiels riches et uniques. À leur tour, en tant que superviseures, ces infirmières peuvent accompagner la réflexion de leurs stagiaires à propos des modèles de rôle qu'elles rencontrent et agir également comme modèles de rôle auprès d'elles. Plus encore, le modèle de rôle peut constituer une intervention pédagogique à part entière au même titre que la supervision. Grâce à certaines stratégies, les superviseures agissant comme modèle de rôle positif peuvent le faire de façon plus explicite et ainsi faire bénéficier les stagiaires de toute la richesse de cette intervention.

7.1 Le modèle de rôle en tant qu'intervention pédagogique

La supervision et le modèle de rôle sont deux interventions pédagogiques propres au contexte d'enseignement en milieu clinique. L'ensemble des superviseures voient plus spontanément la supervision comme étant d'emblée une intervention à mettre de l'avant. À titre de rappel, la supervision se concrétise lorsque les superviseures offrent des rétroactions aux stagiaires après les avoir observées dans une activité professionnelle (supervision directe) ou à partir du résumé qu'en font les stagiaires (supervision indirecte) (Côté *et al.*, 2013). Elle comprend à la fois un volet d'accompagnement, un volet pédagogique et un volet évaluatif (*voir le chapitre 2*).

Quant au modèle de rôle, celui-ci se définit comme la personne avec qui la stagiaire est en contact et dont elle admire les manières d'être et d'agir à titre d'exemple sur le plan professionnel (Chamberland et Hivon, 2005 ; Cruess *et al.*, 2008 ; Passi et Johnson, 2016b). Les superviseures l'exercent souvent de façon plus ou moins consciente et sans repères clairs pour optimiser sa portée. Or, lorsqu'il est utilisé explicitement et de manière structurée, le modèle de rôle peut susciter de nombreux apprentissages, d'où son intérêt.

Modèle de rôle
Personne inspirante professionnellement pour la stagiaire.

Plusieurs facteurs influencent le choix d'un modèle de rôle, comme le genre, la culture ou le bagage de la personne. Souvent, les personnes en question ne sont pas conscientes d'avoir été considérées comme un modèle de rôle ou n'ont même pas pensé qu'elles pourraient être considérées comme telles (Passi et Johnson, 2016a).

Ainsi, comme d'autres professionnels de la santé ou d'autres membres du personnel, les superviseures peuvent être perçues comme des modèles de rôle inspirants par les stagiaires (Robert *et al.*, 2016). De la même façon, tout au long de leur carrière, les superviseures de stages auront elles-mêmes des modèles de rôle, que ce soient des superviseures plus expérimentées ou d'autres infirmières ou professionnels de la santé.

7.1.1 Les distinctions entre le modèle de rôle et la supervision

Le modèle de rôle et la supervision impliquent l'un et l'autre une interaction entre les superviseures, les personnes soignées, les stagiaires et le contexte de la pratique, qui constituent les ingrédients essentiels de la formation lors des stages. Néanmoins, il existe des différences importantes entre ces deux interventions pédagogiques, ce qui rend leurs contributions distinctes.

En tant que modèle de rôle, les superviseures sont elles-mêmes en action auprès des personnes soignées ou se trouvent dans d'autres situations professionnelles où elles sont observées par les stagiaires. Dans le cadre de la supervision, les rôles sont inversés : ce sont les superviseures qui sont les observatrices et qui guident les stagiaires, lesquelles interagissent directement avec les personnes soignées ou sont en action dans d'autres situations. Cette différence fondamentale entre la supervision et le modèle de rôle, illustrée à la figure 7.1, traduit bien la complémentarité entre ces deux types d'interventions pédagogiques lors de l'encadrement de stagiaires.

Figure 7.1 Les distinctions entre le modèle de rôle et la supervision

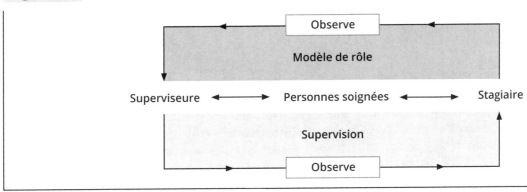

Source : Adaptée de Chamberland et Hivon, 2005, p. 103.

7.2 Les influences possibles du modèle de rôle

En contexte réel, un modèle de rôle peut être considéré sous un angle positif ou négatif (Côté *et al.*, 2013). Par exemple, un modèle de rôle positif peut être une superviseure qui réalise devant sa stagiaire un enseignement bien structuré sur les soins de colostomie, en tenant compte des connaissances de cette dernière, mais aussi des apprentissages qu'elle désire susciter chez elle. À l'inverse, un modèle de rôle est dit négatif lorsqu'il adopte des conduites qui s'éloignent des valeurs prônées par la profession et de ses exigences (Robert *et al.*, 2016). Il en résulte un conflit entre ce qui a été enseigné aux stagiaires et ce qui est observé (*voir Sur le terrain 7.1*).

Ces modèles de rôle négatifs peuvent tout de même offrir des expériences d'apprentissage riches et bénéfiques pour l'acquisition des attitudes et des comportements professionnels souhaités sur la base

Sur le TERRAIN 7.1 Des propos irrespectueux suscitant la réflexion

Lors de son stage, Jean-Philippe est responsable des soins de Mme Blais, âgée de 89 ans, qui souffre d'une pneumonie. Il est à son chevet pour ausculter ses poumons et évaluer sa condition de santé, entre autres. Un membre du personnel passe à ce moment-là dans la chambre pour apporter quelque chose à Mme Blais. « Salut, Georgette, comment va ma petite grand-maman ce matin ? » lui dit-il avant de repartir sans attendre une réponse. Mme Blais dit : « C'est vrai qu'à mon âge j'ai l'air d'une grand-maman, mais je ne suis pas la sienne tout de même. » Cette situation laisse Jean-Philippe perplexe.

Un peu plus tard, il raconte ce qui s'est passé à Solange, sa superviseure. « Est-ce que c'est une bonne façon de se montrer amical envers Mme Blais ? Est-ce un comportement irrespectueux et inadéquat ? » Solange ne lui donne pas de réponse, mais lui demande plutôt ce que lui en pense. Et si c'était sa grand-mère à lui ?

Jean-Philippe répond : « À mes yeux, c'est irrespectueux envers Mme Blais. C'est même infantilisant pour elle. » Solange lui demande alors ce qu'il retire de cette situation pour sa pratique. « Nous ne sommes pas dans une relation d'amitié avec les patients, poursuit Jean-Philippe. Ce n'est pas un comportement que je souhaite adopter, bien au contraire. Je me questionne toutefois sur ce que nous devons faire lorsque nous sommes témoins d'une telle situation. » Le stagiaire et sa superviseure poursuivent alors leur discussion.

d'une réflexion critique (Côté *et al.*, 2020 ; Cruess *et al.*, 2008). En effet, à leur contact, les stagiaires peuvent, comme dans la situation précédente, clarifier ce qu'elles souhaitent devenir comme futures professionnelles. Le rôle des superviseures est d'amener les stagiaires à poser un regard critique sur ces comportements observés de façon à en tirer des apprentissages qui enrichiront leur pratique professionnelle.

Qu'elle soit positive ou négative, l'influence des modèles de rôle sur les stagiaires peut aussi varier en intensité. Celle-ci peut aller de négligeable à très significative (Chamberland et Hivon, 2005), selon que les stagiaires y portent une attention particulière ou non. De plus, il n'est pas nécessaire qu'il existe une relation formelle entre les modèles de rôle et les stagiaires, ce qui signifie que la durée du contact peut aussi être variable. Par exemple, alors qu'une stagiaire est présente, une physiothérapeute vient au chevet d'une personne pour lui montrer des exercices de réhabilitation. Au préalable, elle prend le temps de s'enquérir du soulagement de sa douleur, de son bien-être et de son progrès en termes de mobilité. Il n'y a pas de relation formelle entre cette physiothérapeute et la stagiaire, et le contact entre elles est de courte durée. Néanmoins, cette physiothérapeute peut constituer un modèle de rôle positif pour la stagiaire. Cette dernière retient en effet qu'il faut d'abord se préoccuper du soulagement de la douleur et du bien-être de la personne soignée avant de lui proposer des exercices. Elle intègre ensuite cette façon de faire dans sa propre pratique.

Ajoutons que ce n'est pas uniquement lors de situations cliniques que les stagiaires peuvent rencontrer des modèles de rôle qui retiennent leur attention. Par exemple, à la cafétéria, une stagiaire peut être témoin d'une conversation entre deux infirmières : l'une d'elles rappelle à sa coéquipière qu'il faut éviter de parler des patients pendant le repas, par souci de confidentialité. La stagiaire est alors confrontée à des enjeux éthiques de façon informelle, ce qui peut susciter chez elle une prise de conscience significative. Dans ce cas, l'infirmière en question n'est pas consciente d'avoir été un modèle de rôle pour la stagiaire. La rubrique Sur le terrain 7.2 présente une autre illustration d'un modèle de rôle impromptu.

Gabrielle supervise Akim, une étudiante de deuxième année, dans une unité de médecine. Comme Akim a bien vérifié les signes vitaux de Mme Granger hier, Gabrielle lui dit qu'elle peut aller la voir seule aujourd'hui. Alors qu'elle se rend à la chambre de Mme Granger, Akim aperçoit une infirmière qui s'est arrêtée auprès d'une patiente âgée. Celle-ci est assise dans un fauteuil à l'entrée de sa chambre et vient d'échapper son livre. L'infirmière le ramasse par terre et le lui remet. Souriante et aimable avec la patiente, elle prend même le temps d'échanger avec elle quelques mots à propos du livre, geste que la dame apprécie visiblement.

Sans en être consciente, cette infirmière agit comme un modèle de rôle significatif par les gestes simples qu'elle pose quotidiennement. Ils ont suscité une attention particulière chez Akim, qui l'a observée au passage. De retour auprès de sa superviseure, Akim lui raconte ce dont elle a été témoin. Elle ajoute : « En voyant agir cette infirmière, j'ai réalisé l'importance de prendre quelques instants pour rendre service aux personnes, et ce, même si elles ne sont pas sous nos soins. Cela leur apporte un petit moment de bonheur bien précieux et rend les soins plus hu-

mains. Tu sais, je suis plutôt timide et réservée, mais je vais tenter d'adopter une attitude chaleureuse avec les personnes, comme elle l'a fait. » Connaissant la grande influence des modèles de rôle, Gabrielle lui répond : « C'est en effet un très bel exemple. C'est une bonne idée d'être à l'affût des personnes qui peuvent être des modèles inspirants pour enrichir ta pratique. »

Qu'elles le veuillent ou non, les superviseures constituent des modèles de rôle pour les stagiaires, puisqu'inévitablement, celles-ci les observent, un peu à leur insu, pour apprendre (Robert *et al.*, 2016). D'où l'intérêt pour les superviseures de bien comprendre comment elles peuvent mettre ce rôle à profit dans leur pratique d'encadrement.

7.3 Les impacts du modèle de rôle sur l'apprentissage et la professionnalisation

En contexte de stage, le modèle de rôle constitue une intervention pédagogique puissante fondée sur le partage de connaissances issues de la pratique professionnelle et des habiletés, notamment celles qui sont liées aux relations interpersonnelles dans diverses situations. Comme l'illustre la rubrique Sur le terrain 7.2, la présence du modèle de rôle facilite l'appropriation par la stagiaire de valeurs et de comportements éthiques visant le bien-être et la sécurité des personnes soignées qui peuvent difficilement être enseignés en classe (Chamberland et Hivon, 2005 ; Silva *et al.*, 2019). En tant que futures infirmières, les stagiaires doivent apprendre à résoudre des problèmes complexes, uniques, incertains, ce qui exige d'elles qu'elles aient intégré les différentes compétences à développer. Toutefois, aucun ouvrage ne peut illustrer l'expertise clinique en action, la science et l'art des soins, aussi bien que le fait d'observer des cliniciennes en action, d'où la richesse irremplaçable du modèle de rôle (Chamberland et Hivon, 2005). C'est en effet

grâce aux modèles de rôle que le curriculum caché s'intègre à l'apprentissage plus formel ; le modèle de rôle peut ainsi avoir un impact positif lorsqu'il est compatible avec la vision du programme (Robert *et al.*, 2016).

7.3.1 Le modèle de rôle et la professionnalisation

La formation clinique est une période d'immersion soutenue dans la culture professionnelle. Elle correspond donc à l'endroit et au moment par excellence où le processus de professionnalisation s'opère. C'est pourquoi les modèles de rôle que rencontrent alors les stagiaires, notamment les superviseures avec qui elles sont en contact étroit, sont très formateurs et stimulent chez elles le développement du professionnalisme (*voir le chapitre 1*) et de l'identité professionnelle. En tant que modèles de rôle, les superviseures permettent aux stagiaires d'apprendre à se percevoir et à se comporter selon les valeurs de la profession. De plus, en observant des exemples vivants de ce qui incarne leur idéal, les stagiaires sont amenées à clarifier leur vision du type d'infirmières qu'elles souhaitent devenir (Chamberland et Hivon, 2005 ; Passi et Johnson, 2016a). De ce fait, le modèle de rôle soutient leur transition du statut d'étudiante à celui d'infirmière.

Curriculum caché

Aspects de la formation qui n'apparaissent pas explicitement dans le programme officiel, mais qui font partie intégrante de l'apprentissage.

En tant que modèles de rôle, les superviseures peuvent aussi avoir un impact sur le choix de carrière des stagiaires (*voir Sur le terrain 7.3*). Cela peut notamment se produire des deux manières suivantes : d'une part, lorsqu'elles manifestent le plaisir et la satisfaction que leur procure leur travail et, d'autre part, lorsqu'elles favorisent une expérience d'apprentissage positive dans le contexte de soins spécifique où s'effectue le stage. Les stagiaires peuvent ainsi être amenées à découvrir des options qu'elles n'auraient pas envisagées auparavant (Passi et Johnson, 2016a). Plus encore, le contact avec des superviseures, ou des modèles de rôle, influence leur pratique future ainsi que leur vision de la conciliation entre la vie personnelle et familiale et la vie professionnelle.

Sur le TERRAIN 7.3

Un modèle orientant un choix de carrière

Anne-Laure est infirmière depuis 10 ans en chirurgie cardiaque. Lors de la journée d'accueil de Rachelle, sa nouvelle stagiaire, elle lui raconte avec passion son cheminement de carrière. Alors qu'elle avait choisi de devenir infirmière en pédiatrie, des possibilités d'emploi en chirurgie cardiaque l'ont amenée à repenser son choix. Rachelle se dit que, comme Anne-Laure, la chirurgie cardiaque n'est pas son premier choix. En fait, elle se garde de le lui dire, mais elle est déçue de ne pas pouvoir faire son stage en orthopédie.

Néanmoins, au fil du stage, Rachelle se découvre un intérêt pour les besoins des personnes présentant des problèmes cardiaques et les interventions qu'elle peut effectuer pour les soutenir dans la prise en charge de leur santé. Les situations de soins que lui propose Anne-Laure la conduisent à explorer un nouvel horizon de carrière, qui lui était inconnu et qui, à sa grande surprise, lui plaît beaucoup. De plus, il correspond bien à la vision qu'elle a de son rôle comme future infirmière. L'ouverture avec laquelle Anne-Laure a considéré des champs d'intérêt insoupçonnés est devenue contagieuse !

7.4 Le processus d'influence du modèle de rôle

Au fil de leur parcours, les stagiaires rencontrent différents modèles de rôle. Au cœur de ces différentes rencontres se cache un processus implicite qui contribue activement au développement du professionnalisme et de l'identité professionnelle des stagiaires et influence leurs choix de carrière. Ce processus, par lequel le modèle de rôle constitue une intervention pédagogique, est illustré à la figure 7.2.

Le processus caché, qui fait du modèle de rôle une intervention pédagogique, se déroule en trois phases interreliées : 1) l'exposition, 2) l'évolution et 3) la mise à l'essai. Comme son nom l'indique, la phase d'exposition correspond au moment où les superviseures, par exemple, peuvent agir comme modèles de rôle et exposer, consciemment ou non, les stagiaires à leur façon d'agir lors de situations professionnelles en milieu clinique.

Suit la phase d'évolution, qui s'amorce chez les stagiaires par l'observation des superviseures, ou d'autres modèles de rôle, la prise en considération de leur compétence clinique, l'attention portée à la qualité de leurs relations avec les personnes soignées, avec leurs collègues et avec elles-mêmes. Les stagiaires observent aussi alors les traits de personnalité des modèles de rôle et peuvent les percevoir comme une source d'inspiration et un exemple à suivre. Lorsque le modèle de rôle est positif, les stagiaires posent un jugement sur ce qu'elles tenteront d'intégrer dans leur pratique pour la bonifier. À l'inverse, en présence d'un modèle de rôle négatif, les stagiaires posent un jugement sur les comportements qu'elles souhaitent éviter d'intégrer dans leur pratique. Lors de cette phase, les superviseures peuvent contribuer à leur réflexion, par exemple en les incitant à réfléchir sur des situations où elles ont appris en les observant elles-mêmes ou en observant d'autres infirmières.

La troisième phase correspond à la mise à l'essai du modèle de rôle. Elle comprend différentes actions que les stagiaires entreprennent après avoir posé un jugement sur ce qu'elles retiennent ou non pour bonifier leur pratique.

Figure 7.2 Le processus caché du modèle de rôle

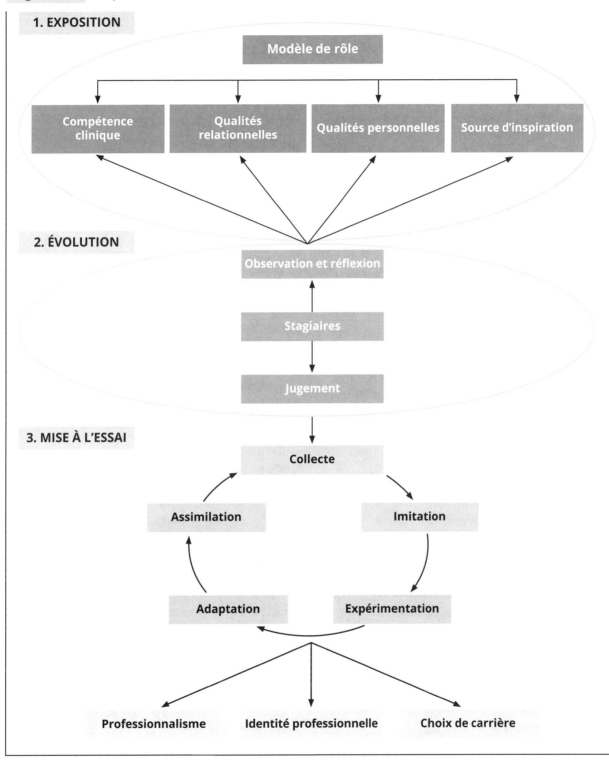

Source : Adaptée de Passi et Johnson, 2016a, p. 702.

Lors de ce cycle de mise à l'essai, les stagiaires tentent d'incorporer les aspects qu'elles ont observés chez les modèles de rôle afin de les mettre à l'essai et de valider leur utilité dans leur pratique. Cette phase comprend la collecte, l'imitation, l'expérimentation, l'adaptation et l'assimilation (Passi et Johnson, 2016a).

- Collecte : Les stagiaires rassemblent ou regroupent divers comportements, styles ou caractéristiques notés auprès de différents modèles de rôle rencontrés au fil de leur formation, notamment chez leurs superviseures. Ce sont souvent de petits gestes, par exemple sourire à une personne ou adopter un ton amical, qui sont observés de façon inconsciente, et intégrés par une sorte d'osmose.

- Imitation : Les stagiaires adoptent les comportements, les caractéristiques ou les styles jugés positifs. Elles agissent, la plupart du temps inconsciemment, de façon similaire aux modèles de rôle en vue d'obtenir les mêmes réponses ou effets.

- Expérimentation : Les stagiaires procèdent par essais et erreurs pour explorer, parmi ces comportements, caractéristiques ou styles, ceux qu'elles préfèrent adopter ou pour « voir ce qui fonctionne le mieux » pour elles. Elles peuvent utiliser différentes approches observées auprès des modèles de rôle.

- Adaptation : Les stagiaires adaptent, de façon consciente et inconsciente, ce qu'elles ont observé chez les modèles de rôle pour l'incorporer dans leur style personnel.

- Assimilation : Les stagiaires assimilent toutes leurs observations afin de devenir des infirmières qui se distinguent et de pouvoir exercer efficacement.

Le processus caché du modèle de rôle s'inscrit dans le temps au fur et à mesure que les stagiaires poursuivent leur développement professionnel. Il importe de garder à l'esprit que leurs compétences ne se développeront pleinement qu'à la condition que les observations faites auprès de modèles de rôle soient associées à une réflexion et à une remise en question constante portant sur leur pratique et celle des autres. En effet, sans cette réflexion, les stagiaires risquent de perpétuer leurs erreurs et celles véhiculées par les autres. Cela souligne l'importance d'une pratique réflexive, qui renvoie au premier rôle des superviseures, soit d'accompagner la réflexion des stagiaires

(Robert *et al.*, 2016) (*voir le chapitre 4*), que ce soit en les questionnant sur leurs valeurs professionnelles, sur des situations qui retiennent leur attention à titre de modèle infirmier, ou en leur proposant de tenir un journal de bord (*voir le chapitre 6*).

7.5 L'exercice et les caractéristiques d'un modèle de rôle positif

Pour pouvoir agir comme modèle de rôle positif, il faut avoir acquis, au fil du temps et des expériences d'encadrement, une compétence clinique et des habilités d'enseignement. Certaines qualités personnelles constituent aussi des atouts. Cependant, les superviseures n'ont pas besoin d'être parfaites ou excellentes en tous points pour être considérées comme des modèles de rôle positifs. L'une des clés pour elles est plutôt de prendre conscience qu'elles se trouvent dans une position privilégiée en tant que modèle de rôle et d'apprendre à expliciter leur démarche intellectuelle ainsi que les apprentissages visés auprès des stagiaires.

Rappelons que les modèles de rôle perçus comme positifs sont ceux qui exercent une influence significative et conforme aux compétences visées et aux valeurs de la profession (Chamberland et Hivon, 2005). Toutefois, étant donné que la perception des stagiaires teinte et oriente ce qu'elles considèrent comme de « bons » modèles de rôle, leurs choix peuvent être biaisés, voire parfois erronés. Les superviseures doivent donc demeurer attentives afin d'orienter leurs choix vers des modèles de rôle conformes au professionnalisme attendu.

Afin de déterminer quelles sont leurs forces et quels aspects elles peuvent améliorer en tant que modèles de rôle, les superviseures peuvent consulter les trois catégories de caractéristiques présentées à la figure 7.3 : la compétence clinique, les habiletés d'enseignement et les qualités personnelles. Pour les divers énoncés, elles peuvent se situer dans une position intermédiaire sur l'axe caractéristiques positives-caractéristiques négatives. Il n'est pas nécessaire que toutes ces caractéristiques soient présentes pour qu'elles soient un modèle de rôle positif.

Figure 7.3 Les caractéristiques d'un modèle de rôle

Compétence clinique		
Caractéristiques positives	◄──►	Caractéristiques négatives
Solides connaissances et habiletés	◄──►	Connaissances et habiletés présentant des lacunes marquées
Communication et interactions efficaces avec les personnes soignées et le personnel	◄──►	Communication et interactions déficientes avec les personnes soignées et le personnel
Attitudes positives envers les collègues plus jeunes	◄──►	Peu d'intérêt ou attitudes négatives envers les collègues plus jeunes
Raisonnement clinique fondé et rigoureux	◄──►	Raisonnement clinique pauvre
Capacité à prendre des décisions justifiées dans les situations habituelles et difficiles	◄──►	Prises de décision peu justifiées ou stéréotypées
Comportements éthiques	◄──►	Comportements contraires à l'éthique dans certaines circonstances

Habiletés d'enseignement		
Caractéristiques positives	◄──►	Caractéristiques négatives
Conscience de son rôle	◄──►	Ignorance de son rôle
Explicite sur ce qu'elle démontre par ses actions	◄──►	Peu ou pas explicite sur ce qu'elle démontre par ses actions
Approche centrée sur la stagiaire	◄──►	Approche centrée sur la transmission de contenu
Habiletés relationnelles efficaces avec la stagiaire	◄──►	Habiletés relationnelles déficientes avec la stagiaire
Implication active de la stagiaire	◄──►	Peu d'implication active de la stagiaire
Établissement d'une alliance pédagogique explicite avec la stagiaire	◄──►	Absence d'alliance pédagogique explicite avec la stagiaire
Temps dédié spécifiquement à l'enseignement	◄──►	Absence de temps dédié à l'enseignement
Rétroaction constructive et au moment opportun	◄──►	Absence de rétroaction ou rétroaction peu constructive
Respect des besoins d'apprentissage de la stagiaire	◄──►	Peu d'intérêt pour les besoins d'apprentissage de la stagiaire
Occasions de réflexion suscitées fréquemment	◄──►	Peu d'encouragement à la réflexion

▶

Figure 7.3 Les caractéristiques d'un modèle de rôle (*suite*)

Qualités personnelles		
Caractéristiques positives	← →	**Caractéristiques négatives**
Compassion et souci de la personne	← →	Insensibilité envers la personne
Honnêteté et intégrité	← →	Manquements en matière d'honnêteté et d'intégrité
Enthousiasme pour sa profession et l'enseignement	← →	Insatisfaction à l'égard de sa profession et de l'enseignement
Habiletés interpersonnelles efficaces	← →	Habiletés interpersonnelles déficientes ou inefficaces
Engagement vers l'excellence et son développement	← →	Acceptation du statu quo ou de la médiocrité
Collégialité	← →	Peu de collégialité
Sens de l'humour	← →	Approche dénuée d'humour

Source : Adaptée de Cruess *et al.*, 2008, p. 720.

Être un modèle de rôle positif est un idéal à poursuivre : personne ne fait preuve d'excellence à tous moments (Cruess *et al.*, 2008). L'objectif n'est pas tant d'être parfait que d'être le plus constant possible et de tendre à bien agir. Même lorsqu'elles font des erreurs ou que leur conduite n'est pas « parfaite », les superviseures peuvent mettre à profit ces circonstances pour en faire des moments significatifs d'apprentissage. Cela peut justement leur offrir l'occasion de discuter et de réfléchir avec les stagiaires sur les moyens d'éviter de telles situations ou, du moins, de les rectifier lorsqu'elles surviennent. Faire preuve d'ouverture, pour considérer d'autres opinions ou pour admettre ses limitations, est un bon exemple d'attitude à avoir en tant que modèle de rôle. Une telle authenticité est appréciée par les stagiaires (Lazarus, 2016). Elle ouvre la porte à la création d'un climat favorable aux rétroactions sur des améliorations possibles chez les stagiaires (Ramani *et al.*, 2019).

7.6 La prise de conscience du rôle à titre de modèle

Certaines superviseures peuvent éprouver des difficultés à tirer pleinement parti du potentiel pédagogique du modèle de rôle. Plusieurs raisons peuvent l'expliquer (Côté *et al.*, 2020). En voici quelques-unes :

- Elles ne connaissent pas les retombées bénéfiques du modèle de rôle pour l'apprentissage des stagiaires.

- Elles ont une idée floue de ce qu'elles doivent enseigner et de la façon de s'y prendre.

- Elles ne se perçoivent pas comme des modèles de rôle, estimant qu'elles ne sont pas suffisamment remarquables dans leur pratique.

- Elles agissent comme modèle de rôle sans en prendre conscience et, par le fait même, n'en exploitent pas tout le potentiel.

- Elles considèrent que c'est aux stagiaires de choisir leurs modèles de rôle et qu'elles ne peuvent influencer leurs choix.

Pour recourir de façon optimale au modèle de rôle, les superviseures disposent de deux stratégies clés : 1) prendre conscience de leur rôle à titre de modèle et 2) rendre explicite leur démarche intellectuelle pour qu'elle devienne accessible aux stagiaires tout en précisant les apprentissages souhaités chez les stagiaires (Côté *et al.*, 2020).

En prenant conscience qu'elles jouent le rôle de modèle, les superviseures peuvent mieux déterminer ce qu'elles souhaitent démontrer aux stagiaires et leur faire apprendre et adopter des comportements reconnus comme professionnels. Tel un phare, elles orientent les stagiaires au fil de leurs expériences pour les guider vers les routes à suivre. La rubrique Sur le terrain 7.4 illustre le processus de prise de conscience de ce rôle.

Sur le TERRAIN 7.4

Une superviseure comme modèle de rôle

Alors qu'elle se prépare au stage qu'elle doit encadrer dans deux semaines, Sandrine se pose plusieurs questions, car ce sera sa première expérience de supervision. Pour s'y préparer, elle fait des lectures et participe à une formation à la supervision offerte par l'établissement d'enseignement. Afin d'avoir une vision plus concrète de la façon dont elle souhaite agir, elle se remémore des situations où elle-même a été stagiaire et plus particulièrement ses interactions avec les superviseures qu'elle a rencontrées. Elle prend le temps de repenser aux caractéristiques des superviseures qu'elle a eues, qui l'ont aidée comme étudiante et qui ont même influencé sa pratique. Elle se dit : « J'espère que par mes gestes et par mes paroles, je serai un modèle de rôle pour la stagiaire. » Sandrine est consciente qu'elle n'aura pas à être parfaite, mais qu'elle devra bien démontrer ce que représente une pratique professionnelle, de qualité et sécuritaire. Elle pourra recourir à ses qualités personnelles pour consolider sa relation avec la stagiaire et l'impliquer dans ses apprentissages. Enfin, elle aura aussi l'occasion d'être un modèle de rôle en portant un regard critique sur sa propre pratique et en faisant preuve d'une volonté d'amélioration continue.

7.7 L'explicitation de la démarche et des apprentissages visés

Afin de mettre leur expérience au service des apprentissages des stagiaires, les superviseures devraient profiter des situations où elles sont elles-mêmes en action. Elles démontrent ainsi différentes façons d'agir dans des contextes variés et font ressortir clairement ce à quoi les stagiaires doivent porter attention. Plusieurs occasions peuvent leur permettre d'agir explicitement comme modèle de rôle pour favoriser le développement de l'une ou l'autre des compétences visées chez les stagiaires. Par exemple, avant l'observation d'une activité, elles peuvent donner à leur stagiaire une consigne claire consistant à observer la façon dont elles s'y prennent pour valider la compréhension de la personne après lui avoir transmis des informations, ou bien à noter comment elles adaptent une procédure donnée en présence d'une personne présentant de la maigreur.

Elles peuvent aussi planifier des démonstrations explicites et guidées en fonction des besoins d'enseignement ou d'apprentissage des stagiaires concernant un geste ou une intervention plus spécifique. Les superviseures devraient adopter une démarche systématique et structurée dans laquelle la stagiaire est appelée à observer activement. Comme mentionné précédemment, cela peut être l'occasion de discuter avec la stagiaire des difficultés rencontrées, des moyens d'y remédier ou des façons de faire autrement (Chamberland et Hivon, 2005).

Pour que le modèle de rôle soit pleinement mis à profit, certains prérequis sont souhaitables chez la superviseure :

- Être consciente d'être un modèle de rôle et de l'impact de ce rôle sur l'apprentissage.

- Démontrer une compétence clinique.

- Réserver du temps pour l'enseignement et revenir sur des situations rencontrées avec les stagiaires.

- Démontrer des comportements personnels et professionnels positifs.

- Mettre en œuvre une approche d'enseignement centrée sur l'étudiante.

La rubrique Boîte à outils 7.1 (*voir page suivante*) dresse la liste de quelques stratégies pour incarner un modèle de rôle auprès de la stagiaire à différents stades du stage (Côté *et al.*, 2020 ; Cruess *et al.*, 2008 ; Sternszus *et al.*, 2018).

Observer les actions que posent les superviseures est certes un moyen d'apprentissage puissant pour les stagiaires. Toutefois, une explicitation de la démarche intellectuelle qu'elles ont suivie s'avère aussi primordiale. À cet égard, les démonstrations commentées, où les superviseures expriment à voix haute leur pensée, pendant l'action, constituent un excellent levier pour l'apprentissage. Il n'est pas toujours simple de passer de l'implicite à l'explicite, mais c'est efficace pour permettre aux stagiaires de bien comprendre la démarche et ses justifications. Lorsqu'il n'est pas possible de verbaliser sa démarche pendant l'action, il est souhaitable de prendre le temps d'en faire part ensuite aux stagiaires.

Le fait de ne pas verbaliser ses actions comporte des risques ou des limites : par exemple, les stagiaires peuvent faire des interprétations erronées qui ne seront pas corrigées (Pinard *et al.*, 2018). Cela peut aussi amener la superviseure à passer sous silence certaines variations dans des façons d'agir découlant de valeurs et de croyances. S'ils sont tacites ou « en mode silencieux », les modèles de rôle n'offrent aux stagiaires que peu d'occasions de réflexion, de questionnement, voire de remise en question, ou ne leur en offrent aucune (Chamberland et Hivon, 2005 ; Côté *et al.*, 2020). Ce fonctionnement en « pilotage automatique » limite leur apprentissage au contact des superviseures : en effet, il les prive de l'accès aux savoirs issus de l'expérience clinique de ces dernières, qui constituent une richesse qu'il leur est impossible de retrouver autrement (Côté *et al.*, 2013).

Boîte à OUTILS 7.1 — Stratégies pour tirer profit du modèle de rôle

Avant le stage :

☐ Décrire à la stagiaire ce qui sera démontré en lui en précisant les buts et l'importance.

☐ Faire le lien entre ce qui sera démontré et les besoins d'apprentissage de la stagiaire ou les aspects d'une compétence visés.

☐ Attirer l'attention de la stagiaire sur ce qui sera démontré de façon explicite (connaissances, habiletés ou attitudes plus spécifiques).

☐ Lui fournir des consignes à propos de ce qu'elle devra observer.

☐ L'inciter à noter les questions que la démonstration peut soulever.

Pendant le stage :

☐ Faire la démonstration en soulignant certains points particuliers et en procédant plus lentement, si possible.

☐ Retenir les actions bien réussies et, s'il y a lieu, celles qui ont posé certains défis afin d'en discuter avec la stagiaire ensuite.

Après le stage :

☐ Amorcer des échanges à partir des observations faites par la stagiaire, de ce qu'elle a appris ou des aspects qui ont retenu son attention.

☐ Poser un regard critique sur ce qui a été démontré en soulignant les aspects positifs, les conséquences des gestes posés et, le cas échéant, les défis rencontrés ainsi que des stratégies potentielles pour les relever.

☐ Identifier avec la stagiaire des moyens concrets pour qu'elle s'approprie ce qui a été montré et le mette en pratique (par exemple, des pratiques avec du matériel ou une exposition à des situations de soins particulières).

☐ Interroger la stagiaire sur deux apprentissages clés réalisés et répondre à ses incertitudes et à ses questions.

☐ Solliciter la réflexion de la stagiaire sur ce qui a été modelé.

☐ Encourager la stagiaire à mettre en pratique ce qui a été modelé.

☐ Observer la stagiaire mettre ensuite en pratique ce qui a été modelé et lui offrir une rétroaction.

i+ Retrouvez cette liste à cocher dans la rubrique Boîte à outils sur la plateforme *i+ Interactif*.

En somme, exercer le rôle de modèle est une intervention pédagogique dont la portée est grande, mais souvent sous-estimée. Lorsque les superviseures l'assument, elle leur permet d'enrichir les apprentissages des stagiaires de leur propre bagage de connaissances expérientielles, de les inspirer pour leur pratique, voire d'y laisser leur propre marque (*voir Sur le terrain 7.5*).

Il existe bien des façons différentes d'être un modèle de rôle. Cependant, exercer ce rôle de façon consciente, délibérée et explicite représente une option de choix pour en faire une intervention pédagogique des plus profitables. En agissant ainsi, les superviseures rendent visibles leurs savoirs. Cela rend également possible un partage de connaissances, de valeurs et d'attitudes qui est précieux pour la progression des stagiaires.

Sur le TERRAIN 7.5 L'importance du modèle de rôle

Cindy, étudiante de deuxième année, fait un stage en périnatalité sous la supervision de Virginie. Après avoir aidé une nouvelle mère à la mise au sein de son nouveau-né, Cindy vient consulter sa superviseure. La mère, qui voulait tant allaiter son bébé hier, est découragée et veut aujourd'hui renoncer. Cindy pensait que ce serait plus simple. Forte de son expérience, Virginie connaît bien les défis que les nouvelles mères rencontrent en début d'allaitement. Elle dit à Cindy : « Quand le bébé dormira, nous pourrons profiter de l'occasion pour aller valider auprès de la mère comment elle vit son début d'allaitement. Porte attention à mon attitude non verbale et à ma façon de l'amener à s'exprimer. »

Lorsqu'elles se présentent ensemble à la chambre, Cindy observe attentivement sa superviseure. Elle note son ton de voix chaleureux et calme, et remarque comment Virginie touche l'épaule de la mère de façon réconfortante. Elle constate aussi que Virginie lui pose des questions ouvertes et ménage de courts moments de silence. La mère lui dit qu'elle ne veut pas nuire à son bébé : « Je crains de ne pas avoir "le tour" pour allaiter et de ne pas avoir assez de lait pour nourrir mon bébé. Je me demande s'il ne vaut pas mieux abandonner l'allaitement et donner un biberon. » Virginie normalise les difficultés rencontrées par la mère, explore avec elle des moyens pour pallier les difficultés en début d'allaitement et lui rappelle le processus normal de la lactation. La mère se dit rassurée. Elle ajoute qu'elle tentera de poursuivre l'allaitement comme elle le souhaitait.

De retour au poste des infirmières, Virginie questionne Cindy : « Qu'est-ce qui a retenu ton attention lors de la rencontre avec la mère et que tu pourrais utiliser plus tard ? » Elle lui demande ensuite si elle a des questions. Cindy lui fait remarquer qu'elle a peu interpellé le père, ce qui l'a surprise. Virginie lui avoue qu'elle a en effet oublié d'interpeller le père, chose qu'elle fait pourtant habituellement. Virginie suggère de l'interpeller davantage à l'avenir pour remédier à cet oubli.

Conclusion

En complément à la supervision, le modèle de rôle constitue une intervention pédagogique porteuse d'apprentissages riches pour le développement du professionnalisme et de l'identité professionnelle chez les infirmières de demain. Plusieurs modèles de rôle, tant positifs que négatifs, jalonnent de façon implicite le parcours des stagiaires et viennent teinter leur devenir professionnel. Même si le modèle de rôle peut constituer un défi aux yeux des superviseures, la capacité à l'exercer n'exige pas d'elles qu'elles soient parfaites : elle s'acquiert avec le temps et avec la pratique. Pour que l'impact du modèle de rôle sur les apprentissages soit optimal, il est essentiel que les superviseures explicitent leur démarche et la réflexion qui la sous-tend. C'est la pierre angulaire d'un modèle de rôle positif.

Questions
de réflexion

1. Comment les superviseures peuvent-elles recourir au modèle de rôle, en tant qu'intervention pédagogique, pour contribuer aux apprentissages des stagiaires ?

2. D'autres personnes peuvent agir comme modèles de rôle pour les stagiaires. Comment les superviseures peuvent-elles alors amener les stagiaires à en tirer profit ?

3. Certaines grandes caractéristiques sont associées à un modèle de rôle positif. Quelles sont celles que les superviseures peuvent tendre à développer davantage pour bonifier leur pratique d'encadrement ?

4. Parmi ces caractéristiques, lesquelles aimeriez-vous développer davantage dans votre pratique de supervision ? Quelles pourraient être des stratégies pour y parvenir ?

Établir un dialogue de rétroaction

Plan du chapitre

Objectifs du chapitre

- Expliquer l'apport du dialogue de rétroaction dans l'apprentissage.
- Décrire les principales conséquences d'une rétroaction inefficace.
- Décrire des principes de base et les phases pour mettre en œuvre une rétroaction efficace.
- Identifier les principaux obstacles à la qualité de la rétroaction et les facteurs d'influence.

 Ressources en ligne sur la plateforme *i+ Interactif* :
- Livre numérique
- Boîte à outils

Introduction

Apprendre, c'est vivre des incertitudes, reconnaître ses points forts et être conscient de ceux qui sont à consolider. Or, l'autoévaluation ne suffit pas pour apprendre et pour déterminer des moyens d'amélioration. Nul ne peut savoir ce qu'il ne sait pas et, donc, ce dont il a besoin pour se perfectionner. La rétroaction, sous toutes ses formes, est essentielle pour assurer une progression optimale des apprentissages. Elle représente ainsi un outil indispensable pour les superviseures de stage. En outre, pour être porteuse de sens, la rétroaction doit s'inscrire dans une perspective de dialogue.

8.1 L'importance de la rétroaction dans l'apprentissage

Alors qu'il a longtemps été considéré comme une forme de communication unidirectionnelle, le dialogue de rétroaction, ou rétroaction basée sur le dialogue, se veut de plus en plus un processus collaboratif et dynamique entre les deux parties impliquées (Ajjawi et Boud, 2018 ; Bing-You *et al.*, 2018 ; Sargeant *et al.*, 2018). Dans le but d'alléger le texte, nous privilégierons ici le terme « rétroaction », mais il faut toujours garder à l'esprit la composante bidirectionnelle.

La rétroaction est l'un des principaux leviers pour l'apprentissage en contexte de stage. Dans le domaine du sport, l'entraîneur offre des rétroactions régulières à l'athlète pour lui permettre d'améliorer graduellement sa performance (Bernard et Goodyear, 2019 ; Lazarus, 2016). De même, la rétroaction des superviseures est essentielle à la progression des apprentissages des stagiaires. Son apport repose sur le fait que des informations personnalisées, issues d'une observation réalisée par les superviseures, sont partagées avec les stagiaires. Ces dernières peuvent alors les utiliser pour améliorer autant leur performance que la qualité des soins prodigués. À l'inverse, en l'absence de rétroactions, des erreurs demeurent non corrigées et de bonnes performances non renforcées (Jug *et al.*, 2019).

Dialogue de rétroaction
Processus de communication bidirectionnelle et mutuellement bénéfique entre la superviseure et la stagiaire.

Pour être efficace, la rétroaction doit avoir deux dimensions. Tout d'abord, elle doit porter sur les comportements à maintenir ou à renforcer : c'est la rétroaction « positive ». Ensuite, elle doit aussi porter sur des aspects de la pratique à rectifier ou à modifier : c'est la rétroaction « négative » (O'Brien *et al.*, 2003). Ces deux types de rétroactions sont souhaitables de la part des superviseures dans la mesure où elles permettent d'informer clairement les stagiaires sur ce qu'elles doivent modifier ou consolider. La rubrique Sur le terrain 8.1 illustre deux rétroactions efficaces, l'une positive et l'autre négative.

La recherche d'un équilibre entre la transmission de rétroactions positives et la transmission de rétroactions négatives, soit entre le renforcement et le correctif, constitue une stratégie gagnante (*voir la figure 8.1*). Au fil du temps, en effet, les stagiaires cessent de porter attention aux rétroactions si elles se situent seulement à un extrême ou à l'autre (Bernard et Goodyear, 2019).

Figure 8.1 La recherche d'un équilibre entre la rétroaction positive et la rétroaction négative

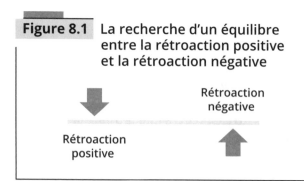

Par ailleurs, l'apport de la rétroaction dans l'apprentissage peut être envisagé sous la forme d'une boucle itérative, c'est-à-dire une boucle d'apprentissage qui, une fois terminée, recommence jusqu'à parvenir à son terme, avant de recommencer, et ainsi de suite (*voir la figure 8.2, page suivante*).

Pour instaurer une rétroaction optimale, la stagiaire, en collaboration avec sa superviseure, doit préalablement déterminer ses objectifs d'apprentissage (Bernard et Goodyear, 2019). Ensuite, la superviseure procède à l'observation directe de la performance de la stagiaire ou de ses interventions. C'est sur la base des observations ainsi réalisées que la superviseure peut amorcer une rétroaction qui favorise l'autoévaluation et la réflexion chez la stagiaire. Au cours de ce moment de dialogue, la superviseure discute avec la stagiaire de sa performance, des conséquences associées à ses actions ainsi que de sa progression (Falender et Shafranske, 2021). La stagiaire est alors invitée à apprécier sa performance à la lumière de l'écart qui existe ou non entre ce qui est attendu et ce qu'elle a réalisé, afin d'envisager des moyens lui permettant de s'améliorer. Le rôle de la superviseure consiste à amener la stagiaire à prendre conscience de certains « angles morts », à repérer ses forces et ses limites, à déterminer les apprentissages maîtrisés ou à améliorer, et à la motiver à s'engager dans des activités visant à combler ses manques (Côté *et al.*, 2018 ; Ramani *et al.*, 2019b ; Russell *et al.*, 2019). Au cours de la rétroaction, la superviseure doit accorder une attention particulière aux réactions et à la réception de la rétroaction par la stagiaire pour s'assurer qu'elle ait l'effet souhaité. Par exemple, si la stagiaire ne semble pas comprendre quelque chose, il peut être souhaitable de procéder à une validation de sa compréhension ou à une clarification du message transmis.

Pour donner suite à la rétroaction, il est nécessaire de réviser les objectifs d'apprentissage ou d'en identifier de nouveaux, selon les situations d'apprentissage qui suivront. La boucle se poursuit ensuite de situation d'apprentissage en situation d'apprentissage pour soutenir le développement des compétences et du professionnalisme chez les stagiaires (Falender et Shafranske, 2021 ; Ramani *et al.*, 2019b).

Sur le TERRAIN 8.1   Deux rétroactions efficaces

Une rétroaction positive efficace

Rosalie (superviseure) : « J'ai été heureuse de voir que tu as pris le temps de répondre à la question de Mme St-Amour sur la mesure de la glycémie. Les informations que tu lui as transmises étaient justes et à jour. Tu as pris le temps de t'asseoir près d'elle, de maintenir un contact visuel tout au long de vos échanges, de lui demander si elle avait d'autres questions et de lui répondre clairement. »

Anna (stagiaire) : « Oui, en effet, je pense que ce court enseignement s'est bien déroulé. J'ai même pu lui remettre des informations écrites en complément. Cependant, je réalise que je n'ai pas pris le temps de valider sa compréhension des informations présentes dans le feuillet. »

Une rétroaction négative efficace

Émilie (superviseure) : « Je suis un peu inquiète que M. Giguère se soit senti exclu de la conversation. En effet, au cours de sa mobilisation au lit, tu as parlé avec le préposé aux bénéficiaires sans t'adresser à lui. Je t'encourage à l'avenir à intégrer la personne soignée dans la conversation. Parler à la personne soignée est une bonne pratique, même si c'est seulement pour jaser de tout et de rien pendant un court moment. Comme tu as habituellement de la facilité à établir des relations interpersonnelles, tu pourras sans doute le faire très bien les prochaines fois. »

Simon (stagiaire) : « Tu as raison, nous nous sommes mis à discuter de football, et comme cela me passionne, je me suis laissé emporter par la conversation. À l'avenir, je veillerai à éviter d'avoir ce type de conversation en présence de personnes soignées et à leur démontrer davantage mon attention. »

Figure 8.2 Une boucle d'apprentissage lors d'une rétroaction

La stagiaire établit ses objectifs d'apprentissage.

La superviseure procède à l'observation directe de la performance de la stagiaire.

La superviseure et la stagiaire effectuent un dialogue de rétroaction.

La superviseure facilite la réflexion et l'autoévaluation chez la stagiaire.

La stagiaire, aidée par la superviseure, formule un plan d'action.

La stagiaire et la superviseure créent ensemble des occasions d'apprentissage.

La boucle recommence avec une discussion sur les objectifs d'apprentissage.

Source : Adaptée de Ramani *et al.*, 2019a, p. 628.

8.2 Les avantages d'une rétroaction efficace

Outre l'amélioration des compétences, une rétroaction efficace présente d'autres avantages appréciables tant pour les stagiaires que pour les superviseures. Concernant les stagiaires, elle leur permet de porter un regard critique sur leurs apprentissages, tout en contribuant à leur développement personnel (Duffy, 2013).

Instaurer une rétroaction efficace dès le départ offre bien d'autres avantages, notamment les suivants :

- création d'un climat de collaboration entre les superviseures et les stagiaires ;
- clarification des attentes, des forces et des limites ;
- mise en place de moyens d'amélioration ;
- stimulation de la motivation, de la confiance et de l'estime de soi ;
- progression graduelle des apprentissages ;

- soutien au développement du professionnalisme ;
- amélioration des capacités d'autoévaluation.

Comme elle est basée sur le dialogue, la rétroaction offre aux superviseures la possibilité de connaître les opinions des stagiaires sur leur expérience d'apprentissage et les questionnements qu'elle soulève. Cela leur permet de réfléchir à leur pratique en tant que superviseures, d'améliorer leurs compétences en matière de supervision ainsi que d'adapter leur encadrement de façon plus personnalisée et en fonction des besoins d'apprentissage des stagiaires (O'Brien *et al.*, 2003 ; Russell *et al.*, 2019). Les rétroactions représentent des moments d'échanges féconds pour les deux parties, chacune y développant un sentiment de satisfaction personnelle et professionnelle (Duffy, 2013).

8.3 Les conséquences d'une rétroaction inefficace, absente ou floue

Une rétroaction inefficace, absente ou floue peut entraîner des conséquences négatives sur les apprentissages et la progression des stagiaires. Elle affecte également l'expérience de supervision. Certaines circonstances font que la rétroaction des superviseures peut être absente ou inefficace, qu'elle survienne à un moment inopportun, soit trop vague, comporte un jugement sur la personne ou encore ne porte pas sur des comportements modifiables.

Une rétroaction inefficace amène les stagiaires, qu'elles présentent des difficultés ou non, à se sentir laissées à elles-mêmes. Les conséquences pour elles sont nombreuses (Russell *et al.*, 2019) :

- adoption de conceptions erronées ou de pratiques déficientes ;
- confusion quant aux comportements à modifier, à conserver ou à consolider ;
- ralentissement de la progression des apprentissages ;
- manque de renforcement des comportements positifs ;
- diminution de la motivation ;
- abandon de bonnes pratiques ;
- augmentation de l'encadrement par la superviseure.

Une rétroaction inefficace nuit également à la qualité des soins (O'Brien *et al.*, 2003).

L'absence de rétroaction entraîne des conséquences similaires. Elle amène les stagiaires à croire que tout va bien, conformément au dicton « pas de nouvelles, bonnes nouvelles », alors que ce n'est pas forcément le cas (Duffy, 2013). La progression de leurs apprentissages est ralentie lorsque les difficultés ne leur sont pas révélées en temps opportun, c'est-à-dire rapidement après que les actions ont été posées. En définitive, il peut en résulter une charge plus lourde pour les superviseures : déconstruire de mauvaises habitudes s'avère plus long et fastidieux que s'y attaquer dès le départ à travers une rétroaction.

L'absence de rétroaction peut aussi être dommageable aux stagiaires qui excellent, car la rétroaction est tout aussi essentielle à leurs apprentissages. Ces stagiaires ont, elles aussi, besoin que leurs efforts soient reconnus de même que leur progression. Notons à cet égard que les stagiaires plus performantes ont davantage tendance à se sous-estimer ou à juger trop sévèrement certains aspects de leurs compétences. Si elles reçoivent trop peu de rétroaction, elles risquent de ne pas prendre conscience de la qualité de leurs actions ou de leurs réalisations, ce qui entraîne parfois l'abandon de façons de faire efficaces et pertinentes (Laurin *et al.*, 2017).

La rétroaction peut également être floue. Cela arrive lorsqu'elle n'est pas faite au bon moment ou ne comporte pas suffisamment d'informations pertinentes et détaillées pour guider les stagiaires, comme c'est souvent le cas pour les stagiaires très performantes qui reçoivent une rétroaction très générale du type « Tout va très bien » ou « Excellente performance, continue de la sorte » (Laurin *et al.*, 2017). Dans le cas de stagiaires présentant des difficultés, les superviseures éprouvent parfois un malaise à discuter avec elles de certains points. Dès lors, elles seront portées à leur donner des rétroactions floues pour éviter de les blesser, par exemple : « Tu fais des efforts » ou « Tu peux continuer de t'améliorer ».

Dans tous les cas, les stagiaires ont besoin que leurs superviseures s'engagent avec elles dans une rétroaction personnalisée qui leur précise en quoi leur manière d'agir correspond ou non aux attentes, selon leur niveau, ou encore si elle dépasse ces attentes.

Faute de rétroaction fréquente et efficace, les stagiaires risquent d'adopter peu à peu des pratiques moins performantes et de se satisfaire de remplir des critères moins objectifs et moins exigeants (Laurin *et al.*, 2017). Cela peut aussi entraîner chez elles un rejet délibéré de toute évaluation formative externe, alors qu'elles n'ont pas suffisamment d'autonomie pour exercer une pratique professionnelle (O'Brien *et al.*, 2003).

8.4 Les principes de base d'une rétroaction efficace

S'engager dans un dialogue de rétroaction est une façon efficace d'accompagner les stagiaires dans leurs apprentissages. Toutefois, pour plusieurs personnes, cela peut représenter un véritable défi. Pour parvenir à une rétroaction efficace, il faut connaître et appliquer les principes de base suivants :

- Clarifier les attentes respectives.
- Privilégier l'observation directe.
- Favoriser une prise de notes fondées sur les faits.
- Insister sur les aspects de leurs prestations pouvant être documentés et modifiés.
- Centrer l'attention sur une ou des compétences visées.
- Déterminer sous quel angle donner la rétroaction.
- Identifier un moment et un lieu appropriés.
- Adapter la rétroaction aux capacités des stagiaires.

8.4.1 Clarifier les attentes respectives

Dans l'idéal, les attentes réciproques des superviseures et des stagiaires sont énoncées lors de la journée d'accueil. Néanmoins, comme d'autres informations sont transmises aux stagiaires pendant cette journée, il est judicieux, en début de stage, de clarifier plus spécifiquement les attentes en matière de rétroaction, ou de les rappeler. Fait à noter, les stagiaires ne sont pas forcément habituées à recevoir une rétroaction. Il est également possible que leurs expériences antérieures dans ce domaine aient été décevantes, voire dévalorisantes. Les superviseures peuvent s'attendre à ce que ces expériences passées influencent

leur attitude face à la rétroaction. Échanger sur leurs attentes concernant la rétroaction est donc une bonne façon de débuter. Le fait de s'entendre sur le format de la rétroaction et sur sa fréquence, par exemple, prépare les stagiaires à participer au dialogue de rétroaction de façon constructive (Duffy, 2013). Pour les superviseures, c'est aussi le moment opportun pour exprimer leurs attentes concernant la rétroaction des stagiaires sur leur encadrement. Cela constitue pour elles une occasion d'agir comme modèle de rôle dans la recherche de rétroaction.

8.4.2 Privilégier l'observation directe

En stage, le processus de collecte de l'information repose en tout premier sur l'observation, qui a pour objet le développement des compétences des stagiaires. Ce processus peut prendre deux formes : l'observation indirecte et l'observation directe (Ménard et Gosselin, 2015).

Par définition, l'observation indirecte suppose que les superviseures soient absentes lors de l'activité réalisée par les stagiaires. C'est pourquoi elle est moins fréquemment utilisée en contexte de stage dans la formation infirmière. Lorsqu'elles y recourent, les superviseures dépendent des faits que leur rapportent les stagiaires ou des propos d'autres personnes qui étaient présentes lors de l'activité.

L'observation directe est préconisée pour recueillir des données plus objectives, car les superviseures sont alors présentes auprès des stagiaires lorsqu'elles sont en action (Ménard et Gosselin, 2015). Elle sert à des fins de rétroaction et d'évaluation (Rietmeijer *et al.*, 2018). Par l'observation directe, les superviseures peuvent documenter la présence ou l'absence chez les stagiaires de comportements attendus, ainsi que la qualité de leur performance, par exemple la qualité de la relation avec la personne soignée. Ces informations sont précieuses pour enrichir les rétroactions qui sont données ensuite aux stagiaires (Bernard et Goodyear, 2019). Elles permettent aux superviseures d'identifier des domaines d'amélioration potentielle et de déterminer dans quelle mesure leur assistance est requise dans une situation donnée (Oermann *et al.*, 2021). De plus, aux yeux des stagiaires, les informations les plus fiables sont celles que les superviseures recueillent lorsqu'elles observent directement leurs actions en situation réelle (Atkinson *et al.*, 2021 ; Bernard et Goodyear, 2019). L'observation directe est effectuée lors de la supervision, c'est-à-dire au moment de l'accompagnement des apprentissages dans l'action. Dans d'autres cas, les superviseures peuvent n'être présentes qu'à titre d'observatrices et ne pas intervenir à moins que ce ne soit nécessaire. La rubrique Boîte à outils 8.1 présente un aide-mémoire de règles simples à suivre pour assurer la qualité de l'observation directe (Holmboe, 2017).

En contexte de stage, une superviseure peut assister, par exemple, à l'enseignement que sa stagiaire donne à une personne sur la gestion de la douleur en vue du retour à domicile. Elle recueille des données sur la qualité des informations transmises, de la relation avec la personne ou de l'évaluation de la compréhension de cette dernière. Elle partagera ensuite avec la stagiaire ses observations au sujet de ces aspects.

8.4.3 Favoriser une prise de notes fondées sur les faits

La mémoire étant une faculté qui oublie, il est recommandé aux superviseures de prendre des notes au cours du stage, et plus particulièrement pendant ou immédiatement après l'observation. Ces notes seront utiles lors de la rétroaction, à titre formatif, ou lors de l'évaluation sommative, à titre d'énumération de faits objectifs, au terme du stage.

Il est recommandé de recueillir des observations portant sur des aspects factuels de la performance des stagiaires, comme l'illustre la situation de la rubrique Sur le terrain 8.2.

Boîte à OUTILS 8.1 Aide-mémoire : des règles pour une observation directe efficace

- ☐ Identifier les buts de l'observation en fonction des objectifs du stage.
- ☐ Informer préalablement la stagiaire de l'objectif pédagogique.
- ☐ Informer la personne soignée de la présence de la superviseure et de son objectif.
- ☐ Rester en dehors du champ visuel de la stagiaire et de la personne soignée (dans la mesure du possible) pour ne pas interférer dans le déroulement de la rencontre.

- ☐ S'assurer de ne pas être interrompu lors de l'observation.
- ☐ Prévoir un temps de supervision et de rétroaction le plus tôt possible après la rencontre.

i+ Retrouvez cet aide-mémoire à cocher dans la rubrique Boîte à outils sur la plateforme *i+ Interactif*.

Sur le TERRAIN 8.2 La prise de notes en vue d'une rétroaction

Andrew, 16 ans, a reçu un nouveau diagnostic d'épilepsie. Du Tegretol, un anticonvulsivant, a été débuté et son état est maintenant stabilisé. Son congé à domicile sera autorisé cet après-midi. Anaïs demande à sa stagiaire Jacinthe de donner à Andrew l'enseignement requis sur l'anticonvulsivant qu'il devra prendre sur une base régulière. Elle lui indique qu'elle sera présente pour évaluer sa capacité à transmettre clairement les informations et ses habiletés interpersonnelles. Après s'être préparée, Jacinthe va rencontrer Andrew pour lui transmettre les informations sur l'usage du Tegretol et répondre à ses questions. Les parents du jeune homme sont présents dans la chambre. Anaïs accompagne Jacinthe et leur explique sa présence en arrivant dans la chambre. Elle se place un peu à l'écart pour ne pas nuire aux échanges. Elle prend discrètement les notes suivantes :

▶

~~Semble en confiance, bien que timide~~

Ton de voix calme, débit normal

Les éléments de contenu sont complets et clairs : effets, effets secondaires les plus fréquents, dont la somnolence en début de traitement

Précise quoi faire si oubli d'une dose

S'adresse à Andrew au début, à la suite d'une question de la mère s'adresse aux parents uniquement ensuite

Contact visuel uniquement avec les parents à partir de ce moment

~~Andrew semble se sentir mis à part~~

Avise les parents de l'importance d'utiliser une crème solaire, parce que possibilité de sensibilité accrue au soleil (au lieu de s'adresser à Andrew)

Oubli : à prendre avec repas, ne pas croquer les comprimés (à libération contrôlée)

À la fin, demande à Andrew s'il a des questions...

Les superviseures doivent seulement noter les observations qui concernent des comportements pouvant être modifiés ou corrigés, afin de les porter ensuite à l'attention des stagiaires (Côté *et al.*, 2018). Par contre, il est inutile, voire déconseillé, de prendre en note des observations portant sur des aspects subjectifs, comme les impressions de la superviseure ou des traits de personnalité. Ainsi, dans l'exemple de la rubrique Sur le terrain 8.2, la superviseure peut noter ses observations touchant les comportements non verbaux de la stagiaire, comme le contact visuel ou le ton de voix, mais elle devrait éviter de relever la timidité dont la stagiaire a fait preuve. C'est pour cette raison que ces observations sont raturées : la superviseure ne devrait pas les consigner, ni les partager avec Jacinthe.

8.4.4 Insister sur une ou des compétences visées par le stage

Les superviseures ont avantage à faire des observations en lien étroit avec l'une ou l'autre des compétences visées par le stage. Pour ce faire, elles doivent bien comprendre les visées du stage dans le programme de formation et connaître les objectifs d'apprentissage des stagiaires. Par exemple, lorsque la stagiaire doit installer chez un nourrisson un tube nasogastrique pour commencer un gavage qui n'était pas prévu, la superviseure peut porter son attention sur sa compétence organisationnelle en répondant aux questions suivantes :

La stagiaire est-elle capable :

- de sélectionner adéquatement le matériel et d'agir de façon ordonnée ?
- d'estimer efficacement le temps que prendra cette nouvelle tâche ?
- de réorganiser ses priorités en fonction de cette nouvelle tâche ?
- de déléguer certaines actions prévues à d'autres membres de l'équipe de soins, si nécessaire ?

Les observations notées par les superviseures leur serviront à déterminer si la performance répond aux attentes, si elle se situe au-dessus ou en deçà de ce qui est attendu, en fonction du niveau de formation et des capacités des stagiaires (Côté *et al.*, 2018 ; Falender et Shafranske, 2021).

8.4.5 Déterminer sous quel angle donner la rétroaction

Chaque situation d'apprentissage sollicite plusieurs connaissances, habiletés et compétences pouvant faire l'objet d'une rétroaction. Néanmoins, au cours de la préparation ou lors de l'observation directe des actions des stagiaires, les superviseures doivent déterminer sous quel angle la rétroaction sera donnée. Si plusieurs angles peuvent être intéressants, il est toutefois préférable de faire porter la rétroaction sur l'aspect spécifique le plus utile pour enrichir la progression des compétences visées chez les stagiaires, tout en tenant compte du contexte et du temps disponible. L'angle adopté pour la rétroaction peut différer selon la nature de ce qui est observé. Par exemple, au niveau comportemental, l'attention peut porter sur les capacités de la stagiaire à exercer une méthode de soins, alors qu'au niveau relationnel, elle portera plutôt sur ses capacités à entrer en relation avec la personne soignée grâce à cette méthode de soins, comme l'illustre la rubrique Sur le terrain 8.3 (Côté *et al.*, 2018).

Les préférences personnelles des superviseures, leur aisance à aborder certains aspects et leur expertise influencent sans aucun doute le choix de l'angle d'observation et du niveau d'approfondissement de la rétroaction. Le tableau 8.1, à la page suivante, présente certains aspects à considérer lors de la formulation d'une rétroaction (Côté *et al.*, 2018).

8.4.6 Identifier un moment et un lieu appropriés

Le dialogue de rétroaction doit être engagé régulièrement au cours de la journée et le plus tôt possible après la prestation des stagiaires (Russell *et al.*, 2019). Ainsi, les superviseures se rappellent plus facilement les observations faites et les stagiaires les actions qu'elles ont posées ou non. Privilégier un endroit calme et neutre favorise les échanges (Lazarus, 2016). Prévoir un moment spécifiquement consacré à la rétroaction est aussi un atout, même s'il est de courte durée. Le fait de recevoir des renforcements positifs au cours de la journée est également motivant pour les stagiaires. Cependant, si des difficultés ont été constatées et qu'une charge émotive élevée est associée à la situation, il peut être opportun de reporter la rencontre à un moment où les stagiaires et les superviseures seront mieux disposées (Côté *et al.*, 2018).

Sur le TERRAIN 8.3 Une rétroaction ciblée

Alexandre supervise Louna lors du stage qu'elle effectue en chirurgie en fin de deuxième année. Il l'a observée alors qu'elle procédait à un changement de pansement et à une désinfection de plaie auprès de M. Carrier. Elle s'est alors montrée très adroite et a agi de façon très sécuritaire, mais elle était très concentrée et n'a pas adressé la parole à M. Carrier au cours de la procédure. Alexandre en a discuté avec elle lors de la rétroaction qui a suivi, et ils ont déterminé ensemble des pistes d'amélioration. Lors du changement de pansement subséquent, la technique est bien maîtrisée, mais Louna a d'autres défis sur le plan relationnel : cette fois-ci, la conjointe de M. Carrier est présente. Le fait que les soins des plaies devront être poursuivis à domicile rend Mme Carrier anxieuse. Malgré ses propres inquiétudes, M. Carrier tente de rassurer sa conjointe, sans trop de succès. Louna poursuit la procédure en expliquant les gestes qu'elle effectue et qui devront aussi être faits à la maison. Comme l'aspect technique est bien maîtrisé, Alexandre a l'occasion de porter attention aux capacités relationnelles de Louna selon différents angles, soit :

- la façon dont elle gère la présence de la conjointe de M. Carrier, qui semble générer une anxiété chez ce dernier ;

- les stratégies qu'elle utilise pour explorer les craintes de M. Carrier et répondre aux multiples questions de sa conjointe à propos des soins des plaies à domicile ;

- les stratégies qu'elle utilise pour normaliser les craintes de M. et Mme Carrier et pour répondre à leurs besoins ;

- le comportement non verbal qu'elle adopte dans cette situation.

Alexandre choisit d'aborder les stratégies utilisées pour explorer les craintes de M. et Mme Carrier, car cela correspond à une difficulté que rencontre Louna, soit d'explorer le vécu des personnes qu'elle soigne. Ensemble, ils pourront dégager des moyens d'amélioration. Selon les circonstances, il est aussi possible de discuter de plus d'un angle lors de la rétroaction.

Tableau 8.1 Des exemples d'aspects à considérer lors d'une rétroaction

En lien avec...	Aspects à considérer
La stagiaire en tant que personne	• Niveau de formation : connaissances, capacités et habiletés • Forces • Difficultés ou lacunes • Objectifs personnels d'apprentissage • Expériences antérieures
Le stage	• Objectifs d'apprentissage visés par le programme • Apprentissages particuliers ne pouvant être réalisés dans d'autres stages • Occasions présentes et pertinentes dans le milieu de stage
La performance lors de la situation d'apprentissage	• Aspect particulièrement bien réussi • Gestion de difficultés rencontrées • Difficultés pouvant être sources d'apprentissage • Capacité de prendre en compte les personnes et le contexte • Capacité à assumer son rôle avec professionnalisme • Compétences manifestées
La situation d'apprentissage	• Adéquation avec les objectifs • Niveau de difficulté au regard des capacités de la stagiaire • Similitude ou non avec d'autres situations précédentes
La superviseure	Connaissances expérientielles et expertise pouvant être partagée avec la stagiaire en lien avec la situation

Une option bénéfique consiste à effectuer quotidiennement une brève rétroaction spécifique et constructive portant sur l'ensemble des soins donnés dans la journée de stage. Cela exige peu de temps, soit environ 5 minutes, mais permet aux stagiaires et aux superviseures de faire le point et de réfléchir sur la progression constatée au cours de la journée, ainsi que d'anticiper des objectifs pour les journées futures (Lazarus, 2016).

8.4.7 Adapter la rétroaction

Le niveau de formation influe sans contredit sur la performance des stagiaires et leur niveau d'autonomie. Pour un même geste, les superviseures constatent que les débutantes tendent à focaliser leur attention sur des aspects procéduraux ou des règles de conduite, et se montrent plus incertaines. Le cas échéant, elles doivent prendre en compte ces aspects lors des rétroactions et y consacrer davantage de temps afin d'aider les stagiaires à développer leur confiance en soi. De leur côté, les stagiaires plus avancées possèdent davantage de connaissances et d'expérience. Les rétroactions peuvent alors porter plus spécifiquement sur l'intégration de ces connaissances ou viser à amener les stagiaires à mener une réflexion sur leur pratique. Toutefois, pour un même niveau de formation, les capacités des stagiaires peuvent varier en fonction, entre autres, de leurs connaissances, de leurs habiletés ou de leurs expériences. Il est souhaitable de reconnaître ces variations individuelles afin de donner une rétroaction plus personnalisée aux stagiaires (*voir Sur le terrain 8.4*). La rubrique Boîte à outils 8.2 présente un aide-mémoire des principes à suivre pour une rétroaction efficace.

Sur le TERRIAN 8.4 L'adaptation de la rétroaction

Marylène supervise Catherine, une stagiaire de première année. Elle l'accompagne au chevet de M. Trahan, qui est hospitalisé en raison d'une maladie pulmonaire obstructive chronique. Catherine doit procéder à son évaluation respiratoire.

De retour au poste de travail des infirmières, Marylène laisse Catherine faire un retour sur l'évaluation respiratoire qu'elle a faite. Celle-ci l'aborde de façon globale : « Je pense que j'ai recueilli la plupart des informations nécessaires, mais j'ai eu besoin de ton aide pour être certaine de bien identifier les bruits respiratoires. »

Marylène lui répond : « Oui, en effet, tu as procédé de façon systématique, selon ce que nous avions prévu. Tu as bien noté la fréquence respiratoire, l'amplitude et le rythme. Tu as aussi pris soin de consulter le saturomètre pour évaluer son oxygénation. Toutefois, tu as oublié de le questionner sur ses expectorations, mais tu pourras le faire plus tard. Pour ce qui est de reconnaître les bruits respiratoires, il faut une certaine expérience. Tu deviendras plus habile avec la pratique. »

Comme les novices ont tendance à se concentrer sur les règles à suivre et sur les gestes concrets, Marylène a choisi de formuler une rétroaction plus spécifique portant sur les habiletés et l'application des règles de procédure en lien avec l'évaluation respiratoire. Elle a aussi guidé Catherine lors de l'auscultation pulmonaire.

Dans le cas d'une stagiaire plus avancée, Marylène se serait efforcée de susciter davantage sa réflexion sur des aspects cliniques plus complexes. Il aurait pu s'agir, par exemple, de la gestion de l'anxiété possible de M. Trahan en lien avec ses difficultés respiratoires ou certaines de ses habitudes de vie, comme l'usage de la cigarette, qui pourraient faire l'objet d'interventions plus complexes. Le choix de cet angle de rétroaction repose sur le fait que les stagiaires plus avancées sont habituellement capables de considérer plusieurs éléments contextuels des situations rencontrées.

Boîte à OUTILS 8.2 Aide-mémoire : les 11 principes à suivre pour une rétroaction efficace

☐ Clarifier les attentes respectives.

☐ Procéder par l'observation directe de l'action des stagiaires.

☐ Considérer uniquement les aspects pouvant être modifiés.

☐ Connaître les compétences et les objectifs.

☐ Choisir un angle de rétroaction contribuant à la progression.

☐ Présenter les observations de façon spécifique et objective.

☐ Limiter le nombre de messages à l'essentiel.

☐ Offrir une rétroaction dès que possible après l'action.

☐ Prévoir un moment exclusivement consacré à la rétroaction, même s'il est de courte durée.

☐ Privilégier un lieu calme et propice aux échanges.

☐ Adapter la rétroaction au niveau de formation et aux capacités des stagiaires.

(i+) Retrouvez cet aide-mémoire à cocher dans la rubrique Boîte à outils sur la plateforme i+ Interactif.

8.5 Les sept phases d'une rétroaction efficace

Pour être efficace sur le plan de l'apprentissage, le dialogue de rétroaction doit se dérouler d'une façon structurée qui peut se décliner en sept phases :

1. Demander à la stagiaire d'apprécier sa performance ou ses actions.

2. Informer la stagiaire des observations faites.

3. Amorcer la discussion pour explorer la perspective de la stagiaire.

4. Énoncer les attentes.

5. Déterminer des objectifs d'apprentissage.

6. Valider la compréhension de la stagiaire.

7. Planifier un suivi.

En se référant à ces sept phases, les superviseures pourront aborder plus efficacement l'essentiel sans avoir à y investir beaucoup de temps (Côté *et al.*, 2018).

8.5.1 Phase 1 : Demander à la stagiaire d'apprécier sa performance ou ses actions

Pour créer un climat de confiance et de dialogue, la superviseure peut, à titre de préambule, poser à la stagiaire une question générale telle que : « Comment se déroule ta journée avec M. Dumas ? »

Ensuite, elle amorce le dialogue en l'invitant à s'autoévaluer en abordant des aspects qui se sont bien passés à ses yeux et des aspects pouvant être améliorés, ce qui constitue une stratégie gagnante pour les deux parties (Atkinson *et al.*, 2021). En procédant de la sorte, la superviseure donne à la stagiaire l'occasion de :

- prendre une part active dans ses apprentissages ;

- déterminer ce qu'elle maîtrise et nommer ses difficultés ;

- réfléchir sur ses apprentissages.

La superviseure ajuste ensuite son message en se fondant sur ses perceptions ou sur ce qu'exprime la stagiaire. Elle identifie des objectifs d'apprentissage avec la stagiaire, et vérifie si elle a une vision juste de sa performance. En ce sens, la superviseure peut simplement demander à la stagiaire de reformuler dans ses mots ce qu'elle en retient (Atkinson *et al.*, 2021).

Plusieurs stagiaires hésitent parfois, même sans en être conscientes, à faire part de leurs difficultés ou des défis rencontrés. Cette discordance entre leur perception et la réalité peut compliquer la tâche des superviseures lorsque celles-ci doivent nommer des difficultés présentes. Bien documenter la performance des stagiaires facilite les rétroactions dans ces situations.

L'étape de l'autoévaluation est primordiale (*voir Sur le terrain 8.5*), mais elle a aussi des limites (*voir le chapitre 10*). Dans l'éventualité où la stagiaire rapporte peu d'éléments sur sa performance, la superviseure formulera des questions pour lui offrir des pistes (*voir Boîte à outils 8.3*).

Sur le TERRAIN 8.5 — L'autoévaluation de la stagiaire

Mme St-Onge doit débuter une nouvelle médication qui lui permettra de mieux gérer son problème d'hypertension. Sébastien, stagiaire en début de deuxième année, s'est bien documenté sur cette médication et s'est préparé à une courte rencontre avec Mme St-Onge pour lui transmettre des informations à ce sujet et répondre à ses questions. Sa superviseure, Stella, l'avise qu'elle sera présente pour observer sa façon de faire et, plus particulièrement, pour observer la qualité de son enseignement, puisqu'il s'agit d'un objectif du stage. Elle le rassure en lui disant qu'ils prendront ensuite un moment pour en discuter et déterminer ensemble des points forts et des pistes d'amélioration, le cas échéant.

De retour au poste de travail des infirmières, Stella demande à Sébastien de faire son autoévaluation en s'inspirant des questions mentionnées dans l'encadré qui suit (*voir Boîte à outils 8.3*).

Boîte à OUTILS 8.3 Questions pour entamer un dialogue favorisant l'autoévaluation

1. Que sais-tu à propos de la technique, de ce soin, de cette problématique, etc. ?

2. Selon toi, quels sont les aspects que tu as bien réussis ?

3. Qu'est-ce qui a été plus difficile pour toi ?

4. De quoi es-tu satisfaite ? De quoi es-tu insatisfaite ?

5. Si c'était à refaire, comment agirais-tu ?

6. Quels aspects t'amènent à te poser des questions ou suscitent des incertitudes chez toi ?

 Retrouvez cette liste à imprimer dans la rubrique Boîte à outils sur la plateforme *i+ Interactif*.

Si les questions ont peu d'écho chez elle, mieux vaut éviter de questionner la stagiaire de façon trop insistante. Dans ce cas, il est préférable de passer à la seconde phase.

8.5.2 Phase 2 : Informer la stagiaire des observations faites

Pour partager ses observations avec la stagiaire, il est primordial de se référer à des faits plutôt qu'à des interprétations ou des opinions. C'est aussi le moment approprié pour renforcer les points forts notés chez elle, en lui disant par exemple : « J'ai remarqué que tu as évalué adéquatement la douleur en utilisant correctement la méthode PQRSTU. » Si possible, il convient de lui faire part d'un seul comportement spécifique observé au cours de la prestation, et ce, de façon descriptive et objective. Cela contribue à l'orienter vers le changement souhaité ou l'aspect à maintenir ou à consolider (Atkinson *et al.*, 2021). Au besoin, s'il faut aborder plus d'un comportement, la tâche sera morcelée en plusieurs étapes.

Il faut éviter d'adopter un ton accusateur. En ce sens, il est préférable d'utiliser le « je » plutôt que le « tu ». Autre point à retenir, il faut prêter attention au langage non verbal et aux réactions de la stagiaire afin d'ajuster la rétroaction, si nécessaire. La rubrique Sur le terrain 8.6 illustre cette phase de partage d'observations.

Sur le TERRAIN 8.6 Le partage d'observations

Après avoir laissé Sébastien faire son autoévaluation à la suite de son intervention auprès de Mme St-Onge (*voir Sur le terrain 8.5*), Stella partage avec lui quelques-unes des observations qu'elle a faites : « J'ai noté qu'au niveau du contenu des informations, le tout était adéquat et suffisamment complet. J'ai aussi remarqué que tu as pris le temps de t'asseoir à côté de Mme St-Onge, ce qui a démontré ta disponibilité à échanger avec elle. Les précisions que tu lui as données sur l'importance de maintenir une certaine activité physique et une alimentation saine pour prévenir les complications liées à l'hypertension étaient également pertinentes et complémentaires de celles portant sur la médication. »

8.5.3 Phase 3 : Amorcer la discussion pour explorer la perspective de la stagiaire

Pour établir le dialogue, après lui avoir fait part de ses observations, la superviseure invite la stagiaire à présenter les justifications de ses actions ou de sa prise de décision. Comme différents facteurs peuvent jouer dans la gestion de la situation par la stagiaire ou dans sa performance, la superviseure a avantage à les explorer pour mieux comprendre sa démarche (*voir Sur le terrain 8.7*). Ainsi, elle peut renforcer les démarches qui sont adéquates ou corriger celles qui sont défaillantes. Comprendre les objectifs des stagiaires et leur raisonnement contribue à moduler la rétroaction ainsi que les recommandations qui peuvent leur être transmises (Côté *et al.*, 2018) (*voir le chapitre 9*). Lors de la discussion, il est souhaitable d'écouter la stagiaire sans l'interrompre. Reconnaître ses émotions et la supporter dans son expression consolide le lien de confiance (Spooner *et al.*, 2022).

lui préciser ce qui est attendu d'elle sur le plan des connaissances, des habiletés ou des compétences. Pour ce faire, la superviseure peut s'appuyer sur le référentiel de compétences du programme, si elle l'a en sa possession. Sinon, elle peut se baser sur la grille d'appréciation ou d'évaluation des compétences qui lui sert de document de référence pour l'évaluation formative et l'évaluation sommative. Les objectifs personnels des stagiaires énoncés précédemment servent aussi de balises pour établir les attentes. Le fait de se baser sur les attentes du programme renforce la crédibilité et la portée de la rétroaction, qui est alors vue comme un tremplin vers leur satisfaction. Cela permet aussi d'apprécier la rétroaction au regard de critères clairs et connus, ce qui évite que les stagiaires la perçoivent comme étant trop sévère lorsqu'elle est négative ou trop complaisante lorsqu'elle est positive (Côté *et al.*, 2018). La rubrique Sur le terrain 8.8 illustre la façon dont les superviseures peuvent exprimer des attentes.

Sur le TERRAIN 8.7

La perspective du stagiaire

Après avoir fait part à Sébastien de certaines de ses observations (*voir Sur le terrain 8.6, page précédente*), Stella ajoute : « J'ai remarqué que tu as pris le temps de demander à Mme St-Onge de reformuler ce qu'elle avait compris à la fin de vos échanges. Pourrais-tu m'expliquer ce qui t'a amené à le lui proposer ? »

Sébastien lui répond : « Comme je lui ai donné plusieurs informations, je voulais m'assurer de sa compréhension, c'est une façon de faire que j'ai apprise dans mes cours et je constate que ça fonctionne bien. »

8.5.4 Phase 4 : Énoncer les attentes

On tient souvent pour acquis que les stagiaires saisissent d'elles-mêmes ce qui est attendu d'elles à partir des commentaires formulés. Or, la plupart du temps, ce n'est pas le cas. Afin de s'assurer que la stagiaire comprend bien le sens de la rétroaction, il importe de

---

Sur le TERRAIN 8.8

L'expression des attentes

Après avoir exploré la perspective de son stagiaire (*voir Sur le terrain 8.7*), Stella reprend la situation d'enseignement de Sébastien et lui fait part des attentes à son égard : « J'ai aussi noté que tu n'as pas répondu à la question de Mme St-Onge sur les aliments qui ne peuvent pas être consommés lorsqu'on prend cette médication. Or, il y a certains aliments qui sont contre-indiqués avec la médication qu'elle doit prendre. Je sais que c'était une situation nouvelle pour toi, mais il est important de répondre à toutes les questions des personnes. C'est ce qu'on attend d'un étudiant de deuxième année. Pour autant, cela ne veut pas dire que tu dois avoir la réponse immédiatement. Si tu ne la connais pas, tu peux le dire à la personne en précisant que tu t'informeras et que tu reviendras plus tard lui donner cette réponse. C'est une bonne façon de maintenir la confiance avec la personne soignée et de lui manifester ton intérêt à l'aider à prendre en charge sa santé. »

8.5.5 Phase 5 : Déterminer des objectifs d'apprentissage

Dans une perspective d'alliance pédagogique, la superviseure, en collaboration avec la stagiaire, détermine ensuite des objectifs d'apprentissage et identifie des moyens de les atteindre sur la base de ce qui a été discuté précédemment. À ce stade de la rétroaction, le fait de partager avec elle son expérience ou des « trucs du métier » sera facilitant pour la stagiaire (Atkinson *et al.*, 2021). Pour soutenir le développement professionnel, la rétroaction doit être pensée *pour* l'apprenante et *avec* l'apprenante (Jorro, 2007, cité dans Côté *et al.*, 2018). Les moyens à utiliser pour atteindre les objectifs peuvent être du ressort de la stagiaire, de la superviseure ou encore de la stagiaire et de la superviseure :

- Stagiaire : faire des lectures, s'exercer à réaliser une procédure technique, visionner des vidéos, etc.
- Superviseure : faire une démonstration d'une procédure technique ou d'une intervention, suggérer de la documentation à lire, etc.
- Stagiaire et superviseure, conjointement : discussion de cas, partage de connaissances, etc.

Néanmoins, c'est à la superviseure qu'il incombe de s'assurer de la cohérence entre les moyens privilégiés et les objectifs à atteindre, ainsi que de la pertinence de ces moyens (*voir Sur le terrain 8.9*).

Sur le TERRAIN 8.9

Les objectifs d'apprentissage

Une fois que Stella a fait part à Sébastien des attentes à son égard (*voir Sur le terrain 8.8*), ils déterminent ensemble les objectifs d'apprentissage. Parmi ceux-ci, il y a l'objectif suivant :

Identifier les aliments ne pouvant être consommés lors de la prise de la médication (antihypertenseur prescrit à Mme St-Onge) au cours de la matinée en consultant un guide de pharmacologie.

Par la suite, Sébastien sera en mesure d'indiquer à Mme St-Onge les aliments à ne pas consommer de même que les justifications à cet égard.

8.5.6 Phase 6 : Valider la compréhension de la stagiaire

La superviseure doit s'assurer que la stagiaire a bien compris les messages transmis lors de la rétroaction ainsi que le bien-fondé de la démarche d'apprentissage proposée. Lorsqu'elles comprennent bien la démarche proposée, les stagiaires sont davantage motivées. Si la superviseure constate une compréhension erronée des messages transmis, la phase de validation est pour elle une occasion d'y remédier. Par exemple, dans le cas d'une stagiaire performante qui est trop sévère envers elle-même ou anxieuse, et qui n'a retenu que les difficultés rencontrées, voire les a amplifiées, la superviseure pourra la recadrer ou lui préciser une partie de la rétroaction qu'elle n'a pas prise en considération. S'il s'agit d'une stagiaire qui ne comprend pas les aspects à corriger ou à consolider, la superviseure lui apportera des précisions supplémentaires (*voir le chapitre 11*) (Côté *et al.*, 2018). Dans tous les cas, il faut répéter aux stagiaires qu'il y a des bénéfices à corriger les aspects qui le requièrent et qu'elles ont la capacité de le faire, par exemple en leur disant : « J'ai confiance que tu pourras... la prochaine fois... » (Duffy, 2013). La rubrique Sur le terrain 8.10 illustre l'étape de la validation de la compréhension par la stagiaire.

Sur le TERRAIN 8.10

La validation de la compréhension

Après avoir déterminé des objectifs d'apprentissage avec Sébastien (*voir Sur le terrain 8.9*), Stella lui demande en quoi il est important, selon lui, d'indiquer à Mme St-Onge les aliments contre-indiqués avec sa médication et, de façon plus générale, de répondre aux questions des personnes soignées. Sébastien démontre une bonne compréhension du message de Stella ainsi que sa capacité d'appliquer ses recommandations. Il lui répond : « Je comprends qu'il ne faut pas laisser les questions des personnes soignées sans réponse. Elles ont besoin de ces informations pour prendre en charge leur santé. Dans le cas de Mme St-Onge, elle doit en effet connaître les aliments

Sur le TERRAIN 8.10

La validation de la compréhension (*suite*)

contre-indiqués pour adapter son alimentation et s'assurer d'un effet optimal de la médication. Je réalise aussi que je n'ai pas à tout savoir, que je peux prendre le temps d'obtenir l'information nécessaire avant de revenir auprès des personnes. Je craignais de passer pour une personne incompétente en disant que je ne savais pas et de perdre la face en tant que stagiaire. Je me rends compte que c'est tout le contraire : le fait de reconnaître ses limites et de s'informer pour y remédier aide à maintenir une relation de confiance. »

8.5.7 Phase 7 : Planifier un suivi

Le suivi pédagogique prend la forme d'une rencontre plus ou moins longue planifiée à un moment ultérieur afin que la stagiaire dispose de suffisamment de temps pour mettre en place les moyens prévus. Les progrès réalisés pourront alors être discutés. La planification d'un suivi amène les stagiaires à s'engager davantage dans leurs apprentissages, ce qui favorise l'atteinte des objectifs. Elle contribue de plus à renforcer la crédibilité de la rétroaction. Idéalement, lorsqu'une amélioration survient, il est préférable que la superviseure la souligne dès qu'elle la constate. S'il n'y a pas d'amélioration, il est parfois préférable qu'elle en reparle avant le suivi de façon à ajuster les moyens choisis pour permettre à la stagiaire de s'améliorer (Côté *et al.*, 2018). La planification du suivi est illustrée à la rubrique Sur le terrain 8.11.

Les sept phases proposées pour assurer une rétroaction efficace donnent aux superviseures des orientations qui contribuent à optimiser la qualité et l'efficacité de la rétroaction formelle. Toutefois, au quotidien, lors de l'observation directe, les superviseures sont souvent appelées à formuler des rétroactions dans « le feu de l'action », que ce soit pour prévenir ou corriger un comportement inadéquat, si nécessaire, ou pour renforcer les bonnes pratiques. Comme l'illustre la rubrique Sur le terrain 8.12, la rétroaction doit être spécifique et descriptive en vue d'encourager les stagiaires à mieux agir dans le futur.

Sur le TERRAIN 8.11

La planification du suivi

Après s'être assurée auprès de Sébastien de sa bonne compréhension de la rétroaction (*voir Sur le terrain 8.10*), Stella lui demande de se documenter sur les aliments contre-indiqués avec la médication de Mme St-Onge, puis de valider ensuite auprès d'elle les informations qu'il a à lui transmettre. Quelques instants plus tard, Sébastien lui présente une liste des aliments contre-indiqués, qui est tout à fait juste. Stella lui suggère de valider avec Mme St-Onge les éléments de cette liste qui sont pertinents pour elle en fonction de ses habitudes alimentaires. Elle ajoute : « Lorsque tu auras l'occasion de faire un autre enseignement, nous pourrons le planifier ensemble et nous prendrons un moment, comme aujourd'hui, pour en discuter. »

8.6 Les obstacles potentiels à un dialogue de rétroaction

Les sept phases présentées dans la section 8.5 forment une démarche pertinente pour parvenir à une rétroaction efficace. Néanmoins, dans la réalité, les superviseures font souvent face à des obstacles dans la formulation de leurs rétroactions. Les obstacles potentiels consistent notamment à :

- ne pas cibler un aspect spécifique de la performance lié aux objectifs ou aux compétences à développer ;

- faire un enseignement sur un thème lié à la situation, au lieu de répondre aux besoins d'apprentissage des stagiaires ;

- se centrer sur un aspect qui les intéresse personnellement sans tenir compte des besoins d'apprentissage des stagiaires ;

- laisser les stagiaires à elles-mêmes lorsqu'il s'agit de trouver des moyens de pallier leurs difficultés ;

- omettre de souligner les progrès des stagiaires performantes ou qui présentent des difficultés ;

Sur le TERRAIN 8.12   Une rétroaction en cours d'action

Judith accompagne Assunta, sa stagiaire de première année, pour l'administration d'un médicament *per os*. La préparation se déroule très bien. Judith donne une rétroaction positive à Assunta en ce sens : « C'est très bien, tu as effectué toutes les vérifications préalables requises. »

Au moment de l'administration du médicament, Assunta oublie de vérifier l'identité de la personne à partir du bracelet d'identification. Judith lui dit alors sur un ton calme : « À ce moment-ci, c'est important que tu vérifies le bracelet. » Un peu décontenancée, Assunta s'exécute. Lorsque la personne lui demande quels sont les effets secondaires possibles du médicament administré, Assunta a un « trou de mémoire », alors qu'elle les a vérifiés auparavant. Elle répond timidement qu'elle ne sait pas. Judith dit alors : « Assunta vous reviendra avec les informations demandées dans quelques instants. »

De retour au poste de travail des infirmières, qui est calme à ce moment-là, Judith amorce avec Assunta une discussion à propos de la situation (un dialogue de rétroaction selon les sept phases mentionnées précédemment), pour l'amener à poser un regard critique sur ses actions et l'aider à mettre en place des moyens d'amélioration.

Le fait de pouvoir bénéficier de conseils et de pistes d'amélioration pour le futur réconforte Assunta. Elle a bien appris de cette expérience, où elle s'est sentie incompétente. Judith prend le temps de lui dire qu'elle est confiante : Assunta saura sans doute prendre les mesures nécessaires pour se souvenir des principaux effets secondaires des médicaments à l'avenir, effets secondaires qu'elle doit par ailleurs surveiller chez la personne soignée. S'agissant du suivi, Judith lui dit qu'elle validera le fait qu'Assunta connaît bien les principaux effets secondaires des médications qu'elle administrera au cours du stage.

- omettre de nommer les difficultés présentes par crainte de blesser les stagiaires ou de nuire à la relation pédagogique.

D'autres obstacles empêchent les superviseures de s'engager pleinement dans un dialogue de rétroaction. Le plus fréquent est sans contredit le manque de temps. Dans un contexte où la charge de travail est lourde, la priorité est d'assurer la qualité des soins, ce qui incite les superviseures à consacrer moins de temps aux rétroactions. D'où l'importance de planifier un moment pour les donner.

Un autre obstacle tient à ce que les superviseures peuvent douter de leurs capacités à fournir une rétroaction, et ce, plus particulièrement lorsqu'elles ont des inquiétudes au sujet des performances des stagiaires (Bernard et Goodyear, 2019 ; Russell *et al.*, 2019).

De plus, la rétroaction comporte une composante émotive, tant pour les stagiaires que pour les superviseures, qui peut sembler constituer une menace et freiner l'engagement des unes comme des autres (Russell *et al.*, 2019). Prendre conscience de ces obstacles constitue déjà un atout pour les éviter ou y remédier (Côté *et al.*, 2018).

8.7 Les facteurs influençant la qualité et l'impact de la rétroaction

Le dialogue de rétroaction implique une confiance mutuelle entre les partenaires et la capacité de s'ajuster en fonction de différents facteurs.

Ceux-ci sont regroupés sous trois catégories, selon qu'ils sont liés au contexte institutionnel, aux stagiaires ou aux superviseures. L'encadré 8.1, à la page suivante, en donne une liste non exhaustive.

Les principaux facteurs influençant la qualité et l'impact de la rétroaction

Facteurs liés au contexte institutionnel

- La culture en matière d'apprentissage
- Le soutien et la formation offerts aux superviseures
- Les attitudes et l'accueil du personnel envers les stagiaires

Facteurs liés aux stagiaires

- La posture d'apprentissage
- La recherche de rétroaction
- L'ouverture/la réceptivité face à la rétroaction
- La participation active
- La capacité d'autoévaluation et de réflexion
- Le désir d'autonomie

Facteurs liés aux superviseures

- L'attention portée à la stagiaire
- L'occasion d'être autonome
- Le soutien à la connaissance de soi
- Le modèle de rôle dans la recherche de rétroaction
- La reconnaissance de ses limites
- Les connaissances et l'expérience

8.7.1 Les facteurs liés au contexte institutionnel

La culture en matière d'apprentissage est l'un des facteurs liés au contexte institutionnel. Ce contexte est plus favorable lorsque l'apprentissage et la progression, et non la seule réussite, sont priorisés ou que les difficultés rencontrées par les stagiaires et leurs erreurs sont vues comme des occasions pouvant contribuer à leurs apprentissages (Côté *et al.*, 2018). Les superviseures sont alors encouragées à offrir fréquemment une rétroaction formative et, de leur côté, les stagiaires à la rechercher auprès de leur superviseure. Le soutien apporté aux superviseures en matière de formation est un autre facteur qui favorise leurs compétences en supervision. La nature de la culture institutionnelle influe également sur le fait que les stagiaires adoptent une position d'évaluation ou une position d'apprentissage (*voir le chapitre 4*).

L'adoption d'une position orientée vers les apprentissages amène les stagiaires à valoriser la rétroaction lorsqu'elle est formulée de manière respectueuse par les superviseures, mais également par les autres membres du personnel qui peuvent aussi être amenés à le faire lorsque l'occasion se présente (Atkinson *et al.*, 2021). Dans le cas contraire, en cas d'attitudes de dénigrement, d'humiliation ou d'intimidation perçues dans le milieu, l'effet inverse se produit. La rétroaction est alors perçue comme une menace à l'estime de soi par les stagiaires et son efficacité diminue.

8.7.2 Les facteurs liés aux stagiaires

Les stagiaires doivent prendre conscience de la valeur ajoutée d'une rétroaction axée sur le dialogue pour leurs apprentissages. Si elles en voient la pertinence, cela favorise chez elles l'adoption d'une position d'apprentissage plutôt qu'une position d'évaluation (*voir le chapitre 4*). À cet égard, la réceptivité des stagiaires à la rétroaction est un facteur incontournable, comme l'illustre une comparaison avec les leçons de conduite automobile et la passation de l'examen pour l'obtention du permis de conduire. De façon générale, la rétroaction est bien reçue pendant les leçons, alors que l'apprenant est en « mode apprentissage », mais elle ne l'est pas durant l'examen, alors que l'apprenant est en « mode d'évaluation et que son but est d'obtenir les résultats suffisants » (Rudland *et al.*, 2013). Si les stagiaires la voient comme une occasion de réflexion sur leur pratique, en complément de leur autoévaluation, et de développement de leurs compétences, la rétroaction débouche sur une plus grande autonomie professionnelle (Ramani *et al.*, 2019a). La participation active des stagiaires aux échanges est nécessaire, de même qu'une ouverture de leur part aux commentaires, et ce, même si leur perception de leur performance diffère de celle de leur superviseure. Si ces conditions ne sont pas remplies, même formulée adéquatement, la rétroaction peut être ignorée ou devenir une source de résistance, de tension, et elle peut même entraîner chez les stagiaires un comportement défensif (Côté *et al.*, 2018).

8.7.3 Les facteurs liés aux superviseures

Afin d'optimiser l'impact de la rétroaction, il importe que les superviseures portent attention aux stagiaires de façon à favoriser leur réceptivité à la rétroaction. Les rétroactions des superviseures doivent être conçues de manière à soutenir chez les stagiaires la quête d'autonomie ainsi que la connaissance de soi en tant que future infirmière. En agissant comme modèles de rôle à travers la recherche d'une rétroaction et la reconnaissance de certaines de leurs limites, les superviseures encouragent les stagiaires à faire de même. Toutefois, l'efficacité des rétroactions est tributaire de bonnes instructions et de la pratique, ce qui renvoie au facteur que constituent les connaissances et l'expérience des superviseures. Ces dernières ne doivent pas hésiter à formuler des rétroactions, quitte à surmonter les craintes qu'elles peuvent avoir à le faire. En effet, comme nous l'avons mentionné précédemment, tant les rétroactions positives que négatives sont porteuses d'apprentissage lorsqu'elles sont formulées adéquatement. Enfin, comme chez les stagiaires, l'adoption d'une position orientée vers les apprentissages constitue un aspect essentiel chez les superviseures.

8.8 La discordance dans la perception de la rétroaction

Les stagiaires ont soif de rétroaction et ressentent souvent le besoin d'être rassurées sur leur performance. Elles ont l'impression de ne pas recevoir suffisamment de rétroaction ou de ne pas en avoir assez souvent, alors que, de leur côté, les superviseures sont convaincues de leur en fournir fréquemment (Côté *et al.*, 2018 ; Lazarus, 2016 ; O'Brien *et al.*, 2003). Cette discordance entre stagiaires et superviseures dans la perception de la rétroaction s'explique par trois phénomènes fréquents (Côté *et al.*, 2018).

Le premier de ces phénomènes est la confusion courante entre la rétroaction et la discussion de cas. Lors d'une discussion de cas, les échanges s'articulent autour d'une situation de soins réelle ou hypothétique. Le but est de susciter la réflexion sur

des interventions à effectuer, sur les actions déjà posées dans la situation par les stagiaires, sur les données recueillies ou sur les prises de décisions. La discussion de cas, comme son nom l'indique, est centrée sur le cas en lui-même (Oermann *et al.*, 2021). Elle ne vise pas une réflexion sur les compétences à développer chez les stagiaires, leurs capacités à recueillir et à interpréter des données, leurs habiletés relationnelles ou leurs capacités à recourir à leurs connaissances. Fréquemment, les superviseures ont l'impression que les stagiaires tireront de la discussion de cas les conclusions pertinentes concernant leur performance, c'est-à-dire ce qu'elles maîtrisent, ce qu'elles peuvent améliorer et les moyens pour y parvenir. En réalité, ce n'est pas ce qui se produit.

Le deuxième phénomène tient à ce que l'échange pédagogique a souvent un caractère implicite. Plus précisément, les superviseures adressent aux stagiaires des remarques globales, plutôt que de leur décrire un comportement ou une décision spécifique. Cela leur donne l'impression qu'elles n'ont pas reçu de rétroaction, alors que, de leur côté, les superviseures ont l'impression de leur en avoir donné une.

Enfin, troisième phénomène, il arrive que les superviseures formulent leur rétroaction sous la forme d'une recommandation, sans préciser la difficulté sous-jacente. Par exemple, une superviseure peut suggérer à sa stagiaire des lectures à faire sur l'hypertension, sans lui préciser que ce sont les connaissances sur la consommation de sel en lien avec l'hypertension qui sont à approfondir. Dans de tels cas, la suggestion peut être vue comme un simple commentaire bienveillant, sans que les stagiaires perçoivent qu'elle renvoie à une difficulté à pallier. À cet égard, les stagiaires qui présentent des difficultés ont souvent plus de mal à reconnaître que les propos de leurs superviseures sont en fait des messages concernant leur performance. Or, certaines superviseures ne leur offrent pas suffisamment de rétroaction en lien avec leur performance (*voir le chapitre 11*). Lors des rétroactions qu'elles leur donnent, il est donc préférable que les superviseures indiquent très clairement aux stagiaires qui présentent des difficultés ce qui est attendu ainsi que des actions spécifiques à poser.

Le tableau 8.2 illustre les trois phénomènes présentés à la page précédente, en donnant pour chacun d'eux des exemples de propos que les superviseures peuvent tenir et en les comparant à ce qu'elles pourraient dire lors d'une rétroaction efficace.

En somme, pour être perçue comme étant efficace et comprise comme telle par les stagiaires, la rétroaction doit être explicite et cibler un comportement spécifique.

8.9 Les différentes méthodes pour formuler une rétroaction

Le fait de donner une rétroaction peut susciter un certain malaise et beaucoup d'incertitudes chez plusieurs superviseures, *a fortiori* dans le cas où il s'agit de demander à la stagiaire un correctif important ou si celle-ci semble peu réceptive. La plupart des superviseures appréhendent de faire aux stagiaires

Tableau 8.2 Les phénomènes pouvant induire une discordance dans la perception de la rétroaction

Phénomène	Exemple de propos prêtant à confusion	Exemple de propos correspondant à une rétroaction efficace
Confusion entre la discussion de cas et la rétroaction	Cet enfant présente une certaine crainte envers le personnel infirmier. As-tu pensé à des stratégies pour créer un meilleur climat de confiance ?	J'ai noté que tu as tenté de l'approcher en utilisant son toutou préféré, c'est une bonne idée. J'ai noté aussi que tu n'as pas questionné les parents sur les stratégies qu'ils adoptent pour sécuriser leur enfant lorsqu'il y a de nouvelles personnes.
Formulation d'une remarque globale plutôt que mention d'un comportement ou d'une décision spécifique	Tu t'es beaucoup améliorée par rapport à la semaine dernière.	Je remarque que tu démontres plus d'assurance à répondre aux questions des personnes soignées.
	Bravo, tu démontres de belles relations avec les personnes et leur famille.	Tu as pris le temps d'explorer les inquiétudes de la personne sous tes soins concernant le contrôle de sa glycémie à la maison.
	Belle exécution de ce procédé de soins !	Tu as très bien respecté les mesures d'asepsie lors du changement de pansement, qui était complexe.
Formulation d'une recommandation plutôt que mention d'une difficulté	Va lire sur les soins de colostomie.	Comme tu n'as pas d'expérience en soins de colostomie, je te suggère de prendre du temps pour lire sur le sujet, plus particulièrement sur les mesures de protection de la peau, et nous pourrons en discuter ensuite.
	Tiens plutôt le sac collecteur d'urine comme ceci chez le bébé.	En manipulant ainsi le sac collecteur d'urine, tu risques de le contaminer. Je vais te montrer comment procéder chez un bébé. Tu pourras ensuite faire la pose du sac chez Samuel et je pourrai te guider au besoin.
	Il faut que tu tiennes davantage compte de l'âge de la personne.	En expliquant à Jérôme qu'il est important d'ausculter ses poumons, tu as utilisé des mots trop enfantins pour un adolescent de 14 ans. Je te suggère d'utiliser plutôt des mots similaires à ceux que tu utiliserais avec un adulte.

Source : Adapté de Côté, 2018, p. 90.

des commentaires soulignant des lacunes dans leur pratique de peur de les heurter ou de diminuer leur estime de soi (Ramani *et al.*, 2019b). Afin de s'épargner ce malaise, bien des superviseures évitent, parfois inconsciemment, de faire face à la situation et choisissent plutôt de ne pas donner de rétroaction sur ces aspects (O'Brien *et al.*, 2003).

Il existe différentes méthodes de rétroaction auxquelles les superviseures peuvent avoir recours pour trouver un juste équilibre entre les rétroactions positives et les rétroactions négatives. Trois d'entre elles sont présentées dans les sections suivantes.

8.9.1 La méthode « sandwich »

La méthode « sandwich », l'une des méthodes les plus citées, est souvent utilisée pour pallier la gêne des superviseures à transmettre une rétroaction négative. Elle consiste à énoncer d'abord un aspect positif (renforcement), puis un aspect négatif (correctif) et enfin un aspect positif (Cantillon et Sargeant, 2008). Cette façon de faire est souvent employée pour maintenir une relation de confiance, augmenter la réceptivité des stagiaires, amoindrir les effets d'une rétroaction négative sur l'estime de soi et augmenter la motivation (Parkes *et al.*, 2013). Elle peut être utile pour des superviseures qui apprennent à transmettre des rétroactions (Jug *et al.*, 2019).

Cela dit, cette méthode de rétroaction n'est pas parfaite. Sachant qu'une rétroaction négative suivra, les stagiaires peuvent ne pas porter attention à la rétroaction positive. Une erreur fréquente consiste à commencer la rétroaction négative par un « mais ». Les stagiaires apprennent rapidement à ne retenir que ce qui suit ce « mais » et, par le fait même, elles négligent les aspects positifs, ce qui nuit à la rétroaction. À l'inverse, comme elle est placée entre deux rétroactions positives, la rétroaction négative peut se trouver diluée (et sembler imprécise), ce qui accroît l'incertitude chez les stagiaires quant à ce qui doit être amélioré (Jug *et al.*, 2019). Souvent, en raison du manque de temps, une attention insuffisante est accordée au dialogue et aux pistes de solution pour pallier la difficulté, alors que cette planification est primordiale (Cantillon et Sargeant, 2008). En plus de ces limites, la méthode

« sandwich » se traduit par une relation de pouvoir qui favorise les superviseures et laisse peu de place aux stagiaires. Or, comme nous l'avons mentionné plus haut, la rétroaction a pour caractéristique d'être une occasion de dialoguer, d'établir une communication bidirectionnelle. Autrement dit, les stagiaires doivent être encouragées à exprimer leur façon de voir les choses et être actives dans la planification des pistes d'amélioration. Par exemple, après l'exécution d'une ponction veineuse, une superviseure peut faire les remarques suivantes à sa stagiaire :

- « J'ai noté que tu as bien exécuté la ponction veineuse chez Mme Tanguay en respectant très bien les principes d'asepsie. » (Renforcement)

- « Je constate que tu ne lui as pas parlé au cours de la procédure et tu ne l'as pas avisée que tu allais la "piquer", ce qu'il aurait été souhaitable de faire. » (Correctif)

- « Par la suite, j'ai observé que tu lui as dit que c'était terminé et que tu lui as souri, puis que tu lui as demandé, avant de quitter la chambre, si elle avait besoin de quelque chose, ce qui est très bien. » (Renforcement)

8.9.2 La méthode « demander-dire-demander »

Également simple et facile à utiliser, la méthode « demander-dire-demander » se veut plus bidirectionnelle que la méthode « sandwich » et contribue davantage à créer un dialogue. Pour commencer, les superviseures demandent aux stagiaires de s'autoévaluer. Ensuite, celles-ci font part de leur autoévaluation aux superviseures. Pour terminer, les superviseures valident ou consolident la compréhension des stagiaires et les invitent à faire part de leur plan d'action (Jug *et al.*, 2019).

Par exemple, une superviseure peut demander à son stagiaire : « Comment s'est passée selon toi la prise en charge de la réaction allergique à la suite de l'administration du Demerol ? » Le stagiaire pourrait lui dire : « J'avoue que je ne savais pas qu'il pouvait occasionner du prurit, je n'ai pas fait l'association. » La superviseure pourrait alors formuler la demande suivante : « En effet, c'est important de connaître les effets secondaires principaux des médicaments administrés. Quel est ton plan d'action pour t'améliorer en ce sens ? »

8.9.3 La méthode Pendleton

La méthode Pendleton est une troisième technique pour amorcer le dialogue de rétroaction en abordant à la fois les points positifs et les points négatifs, tout en suscitant l'autoévaluation chez les stagiaires. Dans un premier temps, la superviseure demande à la stagiaire de s'autoévaluer sur ce qui a bien été fait. Puis, elle ajoute ses observations à celles de la stagiaire. Les échanges portent ensuite sur les points d'amélioration nommés par la stagiaire, puis par la superviseure. Comme dans la méthode « sandwich », les points positifs et les points négatifs sont abordés séparément et de façon séquentielle, ce qui peut sembler peu naturel au cours d'un dialogue. Le fait que les rétroactions négatives soient données en dernier, sans qu'un plan d'action soit défini, peut générer de l'anxiété chez les stagiaires (Jug *et al.*, 2019). Il est possible de modifier cette méthode en demandant aux stagiaires comment elles pensent que l'action s'est déroulée. Ainsi, elles peuvent débuter à leur guise par les points négatifs ou par les points positifs et s'engager ainsi de façon plus naturelle dans un dialogue (Jug *et al.*, 2019).

Voici un exemple de dialogue fondé sur la méthode Pendleton :

Superviseure : « Qu'est-ce qui s'est bien passé lors de la ponction veineuse ? »

Stagiaire : « J'ai eu beaucoup de facilité à trouver la veine. »

Superviseure : « Tu as en effet bien identifié la veine et bien respecté les principes d'asepsie. »

Superviseure : « Qu'est-ce qui pourrait être amélioré ? »

Stagiaire : « Je n'ai pas enlevé le garrot au bon moment. »

Superviseure : « En effet, il faudra le faire correctement la prochaine fois. »

Selon d'autres auteurs, si la superviseure a noté des aspects négatifs dans le rendement de la stagiaire, il est préférable de les aborder en premier en faisant preuve de respect, en adoptant un ton de soutien et en utilisant des mots précis, descriptifs et neutres. Rappelons que la rétroaction doit porter sur des comportements modifiables et non sur la personne ou sa personnalité. Des exemples clairs peuvent être donnés à la stagiaire. Le fait d'aborder les points d'amélioration possibles contribue à ce que les stagiaires soient ensuite plus réceptives à la rétroaction positive (Duffy, 2013). Par ailleurs, lorsque des aspects négatifs sont notés, il convient d'en faire part aux stagiaires rapidement après l'événement. Celles-ci disposent alors de plus de temps pour les rectifier et recevoir le soutien nécessaire. Dans certains cas, il peut même être nécessaire de relever les lacunes en cours d'action, que ce soit pour éviter que la sécurité de la personne soignée soit compromise ou pour attirer l'attention des stagiaires sur un aspect spécifique.

Est-il préférable de débuter par une rétroaction positive ou par une rétroaction négative ? Il n'existe aucun consensus sur cette question. Néanmoins, l'analogie avec un compte en banque peut être éclairante. Lorsque des « dépôts » (rétroactions positives) sont faits sur le compte, cela permet en contrepartie de faire des « retraits » (rétroactions négatives), en veillant à maintenir un certain équilibre entre les opérations, afin de ne pas en arriver à un solde nul ou d'être « à découvert ». Autrement dit, au cours du dialogue de rétroaction, il faut prendre en considération le niveau de défi que rencontrent les stagiaires dans leurs apprentissages et le soutien qui peut leur être offert par la rétroaction. Si la rétroaction définit des attentes ou des objectifs sans leur offrir un soutien adéquat, les stagiaires peuvent se sentir dépassées. Il est donc primordial de maintenir un équilibre entre le défi rencontré et le soutien apporté, de façon à encourager les stagiaires à progresser dans une zone proximale de développement (*voir le chapitre 6*) (Falender et Shafranske, 2021). En plus de trouver cet équilibre entre les rétroactions positives et les rétroactions négatives, il est essentiel de les adresser aux stagiaires au moment opportun, de les formuler de façon spécifique, sans jugement, en les faisant porter sur des comportements modifiables et en s'assurant qu'elles offrent des pistes d'amélioration (Bernard et Goodyear, 2019 ; Falender et Shafranske, 2021).

Quelles que soient les qualités de la rétroaction transmise aux stagiaires, son efficacité repose sur la façon dont celles-ci reçoivent ces informations et les utilisent pour modifier leurs comportements. La réception d'une rétroaction, plus particulièrement une rétroaction négative, suscite des émotions et une réflexion chez les stagiaires. C'est encore plus vrai lorsque la rétroaction est discordante avec leur perception, ce qui suscite parfois chez elles une grande surprise, qui est tout à fait normale. Cela ne doit pas forcément être interprété comme une réaction défensive de la part des stagiaires. Les superviseures peuvent alors les accompagner dans leur réflexion afin qu'elles prennent des mesures à la suite de la rétroaction.

Conclusion

En leur donnant une rétroaction efficace, les superviseures contribuent de façon substantielle aux apprentissages des stagiaires de sorte qu'elles développent leurs compétences et leur professionnalisme. Les superviseures jouent un rôle clé lorsqu'elles s'engagent dans une dynamique de dialogue de rétroaction basé sur une collaboration active entre les deux parties. Pour que la rétroaction ait un effet optimal, il faut garder en tête un autre élément clé : il doit y avoir un équilibre entre rétroaction positive et rétroaction négative. L'art de la rétroaction efficace n'est pas inné, mais en suivant des principes de base et en observant une structure pertinente, il est possible de le maîtriser avec le temps et par une pratique régulière avec les stagiaires.

Questions de réflexion

1 Quelles sont les principales retombées positives du dialogue de rétroaction tant pour les superviseures que pour les stagiaires ?

2 Quelles sont les principales conséquences d'une rétroaction inefficace ? Et comment peuvent-elles être évitées ?

3 Comment, en tant que superviseure, est-il possible de mettre en œuvre des rétroactions efficaces ?

4 Quel est l'apport d'une rétroaction négative pour les apprentissages des stagiaires ?

5 Comment trouver un équilibre entre les rétroactions positives et les rétroactions négatives ?

6 Quels apprentissages pouvez-vous mettre en pratique dès maintenant en tant que superviseure ?

Superviser l'apprentissage du raisonnement clinique

Plan du chapitre

Objectifs du chapitre

- Comprendre le processus de raisonnement clinique et ses différentes étapes.
- Identifier des repères pour superviser le raisonnement clinique.
- Discuter de stratégies à instaurer pour favoriser l'apprentissage du raisonnement clinique.
- Décrire des méthodes pour amener les stagiaires à expliciter leur raisonnement clinique.

 Ressources en ligne sur la plateforme *i+ Interactif* :
- Livre numérique
- Boîte à outils

Introduction

Pour agir avec professionnalisme, eu égard à la complexité des soins qu'elles prodiguent, les infirmières doivent faire preuve d'un solide jugement clinique dès le début de leur carrière. Comme il a été expliqué précédemment, il ne suffit pas d'exposer les stagiaires à des situations de soins pour que se développent leur jugement et leur raisonnement clinique. L'apport des superviseures dans l'apprentissage du raisonnement clinique des stagiaires, pierre angulaire du jugement clinique, est primordial, car le contexte clinique est le milieu qui contribue le mieux à son développement. Pour jouer un rôle actif dans le développement du raisonnement clinique des futures infirmières, les superviseures doivent d'abord s'approprier des stratégies visant à le favoriser et superviser son déploiement. Pour la plupart, ces stratégies demandent peu de temps et s'insèrent bien dans le cadre des journées de stage.

9.1 Le jugement clinique et le raisonnement clinique : quelques précisions

Dans le domaine des soins, les expressions jugement clinique et raisonnement clinique sont souvent utilisées de façon interchangeable, alors que les concepts auxquels elles renvoient sont différents. Afin que les superviseures soient à même de guider plus spécifiquement l'apprentissage du raisonnement clinique, il convient de distinguer clairement ces deux notions. Pour explorer la question du jugement clinique infirmier, le modèle proposé par Tanner (2006) fait office d'un cadre de référence reconnu pour la formation infirmière. On définit le jugement clinique par

> [la] compréhension, [le] constat ou [la] conclusion relative aux besoins, aux préoccupations ou aux problèmes de santé d'une personne. Ce terme peut aussi désigner une décision d'agir, c'est-à-dire le choix d'appliquer ou d'adapter une approche reconnue, d'en initier une nouvelle, ou encore de ne rien faire, tout dépendant de la réaction de la personne.
>
> (Lavoie *et al.*, 2021, p. 7)

Quant au raisonnement clinique, il s'agit de l'ensemble des processus intellectuels et physiques par lesquels les professionnels de la santé, dont les infirmières, adaptent consciemment et inconsciemment leurs interactions avec les patients, leurs collègues et l'environnement pour poser des jugements cliniques (Tanner, 2006 ; Trowbridge *et al.*, 2015). Le raisonnement clinique implique des processus cognitifs et métacognitifs qui permettent aux infirmières de donner une signification aux données recueillies, de formuler des hypothèses, de prendre des décisions éclairées et d'établir un plan d'intervention adapté à la situation de santé de la personne (Deschênes et Goudreau, 2020). Le raisonnement clinique repose aussi sur des processus physiques, tels que l'audition, la perception fine de l'environnement et les capacités de communication (Trowbridge *et al.*, 2015).

Ces deux concepts renvoient à des réalités différentes : le jugement clinique peut être vu comme une conclusion, alors que le raisonnement clinique représente l'ensemble des processus intellectuels et physiques qui permettent d'y parvenir et qui contribuent à la qualité des soins infirmiers et aux compétences professionnelles.

Par ailleurs, qu'il s'agisse d'exercer un jugement clinique ou un raisonnement clinique, un bagage de connaissances s'avère nécessaire (Tanner, 2006). Entre autres, celui-ci renvoie à un ensemble de connaissances concernant la personne soignée, notamment son contexte de vie, ses préférences et ses réactions habituelles (Daniel *et al.*, 2019). Ce bagage comprend aussi des connaissances théoriques et expérientielles

Jugement clinique
Décision d'agir (ou non) relative à la compréhension des besoins de santé d'un patient.

Raisonnement clinique
Processus par lequel les infirmières attribuent une signification à une situation clinique.

ou issues de situations similaires (Cook *et al.*, 2019 ; Tanner, 2006). Par exemple, en contexte de chirurgie, les superviseures peuvent guider les stagiaires à différents égards : reconnaître les caractéristiques de la douleur chez une personne âgée sous leurs soins (connaissance de la personne) ; s'approprier les caractéristiques de la douleur à la suite d'une chirurgie particulière (connaissances expérientielles) ; et recourir à leurs connaissances sur les mécanismes physiologiques et physiopathologiques de la douleur (connaissances théoriques).

Au-delà des connaissances, les perspectives philosophiques, comme la conception du soin, les croyances et les valeurs exercent aussi une influence sur le raisonnement clinique. Ainsi, les superviseures peuvent, par exemple, amener les stagiaires à prendre conscience de leur conception de la douleur chez la personne âgée et de son incidence sur leur façon de recueillir les informations ou de choisir des interventions. La relation entre la stagiaire et la personne soignée détermine la qualité des données recueillies auprès de cette dernière, d'où l'importance pour les superviseures de porter attention aux habiletés relationnelles des stagiaires. En outre, le contexte de soins, ce qui inclut la culture du milieu clinique, peut moduler la qualité du raisonnement clinique.

Comme le met en évidence le modèle de jugement clinique infirmier de Tanner (2006), des stratégies visant l'amélioration des connaissances chez les stagiaires constituent un moyen privilégié pour consolider leur raisonnement clinique. Les stages et l'accompagnement des superviseures jouent à cet égard un rôle de premier plan.

9.2 Le raisonnement clinique comme angle de supervision

Pour pouvoir superviser efficacement le raisonnement clinique chez les stagiaires et soutenir son développement, il est important pour les superviseures de comprendre quels en sont les processus sous-jacents, afin de déterminer ensuite les angles d'observation, les stratégies et les méthodes qui permettent sa supervision.

9.2.1 Les processus du raisonnement clinique

Dans le raisonnement clinique, deux types de processus cognitifs sont à l'œuvre pour formuler des hypothèses et les vérifier. Il s'agit, d'une part, de processus intuitifs et, d'autre part, de processus analytiques, tels que les décrit l'encadré 9.1 (Faucher *et al.*, 2016 ; Tanner, 2006).

Encadré 9.1

Les processus impliqués dans le raisonnement clinique

Processus intuitifs et immédiats (non analytiques) :

- Ils reposent sur une compréhension immédiate de la situation fondée sur les connaissances expérientielles construites à partir des similarités avec des situations rencontrées antérieurement.

- Ils permettent de générer des hypothèses automatiquement, sans effort conscient grâce à des connaissances expérientielles.

Processus analytiques (hypothético-déductifs) :

Ils impliquent un traitement actif des informations : les hypothèses générées sont le fruit d'un cheminement conscient qui consiste à rechercher des données de façon délibérée.

Chez les infirmières expérimentées – et donc plusieurs superviseures – le raisonnement « par défaut » et spontané serait possiblement le raisonnement intuitif ou automatisé. Puisqu'il est en partie intuitif, les superviseures peuvent donc avoir à fournir un effort pour expliciter leur raisonnement aux stagiaires. Habituellement, les processus analytiques sont pour leur part davantage sollicités chez des novices qui possèdent peu de connaissances, dont les stagiaires, ou dans le cas où plusieurs hypothèses sont plausibles (Tanner, 2006). L'enjeu, pour les superviseures, est d'adopter une posture plus analytique qui s'apparente davantage à celle des stagiaires. La figure 9.1 résume les étapes du processus analytique du raisonnement

Figure 9.1 Les étapes du raisonnement clinique

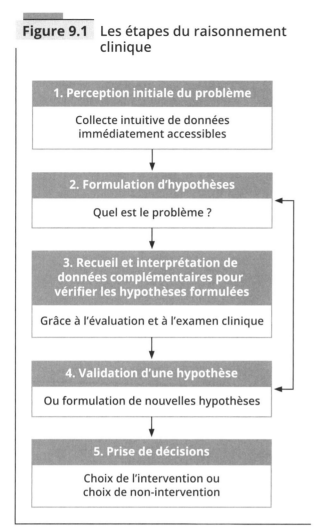

Source : Adaptée de Audétat et Laurin, 2018, figure 6, p. 116.

clinique. En s'y référant, les superviseures pourront mieux cerner la façon dont se déploie le raisonnement clinique chez les stagiaires qu'elles encadrent et où se situent leurs difficultés pour les aider à y remédier.

Lorsqu'une collecte de données supplémentaires est requise au cours de ce processus, les superviseures orienteront les stagiaires pour les aider à déterminer celles qui sont pertinentes et les façons de les obtenir. Par exemple, elles peuvent leur suggérer de procéder à un examen clinique plus approfondi au besoin. Les nouveaux éléments ainsi recueillis permettent alors aux stagiaires de consolider les hypothèses formulées ou d'en formuler de nouvelles (Cogan *et al.*, 2020).

Plus précisément, les superviseures peuvent diriger la formulation des hypothèses des stagiaires vers l'un des aspects cliniques suivants (Psiuk, 2019) :

- les signes et symptômes associés à un problème de santé ;
- les risques découlant du problème de santé, des traitements ou des signaux d'alarme précoces ;
- les réactions humaines physiques ou psychologiques de la personne aux problèmes de santé.

9.2.2 Les angles d'observation du raisonnement clinique

Lors de la supervision directe (*voir le chapitre 8*) du raisonnement clinique, les superviseures observent les stagiaires en ayant en tête les étapes du raisonnement clinique énoncées précédemment. Au-delà de la qualité des hypothèses générées par les stagiaires ou de la pertinence de leurs décisions, les superviseures les observent aussi sous d'autres angles. Elles portent notamment une attention particulière à la façon dont les stagiaires recueillent les données pour vérifier leurs hypothèses, à l'interprétation qu'elles font des données recueillies pour identifier le problème ou le besoin de la personne, de façon à s'assurer que les interventions proposées sont adéquates et tiennent compte du contexte.

La rubrique Boîte à outils 9.1, à la page suivante, présente des questions utiles aux superviseures pour explorer le raisonnement clinique chez les stagiaires sous ces différents angles (Audétat *et al.*, 2017).

Évidemment, dans une situation donnée, les superviseures ne doivent pas forcément prendre en considération tous ces angles d'observation, ou étapes du raisonnement clinique. Elles en ciblent certaines selon le déroulement de la situation de soins dans le temps, de façon à poser un regard sur le raisonnement clinique déployé chez les stagiaires. Ces angles d'observation servent aussi de référence aux superviseures lorsqu'il s'agit de fournir une rétroaction aux stagiaires pour stimuler le développement de leur raisonnement clinique au cours du stage (*voir le chapitre 8*). Par exemple, si elle souhaite poser un regard sur l'interprétation des données par sa stagiaire dans une situation particulière, la superviseure prend en compte sa capacité à identifier les données prioritaires parmi celles recueillies ou sa capacité à reconnaître des signes de complications, et aborde l'un ou l'autre de ces aspects lors d'une rétroaction.

Les questions présentées dans la rubrique Boîte à outils 9.1 permettent aux superviseures d'évaluer les stagiaires en se fondant sur l'observation de leurs comportements, de leurs actions ou de leurs propos. D'autres stratégies visent à amener les stagiaires à exprimer leur raisonnement clinique. Elles sont très efficaces, car elles donnent accès directement à leur processus de raisonnement clinique, tel qu'elles le déploient.

Boîte à OUTILS 9.1 Questions pour superviser le raisonnement clinique chez les stagiaires

Perception initiale et collecte intuitive de données

	Oui	Non
La stagiaire identifie-t-elle les données essentielles dans la situation ?		
Parvient-elle à se faire une représentation initiale juste de la situation ?		

Formulation d'hypothèses

	Oui	Non
La stagiaire formule-t-elle des hypothèses adéquates et pertinentes en fonction de la personne et du contexte ?		
Parvient-elle à formuler plus d'une hypothèse lorsqu'il est pertinent de le faire ?		

Recueil de données complémentaires

	Oui	Non
La stagiaire formule-t-elle des questions clés en lien avec son ou ses hypothèses ?		
Effectue-t-elle l'examen clinique ou la collecte de données de façon à lui permettre de vérifier ses hypothèses ?		

Interprétation des données

	Oui	Non
La stagiaire est-elle en mesure d'identifier les données les plus importantes parmi celles qu'elle a recueillies ?		
Arrive-t-elle à faire des liens pertinents et justes entre les données importantes ?		
Reconnaît-elle les signes de complication ou d'aggravation ?		
A-t-elle tendance à minimiser certaines données ou à leur attribuer trop d'importance ?		
Est-elle en mesure d'interpréter adéquatement les données ?		

Vérification des hypothèses générées

	Oui	Non
La stagiaire se montre-t-elle ouverte à d'autres hypothèses et les vérifie-t-elle ?		

Validation d'une hypothèse

	Oui	Non
La stagiaire parvient-elle à sélectionner le ou les problèmes, ou le ou les besoins, prioritaires et à les justifier ?		

Prise de décisions

	Oui	Non
La stagiaire choisit-elle les interventions à poser de façon logique et rigoureuse ?		
Peut-elle justifier ou expliquer les interventions choisies ?		
Propose-t-elle des interventions adéquates en fonction de la personne et de sa situation ?		
Tient-elle compte des avantages et des inconvénients de chaque choix pour la personne ?		

Facteurs d'influence en lien avec le bagage de la stagiaire

	Oui	Non
La stagiaire possède-t-elle les connaissances suffisantes ?		
Se réfère-t-elle à des connaissances théoriques, expérientielles, à la connaissance de la personne ?		

Facteurs d'influence sur le plan relationnel

	Oui	Non
La stagiaire fait-elle preuve de capacités relationnelles lui permettant de recueillir l'information pertinente ?		

Facteurs contextuels

	Oui	Non
La stagiaire prend-elle en considération les éléments contextuels pertinents ?		
Son raisonnement semble-t-il perturbé par un élément contextuel ?		

 Retrouvez ce questionnaire à cocher dans la rubrique Boîte à outils sur la plateforme *i+ Interactif*.

9.3 Des stratégies pour soutenir le développement du raisonnement clinique

Les stagiaires sont pour la plupart des débutantes, et, à certains moments, il peut leur arriver de rencontrer des difficultés de raisonnement clinique. D'autres, plus avancées, font parfois preuve d'un raisonnement clinique pauvre. Dans ces deux cas, les stagiaires tendent à appliquer des « recettes » toutes faites, sans tenir compte du fait qu'il existe d'autres options mieux adaptées à la situation. Lorsqu'elles font ce constat, les superviseures guident les stagiaires afin de les amener à faire des liens explicites pour appuyer leurs hypothèses et leurs prises de décisions et, par conséquent, éviter de commettre des erreurs. À cet égard, elles disposent de plusieurs stratégies pour favoriser le développement du raisonnement clinique chez les stagiaires.

9.3.1 Le questionnement

Le questionnement est une stratégie simple d'utilisation et très efficace pour stimuler chez les stagiaires le développement des connaissances et du raisonnement clinique (Merisier *et al.*, 2018). Néanmoins, toutes les questions n'ont pas la même portée.

La taxonomie de Bloom révisée (Anderson et Krathwohl, 2001) donne des orientations utiles pour guider le type de questions à poser aux stagiaires. Celle-ci sert aussi de repère pour aider les stagiaires à formuler leurs objectifs d'apprentissage dans le contrat pédagogique (*voir le chapitre 5*). Cette taxonomie comprend six niveaux cognitifs : se souvenir, comprendre, appliquer, analyser, évaluer et créer. Comme l'illustre la figure 9.2, les catégories « se souvenir » et « comprendre » correspondent à un niveau cognitif faible, alors que les autres catégories renvoient à un niveau cognitif dit élevé, c'est-à-dire sollicitant des processus de pensée plus complexes.

Les questions en lien avec les niveaux cognitifs faibles peuvent être utiles lorsqu'il s'agit, par exemple, de susciter le rappel de connaissances ou de vérifier la compréhension d'informations. Ce sont toutefois les questions en lien avec les niveaux cognitifs plus

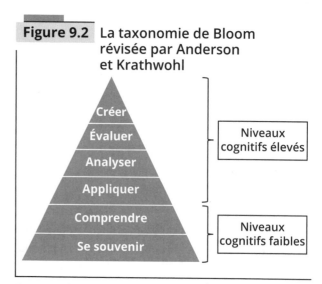

Figure 9.2 La taxonomie de Bloom révisée par Anderson et Krathwohl

Source : Adaptée de Stéphanie Bégin, TÉLUQ/Wiki-TEDia sous licence.

élevés qui sont à préconiser afin de solliciter le raisonnement clinique des stagiaires ou encore de valider leur raisonnement. Le tableau 9.1 donne une brève description des six niveaux cognitifs et présente, pour chacun d'eux, des exemples de questions que les superviseures peuvent poser aux stagiaires (colonne de droite) ainsi que des exemples de verbes à utiliser pour formuler des questions ou des objectifs d'apprentissage (colonne du centre).

La rubrique Sur le terrain 9.1, à la page 148, illustre la portée plus concrète des questions selon le niveau cognitif dont elles relèvent et leur contribution en contexte d'encadrement.

Le questionnement en lui-même représente une alternative intéressante et fructueuse. Pour rappel, les questions fermées impliquent une réponse par « oui ou non » ou une réponse très courte et engagent vers le rappel de connaissances ou de faits. Il est préférable de recourir à des questions ouvertes, car elles suscitent un processus cognitif d'un niveau plus élevé tel que l'analyse, la synthèse d'informations ou la justification d'action (Pylman et Ward, 2020). Puisque la nature des questions exerce une influence sur les processus cognitifs des stagiaires, il revient aux superviseures de déterminer celles qui sont les plus appropriées au regard de l'objectif.

Tableau 9.1 Des exemples de questions inspirées de la taxonomie de Bloom

Description	Exemples de verbes	Exemples de questions
Créer		
Construire une structure cohérente à partir de divers éléments.	Adapter, combiner, composer, créer, concevoir, développer, modifier, inventer, imaginer, formuler, réorganiser...	• Que conçois-tu comme adaptations dans les mesures de soulagement de la douleur chez cette personne ? • Peux-tu développer un aide-mémoire concernant... ?
Évaluer		
Poser un jugement sur la base de critères.	Évaluer, comparer, conclure, contraster, critiquer, défendre, décrire, discriminer, expliquer, interpréter, justifier, résumer...	• Peux-tu justifier ce qui t'amène à identifier ce problème comme prioritaire ? • Peux-tu me résumer les complications possibles chez M. Simard ?
Analyser		
• Décomposer les composantes essentielles d'un tout. • Distinguer les faits des inférences (conclusions).	Analyser, comparer, contraster, différencier, distinguer, examiner, identifier, illustrer, questionner, sélectionner, vérifier...	• Quels sont les bruits respiratoires que tu distingues lors de l'auscultation pulmonaire chez Mme Lapointe... ? • Qu'est-ce qui t'amène à sélectionner cette intervention plutôt que... ?
Appliquer		
Appliquer ce qui a été appris en classe dans des situations réelles.	Adapter, appliquer, démontrer, exécuter, manipuler, préparer, produire, résoudre, utiliser...	• Peux-tu me faire une démonstration de la procédure pour insérer une sonde nasogastrique ? • Peux-tu me dire quelles sont les interventions suggérées pour résoudre les nausées post-opératoires ?
Comprendre		
Comprendre le sens, l'interprétation de données ou de problèmes.	Convertir, distinguer, estimer, expliquer, généraliser, donner un exemple, déduire, interpréter, paraphraser, prédire, réécrire, résumer, traduire...	• Peux-tu me résumer les effets secondaires principaux de ce médicament ? • Peux-tu m'expliquer ce qu'est l'ostéoporose en en précisant ses causes ?
Se souvenir, reconnaître		
Récupérer des connaissances précédemment apprises.	Définir, décrire, identifier, répertorier, faire correspondre, nommer, décrire, rappeler, reconnaître, reproduire, sélectionner...	• Peux-tu me nommer les symptômes les plus fréquents d'une infection urinaire ? • À quoi reconnais-tu l'apparition d'une infection à une plaie ?

Michel veut évaluer le raisonnement clinique de Léa, sa stagiaire. Léa a sous ses soins Henri, qui vient d'être admis pour observation à la suite d'un traumatisme crânien dû à une chute à vélo. Henri présente une perte de mémoire des événements précédant l'accident. Actuellement, son état est stable et ses signes neurologiques sont normaux. Il vient de manger la moitié d'un sandwich aux œufs qu'il avait dans son sac à dos et présente maintenant des nausées.

Michel a suivi une formation sur le questionnement, ce qui l'a amené à prendre conscience qu'il tend habituellement à interroger les stagiaires sur leurs connaissances. En ayant en tête la taxonomie de Bloom, il réfléchit aux types de questions qu'il pourrait poser à Léa et à leurs retombées possibles afin de choisir les plus pertinentes. En voici quelques exemples :

1. « Peux-tu nommer les principaux symptômes qui peuvent être présents lors d'un traumatisme crânien ? »

   Réflexion associée : « Léa devra se rappeler ses connaissances sur le sujet, je pourrai valider ses connaissances (se souvenir). »

2. « D'après toi, pourquoi Henri peut-il présenter des nausées ? »

   Réflexion associée : « Léa devra non seulement se souvenir des symptômes associés aux traumatismes crâniens, mais aussi les mettre en lien avec l'état de santé de Henri (comprendre). »

3. « Quelles interventions pourraient être adéquates auprès de Henri ? »

   Réflexion associée : « Je verrai la capacité de Léa de faire le lien entre des interventions possibles et le symptôme présent chez Henri ainsi que sa capacité de choisir la ou les interventions pertinentes (analyser-appliquer). »

4. « Qu'est-ce qui justifie tes recommandations ? »

   Réflexion associée : « Léa devra faire la démonstration que l'intervention qu'elle a choisie n'est pas le fruit du hasard, mais que son jugement s'appuie sur des critères valables (évaluer). »

Après réflexion, Michel décide d'éliminer la première question, puisque Léa y répondra forcément en répondant à la deuxième. Bref, les questions 2, 3 et 4 seront davantage utiles pour explorer le raisonnement clinique de Léa et stimuler son développement.

Néanmoins, d'autres stratégies s'avèrent utiles pour explorer le raisonnement clinique chez les stagiaires.

9.3.2 L'explicitation du raisonnement de la stagiaire

Une autre stratégie consiste à faire verbaliser par les stagiaires les différentes étapes de leur raisonnement clinique. C'est une bonne occasion pour les superviseures de s'assurer qu'elles ont bien saisi les éléments clés leur permettant de proposer des interventions adéquates. Les superviseures valident ainsi la qualité du raisonnement clinique des stagiaires. Si elles ont du mal à verbaliser leur raisonnement clinique, les superviseures peuvent les questionner en lien avec l'une ou l'autre des étapes de ce raisonnement. La rubrique Boîte à outils 9.2 présente des questions à poser aux stagiaires pour les amener à expliciter les différentes étapes de leur raisonnement clinique (Audétat et Laurin, 2018).

Par ailleurs, les superviseures doivent veiller à ce que les stagiaires ne se sentent pas menacées ou humiliées, en leur posant des questions qui correspondent à leur niveau de formation et en respectant leurs connaissances, c'est-à-dire en les plaçant dans une zone proximale de développement (*voir le chapitre 6*). Leur accorder suffisamment de temps pour répondre contribue également à ce que le contexte soit propice à la réflexion. Il faut aussi accepter le fait que les stagiaires ne connaissent pas toujours les réponses

Boîte à OUTILS 9.2 — Questions pour faire expliciter le raisonnement clinique

Étape	Exemples de questions
Perception initiale Recueil de données	• Quelles sont les données qui retiennent ton attention à ce moment-ci ? • Peux-tu me dresser un portrait global de la situation ?
Génération d'hypothèses	• Quel est le problème ou le besoin prioritaire, à ton avis ? • Existe-t-il d'autres problèmes ou besoins à prendre en considération ? • Comment es-tu arrivée à cette hypothèse ?
Recueil de données complémentaires pour valider les hypothèses	• Quelles sont les autres données à recueillir pour valider ton hypothèse ? • Quelles sont les données prioritaires à ce moment-ci pour valider le problème que tu as identifié ?
Interprétation des données	• Quels liens fais-tu entre les données que tu as recueillies et le problème ? • Que signifie cette nouvelle donnée ?
Vérification des hypothèses générées	• Y a-t-il d'autres hypothèses ? • Que dis-tu de l'hypothèse voulant que... ?
Validation d'une hypothèse	• Après avoir considéré les différentes hypothèses, sur quel problème ou besoin prioritaire dois-tu intervenir ? • Peux-tu le justifier ?
Prise de décisions	Peux-tu justifier les interventions que tu proposes ?

Retrouvez ce tableau à imprimer dans la rubrique Boîte à outils sur la plateforme *i+ Interactif*.

et, dans ce cas, il convient de les aider à trouver les éléments de réponse appropriés, par exemple en les invitant à lire sur un aspect spécifique, puis à revenir avec une réponse (Pylman et Ward, 2020).

Parfois, il est souhaitable de donner aux stagiaires des pistes de réponse (pour qu'elles puissent apprendre) ou même une réponse (pour qu'elles puissent poursuivre leurs activités ou leur processus de raisonnement). Lorsque c'est possible, il est conseillé de leur allouer un temps d'échange avec d'autres stagiaires présentes dans le milieu avant qu'elles fournissent des réponses. Enfin, il est essentiel de prendre le temps d'écouter et d'évaluer les réponses des stagiaires : bien que ce soit évident, il faut le rappeler dans un contexte où le temps est souvent un enjeu (Pylman et Ward, 2020).

9.3.3 L'explicitation du raisonnement clinique des superviseures

Les superviseures peuvent également adopter la stratégie qui consiste à agir comme modèle de rôle (*voir le chapitre 7*) en explicitant leur propre raisonnement clinique au cours des situations de soins.

Cela peut être difficile pour les superviseures expérimentées, étant donné que leur raisonnement est devenu presque automatisé. C'est pourquoi elles ont souvent besoin de fournir un effort conscient pour pouvoir expliciter leur raisonnement clinique auprès des stagiaires ou pour s'en remémorer les étapes. Un bon moyen pour y parvenir consiste à noter ou à se rappeler les hypothèses (problèmes ou besoins) qui leur sont venues à l'esprit lors des échanges avec les stagiaires, et à nommer les justifications qui les amènent à choisir les données pertinentes à retenir, soit les données permettant de confirmer ou d'infirmer leurs hypothèses. Si elle peut leur sembler peu naturelle au départ, l'explicitation des différentes étapes de leur raisonnement clinique devient plus facile au fur et à mesure que les superviseures la mettent en pratique auprès de stagiaires (Audétat et Laurin, 2018). La rubrique Sur le terrain 9.2 illustre cette stratégie d'explicitation.

Sur le TERRAIN 9.2

Un exemple d'explicitation de la superviseure

Voici comment Simone explicite son raisonnement clinique auprès de Yousef, son stagiaire : « Quand le patient a mentionné qu'il avait une douleur à la poitrine, j'ai pensé qu'il pouvait s'agir d'un problème d'angine nouvellement présent (hypothèse). De plus, il a ajouté qu'il avait ressenti cette douleur antérieurement en pelletant la neige sur sa galerie après avoir pris une médication contre les "brûlements d'estomac" parce qu'il croyait que c'était un problème de digestion (liens entre les données). Je n'écarterais pas l'hypothèse d'un problème d'angine, puisque… »

Les superviseures peuvent recourir à la méthode de la « pensée à voix haute » (Burbach *et al.*, 2015 ; Cook, 2016), qui consiste à verbaliser sa pensée au fur et à mesure du déploiement du raisonnement clinique. Cette méthode rend leur raisonnement accessible aux stagiaires. La rubrique Sur le terrain 9.3 en donne un exemple.

L'explicitation du raisonnement clinique des stagiaires et l'explicitation du raisonnement clinique des superviseures sont deux démarches complémentaires qui favorisent le développement du raisonnement clinique chez les stagiaires. Non seulement elles

contribuent à leur apprendre à raisonner plus efficacement, elles peuvent aussi faire émerger des difficultés liées à un déficit de connaissances ou au processus de raisonnement. Des stratégies de remédiation peuvent alors être mises en place (*voir le chapitre 11*).

Sur le TERRAIN 9.3

L'expression du raisonnement clinique

Olivia, stagiaire de deuxième année, interpelle son superviseur Christobal. Elle ne sait que faire, car Mᵐᵉ Villeneuve, qui est sous ses soins, se plaint tout à coup de démangeaisons à la suite de l'administration de Demerol. Ils gagnent la chambre de Mᵐᵉ Villeneuve pour évaluer la situation.

Comme le prurit est souvent un effet secondaire de cet analgésique, Christobal soupçonne d'abord une réaction allergique au Demerol (perception initiale) ou une allergie de nature alimentaire (génération d'hypothèses). « Il nous faut plus d'informations pour mieux cerner le problème. Je vais consulter le dossier de Mᵐᵉ Villeneuve pour voir si elle a des allergies », ajoute le superviseur. En lisant son dossier, il constate aussi qu'elle n'a aucune allergie connue. Il propose de retourner auprès de Mᵐᵉ Villeneuve pour évaluer la situation. Par un bref examen, Christobal constate des rougeurs sur les bras et le tronc de Mᵐᵉ Villeneuve et le mentionne à sa stagiaire. Elle pose ensuite quelques questions à Mᵐᵉ Villeneuve : « Avez-vous déjà eu ce type de réaction dans le passé ? Avez-vous déjà reçu du Demerol ? Avez-vous mangé un aliment inhabituel avant l'apparition des démangeaisons ? » (recueil de données complémentaires pour valider les hypothèses). À chacune de ces trois questions, Mᵐᵉ Villeneuve répond par la négative.

Christobal explique alors à voix haute : « Je pense qu'il s'agit d'une réaction (effets indésirables) au Demerol, étant donné que vous avez reçu une première dose il y a quelques minutes (validation d'une hypothèse). Dans ce cas, nous pouvons vous administrer du Benadryl, cela devrait diminuer la réaction, et nous aviserons l'équipe médicale pour faire modifier l'analgésique (prise de décisions). »

9.4 Des méthodes pour superviser le raisonnement clinique

Aux stratégies de supervision directe du raisonnement des stagiaires s'ajoutent des méthodes distinctes à utiliser en contexte de supervision indirecte (*voir le chapitre 8*). Parmi elles, deux méthodes basées sur la présentation de cas sont reconnues pour contribuer à structurer le dialogue entre les superviseures et les stagiaires ainsi qu'à assurer une rétroaction : la méthode des « cinq minutes de la superviseure » (*five minutes preceptor*) et la méthode SNAPPS-A. Toutes deux reposent sur trois bases communes qui améliorent la communication superviseure-stagiaire :

1. La collecte de données.

2. L'organisation des connaissances.

3. La compréhension des liens de causalité (cause-effet).

En utilisant ces méthodes, les superviseures identifient plus facilement les lacunes des stagiaires en matière de connaissances et de compréhension, ce qui leur permet d'intervenir plus adéquatement pour les amener à les pallier (Pierce *et al.*, 2020).

9.4.1 La méthode des « cinq minutes de la superviseure »

Cette méthode, qui s'appelait à l'origine « *one minute preceptor* » en anglais, a été renommée « *five minutes preceptor* » pour désigner plus précisément le temps nécessaire pour l'échange, et elle a été légèrement adaptée à la réalité des soins infirmiers (Bott *et al.*, 2011). Il y a souvent peu de temps disponible pour les échanges entre les superviseures et les stagiaires, et la méthode des « cinq minutes de la superviseure » permet de l'optimiser. Elle comporte six tâches, ou étapes séquentielles, dirigées par les superviseures après la présentation du cas clinique par la stagiaire.

La présentation de ces étapes dans le tableau 9.2 porte plus spécifiquement sur la supervision du raisonnement clinique infirmier : pour chaque étape, les objectifs pédagogiques qui lui sont associés sont précisés, des exemples de questions qui peuvent être posées aux stagiaires sont donnés, et des écueils à éviter sont indiqués.

Tableau 9.2 La méthode des « cinq minutes de la superviseure »

Objectifs	Exemples de questions	Écueils à éviter
Étape 1 : Demander à la stagiaire de prendre position		
• Amener la stagiaire à faire une synthèse de son processus de raisonnement clinique et à le verbaliser. • Solliciter les connaissances antérieures. • Recueillir des informations sur la pertinence de son processus de raisonnement clinique.	Après la présentation de la situation de soins actuelle de la personne soignée : « Selon toi, qu'est-ce qui fait problème ou quel est le besoin prioritaire ? » Lui demander ensuite : « Quel est ton plan pour recueillir des données complémentaires (si nécessaire) ? » ou « Quel est ton plan d'intervention ? »	• Intervenir pendant la présentation du cas par la stagiaire. • Fournir d'emblée à la stagiaire des indications sur le problème à prioriser, les actions à poser, sans solliciter sa représentation.

Tableau 9.2 La méthode des « cinq minutes de la superviseure » (*suite*)

Objectifs	Exemples de questions	Écueils à éviter
Étape 2 : Demander à la stagiaire d'expliquer et de justifier ses décisions		
• Accéder à la démarche de raisonnement clinique de la stagiaire. • Formuler des hypothèses pédagogiques sur la qualité de son raisonnement et les vérifier. • Identifier les forces et les lacunes à corriger.	« Qu'est-ce qui te permet d'arriver à cette conclusion ? » ou « Pourrait-il y avoir d'autres possibilités ou d'autres explications ? »	Faire réciter à la stagiaire des connaissances mémorisées sans tenir compte du contexte et de la personne soignée.
Étape 3 : Souligner ce que la stagiaire a bien fait		
Consolider les étapes du raisonnement clinique bien réalisées en offrant une rétroaction positive.	« J'ai remarqué que tu as pris le temps de bien faire l'auscultation pulmonaire pour recueillir des données pertinentes. »	Fournir à la stagiaire une rétroaction générale, non spécifique (*voir le chapitre 8*).
Étape 4 : Identifier les erreurs, les fausses interprétations de la stagiaire pour lui proposer des correctifs et des alternatives		
• Formuler des recommandations pédagogiques en nommant les étapes du raisonnement clinique concernées, les connaissances et les habiletés qui doivent être améliorées. • Recontextualiser les connaissances mobilisées.	« Cependant, j'ai constaté que tu n'as pas consulté la personne pour mieux documenter ses symptômes. Comment pourrais-tu procéder maintenant pour obtenir ces informations ? »	Se limiter à un jugement négatif et dévalorisant sans préciser les faits (*voir le chapitre 8*).
Étape 5 : Énoncer un principe général à retenir		
• Identifier un apprentissage qui pourra être transféré à une situation ultérieure. • La superviseure peut à ce moment partager son expertise. • La stagiaire peut être encouragée à préciser elle-même ce qu'elle a appris dans la situation.	« Que retiens-tu de cette situation qui pourra guider ta pratique future ? »	Délivrer un message anecdotique ou ayant peu de liens avec la situation et la pratique future.
Étape 6 : Conclure en précisant le suivi		
• Planifier les étapes suivantes. • Identifier les rôles respectifs. • Prévoir un suivi et l'effectuer dans un délai raisonnable.	« Après ta rencontre pour recueillir des données sur ces symptômes, tu pourras me présenter les nouvelles données recueillies et vérifier si elles changent tes décisions. »	Ne pas planifier clairement les étapes suivantes et demeurer flou quant au suivi, aux rôles respectifs ou omettre de préciser un délai raisonnable.

Source : Adapté de Audétat et Laurin, 2018, p. 123 ; Bott *et al.*, 2011, p. 38 ; Jouquan, 2010, p. 72.

Les deux premières étapes engagent la stagiaire dans l'apprentissage du raisonnement clinique. Lors des trois dernières étapes, la superviseure amorce un dialogue de rétroaction portant sur la démarche de la stagiaire et lui offre des pistes de solution.

Il importe de préciser que la superviseure n'intervient pas lors de la présentation de cas par la stagiaire, à l'étape 1. Selon le contexte, l'ordre de ces étapes peut être modifié et certaines d'entre elles peuvent être omises (Audétat et Laurin, 2018). Par exemple, l'étape 5 peut être mise en œuvre avant les étapes 3 et 4.

Avant d'être utilisée, la méthode des « cinq minutes de la superviseure » requiert une appropriation, assez simple, par les superviseures. Certains établissements d'enseignement offrent une formation à propos de cette méthode. Cependant, ce chapitre procure aux superviseures les bases nécessaires pour l'appliquer en milieu clinique. Pour leur part, les stagiaires n'ont pas besoin de formation, puisque cette méthode d'échanges est dirigée par les superviseures. Mais il peut être judicieux de les aviser qu'elle sera utilisée et de la leur présenter préalablement. Les étapes de la méthode des « cinq minutes de la superviseure » sont résumées dans la rubrique Boîte à outils 9.3.

9.4.2   La méthode SNAPPS-A

La méthode SNAPPS-A est une adaptation (ce qui est indiqué par l'ajout du -A) de la méthode SNAPPS, d'abord utilisée chez les étudiants en médecine. Elle est reconnue pour favoriser le développement du raisonnement clinique (Farrugia *et al.*, 2019 ; Lechasseur *et al.*, 2021 ; Pierce *et al.*, 2020 ; Wolpaw *et al.*, 2003).

Cette méthode doit son nom à la première lettre de chacune des six étapes structurant la présentation de cas clinique ou de situations de soins qui amène les stagiaires à verbaliser leur raisonnement clinique : Synthétiser, Nommer, Analyser, Présenter, Planifier, Sélectionner (Fagundes *et al.*, 2020). Grâce à ce moyen mnémotechnique, les superviseures gardent ces étapes en tête et soutiennent ainsi les stagiaires dans leur processus, en identifiant les forces et les lacunes devant être consolidées ou rectifiées.

Contrairement à la méthode des « cinq minutes de la superviseure », la méthode SNAPPS-A est centrée sur l'apprenant. En effet, c'est la stagiaire qui doit prendre l'initiative de gérer efficacement la rencontre avec sa superviseure et de structurer les échanges qui débutent par une présentation de cas (Lechasseur *et al.*, 2021). Suivent les étapes mentionnées dans le tableau 9.3 (*voir page suivante*), qui présente également des pistes d'action prévues pour les superviseures et les stagiaires.

Dans la méthode SNAPPS-A, il est préférable de respecter la séquence des étapes. Elle s'insère bien dans le cadre d'une journée de stage, puisqu'elle suscite des échanges structurés d'une durée allant de 5 à 10 minutes et peut être utilisée dans les différents contextes de soins (Lechasseur *et al.*, 2021). Cette méthode doit être utilisée pour un seul problème prioritaire à la fois, et il est possible d'y recourir de nouveau lorsque d'autres problèmes sont présents, ce qui est fréquemment le cas. Une de ses particularités réside dans le fait que les stagiaires ont l'occasion d'exprimer leurs incertitudes et leurs questionnements sans se sentir jugées (Wolpaw *et al.*, 2009).

Boîte à OUTILS 9.3   Aide-mémoire : les étapes de la méthode des « cinq minutes de la superviseure »

1. Demander à la stagiaire de prendre position.

2. Demander à la stagiaire d'expliquer et de justifier ses décisions.

3. Souligner ce que la stagiaire a bien fait.

4. Identifier les erreurs, les fausses interprétations de la stagiaire pour lui proposer des correctifs et des alternatives.

5. Énoncer un principe général à retenir.

6. Conclure en précisant le suivi.

Retrouvez cet aide-mémoire à imprimer dans la rubrique Boîte à outils sur la plateforme *i+ Interactif*.

Tableau 9.3   La méthode SNAPPS-A : repères et objectifs

Objectifs	Posture stagiaire	Posture superviseure
S : Synthétiser les données sur l'état de santé de la personne		
• Faire verbaliser par la stagiaire sa perception initiale. • Lui permettre d'amorcer son processus de raisonnement clinique.	Présenter une synthèse concise (trois minutes ou moins) des données cliniques pertinentes (examen clinique, résultats des examens de laboratoire et paracliniques, médication, données psychosociales et culturelles) et de la signification que la personne accorde à son expérience de santé.	• Écouter activement. • Formuler des demandes de précision pour aider la stagiaire à nommer les données pertinentes.
N : Nommer les problèmes ou les besoins prioritaires		
• Générer des hypothèses quant aux problèmes/besoins prioritaires. • Solliciter les connaissances antérieures.	Nommer deux ou trois problèmes (ou besoins prioritaires) identifiés à la suite de l'analyse et de l'interprétation des données recueillies.	Si la stagiaire ne mentionne qu'un problème ou besoin prioritaire, lui demander s'il y en a d'autres à considérer.
A : Analyser les problèmes ou les besoins prioritaires		
• Faire verbaliser le raisonnement clinique. • Solliciter les connaissances antérieures. • Générer des hypothèses quant aux problèmes/besoins prioritaires.	• Comparer et/ou contraster les problèmes ou les besoins identifiés. • Justifier celui qui est actuellement le plus prioritaire. • Nommer deux ou trois problèmes (ou besoins prioritaires) identifiés à la suite de l'analyse et de l'interprétation des données recueillies.	• Demander au besoin à la stagiaire quelles données clés justifient son choix. • Si la stagiaire ne mentionne qu'un problème ou besoin prioritaire, lui demander s'il y en a d'autres à considérer.
P : Présenter ses incertitudes et ses questions		
Clarifier les incertitudes et répondre aux questions pour éviter la génération de conclusions erronées.	• Faire part de ses incertitudes et de ses questions à la superviseure pour obtenir des clarifications, des précisions ou des recommandations. • Questionner la superviseure.	• Accueillir avec respect les incertitudes et les questions de la stagiaire. • Apporter des éléments de clarification et rectifier les fausses interprétations ou conceptions. • Partager ses connaissances pour apporter des éléments de réponse importants.
P : Planifier les interventions de soins		
Verbaliser les prises de décisions et les justifications qui les sous-tendent.	Planifier conjointement les interventions (soins) envisagées (en prenant en considération les volontés du patient) et justifier le plan élaboré.	• Amener la stagiaire à envisager d'autres alternatives. • Lui faire préciser les justifications des décisions.
S : Sélectionner des objectifs d'apprentissage		
Engager la stagiaire dans un processus d'amélioration continue.	Déterminer des objectifs d'apprentissage personnels.	Guider la stagiaire dans l'identification d'objectifs d'apprentissage à mieux maîtriser pour améliorer la qualité de ses prises de décisions.

Source : Inspiré de Lechasseur *et al.*, 2021, Tableau 1, p. 169.

Il est même attendu d'elles qu'elles les expriment, ce qu'aucune autre méthode ne favorise. Cela permet ainsi d'éviter que leurs incertitudes restent sans réponse ou encore qu'elles construisent des conceptions erronées.

Comme la responsabilité du déroulement de l'échange incombe principalement aux stagiaires, celles-ci ont besoin d'une préparation pour s'approprier la méthode SNAPPS-A. Les établissements d'enseignement peuvent leur fournir cette formation. Toutefois, comme il est simple de s'approprier cette méthode, les superviseures peuvent la présenter aux stagiaires et la mettre en pratique avec elles.

La rubrique Boîte à outils 9.4 présente un aide-mémoire sur les étapes de la méthode SNAPPS-A visant à faciliter sa mise en pratique. La rubrique Sur le terrain 9.4, à la page suivante, illustre quant à elle la façon dont elle peut être utilisée concrètement.

La méthode des « cinq minutes de la superviseure » et la méthode SNAPPS-A amènent toutes deux les stagiaires à verbaliser leur raisonnement, à construire une représentation plus organisée de la complexité de la situation et des données. Elles offrent aux superviseures l'occasion de restructurer et de raffiner les connaissances des stagiaires, qui sont à la base de l'exercice de leur raisonnement.

Quelle que soit la méthode utilisée, il est essentiel de prévoir un moment pour effectuer un dialogue de rétroaction portant sur le raisonnement clinique déployé par les stagiaires de façon globale ou ciblée sur une étape donnée (*voir le chapitre 8*).

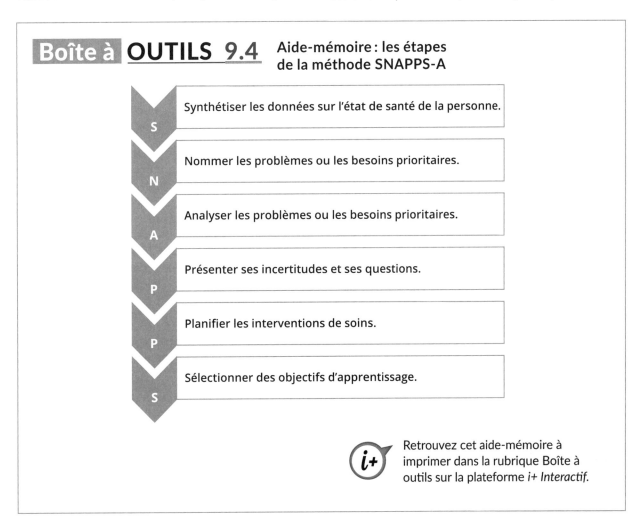

Boîte à **OUTILS 9.4** Aide-mémoire : les étapes de la méthode SNAPPS-A

S — Synthétiser les données sur l'état de santé de la personne.

N — Nommer les problèmes ou les besoins prioritaires.

A — Analyser les problèmes ou les besoins prioritaires.

P — Présenter ses incertitudes et ses questions.

P — Planifier les interventions de soins.

S — Sélectionner des objectifs d'apprentissage.

i+ Retrouvez cet aide-mémoire à imprimer dans la rubrique Boîte à outils sur la plateforme *i+ Interactif.*

Cela fait plus de trois ans que Mila supervise régulièrement des stagiaires. Elle a présenté la méthode SNAPPS-A à Thierry au début de son stage. Après avoir fait quelques essais pour se l'approprier, ils décident d'appliquer la méthode régulièrement au cours du stage. Au retour de la pause du matin, ils ont la conversation suivante :

— Thierry, tu as eu M. Cossette sous tes soins depuis ce matin. J'aimerais que tu me fasses un bilan de ton évaluation de sa situation de santé et des soins que tu prévois en utilisant la méthode SNAPPS-A.

— Bonne idée (se référer à la Boîte à outils 9.3 au besoin, sur la recommandation de Mila) ! Il s'agit d'un homme de 54 ans qui a subi une arthroplastie au genou gauche hier en raison d'un problème d'arthrose. Globalement, ce matin, ses signes vitaux sont stables et normaux, le pansement à son genou est sec et propre. Il a été vu ce matin par la physiothérapeute pour le premier lever. M. Cossette a trouvé ce premier lever difficile : il a alors éprouvé une douleur de 6/10. C'est pourquoi, comme tu le sais, je lui ai administré 1 mg de Dilaudid s.c. Il s'est dit bien soulagé ensuite. M. Cossette m'a dit être hésitant à prendre du Dilaudid régulièrement : il veut en recevoir le moins souvent possible. Je lui ai aussi administré du Lovenox pour prévenir une thrombophlébite à la suite d'une chirurgie orthopédique. J'ai noté qu'il n'a pas été à la selle depuis deux jours, et il est connu pour avoir des problèmes de constipation (**S**ynthétiser les données sur l'état de santé de la personne).

— As-tu vérifié les signes neurovasculaires au niveau de son pied gauche ?

— Je les ai évalués et ils sont normaux tant pour la couleur, la chaleur et la mobilité que pour le pouls pédieux.

— Très bien !

— Comme problèmes ou besoins prioritaires, je vois plusieurs choses : le soulagement de la douleur, la prévention de la constipation et de thrombophlébite à sa jambe gauche, ainsi que la planification du retour à domicile prévu dans deux ou trois jours (**N**ommer les problèmes ou les besoins prioritaires). Comme priorité, je pense que c'est le soulagement de la douleur, puisque cela contribuera à favoriser sa mobilisation et son bien-être (**A**nalyser les problèmes ou les besoins prioritaires).

— C'est effectivement une priorité importante. As-tu pensé à la valider auprès de M. Cossette ?

— Non, pas vraiment, je réalise que je devrai le faire. Mais même si c'est une priorité pour lui, je ne suis pas certain d'arriver à le convaincre de prendre l'analgésique sur une base régulière. Je ne sais pas trop comment aborder le sujet avec lui. Comment t'y prends-tu dans ces cas-là (**P**résenter ses incertitudes et ses questions) ?

— C'est une situation fréquente, les gens craignent de développer une dépendance aux analgésiques opioïdes. Peux-tu réfléchir à quelques avantages liés au soulagement de la douleur ? Nous pourrons en discuter ensuite.

— Cela m'aidera à mieux structurer un enseignement sur l'importance du soulagement de la douleur, mais auparavant, je vais lui demander de clarifier les motifs qui l'amènent à vouloir espacer les doses. Je pense qu'il serait intéressant de faire le lien entre les bénéfices d'un bon soulagement de la douleur, plus particulièrement au niveau de la mobilité, et la diminution des risques de complications comme la constipation et la thrombophlébite (**P**lanifier les interventions de soins).

— Ce sont des idées pertinentes. Pourrais-tu me dire quels liens tu fais entre le soulagement de la douleur et la réduction des autres complications possibles ?

— Entre autres, j'ai appris que l'immobilité ou la réduction de la mobilité peut augmenter les risques de constipation et de thrombophlébite. En contrôlant bien sa douleur, M. Cossette pourra se mobiliser plus facilement et diminuer ces risques.

— Ce sont de bonnes justifications. Bravo ! Aurais-tu d'autres idées d'interventions ?

— Comme il a tendance à l'oublier, je pourrai aussi lui rappeler de garder sa jambe gauche surélevée pour réduire l'inflammation au niveau de la plaie, puisqu'elle contribue à augmenter la douleur.

— Oui, c'est une bonne idée !

— Comme j'ai un peu de temps, je vais retourner consulter mes livres et vos documents sur le soulagement de la douleur. Je pourrai mieux me préparer afin de bien l'expliquer à M. Cossette (**<u>S</u>électionner des objectifs d'apprentissage**).

— Parfait, on s'en reparle dans une quinzaine de minutes.

Conclusion

L'apprentissage du raisonnement clinique représente une priorité lors des stages. C'est pourquoi l'un des défis à relever pour les superviseures est sans contredit de superviser le raisonnement clinique chez les stagiaires. Pour ce faire, elles recourent d'une part à l'observation directe pour explorer son déploiement en contexte réel de pratique dans les comportements et les actions des stagiaires. D'autre part, pour accéder aux processus intellectuels mis en branle par les stagiaires, elles doivent recourir à d'autres stratégies, comme le questionnement, qui permettent de mieux comprendre les justifications des décisions prises par les stagiaires, ce qui est impossible avec la simple observation directe. Les superviseures de stage disposent d'autres outils pour mieux explorer le raisonnement clinique des stagiaires, notamment la méthode SNAPPS-A. Ces outils s'intègrent facilement au quotidien dans la supervision de stagiaires et procurent des bénéfices indéniables pour les deux parties.

Questions de réflexion

1. De quelle façon les superviseures peuvent-elles explorer le raisonnement clinique des stagiaires ?

2. Quels repères permettent d'orienter les questions posées aux stagiaires pour susciter leur raisonnement clinique ?

3. Comment, au quotidien, les superviseures peuvent-elles intégrer dans leur pratique des méthodes pour amener les stagiaires à expliciter leur raisonnement clinique ?

CHAPITRE

10

Évaluer les apprentissages des stagiaires

Plan du chapitre

Objectifs du chapitre

- Expliquer la contribution de l'évaluation dans l'apprentissage.
- Identifier des conditions favorables à une évaluation de qualité.
- Être en mesure de recourir à des stratégies d'évaluation variées.
- Explorer différentes grilles d'évaluation des apprentissages.

Ressources en ligne sur
la plateforme *i+ Interactif* :
- Livre numérique
- Boîte à outils

Introduction

Les apprentissages réalisés en stage, tout comme ceux réalisés en contexte scolaire, font l'objet d'évaluations. L'évaluation vise, entre autres, à attester les capacités des futures infirmières à exercer un solide raisonnement clinique qui leur permettra de poser des jugements cliniques, de prendre des décisions fondées et d'intervenir de façon adéquate dans les situations de soins qu'elles rencontreront dans leur pratique. L'évaluation permet donc d'assurer la protection des personnes et de la population : témoins des actions des stagiaires, les superviseures en sont en quelque sorte les garantes (Bernard et Goodyear, 2019). Comme les compétences des stagiaires se manifestent de manière très diversifiée, leur évaluation représente un défi pour les superviseures. Cependant, celles-ci disposent de stratégies et d'outils variés qui concourent à en réduire le niveau d'incertitude. Plus largement, le fait de concevoir l'évaluation en tant que moyen d'apprentissage les amène à l'intégrer au quotidien dans la pratique de supervision.

10.1 L'évaluation : partie intégrante des apprentissages

L'évaluation est « un processus qui consiste à porter un jugement sur les apprentissages, à partir de données recueillies, analysées et interprétées, en vue de décisions pédagogiques et administratives ». (Côté, 2017, p. 3) Elle fait partie de la formation et conditionne la nature des apprentissages des étudiantes (Bernard et Goodyear, 2019 ; Pelaccia et Bayle, 2018). Dans une approche par compétences, c'est l'évaluation en situations authentiques qui est à privilégier. Celle-ci consiste à présenter aux étudiantes des situations qui se rapprochent de la réalité à laquelle elles feront face en tant que professionnelles (Wiggins, 1990). Il peut s'agir, par exemple, de recourir à la simulation, à des laboratoires procéduraux ou à des études de cas. Puisqu'elles s'inscrivent dans un contexte professionnel réel, les situations auxquelles les étudiantes sont exposées lors des stages sont les plus authentiques qui soient. Pour les superviseures, ce sont donc les conditions idéales pour poser un regard évaluatif sur la progression de leurs compétences professionnelles.

L'évaluation n'est pas un acte ponctuel spontané ou improvisé, mais un processus qui s'effectue en continu dans le temps et en suivant certaines règles (Bernard et Goodyear, 2019). Telle que définie ici, l'évaluation implique de porter un jugement, ce qui suppose de la part des superviseures une certaine forme de subjectivité fondée sur la réflexion et la prise en compte de critères. La figure 10.1, à la page suivante, présente le processus d'évaluation des apprentissages.

Les compétences étant un savoir-faire complexe, les superviseures doivent baser leur évaluation sur des interprétations, des estimations, des approximations et, souvent, des hypothèses vraisemblables (Ménard et Gosselin, 2015). Le jugement porté est crucial dans l'évaluation : il doit être équitable, juste, transparent et documenté (Côté, 2014 ; Leroux et Bélair, 2015). Comme le souligne Romainville, « évaluer n'équivaut pas à enregistrer de manière externe et objective des acquis, comme le thermomètre indique la température, sans l'intervention de l'homme [...]. Au contraire, évaluer des acquis revient à construire un point de vue sur des performances censées représenter des acquis » (2011, p. 2).

Par conséquent, le jugement qui conduit à l'évaluation doit s'appuyer sur des données provenant de différentes sources, dont celles colligées par les superviseures (*voir le chapitre 8*) et les propos des stagiaires. Cette évaluation servira ensuite à prendre des décisions pédagogiques ou administratives. Les décisions pédagogiques relèvent de la superviseure. Elles consistent, par exemple, à proposer une activité d'apprentissage nouvelle ou à faire réaliser à la stagiaire une activité similaire à la précédente afin de consolider les apprentissages. Quant aux décisions administratives, elles sont prises par les responsables académiques de stage, en collaboration avec

---

Évaluation

Dans le cadre du stage, jugement (à partir de critères précis) du niveau d'atteinte des apprentissages visés.

Figure 10.1 Le processus d'évaluation des apprentissages

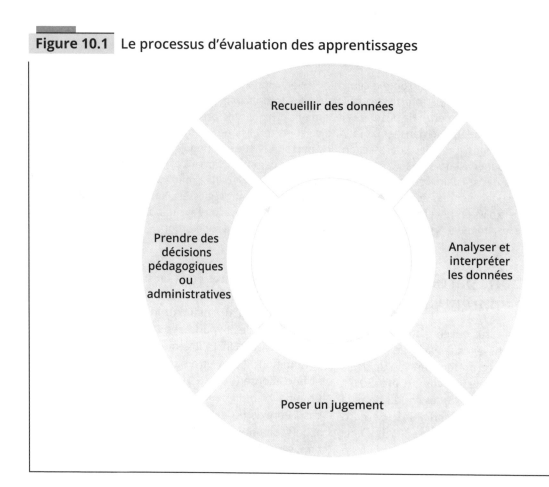

les superviseures et les stagiaires. Elles concernent l'attribution des notes ou la décision du succès ou de l'échec du stage. Dans certains cas, elles déterminent la poursuite ou non du stage.

L'évaluation des apprentissages vise non seulement à sanctionner la performance des stagiaires, mais aussi à les accompagner de façon à les renseigner sur leurs forces et leurs lacunes, tout en leur accordant le droit à l'erreur et en leur permettant de s'améliorer en tirant profit de leurs erreurs.

En réalité, l'évaluation n'est pas dissociée de l'acte d'enseigner, ni de l'acte d'apprendre. Elle se veut plutôt un outil de co-construction des apprentissages. Pour les superviseures, l'évaluation représente un moyen d'enseignement parmi d'autres. Pour les stagiaires, il s'agit d'un moyen d'apprendre. C'est pourquoi, lors des stages, l'évaluation doit être intégrée au quotidien dans l'encadrement en tant que mesure de soutien

à la réussite (Bernard et Goodyear, 2019 ; Roulin *et al.*, 2017).

10.2 Les conditions favorables à l'évaluation

Lorsqu'elles sont remplies, certaines conditions contribuent à faire de l'évaluation une expérience positive tant pour les stagiaires que pour les superviseures. Certaines d'entre elles permettent aussi de s'assurer que l'évaluation est conduite de façon éthique (Bernard et Goodyear, 2019) :

1. Garder en tête que la relation superviseure-stagiaire est une relation hiérarchique. Demeurer sensible aux enjeux de pouvoir permet aux superviseures de s'adapter et de faciliter la création d'une alliance pédagogique (*voir le chapitre 5*) propice à

la réception positive des rétroactions ou de l'évaluation formative.

2. Clarifier les attentes. Cette clarification permet de créer un contexte positif. Les superviseures doivent clarifier leurs rôles cliniques et leurs rôles en tant que superviseures (par exemple, leur implication en ce qui a trait à l'évaluation formative et à l'évaluation sommative, ou leurs attentes quant à l'implication des stagiaires dans l'évaluation).

3. Prendre en compte l'anxiété des stagiaires. Les stagiaires se sentent vulnérables, du moins au départ, devant les superviseures, ce qui peut entraîner chez elles des réactions défensives. Les superviseures doivent les aider à apprendre à accueillir positivement les rétroactions ou l'évaluation formative.

4. Prendre en considération les particularités individuelles des stagiaires. Qu'elles aient trait à la culture, au genre ou à l'âge, par exemple, ces particularités peuvent affecter l'évaluation, en particulier lorsque les superviseures n'en prennent pas conscience. Il est nécessaire d'adopter une perspective d'équité, de diversité et d'inclusion lors de l'évaluation des apprentissages des stagiaires (*voir le chapitre 3*).

5. Évaluer de façon continue et, autant que possible, en collaboration avec les stagiaires. En intégrant les stagiaires dans l'évaluation, les superviseures favorisent leur réceptivité.

6. Prendre en compte le caractère formel de l'évaluation. L'évaluation réalisée par les superviseures est perçue comme étant très valable par le milieu scolaire. Les superviseures doivent donc s'investir pour assurer une évaluation de qualité et, au besoin, s'assurer du soutien des responsables académiques de stage.

7. Éviter tout jugement prématuré. Il peut être tentant de se fier à ses premières impressions pour poser un jugement. En réalité, il est préférable de prendre en compte plusieurs situations d'apprentissage pour recueillir suffisamment d'informations avant de poser un jugement.

8. Agir comme modèle de rôle. Les stagiaires tirent mieux profit des rétroactions lorsqu'elles constatent que leurs superviseures désirent obtenir leur rétroaction et l'utilisent pour améliorer leur encadrement. Les superviseures peuvent aussi partager avec elles de nouvelles découvertes qui viennent bonifier leur pratique.

9. Maintenir une relation professionnelle et positive avec les stagiaires. Une telle relation favorise une plus grande neutralité de la part des superviseures (*voir le chapitre 5*). Les stagiaires sont alors plus enclines à partager des informations qui pourront enrichir le jugement évaluatif posé par les superviseures.

10. Apprécier son rôle en tant que superviseure. Pour plusieurs superviseures, l'évaluation représente un défi, parfois même un fardeau. En évaluant leur progression, elles n'en jouent pas moins un rôle prépondérant dans l'apprentissage des stagiaires.

C'est avant tout aux superviseures qu'il incombe de mettre en œuvre les conditions favorables à l'évaluation. Toutefois, cette mise en œuvre implique également la collaboration des stagiaires.

10.3 Les formes d'évaluation

Dans le contexte des stages, il est possible de dégager trois formes d'évaluation : l'évaluation formative, l'évaluation sommative et l'autoévaluation. Les deux premières, l'évaluation formative et l'évaluation sommative, ont des finalités et des caractéristiques distinctes, mais néanmoins complémentaires.

L'évaluation formative est un processus continu de suivi du progrès des stagiaires en lien avec des éléments des compétences visées fondé sur des critères. L'évaluation formative consiste aussi à transmettre aux stagiaires des informations contribuant à l'amélioration de leurs apprentissages, par des rétroactions efficaces tout au long du stage (Falender et Shafranske, 2021 ; Leroux et Bélair, 2015). Elle représente un mécanisme de régulation des apprentissages (Pelaccia et Bayle,

2018) et elle porte sur un processus plus que sur un résultat (Bertrand *et al.*, 2016). Il s'agit d'une évaluation *pour* l'apprentissage.

Parfois appelée « certificative », l'évaluation sommative consiste à faire un bilan formel du niveau d'atteinte des compétences acquises au terme d'une formation, en l'occurrence au terme d'un stage prévu dans le programme. L'évaluation sommative porte donc sur un résultat attendu, repose sur des critères de réussite préalablement définis et se concrétise habituellement par l'attribution d'une note. Il s'agit d'une évaluation *de* l'apprentissage. Dans une approche par compétences, l'évaluation sommative doit aussi rendre compte de la progression des apprentissages des stagiaires, même si tous les critères n'ont pas été atteints (Pelaccia et Bayle, 2018).

10.3.1 L'évaluation formative dans les stages

L'évaluation formative est un levier pour l'apprentissage et doit donc occuper une place prépondérante dans l'encadrement en milieu clinique. Elle repose sur la qualité du dialogue de rétroaction et sur sa régularité. L'effet de l'évaluation formative est double (Bertrand *et al.*, 2016 ; Falender et Shafranske, 2021 ; Immonen *et al.*, 2019) :

- Grâce aux rétroactions, elle renseigne les stagiaires sur leur progression ainsi que sur le chemin à parcourir pour atteindre les objectifs propres au stage ou leurs objectifs personnels, qui pourront être redéfinis ou revus selon leur progression.

- Elle permet aux superviseures de porter un jugement sur les progrès des stagiaires, d'identifier leurs forces, leurs lacunes et de les aider à les corriger et à s'améliorer. Elle leur offre aussi l'occasion d'ajuster leurs stratégies d'enseignement ou le choix des occasions d'apprentissage proposées aux stagiaires en fonction des progrès réalisés ou non (*voir le chapitre 6*).

Pour constituer un réel levier d'apprentissage et stimuler la progression chez les stagiaires, l'évaluation formative doit être réalisée fréquemment, voire au quotidien, et ce, tout au long du stage. Les stagiaires voient ainsi où elles en sont dans leur parcours en faisant le point régulièrement sur leurs apprentissages et le développement de leurs compétences (Bernard et Goodyear, 2019). L'évaluation formative implique aussi de s'engager dans un dialogue de rétroaction entre la superviseure et la stagiaire (*voir le chapitre 8*). Ce dialogue contribue à ce que l'évaluation formative devienne un moyen d'enseignement ainsi qu'une occasion d'apprentissage (Bernard et Goodyear, 2019). Certains milieux d'enseignement proposent aussi une évaluation à mi-stage, comme le détaille l'encadré 10.1.

Une analogie avec les cours de conduite permet d'illustrer en quoi consiste l'évaluation formative. En voiture, si l'instructeur constate que l'élève approche d'un feu de circulation jaune sans ralentir, il l'avisera aussitôt et n'attendra pas qu'il s'engage dans le carrefour au feu rouge pour lui rappeler que c'est interdit, voire dangereux. Dès l'avertissement de l'instructeur, l'élève peut freiner et prendre conscience qu'il doit demeurer plus attentif et prévoyant à l'avenir. En lui signifiant rapidement ses erreurs, l'instructeur amène ainsi l'élève à les constater, à réfléchir. Il en va de même pour l'évaluation formative.

10.3.2 L'évaluation sommative en stage

Contrairement à l'évaluation formative, l'évaluation sommative a lieu à la fin du stage. Elle vise à rendre compte du niveau de développement des compétences ou des connaissances à l'issue du stage. Par conséquent, elle ne porte pas sur les efforts fournis au cours du stage, mais bien sur le résultat ou la performance au terme du stage. L'évaluation sommative a une fonction de certification et conduit à la délivrance, par la responsable académique de stage, d'une note ou, dans certains cas, de la mention « Succès » ou « Échec » sans attribution de note. La responsable académique de stage s'appuie alors sur l'évaluation et les commentaires de la superviseure.

Évaluation formative
Évaluation visant à soutenir le développement des compétences.

Évaluation sommative
Évaluation quantifiant le niveau d'atteinte des compétences sur la base de critères.

De nature formative, l'évaluation à mi-stage fait l'objet d'une rencontre entre la superviseure et la stagiaire. Elle vise à faire le point sur les acquis et les compétences de la stagiaire à partir de la grille d'évaluation fournie par l'établissement d'enseignement. Pour la superviseure, c'est un moment important pour souligner les forces des stagiaires et les aspects qu'elles ont à travailler, et pour les aider à déterminer des stratégies leur permettant de progresser. La plupart du temps, il est demandé aux stagiaires d'évaluer leurs apprentissages en remplissant avant la rencontre la grille d'évaluation formative. La superviseure fait la même chose de son côté, à la lumière des notes qu'elle a prises. Lors de la rencontre, la stagiaire et la superviseure discutent et comparent leurs évaluations respectives, sur la base de faits objectifs et, autant que possible, documentés. Les échanges avec la stagiaire peuvent aussi apporter à la superviseure de nouvelles informations qui lui permettront de nuancer ou de confirmer son jugement. Comme l'évaluation a lieu à mi-parcours, il est normal que les objectifs du stage ne soient pas tous atteints. Il importe que la superviseure rassure la stagiaire à ce sujet et se montre confiante dans ses capacités de les atteindre, sauf en cas de difficultés significatives. Des mesures de remédiation doivent alors être instaurées, souvent de concert avec la responsable académique de stage.

L'évaluation sommative vise à attester que les stagiaires sont aptes à poursuivre leur formation en validant leurs capacités d'exercer adéquatement et de façon sécuritaire (Falender et Shafranske, 2021). Il existe une forte pression scolaire et sociale entourant l'évaluation sommative, ce qui explique que les stagiaires aient tendance à accorder une plus grande valeur aux activités qui y sont liées. Par ailleurs, comme elle vise à contrôler le niveau de développement des compétences ou des connaissances au terme du stage, l'évaluation sommative s'inscrit beaucoup moins dans une optique d'accompagnement que l'évaluation formative.

Afin d'aider à bien les distinguer, le tableau 10.1 résume les grandes différences qui existent entre ces deux formes d'évaluation complémentaires.

Tableau 10.1 Les principales différences entre l'évaluation formative et l'évaluation sommative en contexte de stage

Évaluation formative	Évaluation sommative
L'évaluation a pour but de réguler les apprentissages des stagiaires pour leur enseigner.	L'évaluation a pour but de contrôler ou certifier les apprentissages et l'atteinte des objectifs.
Elle porte sur le processus de l'apprentissage, le progrès et le développement des compétences au cours du stage.	Elle porte sur l'écart entre la performance et les résultats attendus ou le niveau d'atteinte souhaité.
La superviseure et la stagiaire participent à l'évaluation.	La superviseure est l'unique participante, en formulant une appréciation et des commentaires.
L'évaluation se déroule tout au long du stage et habituellement de façon formelle à la mi-stage.	L'évaluation a lieu à la fin du stage.
On procède à l'évaluation par des observations, des analyses, des interprétations et des questionnements à partir des critères indiqués dans la grille d'évaluation.	On procède à l'évaluation par un jugement global posé sur la performance à partir des critères standardisés dans la grille d'évaluation.
Les résultats sont destinés à la stagiaire et à la superviseure.	Les résultats sont destinés à l'établissement d'enseignement, à la superviseure et à la stagiaire.

Source : Adapté de Pelaccia et Bayle, 2018, p. 131.

Tant pour l'évaluation formative que pour l'évaluation sommative, il est primordial de procéder fréquemment à une collecte des traces des compétences et de conserver les traces écrites du cheminement des stagiaires (Ménard et Gosselin, 2015). Les superviseures sont encouragées à se munir d'un carnet ou d'un cahier où elles pourront les colliger et les conserver jusqu'à la date limite de demande de révision de notes, à confirmer par l'établissement d'enseignement (Oermann *et al.*, 2021). Comme l'indique l'encadré 10.2, un tel carnet de notes est utile pour les superviseures comme pour les stagiaires (Bernard et Goodyear, 2019).

Encadré 10.2	L'utilité du carnet de notes pour les stagiaires et les superviseures

Pour les stagiaires

- Recevoir des rétroactions basées sur des faits observés au quotidien.

- Pouvoir apporter les correctifs nécessaires pour ajuster leurs comportements et leur attitude en fonction des rétroactions reçues.

- Comprendre ce qu'elles doivent améliorer pour développer les compétences attendues ou les objectifs du stage.

Pour les superviseures

- Mieux organiser le contenu des rétroactions et le faire en fonction des compétences visées.

- Documenter les forces et les lacunes présentes chez les stagiaires.

- Observer la progression des apprentissages des stagiaires, ou son absence.

- Appuyer les constats faits lors de l'évaluation formative et de l'évaluation sommative.

- Cibler plus concrètement les comportements à améliorer.

- Identifier des situations problématiques récurrentes requérant une intervention.

- Documenter les conflits lorsqu'ils surviennent pour mieux comprendre leur origine et les gérer.

- Soumettre au terme du stage une évaluation sommative basée sur des faits concrets.

10.3.3 L'autoévaluation en stage

Parallèlement à l'évaluation formative et à l'évaluation sommative, il est fréquemment demandé aux stagiaires de procéder à une autoévaluation en « formul[ant] une appréciation sur leur performance ou sur leurs compétences en identifiant leurs forces et leurs faiblesses » (Leroux et Bélair, 2015). Cette autoévaluation est une composante essentielle de l'évaluation des apprentissages, particulièrement dans une perspective formative.

L'autoévaluation porte aussi sur le type de connaissances, d'habiletés et d'expériences nécessaires à la poursuite du développement professionnel (Leroux et Bélair, 2015). Par rapport à une action, l'autoévaluation peut être faite *a priori*, en posant un regard sur sa capacité à l'effectuer, ou *a posteriori*, en évaluant sa performance et en identifiant des moyens d'amélioration (Côté *et al.*, 2018 ; Oermann *et al.*, 2021).

L'autoévaluation vise également à favoriser chez les stagiaires le développement du professionnalisme en les amenant à verbaliser les justifications sous-jacentes à leurs actions et à en prendre conscience (Ménard et Gosselin, 2015). Certaines questions clés peuvent guider l'autoévaluation (Leroux et Bélair, 2015). La rubrique Boîte à outils 10.1 en propose quelques-unes et peut servir d'aide-mémoire aux stagiaires.

Il est parfois ardu de demeurer objectif lors d'une autoévaluation. Il y a souvent des biais dans le regard qu'une personne porte sur elle-même, et c'est également le cas chez toutes les stagiaires. Plusieurs facteurs, comme la mémoire sélective des événements ou des mécanismes de protection de l'estime de soi, contribuent fréquemment à fausser ce regard (Côté *et al.*, 2018). Ces grands constats font ressortir les problèmes que soulève l'autoévaluation dans l'encadrement de stagiaires en contexte de stage (Côté *et al.*, 2018), notamment :

- La capacité à s'autoévaluer fluctue selon le sujet et le contexte : elle n'est donc ni stable ni généralisable.

Autoévaluation
Acte de formuler une évaluation à propos de ses propres compétences.

| **Boîte à OUTILS 10.1** | Aide-mémoire : des pistes de questions pour susciter l'autoévaluation chez la stagiaire |

Avant l'occasion d'apprentissage	• Ai-je bien compris ce qui était demandé, les consignes, les attentes de la superviseure et les objectifs du stage ? • Ai-je bien évalué le temps requis pour réaliser la tâche ? • Ai-je bien utilisé les connaissances nécessaires ?
Pendant l'apprentissage	• En quoi mon organisation affecte-t-elle la réalisation de ma tâche ? • Suis-je en train de passer à côté d'éléments essentiels ? • Suis-je en mesure de maintenir le cap vers l'atteinte de mes objectifs ?
Après l'apprentissage	• Comment mes connaissances antérieures ont-elles été modifiées ? • Dans quels contextes pourrais-je transposer mes apprentissages ? • Que me reste-t-il à apprendre pour développer mon autonomie dans la réalisation de tâches ou de situations similaires ?

 Retrouvez cet aide-mémoire à imprimer dans la rubrique Boîte à outils sur la plateforme *i+ Interactif*.

• L'appréciation découlant de l'autoévaluation diffère souvent de celle d'une évaluation faite par une autre personne, comme celle faite par les superviseures.

• Généralement, les stagiaires présentant des difficultés ont tendance à se surévaluer et les plus performantes à se sous-évaluer.

• Les stagiaires présentant des difficultés profitent généralement peu des rétroactions de leur superviseure, même si elles font clairement ressortir des divergences avec leur autoévaluation.

• Toute personne tend à croire que son autoévaluation est plus valable que l'évaluation provenant d'autrui.

• Chaque personne est confrontée aux limites inhérentes de l'autoévaluation.

Étant donné que les capacités d'autoévaluation sont en développement chez les stagiaires, il n'est pas étonnant qu'une tendance à la sous-évaluation ou à la surévaluation soit souvent constatée (Leroux et Bélair, 2015). Cette tendance peut entraîner des conséquences négatives tant sur les apprentissages que sur la qualité des soins (Bernard et Goodyear, 2019).

Le rôle des superviseures consiste donc à soutenir le développement des capacités d'autoévaluation chez les stagiaires plutôt qu'à leur demander d'améliorer l'appréciation qu'elles font de leur performance (Bernard et Goodyear, 2019). Dans cette optique, les superviseures peuvent mettre en place plusieurs stratégies sur une base régulière, par exemple (Côté *et al.*, 2018 ; Oermann *et al.*, 2021) :

• Sans lui offrir une rétroaction au préalable, demander à la stagiaire de procéder à une autoévaluation en qualifiant sa performance.

• Aider la stagiaire à identifier ses forces et ses difficultés en vue de l'élaboration de son plan d'apprentissage ainsi que pour identifier des moyens pour atteindre ses objectifs.

• Expliciter la démarche suivie en tant que superviseure pour poser un regard sur la performance de la stagiaire dans une situation donnée pour l'amener à comprendre comment formuler un tel jugement (*voir Sur le terrain 10.1, page suivante*).

Amandine a remarqué que Sandra présente des difficultés pour ce qui est de sa relation avec les personnes soignées. Plutôt que d'être activement à l'écoute de leur vécu, elle tend à concentrer son attention sur des aspects plus techniques. Lorsqu'elle lui demande de s'autoévaluer, Amandine constate que Sandra ne semble pas consciente de cette difficulté. Elle lui fait part de la démarche qu'elle a suivie pour en arriver à formuler son jugement et sa recommandation :

« Prenons quelques minutes pour poser un regard sur la situation de tout à l'heure. En assistant à ta rencontre avec M. Savoie, j'ai remarqué certains faits que j'aimerais porter à ton attention. Il t'a dit combien il était triste que sa relation avec son fils soit difficile, qu'ils se sont chicanés dernièrement et qu'ils ne se parlent plus, alors qu'il était la personne qui l'aidait le plus. Il a aussi mentionné combien il se sentait seul, puisque sa femme est décédée, et qu'il appréhendait le retour chez lui. Même si tu m'as dit tout à l'heure en sortant de la chambre que cela te touchait de le savoir

si seul, j'ai constaté que, lors de la rencontre, tu n'as pas démontré à M. Savoie que tu l'avais entendu. Tu as plutôt poursuivi l'évaluation de ses signes vitaux et de sa glycémie. Tu n'es pas revenue sur ses propos, ce qui aurait pu être une bonne occasion pour lui démontrer de l'empathie ou pour explorer plus en détail ses appréhensions quant à son retour à domicile. Tu vois, c'est sur la base de ces faits que je constate que tu dois améliorer tes habiletés relationnelles avec les personnes. Tu sais, lorsque les personnes exposent leur vécu, il est important que tu poses un regard sur tes comportements pour identifier tes forces et les aspects à améliorer. Dans ce cas-ci, il s'agit d'une des compétences visées par le stage : être capable d'établir une relation aidante avec les personnes. C'est pourquoi je la porte à ton attention afin que tu puisses la prendre en compte dans ton autoévaluation. À la lumière de ces faits, qu'en dis-tu de ton côté ? Est-ce qu'il y a des points que tu souhaites aborder ? Nous pouvons en discuter pour t'aider à identifier des moyens pour y parvenir... »

Si les capacités d'autoévaluation des stagiaires comportent certaines limites, prendre en compte le regard qu'elles portent sur leurs actions n'en demeure pas moins bénéfique. Ce faisant, les superviseures ont accès à d'autres éléments d'information, liés à des faits qui leur étaient inconnus, qui peuvent venir nuancer leur jugement et leur permettre d'engager un dialogue de rétroaction.

10.4   Les dimensions servant de repères à l'évaluation

Afin de mieux évaluer les manifestations des compétences des stagiaires, les superviseures peuvent utiliser comme repères trois dimensions complémentaires pour alimenter et consolider leur jugement : le produit, le processus et le propos (mentionné dans Côté, 2014). La figure 10.2 indique leur interrelation.

Figure 10.2   **Les trois dimensions servant de repères à l'évaluation : les 3P**

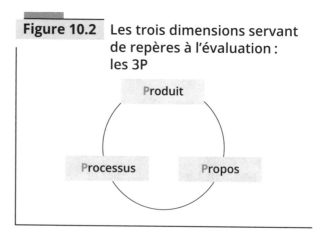

10.4.1   Le produit

Le produit, la première de ces trois dimensions indissociables, correspond à la réalisation d'une tâche complexe, menée à son terme. Il représente un résultat final observable, qui peut prendre deux formes différentes : une production ou une performance.

La production est un travail tangible, concret, qui demeure accessible dans le temps et que les superviseures examinent à plus d'une reprise *a posteriori*, comme le pansement refait sur une plaie postopératoire. La performance est également une manifestation observable de compétences, mais à cette différence qu'elle ne dure que le temps de la prestation de la stagiaire : elle ne peut donc être observée que dans le moment présent. Pour reprendre l'exemple du pansement, s'agissant de la performance, les superviseures peuvent porter attention aux différents aspects que sont, entre autres, les habiletés techniques, le respect des mesures d'asepsie ou encore les interactions de la stagiaire avec la personne au cours de la procédure, selon l'angle d'observation choisi (*voir le chapitre 8*).

Toutefois, pour pouvoir porter un jugement sur le développement de compétences, les superviseures ne peuvent pas se contenter de prendre en compte des productions ou des performances. Afin d'étoffer suffisamment les jugements qu'elles portent au cours du stage, elles ont avantage à considérer également le processus et les propos des stagiaires.

10.4.2 Le processus

Le processus mis en œuvre par les stagiaires correspond à la démarche qu'elles ont suivie, à leurs méthodes de travail, à leur manière de réfléchir pour arriver à la production réalisée. Le processus est tout aussi important que le résultat, sinon plus important encore. Ainsi, une stagiaire peut très bien cibler une bonne intervention à poser sans pour autant être en mesure de la justifier adéquatement. À l'inverse, elle peut proposer une intervention peu pertinente, tout en possédant les connaissances adéquates. Les processus intellectuels étant invisibles d'un point de vue extérieur, plusieurs informations ne sont pas accessibles aux superviseures lorsqu'elles observent les stagiaires. En s'intéressant au processus mis en œuvre par les stagiaires, elles obtiennent une mine d'informations fort éclairantes qui appuient leur jugement. Les stagiaires peuvent verbaliser les étapes de leur raisonnement clinique de différentes façons, par exemple en utilisant la méthode SNAPPS-A, décrite au chapitre 9. Les superviseures peuvent également recourir à plusieurs stratégies pour amener les stagiaires à expliciter leur raisonnement clinique, ainsi

que pour obtenir des informations souvent implicites (*voir le chapitre 9*).

En plus de recueillir des données sur la qualité du produit et du processus, les superviseures doivent aussi s'intéresser aux propos des stagiaires, qui représentent une source d'information notable.

10.4.3 Les propos

En tant qu'apprenantes actives, les stagiaires sont partie prenante du processus d'évaluation (González-Gil *et al.*, 2020). Leurs propos concernant leurs actions ou leur performance représentent donc une source d'information irremplaçable pour les superviseures (Ménard et Gosselin, 2015). Que ces propos soient à l'oral ou à l'écrit, les superviseures peuvent les recueillir tout au long du stage sous différentes formes. Par exemple, il peut s'agir de propos informels échangés en se dirigeant vers une chambre ou d'une exigence formelle comme la tenue d'un journal de bord, ou encore de la planification d'une rencontre pour échanger et faire le point. La prise en compte des propos des stagiaires contribue à nuancer et à éclairer le jugement porté par les superviseures lors de l'évaluation. Cependant, comme mentionné précédemment, la plupart des stagiaires présentent des difficultés en matière d'autoévaluation (Côté, 2014).

Les propos des personnes soignées représentent une autre source d'information appréciable. Alors qu'elles ont longtemps été considérées comme des observateurs passifs dans le processus d'évaluation, leur participation à l'évaluation des stagiaires est maintenant vue comme une piste à considérer (Bernard et Goodyear, 2019 ; Immonen *et al.*, 2019).

10.4.4 La conciliation des trois dimensions

Il n'est pas indispensable ni toujours possible de prendre simultanément en compte ces trois dimensions lors de toutes les occasions d'apprentissage (Côté, 2014). Néanmoins, dans certaines situations de soins, il arrive que les superviseures puissent les concilier pour recueillir une foule d'informations pertinentes, comme l'illustre la rubrique Sur le terrain 10.2, à la page suivante.

Sur le TERRAIN 10.2 L'exploration des 3P

En début de quart de travail, Akima demande à son stagiaire Albert, étudiant de première année, de procéder à l'évaluation de la douleur chez M. Provencher, qui a subi hier une acromioplastie à l'épaule droite. Il pourra ensuite lui faire part de sa proposition concernant le recours à un analgésique : est-ce une nécessité ou non et, si oui, quel analgésique utiliser ?

Albert se présente à la chambre de M. Provencher pour évaluer sa douleur en compagnie d'Akima. Celle-ci observe la façon dont il procède (performance) et constate qu'il utilise la bonne méthode pour évaluer la douleur (processus) et que les questions qu'il pose sont claires et bien formulées. Albert est attentif aux réponses de M. Provencher et prend des notes.

De retour au poste de travail, Akima lui demande : « Comment considères-tu l'évaluation de la douleur que tu viens de réaliser ? »

Albert lui répond : « Je crois l'avoir bien réalisée parce que j'ai utilisé la bonne méthode et que

M. Provencher a répondu à chacune de mes questions. Ce matin, je l'avais aussi avisé que je suis débutant et que je prendrais donc des notes concernant sa douleur au cours de la journée, afin de ne rien oublier et de faire une bonne évaluation. »

Puis, Albert justifie de façon adéquate sa décision d'administrer l'analgésique prescrit au besoin et le choix de la médication pour M. Provencher (processus et propos de la stagiaire). Akima constate qu'il appuie sa justification sur les données recueillies et ses connaissances sur les médicaments pouvant être administrés. Elle comprend aussi pourquoi Albert a pris en note toutes les données obtenues au verso de son plan de travail.

Par la suite, Albert prépare adéquatement la médication (produit = production tangible) et l'administre correctement par voie sous-cutanée (produit = performance). Après quoi, il consigne également de façon adéquate au dossier patient la médication administrée (produit = production tangible).

Comme le montre l'exemple précédent, il est possible de mettre à profit une occasion d'apprentissage pour obtenir des informations qui permettent d'étoffer l'évaluation de la performance des stagiaires, et ce, au regard de plusieurs aspects, en ayant recours aux 3P. En explorant ces trois dimensions le plus fréquemment possible, les superviseures dressent un portrait plus complet du déploiement des compétences des stagiaires et posent un jugement final plus éclairé au terme du stage. La rubrique Boîte à outils 10.2 présente des exemples de questions afin d'explorer au mieux ces trois dimensions.

10.5 Des stratégies d'évaluation

Comme mentionné précédemment, l'évaluation ne peut être dissociée de l'apprentissage. Par conséquent, les stratégies d'évaluation présentées dans ce chapitre peuvent aussi être considérées comme des stratégies visant à soutenir l'apprentissage.

10.5.1 La rétroaction

La rétroaction, ou dialogue de rétroaction, est considérée comme une stratégie de choix pour l'évaluation formative (Immonen *et al.*, 2019). Le dialogue de rétroaction peut être engagé de façon structurée (*voir le chapitre 8*) ou, selon la situation, de façon plus informelle ou spontanée (par exemple, lors de la validation de la qualité de la note d'observation infirmière avant son inscription au dossier par la stagiaire). Une rétroaction peut aussi être faite par écrit, par exemple par des annotations dans le journal de bord, si la tenue de ce dernier a été exigée durant le stage (Falender et Shafranske, 2021). Dans tous les cas, la rétroaction doit cibler les apprentissages des stagiaires.

10.5.2 L'observation directe

Certains indicateurs, tels que la satisfaction des personnes soignées ou l'amélioration de leur condition de santé, peuvent servir dans l'évaluation des apprentissages des stagiaires, même si leur mesure peut

Boîte à OUTILS 10.2 Questions pour mieux intégrer les 3P dans le processus d'évaluation

Produit (production et performance)

- Est-ce que le produit répond aux critères de qualité attendus ?

- Est-ce qu'il est pertinent et en cohérence avec la situation de soins ?

- Quels sont les points positifs et ceux devant être améliorés ?

- Le temps de réalisation est-il adéquat ?

- Des éléments contextuels ont-ils pu nuire au produit ?

Processus

- Comment puis-je faire expliciter sa démarche intellectuelle à la stagiaire ?

- Le raisonnement clinique explicité par la stagiaire est-il adéquat et rigoureux ?

- Le raisonnement clinique présente-t-il des difficultés ? Si oui, lesquelles ?

- L'intervention ou la prise de décision découle-t-elle du raisonnement clinique mis en œuvre ?

- Les étapes de la démarche sont-elles bien réalisées et adaptées au contexte ?

Propos

- Ai-je bien pris le temps de recueillir les propos de la stagiaire pour documenter mon jugement ?

- Comment est-il possible de recueillir les propos des stagiaires ?

- Les propos de la stagiaire apportent-ils un éclairage nouveau ? Si oui, lequel ?

- Les propos d'autres personnes, dont les personnes soignées, peuvent-ils apporter un éclairage supplémentaire ?

 Retrouvez ces questions à imprimer dans la rubrique Boîte à outils sur la plateforme *i+ Interactif*.

s'avérer complexe. L'évaluation s'appuie aussi sur des traces plus tangibles de la performance des stagiaires, comme le « brouillon » de leurs notes d'observation avant leur inscription au dossier patient. Pour rappel, des méthodes d'observation indirecte peuvent aussi être utilisées, notamment les méthodes visant l'expression du raisonnement clinique (*voir le chapitre 9*). L'observation directe n'en demeure pas moins l'option privilégiée pour recueillir des données sur les apprentissages des stagiaires et leurs compétences (Oermann *et al.*, 2021).

Comme mentionné au chapitre 8, l'observation directe se déroule le plus souvent de façon informelle dans le quotidien des stages, sans objectifs préalablement ou explicitement définis, et sans grille d'évaluation particulière, mais en se fondant sur le jugement et les connaissances des superviseures. L'observation directe des soins aux personnes, les interactions de la stagiaire avec ces personnes ou leur famille, l'exécution de diverses procédures techniques (*voir le chapitre 6*), les interactions avec d'autres membres de l'équipe soignante ou au sein de l'équipe interprofessionnelle sont autant d'exemples de situations qui permettent de poser un regard sur l'apprentissage en ayant recours aux 3P (produit, processus, propos). Les commentaires recueillis auprès de collègues peuvent venir en appui aux constats faits par les superviseures.

En outre, l'observation directe comporte trois avantages notables. Premièrement, elle offre une garantie de sécurité appréciable pour la personne soignée, puisque la superviseure est présente et peut intervenir. Deuxièmement, elle donne à la superviseure l'occasion de constater l'interaction réelle entre la stagiaire et la personne soignée, ce qui lui permet donc d'avoir un portrait plus complet. Troisièmement, en étant présentes plus souvent au chevet des personnes, les superviseures ont plus d'informations sur les situations à discuter, au besoin, et plus d'éléments pour alimenter leur évaluation (Bernard et Goodyear, 2019).

10.6 Les grilles d'évaluation et leur utilisation

Les grilles d'évaluation utilisées par les différents établissements d'enseignement varient sur le plan de la forme, des critères, des échelles et des contenus. Il est donc impossible d'aborder ici toutes leurs particularités respectives. Quelle que soit la grille, diverses modalités sont habituellement prévues pour permettre aux superviseures et aux stagiaires de se l'approprier avant le début des stages, puisqu'elle éclaire les aspects sur lesquels doivent porter l'apprentissage et l'évaluation en cours de route.

Globalement, les grilles d'évaluation comprennent deux parties indissociables : 1) la liste des compétences visées ou des objectifs, y compris des éléments de compétences/critères de performance, et 2) une échelle permettant d'attribuer un score ou une appréciation qualitative. Pour réaliser une évaluation de qualité, il est essentiel d'avoir une bonne compréhension, d'une part, des compétences visées ou des objectifs et, d'autre part, de l'échelle d'évaluation. Les superviseures et les responsables académiques de stage sont invitées à ouvrir un dialogue pour clarifier ces deux aspects avant le stage, mais également pendant le stage, car des questions peuvent surgir en cours de route. Il est à noter qu'en général, une même grille est utilisée pour l'évaluation formative et l'évaluation sommative afin de permettre, entre autres, un suivi de la progression des apprentissages.

10.6.1 Les types d'échelles dans les grilles d'évaluation

Les échelles utilisées dans les grilles d'évaluation présentent des différences notables. Il est utile pour les superviseures d'explorer ces différents types de grilles afin de se familiariser avec celles pouvant être mises à leur disposition. Ces grilles se présentent sous différentes formes : échelle d'appréciation graphique, échelle d'appréciation alphabétique ou échelle d'appréciation numérique (*voir l'encadré 10.3*).

Encadré 10.3 Des exemples d'échelles d'appréciation

Compétence : Évaluer la condition de santé de la personne en utilisant les sources de données pertinentes.

Élément de compétence/critère de performance : Analyser en continu les données subjectives et objectives pertinentes et en lien avec l'expérience de santé de la personne.

ÉCHELLE D'APPRÉCIATION GRAPHIQUE				
Très souvent				Très rarement

D'autres qualificatifs peuvent être utilisés tels que : *très facilement/très difficilement, totalement en accord/totalement en désaccord*, etc.

ÉCHELLE ALPHABÉTIQUE				
A	B	C	D	E

ÉCHELLE NUMÉRIQUE				
5	4	3	2	1

Source : Adapté de Côté, 2014, p. 13.

De telles grilles sont simples à utiliser et permettent d'apporter certaines nuances dans l'appréciation des apprentissages. Cependant, il est difficile de les utiliser pour sanctionner les apprentissages. De plus, les superviseures peuvent éprouver des difficultés à déterminer concrètement ce que signifient les éléments de l'échelle d'évaluation (par exemple, concrètement, que veut dire « A » ou « 5 » ?). Dans ce cas, elles doivent faire preuve de jugement et se référer à la responsable académique de stage pour mieux comprendre l'échelle.

Il existe également des échelles d'appréciation qualificative, qui, comme leur nom l'indique, comportent un qualificatif qui contribue à orienter le jugement. Le qualificatif peut être lié à un degré de satisfaction, à une fréquence ou à tout autre aspect à prendre en compte. L'encadré 10.4 donne deux exemples d'échelles qualificatives.

Ces grilles sont également de forme très simple. Cependant, il peut être difficile d'interpréter les qualificatifs. En fait, avec ce type de grille, comme avec les précédentes, l'interprétation peut varier considérablement d'une personne à l'autre, ce qui affecte leur valeur pour l'évaluation sommative. Les grilles fondées sur une échelle d'appréciation qualificative se prêtent davantage à l'autoévaluation ou à l'évaluation formative. Une façon de remédier à la variabilité de l'interprétation consiste à joindre des commentaires à l'évaluation, ce qui est profitable tant pour guider les stagiaires que pour conduire à l'établissement de la note ou de la mention « Succès » ou « Échec », lorsqu'aucune note n'est attribuée.

10.6.2 Les échelles descriptives

Dans une approche par compétences, le recours à des échelles descriptives est recommandé, puisqu'il s'agit d'apprentissages complexes. L'échelle descriptive est constituée d'échelons qui spécifient le niveau de performance associé à chaque niveau de maîtrise de la compétence visée. Un de ses avantages est qu'elle précise par le fait même les manifestations observables de la compétence que peuvent noter les superviseures ainsi que les stagiaires (Ménard et Gosselin, 2015). Un exemple de grille descriptive est donné dans l'encadré 10.5 (*voir page suivante*).

Encadré 10.4 **Des exemples d'échelles qualificatives**

Compétence : Évaluer la condition de santé de la personne en utilisant les sources de données pertinentes.

Élément de compétence/critère de performance : Analyser en continu les données subjectives et objectives pertinentes et en lien avec l'expérience de santé de la personne.

ÉCHELLE avec qualificatif lié à un degré de satisfaction				
5	4	3	2	1
Très satisfaisant	Assez satisfaisant	Plus ou moins satisfaisant	Peu satisfaisant	Insatisfaisant
ÉCHELLE avec qualificatif lié à la fréquence				
5	4	3	2	1
En tout temps	La plupart du temps	Quelquefois	Rarement	Jamais

Source : Adapté de Côté, 2014, p. 14.

Compétence : Évaluer la condition de santé de la personne en utilisant les sources de données pertinentes.

Élément de compétence/critère de performance : Analyser en continu les données subjectives et objectives pertinentes et en lien avec l'expérience de santé de la personne.

Supérieur	Satisfaisant	Suffisant (note de passage)	Insatisfaisant
Les données recueillies sur la condition de santé sont non seulement justes, mais également pertinentes et nombreuses.	Les données recueillies sur la condition de santé sont justes, les éléments essentiels sont présentés.	Les données recueillies sur la condition de santé sont justes, mais certains aspects importants ne sont pas documentés ou très peu. L'évaluation est incomplète, l'apprentissage demeure minimal.	Les données présentées sont insuffisantes pour témoigner des apprentissages. Il y a plusieurs erreurs ou plusieurs données importantes manquantes.

Source : Adapté de Côté, 2014, p. 15.

Malgré toutes les précautions prises dans l'élaboration de ces échelles, il arrive que des stagiaires aient des comportements qui ne cadrent pas avec les descriptifs de la grille d'évaluation. Il faut alors recourir au jugement professionnel pour examiner les données et prendre une décision éclairée (Ménard et Gosselin, 2015). Là encore, ce sont les faits documentés par les superviseures qui viennent en appui de l'évaluation et qui justifient les jugements portés.

En somme, les grilles constituent des outils visant à mieux connaître ce qui doit faire l'objet d'un apprentissage et d'une évaluation, ainsi que les critères d'appréciation ou d'évaluation utilisés pour ce faire. Néanmoins, il convient de préciser que l'évaluation doit être réalisée après une période d'observation suffisamment longue pour permettre à la superviseure de porter un jugement tout en tenant compte du niveau de formation des stagiaires (Oermann *et al.*, 2021). Par exemple, si une stagiaire exécute pour la première fois un soin de trachéostomie, cela ne peut pas faire l'objet d'une évaluation sommative ou d'une appréciation formelle. Une évaluation formative ou une rétroaction est souhaitable afin de favoriser l'apprentissage. Avant toute évaluation sommative, les stagiaires doivent tout de même bénéficier de plus d'une occasion de pratique.

10.6.3 La subjectivité dans l'évaluation

Indépendamment de la grille d'évaluation utilisée, il existe une part de subjectivité inhérente à l'évaluation. Cette dimension s'avère la plus grande source d'erreur dans l'information obtenue par la superviseure. Les quatre erreurs les plus fréquentes sont :

- l'effet de halo ;
- la tendance personnelle de la superviseure ;
- l'erreur de logique ;
- l'effet de contraste.

Il est important que les superviseures soient conscientes de l'existence de ces erreurs potentielles et sachent en quoi elles consistent, de façon à y porter une attention particulière (Ménard et Gosselin, 2015). Le tableau 10.2 donne une brève description de ces quatre types d'erreurs.

Afin de prévenir de telles erreurs, les superviseures sont encouragées à se familiariser avec la grille d'évaluation et à s'y référer régulièrement de façon à bien cibler la collecte des données qui permettront d'éclairer leur jugement le plus objectivement possible. En outre, elles doivent porter une attention particulière aux faits et aux comportements observables pour vérifier la présence ou l'absence des manifestations

Tableau 10.2 Les quatre grandes erreurs liées à la subjectivité

Type	Description
Effet de halo	Tendance à se laisser influencer par des facteurs externes (aspect physique, présentation, langage, etc.) et à s'en tenir à cette première impression de la stagiaire lorsque des faits viennent l'infirmer.
Tendance personnelle de la superviseure	Tendance à évaluer toutes les stagiaires de la même façon, indépendamment de leurs capacités individuelles, soit en les surévaluant (erreur de générosité), soit en les sous-évaluant (erreur de sévérité), soit encore en concentrant ses jugements au centre de l'échelle d'évaluation (erreur de tendance centrale).
Erreur de logique	Tendance à ne pas établir de liens clairs et pertinents entre les actions de la stagiaire et les critères décrits dans la grille d'évaluation.
Effet contraste	Tendance à sous-évaluer une stagiaire observée après une autre stagiaire qui a été plus performante.

des apprentissages ou des compétences attendues (Ménard et Gosselin, 2015).

10.6.4 L'attribution des notes

Afin de ne pas influencer le jugement posé par les superviseures, il arrive fréquemment que la pondération de l'évaluation sommative dans la note finale du stage ne soit pas indiquée dans la grille d'évaluation. Cette note est généralement attribuée par la responsable académique de stage à partir d'un système de pointage prédéterminé en fonction des différents niveaux.

Les superviseures ont cependant une contribution indéniable dans ce processus. Afin qu'elles puissent insérer des commentaires expliquant leur décision d'évaluation, une section est souvent ajoutée à cet effet aux grilles d'évaluation. Parce qu'ils permettent de laisser des traces tangibles sur les apprentissages réalisés ou non, ces commentaires sont précieux et servent à documenter l'évaluation formative et le jugement final lors de l'évaluation sommative (Ménard et Gosselin, 2015). Ils constituent des traces de la progression des apprentissages des stagiaires, ou de son absence. Ils servent à souligner les points forts ainsi que les difficultés. Lorsque des difficultés sont observées, les commentaires des superviseures sont plus que nécessaires. Ils contribuent à apporter des nuances et à justifier l'évaluation. Ces commentaires

doivent être formulés sous la forme de comportements observables afin que les stagiaires aient une idée plus claire du jugement porté par les superviseures et des modifications attendues, le cas échéant. S'ils ne sont pas formulés en termes de comportements ou s'ils sont trop généraux, les commentaires n'apportent pas les précisions attendues, comme l'illustre la rubrique Sur le terrain 10.3, à la page suivante.

Ainsi, lors de l'attribution de la note, les commentaires des superviseures serviront dans certains cas à accorder la note de passage ou la mention « Succès », et dans d'autres cas, à déterminer que les apprentissages sont insuffisants et à attribuer la mention « Échec ». Les commentaires rédigés par les superviseures contribuent à rendre plus objectifs les motifs menant à l'une ou l'autre de ces décisions par les responsables académiques de stage. C'est sur la base de l'ensemble des observations faites par les superviseures, et parfois d'échanges avec elles, que les responsables académiques de stage rendront leur verdict.

En plus d'être formulés en termes de comportements observables, il importe que les commentaires des superviseures soient cohérents avec leur appréciation dans la grille d'évaluation. Par exemple, si une superviseure note plusieurs lacunes dans l'évaluation de la condition de santé, l'appréciation dans la grille devrait le refléter.

Sur le TERRAIN 10.3 — Deux cas de figure d'évaluation

Premier cas de figure

Dans l'échelle d'évaluation des apprentissages de Marc-Antoine, étudiant en deuxième année, Sarah sélectionne « Assez satisfaisant » pour la compétence suivante :

ÉCHELLE avec qualificatif lié à un degré de satisfaction				
Évaluer la condition de santé de la personne en utilisant les sources de données pertinentes.				
5	④	3	2	1
Très satisfaisant	Assez satisfaisant	Plus ou moins satisfaisant	Peu satisfaisant	Insatisfaisant
Commentaire : Les données recueillies sont plus ou moins complètes, manque de structure.				

Source : Adapté de Côté, 2014, p. 14.

Le commentaire est non seulement trop général, il donne également des informations qui semblent en contradiction avec l'évaluation. Il est possible de croire que la superviseure a une tendance à surévaluer son stagiaire. Dans le cas où plusieurs commentaires sont discordants avec l'évaluation, la responsable académique de stage pourrait apporter un correctif et modifier l'évaluation afin qu'elle concorde mieux avec les commentaires. Toutefois, s'ils sont imprécis, elle pourrait décider de contacter la superviseure pour avoir plus d'informations, particulièrement si la stagiaire présente des difficultés.

Deuxième cas de figure

Dans l'échelle d'évaluation des apprentissages de Marc-Antoine, étudiant en deuxième année, Sarah sélectionne « Peu satisfaisant » pour la compétence suivante :

ÉCHELLE avec qualificatif lié à un degré de satisfaction				
Évaluer la condition de santé de la personne en utilisant les sources de données pertinentes.				
5	4	3	②	1
Très satisfaisant	Assez satisfaisant	Plus ou moins satisfaisant	Peu satisfaisant	Insatisfaisant
Commentaire : Recueille des données sur certains des besoins prioritaires des personnes, mais des rappels doivent être faits afin qu'il utilise des méthodes structurées comme le PQRST, ou l'auscultation pulmonaire. Ne recourt pas de façon adéquate aux appareils de mesure : par exemple, n'a pas consulté le saturomètre chez un patient, deux rappels ont dû être faits au cours de la journée. Il a dit avoir simplement oublié. Centre sa collecte de données majoritairement sur quelques données objectives, questionne peu les personnes (données subjectives).				

Source : Adapté de Côté, 2014, p. 14.

Ici, le commentaire est plus précis et fait état de comportements observables. De plus, les informations fournies sont en cohérence avec l'évaluation. La responsable académique de stage dispose de meilleures informations pour procéder à l'évaluation sommative. Comme le stagiaire présente des difficultés, elle pourrait tout de même contacter la superviseure pour avoir plus d'informations afin de mieux comprendre la nature de ces difficultés et d'établir un plan de remédiation en conséquence.

Si aucune grille d'évaluation n'est parfaite et que toutes laissent place à la subjectivité, certaines stratégies peuvent être utiles aux superviseures et faciliter le processus d'évaluation (*voir Boîte à outils 10.3*) (Oermann *et al.*, 2021).

10.7 Des réactions possibles face aux difficultés

Bien qu'il soit important de signaler les comportements dénotant des difficultés chez les stagiaires, plusieurs superviseures sont très réticentes à le faire (Bernard et Goodyear, 2019 ; Lacasse *et al.*, 2019 ; Yepes-Rios *et al.*, 2016). Ce constat n'est pas étonnant, car la majorité d'entre elles ont choisi la profession d'infirmière avec le désir d'aider et de poser un regard sans jugement sur les personnes. Des conflits de valeurs apparaissent souvent lorsque les stagiaires présentent des difficultés pouvant conduire à une situation d'échec (Bernard et Goodyear, 2019 ; Ménard et Gosselin, 2015). Ainsi, il arrive parfois que les difficultés ne soient pas clairement décrites dans la grille d'évaluation ou qu'il y ait une discordance entre les commentaires et l'évaluation des compétences, comme dans le premier exemple de la rubrique Sur le terrain 10.3. Dans d'autres cas, par crainte d'entraîner l'échec de la stagiaire, la superviseure passe sous silence les difficultés et n'en fait malheureusement pas état à la responsable académique de stage.

Certaines tendances présentes chez les superviseures peuvent les conduire à ne pas signaler les difficultés constatées dans la grille d'évaluation (Bachmann Liv, 2019 ; Guraya *et al.*, 2019 ; Hauge *et al.*, 2019 ; Yepes-Rios *et al.*, 2016). La rubrique Boîte à outils 10.4, à la page suivante, suggère des questions pour en reconnaître certaines.

La rubrique Sur le terrain 10.4, à la page suivante, illustre les conséquences associées au fait de ne pas signaler les difficultés et apporte certains éléments de réponse à cette situation.

Boîte à OUTILS 10.3 Aide-mémoire : des stratégies pour faciliter le processus d'évaluation

☐ Se référer régulièrement aux compétences (ou à la grille d'évaluation) pour effectuer l'observation auprès des stagiaires et leur donner une rétroaction fréquente sur ses observations.

☐ Recueillir régulièrement des données sur la performance des stagiaires en vue de l'évaluation formative et sommative.

☐ Questionner les stagiaires pour obtenir leur vision de leur performance (autoévaluation).

☐ Consigner chaque jour les données obtenues en termes de comportements observables dans un cahier de notes.

☐ Nuancer l'évaluation sur la base des données recueillies auprès des stagiaires, d'autres personnes, par l'observation directe ou indirecte.

☐ Modifier le jugement et la notation sur la base de ces nouvelles informations (dialogue de rétroaction), le cas échéant.

☐ Ajouter des commentaires en termes de comportements observables dans la grille d'évaluation pour faire valoir les comportements adéquats et les comportements devant faire l'objet d'une attention, d'une amélioration, voire d'une préoccupation.

☐ S'assurer de la cohérence entre l'appréciation faite dans la grille et les commentaires formulés.

☐ Consulter la responsable académique de stage, en particulier lorsque des stagiaires présentent des difficultés ou ont des comportements non sécuritaires.

i+ Retrouvez cet aide-mémoire à imprimer dans la rubrique Boîte à outils sur la plateforme *i+ Interactif*.

Boîte à OUTILS 10.4   Autoévaluation pour susciter la réflexion face à des difficultés présentes chez les stagiaires

Comme superviseure, ai-je tendance à...	Oui	Non
... accorder le bénéfice du doute à la stagiaire en me disant qu'elle finira bien par apprendre ?		
... considérer en premier lieu les qualités personnelles de la stagiaire plutôt que les comportements objectifs documentant ses compétences ?		
... considérer les efforts réalisés par la stagiaire pour s'améliorer plutôt que sa performance réelle ?		
... me dire que je n'ai pas eu le temps nécessaire pour évaluer la stagiaire ?		
... me dire que la prochaine superviseure pourra sans doute faire part des difficultés de la stagiaire si elles sont toujours présentes lors du stage suivant ?		
... manquer de confiance en mon jugement pour identifier clairement les difficultés ?		
... avoir peur d'avoir l'air d'une « mauvaise » superviseure qui n'a pas su pallier les difficultés ?		
... craindre de blesser ou de décourager la stagiaire ?		

 Retrouvez cette autoévaluation à imprimer dans la rubrique Boîte à outils sur la plateforme *i+ Interactif*.

Sur le TERRAIN 10.4   Réflexion sur le signalement de difficultés

Depuis trois ans qu'elle est superviseure, France a rencontré quelques stagiaires présentant des difficultés. Chaque fois, elle a hésité à nommer clairement (dans la grille d'évaluation) les comportements dénotant des difficultés. Elle en a même laissé de côté pour ne pas nuire à ses stagiaires. À la suite du stage qui vient de se terminer, elle constate que Chloé présente des difficultés même si des moyens d'amélioration ont été mis en place. En fait, elle considère que sa stagiaire ne remplit pas les attentes du stage sur plusieurs points. Cependant, elle hésite à documenter les comportements observés dans la grille d'évaluation. Elle en a nommé quelques-uns pour la rencontre à la mi-stage et lorsque Chloé en a pris connaissance, elle s'est mise à pleurer en disant : « Ce serait une catastrophe pour moi d'échouer le stage, je veux tellement réussir, je fais beaucoup d'efforts. » France a été touchée par la réaction de Chloé : elle ne veut pas la blesser inutilement. De plus, Chloé est vraiment gentille envers tout le monde. France décide d'en discuter avec la responsable de stage dans son milieu, Valérie, car elle se pose des questions :

— La stagiaire que j'encadre me semble en difficulté, j'hésite toutefois à les mentionner dans son évaluation. Je crains que cela entraîne un échec au stage. Chloé veut vraiment réussir et elle fait beaucoup d'efforts. Elle peut probablement s'améliorer avec le temps. Je suis peut-être trop exigeante ?

— Ce ne sont pas les efforts que tu dois noter, mais bien les comportements objectifs qui appuient ton jugement, qu'ils soient positifs ou négatifs.

— Oui, mais, tu sais, Chloé est vraiment gentille, les personnes soignées apprécient sa présence.

— Les qualités relationnelles sont en effet essentielles. Cependant, il faut aussi considérer ses acquis, ou leur absence, en lien avec les autres compétences ou objectifs du stage.

— Le stage est très court… Peut-être que c'est plus sage de lui laisser la chance de s'améliorer ? La prochaine superviseure pourra lui signaler ses difficultés.

— En ne documentant pas les difficultés de Chloé, tu ne lui donnes pas les informations dont elle a besoin pour pouvoir s'améliorer et identifier des moyens de le faire. Par ailleurs, des mesures de remédiation pourraient être mises en place pour soutenir ses apprentissages en vue du prochain stage. Je te suggère de reprendre les éléments de la grille d'évaluation un à un et de justifier ton appréciation par des comportements objectifs que tu as observés. C'est important que la stagiaire soit informée de ce qu'elle doit améliorer pour devenir une infirmière offrant des soins de qualité. De mon côté, quand je fais face à une situation comme celle dont tu me parles, je me dis : « Et si c'était un de mes proches qui était soigné par cette stagiaire, est-ce que je jugerais ce comportement adéquat ? » Si tu veux, nous pouvons prendre un moment pour regarder la grille. Je pourrai te guider dans la rédaction de tes commentaires positifs, car il y en a sûrement, et ceux relevant ses difficultés. Il sera aussi important que ton évaluation soit cohérente avec tes commentaires. De cette façon, la responsable académique de stage pourra avoir des données suffisantes pour poser un jugement éclairé.

— D'accord, volontiers. C'est vrai que certains de ses comportements sont non sécuritaires et témoignent de lacunes en matière de professionnalisme. J'avais besoin d'en parler pour être certaine de prendre la bonne décision.

Bien des motifs peuvent expliquer les réticences des superviseures à documenter clairement les difficultés présentes chez les stagiaires, et tous les cas de figure ne sont pas présentés dans ces pages. Il est bénéfique de réfléchir à ses propres tendances pour en prendre conscience, car souvent elles sont implicites. Comme c'est aux responsables académiques de stage qu'il appartient de décider de l'échec ou du succès du stage, il est possible de les consulter si certaines préoccupations sont présentes. Il n'en demeure pas moins que les superviseures de stage sont leurs yeux sur le terrain et qu'à ce titre, il leur appartient de documenter les difficultés présentes chez les stagiaires dans la grille d'évaluation pour appuyer leur décision. En définitive, ce qui prime, c'est la protection de la sécurité des personnes, et cet impératif doit être pris en compte. Outre la sécurité dans les soins, un autre principe peut guider les superviseures dans leurs décisions : le principe de justice et d'équité. Selon ce principe, toutes les stagiaires doivent être évaluées, dans la mesure du possible, à partir des mêmes critères et les décisions prises à leur égard doivent être équitables, c'est-à-dire fondées sur le fait objectif qu'elles répondent ou non aux exigences du stage.

Conclusion

En posant un regard renouvelé sur l'évaluation, on constate qu'elle se situe bien au-delà de la mesure visant à sanctionner ou à certifier. D'une part, l'évaluation consiste à porter un jugement fondé sur un ensemble de données en vue de prendre des décisions pédagogiques et administratives. D'autre part, elle constitue un levier indispensable aux apprentissages des stagiaires. Comme elles sont présentes auprès des stagiaires en contexte de pratique professionnelle, les superviseures occupent une place privilégiée pour soutenir leurs apprentissages en intégrant l'évaluation formative au quotidien. Un dialogue de rétroaction efficace et régulier est sans aucun doute l'une des composantes clés pour assurer la qualité de l'évaluation *pour* l'apprentissage. Le processus d'évaluation est complexe, mais plusieurs conditions et stratégies peuvent être mises en place pour le faciliter, notamment l'appropriation des grilles d'évaluation et la prise de notes concernant des comportements observables. De plus, une collaboration étroite entre les superviseures, les stagiaires et les responsables académiques de stage est primordiale dans le processus d'évaluation. Enfin, le fait de documenter dans la grille d'évaluation la progression des apprentissages, ou son absence, contribue à rendre l'évaluation juste et équitable, et s'avère donc indispensable.

Questions de réflexion

1 Comment l'évaluation formative et le dialogue de rétroaction contribuent-ils aux apprentissages et au développement des compétences chez les stagiaires ?

2 Quelles retombées significatives l'évaluation formative peut-elle avoir pour les stagiaires et pour les superviseures ?

3 Quelles conditions favorables à l'évaluation peuvent être mises en place lors de l'encadrement de stagiaires ?

4 Quelles stratégies les superviseures peuvent-elles mettre en place pour faciliter le processus d'évaluation des stagiaires ?

5 Comment les stagiaires peuvent-elles contribuer à l'évaluation avec les superviseures ?

Intervenir auprès de stagiaires présentant des difficultés

Plan du chapitre

Objectifs du chapitre

- Expliquer l'importance d'identifier de façon précoce les difficultés chez les stagiaires et comment y parvenir.
- Proposer des modalités contribuant à la remédiation des difficultés rencontrées.
- Dégager des pistes d'intervention auprès des stagiaires ne reconnaissant pas leurs difficultés.
- Reconnaître les difficultés de raisonnement clinique et poser un diagnostic pédagogique.
- Appliquer des stratégies pour pallier les difficultés aux différentes étapes du raisonnement clinique.

 Ressources en ligne sur la plateforme *i+ Interactif* :
- Livre numérique
- Boîte à outils

Introduction

La majorité des étudiantes rencontrent des difficultés passagères, ce qui ne les empêche pas de poursuivre leur formation sans problème majeur. Cependant, certaines connaissent des difficultés significatives au point que cela nuit à leur cheminement et, au bout du compte, affecte la qualité et la sécurité des soins. Pour y remédier, plusieurs mesures facilitantes peuvent être mises en place, que ce soit en nouant avec elles une alliance pédagogique ou en leur offrant des rétroactions fréquentes, par exemple. Néanmoins, il arrive que les difficultés soient récurrentes et risquent de s'aggraver avec le temps, que les stagiaires ne répondent pas aux exigences de leur programme de formation ou encore que les superviseures se demandent si leurs étudiantes seront en mesure d'acquérir les compétences visées par le stage. Dans de tels cas, il est crucial d'identifier de façon précoce les difficultés des stagiaires et d'adopter des mesures de remédiation adéquates, afin d'éviter qu'elles ne se cristallisent dans leur pratique. Plus particulièrement, les superviseures doivent alors instaurer une démarche de remédiation en trois étapes : l'identification des difficultés, la mise en place d'un plan de remédiation et le suivi de la démarche de remédiation.

11.1 L'identification des difficultés et des comportements non sécuritaires

L'identification précoce des difficultés rencontrées par les stagiaires est le préalable pour mettre en place des mesures permettant, d'une part, aux stagiaires de s'engager dans un processus de changement et d'amélioration, et, d'autre part, aux superviseures de s'attaquer aux sources externes pouvant provoquer ces difficultés ou les exacerber. Il importe donc de savoir déterminer la nature et les sources des difficultés pour pouvoir mieux intervenir ensuite.

11.1.1 Le raisonnement et le diagnostic pédagogiques

Le raisonnement pédagogique est un processus visant à comprendre la nature du problème en cause chez les apprenantes en difficulté, notamment au niveau du raisonnement clinique. Celui-ci permet aux superviseures d'établir rapidement un diagnostic pédagogique, c'est-à-dire d'identifier les difficultés que rencontrent les stagiaires (Audétat *et al.*, 2011a ; Audétat *et al.*, 2011b ; Audétat et Caire Fon, 2018).

Le raisonnement pédagogique s'amorce une fois que les superviseures ont détecté des difficultés chez les stagiaires, difficultés dont celles-ci n'ont pas toujours conscience. Pour ce faire, les superviseures doivent procéder à une collecte de données lors de plusieurs occasions d'apprentissage ultérieures. En analysant ces données, elles formulent des hypothèses quant à la nature du problème ou de la difficulté. Il est souvent nécessaire de recueillir d'autres données pour confirmer la difficulté en question et ses causes (diagnostic pédagogique), ce qui permet alors d'élaborer un plan de remédiation et de procéder au suivi pédagogique auprès des stagiaires (Audétat *et al.*, 2011a).

Une comparaison avec la démarche de soins permet de mieux comprendre en quoi consiste le processus de raisonnement pédagogique (*voir la figure 11.1*).

Le raisonnement pédagogique s'amorce souvent à partir d'une intuition, c'est-à-dire d'une impression que quelque chose ne va pas ou est déficient. De façon générale, les superviseures peuvent alors se poser les trois questions suivantes (Steinert, 2013) :

- Quel est le problème ?
- De qui est-ce le problème ?
- Ce problème doit-il être solutionné ?

Les réponses qu'elles donnent à ces questions leur permettent de déterminer s'il y a effectivement un problème, en quoi il consiste et si quelque chose doit être fait.

Raisonnement pédagogique
Processus menant à comprendre la nature des difficultés présentes chez les stagiaires.

Figure 11.1 Une comparaison entre la démarche de soins et le raisonnement pédagogique

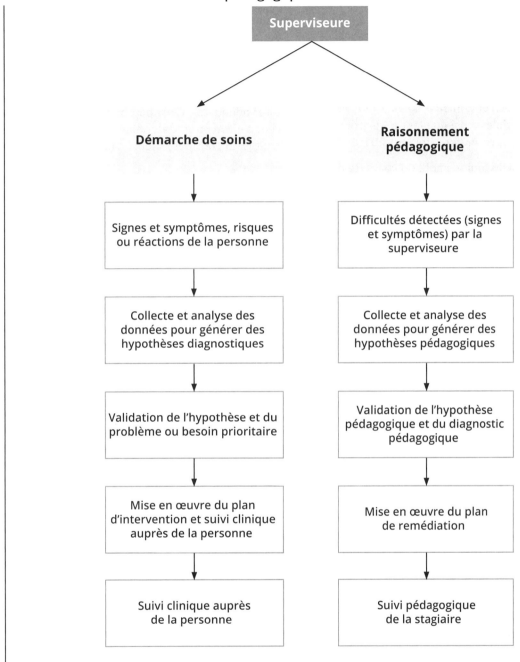

Source : Adaptée de Audétat et Caire Fon, 2018, p. 170.

Pour mieux cerner le problème, les superviseures doivent recueillir des données sur les 3 P : le produit, c'est-à-dire la performance ou le résultat observable, le processus, c'est-à-dire la démarche et les méthodes suivies, et les propos, ceux des stagiaires et même ceux des personnes soignées ou de l'équipe de soins (*voir le chapitre 10*) (Côté, 2014). Recueillir les propos des stagiaires exige d'organiser une rencontre avec elles pour explorer leur perception du problème, leur vision de ses causes possibles ainsi que leur perception de leurs forces et de leurs limites (Steinert, 2013).

Il importe aussi de tenir compte du contexte dans lequel s'effectue l'apprentissage et de considérer la qualité de la relation pédagogique, en gardant à l'esprit que certaines conditions sont défavorables à l'établissement d'une alliance pédagogique (*voir le chapitre 5*). Il est essentiel d'appréhender ces multiples dimensions, car les difficultés des stagiaires découlent d'un ensemble de facteurs qui relèvent parfois d'aspects qui leur sont extérieurs. Par exemple, le fait de se retrouver dans une unité où la dynamique de travail est difficile peut engendrer une anxiété importante chez une stagiaire, ce qui entraînera des difficultés qu'elle n'aurait pas eues dans une unité accueillante.

De même, si la charge de travail qu'elle doit assumer dépasse ses capacités, une stagiaire aura des difficultés d'ordre organisationnel qui auraient pu être évitées avec une charge de travail moins lourde.

La détection précoce des difficultés est le préalable pour amorcer une démarche d'amélioration pour les stagiaires. Encore faut-il identifier correctement la nature des difficultés afin de pouvoir mettre en place des mesures adéquates. C'est pourquoi les superviseures doivent s'efforcer de déterminer plus clairement les difficultés rencontrées et leurs causes sous-jacentes.

11.1.2 Les types de difficultés possibles

Qu'elles soient présentes chez les stagiaires ou qu'elles soient extérieures, dans les deux cas, les difficultés peuvent freiner leur apprentissage ou même y nuire. Les hypothèses pédagogiques à envisager dépendront de la nature de ces difficultés, d'où l'importance de bien les identifier. Il existe cinq grandes catégories de difficultés possibles, selon qu'elles sont affectives, cognitives, psychomotrices, structurelles et organisationnelles, ou interpersonnelles (Audétat et Caire Fon, 2018 ; Lacasse, 2009 ; Leroux et Bélair, 2015). Le tableau 11.1 décrit ces cinq catégories de difficultés.

Tableau 11.1 Les catégories de difficultés

Catégorie de difficulté	Description
Affectives	• Difficultés personnelles à s'adapter aux diverses étapes de la vie ou aux exigences du programme de formation ou du stage • Difficultés d'ordre psychologique, liées par exemple à l'estime de soi ou à l'anxiété, ou relevant d'une problématique de santé mentale • Difficultés liées à des émotions pénibles vécues dans certaines situations, comme la souffrance ou le décès de personnes soignées
Cognitives	• Lacunes en matière de connaissance • Difficultés liées aux habiletés intellectuelles et au raisonnement clinique
Psychomotrices	Manque de dextérité et d'habiletés liées au savoir-faire lors de l'exécution de procédures
Structurelles et organisationnelles	Difficultés en matière de gestion du temps, d'organisation ou de planification de la charge de travail
Interpersonnelles	• Difficultés touchant les relations interpersonnelles ou la communication avec la personne soignée, la superviseure, l'équipe de soins • Problèmes liés au professionnalisme, concernant les attitudes et les comportements

Les difficultés rencontrées par les stagiaires relèvent d'une seule ou de plusieurs de ces catégories. Les difficultés affectives, parmi les plus fréquemment observées, peuvent entraver le processus d'apprentissage, voire entraîner un échec. Par exemple, lorsqu'une stagiaire a un problème d'anxiété, cela amène parfois un manque de confiance en soi en présence des personnes soignées et de leur famille et, par conséquent, aboutit à des erreurs ou à des écueils dans le raisonnement clinique. Les difficultés affectives ne doivent pas être minimisées : il faut les identifier rapidement afin de venir en aide aux stagiaires en mettant à contribution des ressources externes telles que les services d'aide aux étudiants de leur établissement d'enseignement.

Par ailleurs, comme mentionné précédemment, les stagiaires peuvent aussi présenter des difficultés qui découlent de facteurs externes, qu'elles soient liées au contexte d'apprentissage, qu'elles tiennent à leur contexte de vie personnel ou encore qu'elles relèvent de la relation pédagogique (Lacasse *et al.*, 2019). Le tableau 11.2 donne des exemples de difficultés externes à prendre en compte.

Il est essentiel d'identifier les causes sous-jacentes des difficultés afin d'être ensuite en mesure de mettre en place des stratégies adéquates pour les pallier, décider sur quelle difficulté intervenir en premier lieu ou empêcher que des comportements non sécuritaires s'installent.

11.1.3 Les comportements non sécuritaires

Il arrive que des comportements non sécuritaires soient observés chez les stagiaires présentant des difficultés. Ce sont des événements ou des modèles de comportements impliquant un risque inacceptable. Il correspond à tout acte pouvant porter préjudice (ou potentiellement préjudice) à la personne soignée, ainsi qu'à des interactions interpersonnelles inefficaces ou à des problèmes d'attitude ou de comportement (Chunta et Custer, 2018, p. 57, traduction libre).

Une distinction s'impose à cet égard entre un comportement non sécuritaire survenant une fois, qui ne requiert pas d'intervention de remédiation, et un modèle de comportements non sécuritaires récurrents, sur lesquels il faut agir (Chunta et Custer, 2018). L'identification précoce des comportements non sécuritaires est des plus importantes.

Certaines caractéristiques des stagiaires sont associées à des comportements non sécuritaires, comme l'illustre le tableau 11.3, à la page suivante.

Comportement non sécuritaire
Action ou comportement impliquant un risque inacceptable pour la personne soignée.

Tableau 11.2 Les sources de difficultés externes

Source	Description
Contexte d'apprentissage	• Climat d'apprentissage médiocre dans le milieu clinique : climat d'accueil insatisfaisant, manque de collaboration, impression de ne pas être la bienvenue dans l'équipe, etc. • Choix des occasions d'apprentissage ne tenant pas compte des capacités des stagiaires et de leur niveau de formation
Contexte de vie personnel	Perturbations dans le contexte de vie personnel : problèmes familiaux ou financiers, naissance récente d'un enfant, statut de pair aidant, etc.
Relation pédagogique	• Manque d'intérêt des superviseures pour l'encadrement ou les stagiaires • Habiletés pédagogiques insuffisantes des superviseures • Attentes trop élevées des superviseures à l'égard des stagiaires • Traits de personnalité susceptibles de générer des conflits • Perceptions ou sentiments négatifs des superviseures à l'égard des stagiaires se manifestant dans les comportements verbaux et non verbaux

Tableau 11.3   Les comportements non sécuritaires

Caractéristique	Description
Déficits de connaissances et de compétences	• Manque de compétences de base liées aux médicaments • Difficulté d'organisation • Incapacité à poser des questions • Difficulté à suivre les instructions
Attitudes problématiques	• Recherche d'aide insuffisante ou absente, bien que requise • Prise d'initiatives inadéquates • Manque de motivation à apprendre • Indifférence aux soins infirmiers • Manque d'ouverture aux rétroactions constructives
Interactions interpersonnelles inefficaces	• Faiblesse des compétences de communication • Difficulté à interagir de manière appropriée avec la superviseure, la personne soignée ou l'équipe de soins
Comportements non professionnels	• Communication non verbale ou verbale inappropriée • Manque de respect pour autrui • Sens des responsabilités déficient • Malhonnêteté ou manque de franchise • Éthique du travail médiocre

Source : Inspiré de Chunta et Custer, 2018, p. 59, traduction libre.

En cas de comportements non sécuritaires de la part des stagiaires, les superviseures peuvent recueillir des données complémentaires auprès de collègues ou des personnes soignées afin de mieux les documenter. Les responsables académiques de stage doivent être informées rapidement de la situation. Il arrive qu'elles se présentent dans le milieu de stage pour faire de l'observation directe ou intervenir, comme l'illustre la rubrique Sur le terrain 11.1.

Sur le TERRAIN 11.1   Un exemple de comportements non sécuritaires

Jason supervise Justine depuis 10 jours dans le cadre de son stage. À trois reprises déjà, Justine s'est montrée incapable de préciser les effets et les effets secondaires des médicaments à administrer, bien que Jason lui ait rappelé dès le début du stage qu'il est obligatoire de les connaître avant de les administrer afin d'assurer un suivi adéquat. Lorsqu'il a échangé avec elle pour déterminer des moyens d'amélioration, Justine s'est montrée peu intéressée et a plutôt mentionné d'autres activités qu'elle aimerait réaliser avant la fin de son stage.

Ce matin, Justine prépare une dose d'insuline pour Mme Pratt. Elle a vérifié précédemment les effets et les effets secondaires. Néanmoins, lorsque Jason la questionne à ce sujet, elle répond vaguement. Alors qu'elle prépare la dose d'insuline, Jason observe que Justine prélève 20 unités au lieu de 2 unités. Elle s'apprête à aller l'administrer et ne s'aperçoit de son erreur que lorsque Jason la lui fait remarquer. Justine lui dit alors : « Je l'aurais sûrement constaté si tu m'avais laissé le temps de vérifier. Aussi, il y avait du bruit autour de moi lors de la préparation, ce qui m'a déconcentrée. » Elle invoque ensuite d'autres excuses pour minimiser son erreur et se montre peu réceptive à la rétroaction de Jason.

Le lendemain, alors qu'elle doit assurer le suivi du bilan liquidien d'une autre personne, Jason lui demande : « As-tu vérifié la diurèse chaque heure comme convenu ? » Elle lui répond : « Oui, je l'ai fait régulièrement. » Or, en consultant la feuille de bilan des ingesta et excreta, Jason note qu'elle a inscrit la diurèse à une fréquence plus espacée au cours de l'avant-midi, toutes les heures et demie plutôt que toutes les heures. Prévoyant, Jason avait de son côté validé la diurèse toutes les heures et en avait conclu à une augmentation, ce que Justine ne lui avait pas mentionné. Jason a par ailleurs pris soin d'apporter les corrections nécessaires sur la feuille bilan et d'assurer le suivi nécessaire.

À nouveau, il constate un manque d'honnêteté de la part de Justine ainsi qu'un manque de rigueur dans le suivi qu'elle avait à effectuer, comportement qui pourrait avoir des conséquences néfastes pour les personnes soignées. Lors de l'échange de rétroaction, Justine nie ses difficultés et trouve des excuses injustifiées. Elle ajoute : « Je vais faire plus attention à l'avenir pour répondre à tes attentes. » Sa réponse laisse Jason perplexe : Justine semble davantage se préoccuper de se conformer aux attentes que d'améliorer la qualité des soins qu'elle donne.

Comme ces comportements jugés non sécuritaires se répètent, Jason contacte la responsable académique de stage pour discuter avec elle de la situation et des suites à donner.

11.2 La mise en place d'un plan de remédiation

Puisqu'elles sont directement impliquées auprès des stagiaires, ce sont les superviseures qui sont le mieux placées pour détecter des indices parfois subtils des difficultés. En cas de doutes ou en présence de difficultés avérées, il est préférable d'en informer rapidement la responsable académique de stage afin qu'elle puisse contribuer à la prise en charge du problème existant de façon à en minimiser les répercussions et à lui apporter un soutien. La superviseure ne doit pas hésiter à demander de l'aide aux personnes-ressources.

Une fois la nature des difficultés établie ou le diagnostic pédagogique posé, la superviseure doit mettre en place un plan de remédiation conjointement avec la stagiaire et la responsable académique de stage (Bernard et Goodyear, 2019). Il s'agit d'une stratégie d'enseignement additionnelle, individualisée et non prévue dans le curriculum de formation, dont l'objectif est de répondre aux besoins spécifiques de la stagiaire qui n'est pas arrivée à développer, grâce à la formation habituellement prévue, les apprentissages nécessaires

pour satisfaire aux exigences de la profession (Lacasse *et al.*, 2019, p. 982, traduction libre). Idéalement, un plan de remédiation devrait être instauré dès qu'une lacune importante est constatée et que la rétroaction n'a pas permis de la corriger de façon significative (Vandette *et al.*, 2021). Ce plan contient une ou plusieurs mesures de remédiation.

Pour amorcer le plan de remédiation, il faut que la stagiaire accepte de s'investir dans l'amélioration des aspects qui le requièrent. Cette ouverture au changement, ou position d'apprentissage (*voir le chapitre 4*), suppose que la stagiaire et sa superviseure aient établi un lien de confiance et de collaboration qui se concrétise dans une alliance pédagogique (*voir le chapitre 5*) se caractérisant par une responsabilité partagée (Côté, 2017). En fait, l'implication de la stagiaire

---

Plan de remédiation
Document de planification du soutien pédagogique pour répondre à des besoins spécifiques d'apprentissage et pallier des difficultés.

vise aussi à la responsabiliser – puisqu'elle fait dès lors partie de la solution – et à stimuler son autonomie dans l'apprentissage. Son implication contribue à consolider le canal de communication entre elle et sa superviseure (Bernard et Goodyear, 2019). Il peut toutefois arriver que les stagiaires ne reconnaissent pas leurs difficultés et ne voient pas l'utilité de s'impliquer dans l'élaboration d'un plan de remédiation ; ce cas de figure est abordé plus loin dans ce chapitre (*voir la section 11.4, p. 191*).

Le plan de remédiation, ou de soutien pédagogique, comprend généralement les éléments suivants (Bernard et Goodyear, 2019 ; Côté, 2017 ; Falender et Shafranske, 2021) :

- des attentes et des objectifs clairement définis (*voir la section 5.3.3, p. 76*) ;
- des moyens d'apprentissage concrets ;
- une répartition claire des responsabilités ;
- une description du suivi qui sera fait.

Le plan de remédiation concerne donc des apprentissages déclinés sous la forme d'objectifs clairs et mesurables selon un échéancier prédéterminé. La rubrique Sur le terrain 11.2 décrit une situation dans laquelle un plan de remédiation est rédigé.

La rubrique Boîte à outils 11.1 montre un exemple de plan de remédiation qui pourrait être rédigé dans la situation décrite dans la rubrique Sur le terrain 11.2.

Comme mentionné dans le chapitre 10, en cas de difficultés, il est primordial de bien les documenter par écrit sous la forme de faits, de comportements observables et d'objectifs, ainsi que de transmettre l'information à la responsable académique de stage (Falender et Shafranske, 2021). Dans de telles circonstances, une intervention rapide peut être requise. En présence de difficultés, le dialogue de rétroaction constitue un atout précieux, tout comme le fait d'expliquer à la stagiaire les changements attendus d'elle tout en planifiant un suivi.

11.2.1 Des stratégies de remédiation en fonction du type de difficultés

Diverses stratégies de remédiation peuvent être mises en place une fois que les sources de difficulté

Sur le TERRAIN 11.2

La mise en place d'un plan de remédiation

Morgane, étudiante de troisième année, vient de commencer un stage de 20 jours. Dès le troisième jour, Joshua, son superviseur, constate qu'elle éprouve des difficultés sur le plan organisationnel. Elle a du mal à établir les priorités et à s'adapter en cours de journée en fonction des changements qui surviennent. Elle pourrait faire des oublis importants, sans son intervention. Joshua la rencontre pour échanger avec elle et sonder son point de vue. Lors de leur dialogue de rétroaction, Morgane reconnaît qu'elle se sent désorganisée et ajoute qu'elle vient de vivre une rupture amoureuse avec sa copine. Comme il reste plusieurs jours de stage, Joshua lui propose qu'ils rédigent ensemble un plan de remédiation (*voir Boîte à outils 11.1*). Il se dit qu'il ne consultera pas la responsable académique de stage pour l'instant, mais qu'il le fera s'il n'y a pas de progrès d'ici à la mi-stage.

des stagiaires ont été identifiées. Selon le type de difficultés rencontrées – affectives, cognitives, psychomotrices, structurelles et organisationnelles, ou interpersonnelles –, il est possible de recourir à des stratégies spécifiques.

Les stratégies de remédiation des difficultés affectives

Comme elles ont un impact significatif sur le processus d'apprentissage, les difficultés d'ordre affectif peuvent aller jusqu'à entraîner l'échec du stage, d'où l'importance d'intervenir précocement, notamment en sensibilisant les stagiaires à cet impact. Les superviseures peuvent leur conseiller de consulter des ressources appropriées, qu'elles soient offertes dans leur milieu scolaire ou à l'extérieur de celui-ci. Le rôle des superviseures demeure pédagogique et elles n'ont pas à endosser le rôle d'une thérapeute (Audétat et Caire Fon, 2018 ; Lacasse, 2009).

Boîte à OUTILS 11.1 Exemple de plan de remédiation

Nom de la stagiaire : _Morgane Dancot_   Date : _3 septembre 2023_

Compétence visée : _Organiser des activités de soins et de suivi_

Objectifs et attentes (selon la méthode SMART) :	Rédiger un plan de travail structuré et intégrant clairement les priorités pour chaque personne soignée pour 8 h 15–8 h 30 et le réviser au besoin en cours de journée.
Moyens d'apprentissage :	Chaque matin (entre 8 h 15 et 8 h 30), valider le plan de travail avec le superviseur : • Dresser la liste des actions à réaliser pour chacune des personnes soignées à l'aide d'un gabarit de plan de travail en indiquant l'heure à laquelle les réaliser. • Établir les priorités et les identifier par un code. • Identifier les actions pouvant être déléguées à d'autres membres de l'équipe de soins. • Réviser le plan de travail au retour du dîner et le présenter au superviseur.
Calendrier de suivi :	Les moyens d'apprentissage seront appliqués pour les 5 prochains jours de stage. Une rencontre de bilan sera faite le 2023-09-10. Si aucune amélioration n'est notée, ou s'il y a peu d'amélioration, la responsable académique de stage sera contactée afin qu'elle collabore au plan de remédiation.
Répartition des responsabilités :	• La stagiaire doit rédiger son plan de travail. • Le superviseur doit commenter ce plan et suggérer des modifications. • Le superviseur se rendra disponible pour valider le plan de travail à l'heure convenue, au retour du dîner et au besoin. • Pendant la durée de l'application des moyens d'apprentissage, le superviseur évitera de confier des tâches supplémentaires à la stagiaire en cours de journée.

Signature de la stagiaire : _Morgane Dancot_

Signature du superviseur : _Joshua Lord_

Retrouvez ce plan à remplir dans la rubrique Boîte à outils sur la plateforme *i+ Interactif*.

Dans le cas de difficultés affectives liées à des situations de soins particulières (par exemple, accompagner une personne lors de l'annonce d'un diagnostic de cancer), le recours à des jeux de rôles peut parfois réduire l'anxiété des stagiaires et leur redonner confiance en elles. Un dialogue de rétroaction régulier et bienveillant s'avère également efficace, en particulier après une expérience difficile. La rétroaction représente à la fois une mesure préventive et une mesure de remédiation (Audétat et Caire Fon, 2018 ; Lacasse, 2009).

Dans certaines situations, la responsable académique de stage est amenée à envisager la suspension du stage ou son arrêt, si les difficultés de la stagiaire perturbent la performance ou risquent de porter préjudice aux personnes soignées.

Les stratégies de remédiation des difficultés cognitives

En matière de difficultés cognitives, les stratégies à mettre en œuvre varient selon qu'il s'agit d'un problème de connaissances, d'organisation des connaissances ou de raisonnement clinique. Les difficultés de raisonnement clinique étant parmi les plus fréquentes, elles peuvent faire l'objet d'une panoplie d'interventions, qui sont abordées plus loin dans ce chapitre (*voir la section 11.5.2, p. 195*).

De façon générale, le manque de connaissances peut être comblé par des lectures faites sur une base autonome ou dirigée par des questions de lecture, ou encore en ciblant de façon spécifique des thématiques précises. Le visionnement de certaines vidéos et la participation à des ateliers de formation sont aussi intéressants. Concernant les problèmes d'organisation des connaissances, la production de résumés-synthèses ou de cartes conceptuelles représentent de bonnes solutions (Audétat et Caire Fon, 2018 ; Lacasse *et al.*, 2019). Dans tous les cas, la superviseure doit procéder à une validation des nouveaux acquis en demandant à la stagiaire une synthèse verbale ou en la questionnant, par exemple.

Les stratégies de remédiation des difficultés psychomotrices

Lorsque les difficultés psychomotrices sont mineures, il peut être suffisant de recourir à des pratiques en milieu clinique supervisées par observation directe. Si elles sont plus importantes, des pratiques complémentaires en laboratoire s'avèrent nécessaires. Le recours à une tutrice, habituellement une étudiante plus avancée dans le programme, est alors recommandé. Les responsables académiques de stage demanderont aussi des pratiques supervisées, qui permettent d'identifier les erreurs de la stagiaire et visent l'amélioration du respect de la procédure (Audétat et Caire Fon, 2018 ; Lacasse *et al.*, 2019).

Les stratégies de remédiation des difficultés structurelles et organisationnelles

Les difficultés structurelles et organisationnelles surviennent habituellement lorsqu'il y a un changement de milieu ou que la stagiaire se trouve débordée par d'autres obligations, qu'elles soient scolaires ou personnelles. Il est possible de remédier aux effets de ces dernières en allégeant temporairement sa charge de travail afin qu'elle reprenne confiance en elle. La superviseure peut aussi lui proposer des situations d'apprentissage moins complexes ou déjà connues. Il est également conseillé de réunir les conditions qui favorisent le bon déroulement du stage et de procéder à un choix judicieux des occasions d'apprentissage (*voir le chapitre 6*). Des exercices de planification du travail ou l'élaboration de plans de travail structurés sont aussi utiles. Le centre d'aide pour étudiants de l'établissement d'enseignement peut offrir des ateliers ou des formations sur la gestion du temps ou du travail. Lorsque la stagiaire rencontre des difficultés structurelles et organisationnelles, il arrive que la superviseure doive limiter la complexité des situations de soins proposées, et ce, jusqu'au terme du stage : cela témoigne du degré des difficultés présentes et peut aboutir à ce que certains objectifs du stage ne soient pas atteints.

Les stratégies de remédiation des difficultés interpersonnelles

En cas de difficultés interpersonnelles, il peut être approprié de recourir à des exercices conçus pour travailler les habiletés de communication, par exemple le jeu de rôles. Donner à la stagiaire une rétroaction portant sur des aspects liés à la communication joue aussi un rôle facilitant. En ce qui a trait à la collaboration, il est pertinent de clarifier les rôles de chacun et les attentes respectives quant aux comportements souhaités. La participation à des activités de collaboration interprofessionnelle, suivie d'une rétroaction, est également une option (Audétat et Caire Fon, 2018).

Des difficultés interpersonnelles se manifestent aussi sous la forme de problèmes d'attitude ou de comportement liés au professionnalisme. Ce dernier se définit comme étant la responsabilisation dans l'application de connaissances expertes (théoriques et pratiques) dans le contexte de services aux personnes soignées (Goode, 1960, p. 902, traduction libre). Au-delà du respect des normes légales et des valeurs portées par une profession, le professionnalisme renvoie avant tout à l'éthique, qui consiste à tendre vers « ce qui devrait être » pour le mieux-être de l'humanité (Legault, 1999).

Les problèmes liés au professionnalisme sont souvent délicats à aborder, et il peut être difficile pour les superviseures de le faire. Toutefois, ne pas intervenir ou se contenter de donner des sanctions sans apporter de remédiation entraînerait des préjudices tant pour les stagiaires elles-mêmes que pour les personnes soignées ou la profession en général. Les établissements d'enseignement, de pair avec les superviseures, ont la responsabilité, sur les plans pédagogique, éthique et légal, de ne donner accès à la profession qu'à des diplômées pouvant assurer une pratique empreinte de professionnalisme (Robert *et al.*, 2016 ; Falender et Shafranske, 2021).

De façon plus concrète, les superviseures peuvent porter attention à différents indicateurs dénotant le professionnalisme chez les stagiaires, dont l'encadré 11.1 donne une liste non exhaustive (Robert *et al.*, 2016).

Encadré 11.1 Quelques indicateurs dénotant le professionnalisme

Au regard de ses apprentissages et des compétences à développer, la stagiaire :

- sollicite des rétroactions ;
- accepte la critique ;
- s'autoévalue objectivement pour identifier ses lacunes et prend des mesures pour les corriger.

Dans son agir, la stagiaire :

- est ponctuelle ;
- se montre disponible pour les personnes soignées et les collègues ;
- réalise les tâches confiées dans un délai raisonnable ;
- utilise un langage adapté ;
- respecte les règles et les procédures ;
- fait preuve d'honnêteté et de franchise.

Auprès des personnes soignées et de leurs familles, la stagiaire :

- fait preuve d'écoute ;
- montre du respect et de l'empathie ;
- effectue les soins avec diligence ;
- les prévient de ce qu'elle va faire et leur explique les raisons ;
- discute des options et les encourage à lui poser des questions pour pouvoir leur répondre clairement ;
- veille à la confidentialité et fait preuve de franchise ;
- défend leurs intérêts ;
- maintient des limites appropriées.

Les comportements qui vont à l'encontre de ces indicateurs peuvent être considérés comme non professionnels et devraient faire l'objet d'une remédiation en collaboration avec la responsable académique de stage et la stagiaire.

Parmi les stratégies à instaurer, il est recommandé d'établir expressément des limites et de définir un cadre de fonctionnement précis (*voir les chapitres 1 et 4*), ainsi que d'agir explicitement comme modèle de rôle (*voir le chapitre 7*). Il est également recommandé d'instaurer un climat de travail respectueux, en expliquant à la stagiaire les normes et les règles de fonctionnement, et de clarifier les changements qui sont attendus d'elle (Audétat et Caire Fon, 2018).

Bien que le plan de remédiation ne porte pas sur les difficultés liées au contexte d'apprentissage, au contexte de vie personnel des stagiaires ou à la relation pédagogique, il n'en convient pas moins de s'en préoccuper, car elles peuvent avoir une grande influence (*voir l'encadré 11.2*).

Encadré 11.2 — **Les difficultés liées au contexte d'apprentissage, au contexte de vie personnel ou à la relation pédagogique**

Le contexte d'apprentissage

En contexte d'apprentissage, différentes mesures préventives peuvent être mises en place, par exemple annoncer la venue de la stagiaire en précisant son niveau de formation et la présenter aux membres de l'équipe à son arrivée (*voir le chapitre 6*). Comme chaque milieu clinique a un climat de travail qui lui est propre, les superviseures devraient être attentives aux aspects qui nuiraient aux stagiaires. Lors du choix des situations de soins, elles peuvent aussi prendre en compte la personnalité des personnes soignées. Par exemple, il n'est pas indiqué de confier les soins d'une personne au tempérament colérique à une stagiaire débutante ou timide. Plusieurs stratégies sont mises en place pour créer un climat d'apprentissage sécuritaire.

Le contexte de vie personnel des stagiaires

Les superviseures peuvent inciter les stagiaires à maintenir un équilibre dans leur vie et à prendre des mesures visant à mieux conjuguer vie personnelle, études, famille et travail, ou à gérer le stress (*voir le chapitre 3*). Les stagiaires ont également la possibilité de recourir aux services d'aide aux étudiants offerts par leur établissement d'enseignement.

La relation pédagogique

En suivant des formations en lien avec la supervision, les superviseures développent ou consolident les habiletés pédagogiques favorables à un encadrement de qualité. Se former est une bonne façon de prévenir les difficultés résultant de lacunes dans ce domaine. Par exemple, le recours à des stratégies pédagogiques adéquates, telles que les rétroactions efficaces, est une façon de prévenir ou d'atténuer plusieurs types de difficultés chez les stagiaires (Audétat et Caire Fon, 2018). Par ailleurs, les valeurs, les émotions, les perceptions et les attentes des superviseures influeront sur leur relation avec les stagiaires. Il importe donc qu'elles prennent un certain recul afin de considérer leur impact possible sur leurs façons d'encadrer les stagiaires et d'interagir avec elles (Lacasse, 2009). Dans le cas de stagiaires présentant des difficultés, la charge d'encadrement peut s'alourdir au point que les stagiaires sont parfois perçues comme étant « difficiles ». Il est essentiel que les superviseures reconnaissent leurs limites et sollicitent l'aide des responsables académiques de stage ou d'autres personnes-ressources dans leur propre milieu. Par exemple, un conflit de personnalités risque d'empêcher l'instauration d'un climat de confiance favorable à l'apprentissage et même rendre nécessaire un changement de superviseure.

11.3 Le suivi de la démarche de remédiation

Chaque fois qu'un plan de remédiation est mis en œuvre, il est essentiel de procéder à un suivi afin de juger de son efficacité et de vérifier si les difficultés persistent. Ce suivi s'effectue en collaboration étroite avec la responsable académique de stage, puisque c'est elle qui prendra les décisions relatives au succès ou à l'échec du stage et pourra décider d'autres mesures à mettre en place, le cas échéant. En tant que partie prenante de leurs apprentissages, les stagiaires qui connaissent des difficultés contribuent elles aussi au suivi. Toutefois, en raison des limites inhérentes à l'autoévaluation (*voir le chapitre 10*), il n'est pas toujours aisé pour elles de reconnaître leurs difficultés.

Il est primordial de respecter une exigence de confidentialité pour toutes les stagiaires, et plus particulièrement celles présentant des difficultés. Elles doivent avoir été avisées des objectifs du déroulement de la remédiation, de ses conséquences possibles et des conditions d'évaluation. Tout au long de ce processus, les stagiaires bénéficient de rétroactions régulières (Audétat et Caire Fon, 2018 ; Bernard et Goodyear, 2019). Par ailleurs, toutes les informations relatives à une stagiaire étant confidentielles, elles ne peuvent pas être partagées avec un tiers, à l'exception des personnes impliquées directement dans l'encadrement (Bernard et Goodyear, 2019). Ces informations doivent être en lien avec le cheminement scolaire et la progression de la stagiaire. Les règles et les modes de fonctionnement varient d'un établissement d'enseignement à l'autre : il convient donc de s'en enquérir pour bien les connaître. Il existe des visions différentes concernant le partage des informations relatives au suivi des stagiaires présentant des difficultés. Cependant, il y a un consensus sur le fait qu'il est important d'assurer un suivi longitudinal de ces stagiaires et de veiller à ce qu'il se fasse de façon professionnelle, autrement dit uniquement avec les personnes concernées (Bernard et Goodyear, 2019).

En somme, la démarche de remédiation repose sur une reconnaissance précoce des difficultés des stagiaires qui s'appuie sur un « diagnostic pédagogique » et qui permet la mise en œuvre d'un plan de remédiation. Tout au long du processus, un suivi et des rétroactions régulières s'imposent. L'encadré 11.3, à la page suivante, donne plusieurs repères qui servent d'aide-mémoire pour aider des stagiaires dans le cadre d'une démarche de remédiation structurée et rigoureuse.

11.4 Les stagiaires ne reconnaissant pas leurs difficultés

Les stagiaires ayant des difficultés ont souvent tendance à surévaluer leur performance : il arrive donc fréquemment qu'elles ne les reconnaissent pas. Le jugement qu'elles portent sur leur performance s'oppose alors à celui de leur superviseure. Si les stagiaires n'admettent pas leurs difficultés ou du moins ne montrent pas une certaine ouverture à y remédier, il peut être plus difficile de mettre en place un plan de remédiation. Cela dit, dans leur démarche d'amélioration, les stagiaires doivent d'abord accepter et intégrer les aspects à améliorer dans leurs manières d'être et de faire (Côté, 2017).

11.4.1 La rétroaction favorisant la réceptivité

Dans une situation où les stagiaires éprouvent des difficultés, le principal défi consiste à leur offrir une rétroaction qui favorise la réceptivité quant aux lacunes identifiées et l'acceptation de mettre en place les mesures nécessaires pour les corriger (Côté *et al.*, 2018). Les grands principes d'une rétroaction efficace présentés dans le chapitre 8 s'appliquent très bien dans ce type de situation.

Afin de susciter la collaboration des stagiaires qui ne reconnaissent pas leurs difficultés, des stratégies particulières sont à mettre en place. Certaines d'entre elles sont présentées dans le tableau 11.4 (*voir p. 193*) avec des exemples (inspiré de Côté *et al.*, 2018).

Recueil de données et vérification des hypothèses

Observation directe de la stagiaire

- Description détaillée du ou des problèmes
- Impact du problème
- Forces de la stagiaire

Rencontre avec la stagiaire

Perception par la stagiaire de ses difficultés

- Perçoit-elle ses difficultés ?
- À quoi les attribue-t-elle ?
- Est-elle d'accord pour travailler à leur résolution ?

Vécu de la stagiaire (professionnel et académique)

Regard sur le contexte clinique

- Caractéristiques des patients
- Flux de patients
- Structure de supervision

Regard sur le contexte académique

- Vos émotions
- Vos biais potentiels
- Votre style d'enseignement
- Votre disponibilité

Diagnostic pédagogique

Catégorisation du problème

- Difficultés affectives
- Difficultés cognitives
- Difficultés psychomotrices
- Difficultés structurelles ou organisationnelles
- Difficultés interpersonnelles

Identification d'éventuels facteurs déclenchant ou exacerbant le problème

- En lien avec la charge de travail académique (période d'examens, transition dans le cursus)
- En lien avec la stagiaire (maladie, problèmes personnels)

Plan d'intervention

Élaboration du plan

- Quels sont les points que vous voulez corriger ?
- Quelles stratégies/méthodes allez-vous mettre en place (soyez réaliste) ?
- Qui va intervenir, quand et comment ?
- Quelle sera la durée de l'intervention ?
- Comment seront évalués les résultats ?
- Quelles seront les conséquences si le problème persiste (informez clairement la stagiaire) ?

Suivi et réévaluation du plan

- Identifier le responsable du suivi
- Planifier les rencontres de suivi
- Documenter l'ensemble du processus

Source : Figure adaptée de Audétat et Caire Fon, 2018, p. 169.

11.4.2 La prise en compte des réactions

La formulation d'une rétroaction négative peut susciter chez les stagiaires des émotions telles que le doute, la colère ou la déception. Il peut arriver que les superviseures sous-estiment ou surestiment cet impact émotionnel. Or, lorsque leurs émotions sont sous-estimées, les stagiaires peuvent avoir tendance à se fermer et à ne pas donner suite à la rétroaction. Lorsqu'elles appréhendent des émotions vives, les superviseures peuvent avoir tendance à ne pas informer les stagiaires des difficultés notées afin de ne pas les heurter : cela empêche que les correctifs nécessaires soient apportés et peut même entraîner le risque que les difficultés perdurent et se cristallisent dans la pratique professionnelle future des stagiaires (Côté *et al.*, 2018 ; Oermann *et al.*, 2021).

Néanmoins, il importe d'offrir aux stagiaires une rétroaction qui tienne compte de leurs réactions, de leurs explications et de leurs justifications, sans pour autant laisser de côté les objectifs d'amélioration et les lacunes décelées. Il peut aussi être judicieux de leur rappeler alors qu'il est normal qu'elles rencontrent des

Tableau 11.4 Quelques stratégies en matière de rétroaction

Stratégie	Exemple
Décrire les difficultés en termes de comportements observables, en se fondant sur des faits et non sur des opinions	« À plusieurs occasions, je t'ai vue faire l'évaluation de la condition physique sans tenir compte des propos de la personne. Par exemple, dans ce cas-ci, la personne se plaignait d'insomnie. »
Chercher à comprendre la perspective de la stagiaire sur les comportements mentionnés et écouter ses explications	« J'aimerais que tu m'expliques pour quelles raisons tu n'as pas jugé bon de considérer ses plaintes liées à l'insomnie. »
Moduler les échanges en fonction des réactions de la stagiaire	« Je comprends que ce soit difficile pour toi que je soulève ce point, mais il est important que je le mentionne pour que tu saches ce qui doit être amélioré. »
Formuler des attentes ou un comportement attendu en fonction des objectifs ou des compétences visés par le stage	« On s'attend à ce qu'une stagiaire de deuxième année soit en mesure de prendre en compte plus d'un problème et qu'elle considère les propos des personnes pour orienter ses actions. »
Proposer des moyens pour pallier les difficultés	« Au début de chaque quart de travail et au moins une fois dans la journée, tu pourras vérifier auprès des personnes si elles ont des préoccupations ou des besoins qui n'ont pas été pris en compte. »
Mentionner que la perception de sa performance par la stagiaire peut différer de celle qu'en a la superviseure	« Je constate que tu croyais avoir bien évalué la condition de santé de la personne, mais il faut effectivement dépasser son problème de santé initial et vérifier s'il y a d'autres problèmes ou préoccupations. »
Rappeler la nécessité pour la stagiaire de faire confiance à la superviseure et pour la superviseure de lui faire confiance en retour	« Mon but est de t'aider à répondre aux attentes du stage. Même si tu n'avais pas pris conscience de cette difficulté, tu peux t'améliorer en suivant mes conseils. »

difficultés à un moment ou à un autre de leur cheminement, et de les amener à porter un regard juste sur leur prestation. L'alliance pédagogique, discutée au chapitre 5, prend ici tout son sens dans l'optique de la résolution des difficultés rencontrées. Grâce à cette alliance, la superviseure et la stagiaire sont mieux à même d'aborder la discordance entre leurs perceptions et, ce qui est une nécessité, de travailler conjointement à la recherche de moyens d'amélioration.

Plusieurs stagiaires présentant des difficultés acceptent de s'engager dans un processus d'amélioration. Faire un suivi bienveillant de leur progression est tout indiqué. D'autres adoptent une attitude d'opposition ou de déni et refusent de collaborer avec leur superviseure. Dès lors, un cadre plus structurant s'impose, c'est-à-dire un plan de remédiation tel que décrit dans ce chapitre. La responsable académique de stage devrait aussi être informée, de façon à ce qu'elle apporte un soutien à la superviseure, rencontre la stagiaire concernée et décide des actions à entreprendre.

En présence de stagiaires niant leurs difficultés, la prise de notes est plus indiquée que jamais pour documenter objectivement leur performance, de manière à faire preuve d'une démarche rigoureuse fondée sur des faits et non sur des opinions (Oermann *et al.*, 2021). À titre de rappel, ces notes doivent être conservées, divulguées et utilisées dans le respect des droits à la confidentialité dont bénéficie toute personne.

11.5 Les stagiaires présentant des difficultés de raisonnement clinique

Tel que mentionné précédemment, les stagiaires peuvent présenter des difficultés cognitives, c'est-à-dire des lacunes en matière de connaissances ou des difficultés liées à leurs habiletés intellectuelles, notamment s'agissant du raisonnement clinique. Or, c'est souvent de façon aléatoire et au gré des différentes expériences faites par les stagiaires que les stages contribuent au développement de leur raisonnement clinique. C'est pourquoi plusieurs d'entre elles présentent des difficultés au cours des stages (Audétat et Laurin, 2018). Ces difficultés peuvent passer inaperçus ou ne pas être prises en compte par les acteurs impliqués lors des stages. Lorsque des difficultés sont constatées chez une stagiaire, un réflexe fréquent est de croire qu'elles tiennent à un manque de connaissances. Or, souvent, il s'agit plutôt d'une difficulté de raisonnement clinique. De fait, les difficultés de raisonnement clinique sont le plus souvent attribuables à une incapacité de la stagiaire à appliquer ses connaissances dans sa pratique, plutôt qu'à un déficit de connaissances (Audétat *et al.*, 2017).

11.5.1 La distinction entre le manque de connaissances et la difficulté de raisonnement clinique

Les stagiaires qui présentent des difficultés ont tendance à formuler des hypothèses ou des problèmes sans tenir compte de données dont elles disposent. Le rôle des superviseures consiste à déterminer si cela tient à ce qu'elles ont des connaissances insuffisantes, ce qui les empêche d'utiliser ces données, ou s'il s'agit plutôt d'un problème de raisonnement clinique découlant de la non-utilisation de ces données, alors qu'elles ont les connaissances adéquates. Il convient ainsi d'établir une distinction entre le manque de connaissances et les difficultés de raisonnement clinique. Des stratégies simples peuvent être utilisées pour ce faire (Audétat et Laurin, 2018) :

- Questionner les stagiaires sur le problème énoncé pour vérifier leurs connaissances sur les signes et symptômes, les risques associés ou encore les réactions les plus fréquentes de la personne, selon l'angle adopté.

- Demander aux stagiaires d'identifier un problème prioritaire à partir de ces données.

- Leur communiquer une information manquante pour évaluer si elles poursuivent leur raisonnement adéquatement.

La rubrique Sur le terrain 11.3 présente un exemple de cette distinction entre manque de connaissances et difficulté de raisonnement clinique (inspiré de Audétat et Laurin, 2018, p. 191).

Un plan de remédiation peut être élaboré pour soutenir l'acquisition de connaissances qui dépassent le cadre des difficultés de raisonnement clinique. Selon la nature de la difficulté de raisonnement

---

Sur le TERRAIN 11.3 — Distinguer un manque de connaissance d'une difficulté de raisonnement clinique

Anne-Marie supervise le stage de Manon, étudiante de deuxième année, dans une unité de chirurgie orthopédique. La stagiaire a sous ses soins Jacob, qui a fait une chute entraînant une fracture à l'humérus du bras droit ayant nécessité une réduction ouverte au cours de la nuit. Son bras est recouvert d'un pansement et maintenu par une attelle. Lorsqu'elle évalue la condition de santé de Jacob, Anne-Marie soupçonne un syndrome de compartiment.

À sa grande surprise, quand Manon présente le problème qu'elle soupçonne chez Jacob, Anne-Marie constate que sa stagiaire ne mentionne pas ce syndrome.

« Jacob présente une douleur non soulagée (*problème identifié, hypothèse*). Les analgésiques prescrits ne sont pas suffisants, malgré leur administration sur une base régulière. Jacob dit qu'il n'est plus soulagé, que la douleur s'intensifie. »

Manon ne mentionne pas que ces données pourraient l'amener à formuler, elle aussi, l'hypothèse d'un syndrome de compartiment. Elle semble croire que l'analgésique prescrit est insuffisant, sans plus.

Anne-Marie souhaite découvrir si sa stagiaire connaît les signes et symptômes du syndrome de compartiment ou si elle connaît même ce syndrome (*objectif de la superviseure : évaluer s'il s'agit d'un manque de connaissances chez Manon*).

« Quelle est l'une des complications possibles à la suite de la réduction d'une fracture ? » (*utilise le questionnement*)

« Une douleur difficile à soulager ? »

« Oui, c'est vrai, mais au niveau des signes neurovasculaires, que penses-tu du fait que Jacob présente des picotements aux doigts de la main droite et que ceux-ci sont plus froids au toucher que ceux de la main gauche ? » (*Anne-Marie communique une information manquante pour voir si Manon peut poursuivre son raisonnement.*)

Il y a alors deux possibilités.

Si Manon lui répond : « Peut-être est-ce dû au fait que son bras est surélevé depuis trop longtemps sur un oreiller ? », Anne-Marie en déduira que sa stagiaire ne parvient pas à faire le lien entre ces données et l'apparition potentielle du syndrome de compartiment, et présente potentiellement un manque de connaissances auquel elle peut remédier en lui indiquant que ce sont des signes et symptômes d'un syndrome de compartiment ou en lui demandant de lire sur le sujet. En complément, Anne-Marie pourra aussi partager avec elle ses connaissances expérientielles, en lui donnant des exemples de situations concrètes.

À l'opposé, Manon peut lui répondre que ce sont possiblement les signes et symptômes d'un syndrome de compartiment, mais proposer une intervention inadéquate, en disant, par exemple : « Est-ce qu'il ne faudrait pas aviser l'équipe médicale qui est justement sur l'unité pour faire modifier les analgésiques ? » Dans ce cas, la superviseure comprendra qu'il s'agit d'une difficulté de raisonnement clinique. En effet, Manon a les connaissances sur les signes et les symptômes d'un syndrome de compartiment, mais ne les utilise pas pour faire des liens entre les données recueillies et les interventions appropriées dans la situation de Jacob. Elle persiste à croire qu'il faut augmenter la dose d'analgésique, ce qui n'est pas une intervention justifiée. Anne-Marie devra alors agir pour aider Manon à corriger son erreur de raisonnement clinique.

---

clinique, les superviseures devront procéder à des interventions différentes. Il importe donc, dans un premier temps, de savoir distinguer ces différents types de difficultés.

11.5.2 Les principales difficultés de raisonnement clinique et les stratégies pour y remédier

Tout d'abord, toutes les situations de soins que rencontrent les stagiaires ne donnent pas forcément lieu à des difficultés de raisonnement clinique. Certains problèmes peuvent en effet leur être plus familiers ou mieux circonscrits, alors que d'autres sont moins fréquents ou plus complexes et exigent de considérer de multiples éléments. Par exemple, si une personne qui a des problèmes d'angine se plaint d'une douleur rétrosternale, une stagiaire qui a déjà rencontré une telle situation sera plus apte à identifier le problème qu'une stagiaire inexpérimentée.

Ensuite, en cas de difficulté de raisonnement clinique chez une stagiaire, il est souhaitable d'adopter une attitude réflexive afin de déterminer s'il s'agit d'un incident isolé ou récurrent, pour lequel un correctif est nécessaire. Pour ce faire, les superviseures recourent au raisonnement pédagogique au cours du stage afin d'identifier la difficulté, de la documenter, d'en déterminer la cause potentielle, et ensuite d'intervenir pour y remédier. Par exemple, une difficulté à recueillir des données pour valider l'hypothèse prioritaire peut résulter du fait que la stagiaire ne maîtrise pas suffisamment l'examen clinique ou qu'elle a du mal à gérer sa gêne.

Évidemment, une difficulté présente lors des premières étapes du raisonnement clinique a un impact sur les étapes subséquentes. Lors du diagnostic pédagogique, il est donc préférable de cibler l'étape la plus en amont du processus de raisonnement clinique.

Le tableau 11.5, à la page suivante, présente des exemples de difficultés que les stagiaires peuvent présenter aux cinq étapes du raisonnement clinique (*voir le chapitre 9*) ainsi que les stratégies de remédiation auxquelles ont accès les superviseures.

Tableau 11.5 Des exemples de difficultés de raisonnement clinique et les remédiations associées

Étape du raisonnement clinique	Difficulté associée	Exemples de manifestations de la difficulté	Stratégies de remédiation
1. Perception initiale (collecte intuitive de données)	Difficulté à se faire une représentation initiale du problème	• Peine à se faire une représentation du problème • Ne tient pas suffisamment compte du contexte pour identifier le problème	• Faire résumer à la stagiaire la situation initiale en quelques phrases et lui faire identifier les éléments clés. • En tant que superviseure, verbaliser et expliciter sa propre représentation initiale ainsi que les données essentielles (modèle de rôle). • Donner à la stagiaire des conseils pour surmonter les difficultés relationnelles ou contextuelles.
2. Formulation d'hypothèse	Difficultés à recueillir des données essentielles et à orienter la collecte des données pour conduire à des hypothèses pertinentes	• N'identifie pas les données clés qui pourraient l'orienter vers des hypothèses quant au problème prioritaire • Ne génère pas un certain nombre d'hypothèses quant au problème pour orienter son raisonnement • N'oriente pas adéquatement sa collecte de données	• En tant que superviseure, verbaliser et expliciter son propre raisonnement clinique. • Stimuler la reconnaissance par la stagiaire de données pertinentes en lui posant des questions telles que : « Quelles données importantes notes-tu ? » ou « À quoi te fait penser cette information transmise par la personne ? »
3. Recueil et interprétation de données complémentaires pour vérifier les hypothèses générées	Fermeture prématurée	• Se centre rapidement sur un seul problème possible et conduit sa collecte de données uniquement en fonction de celui-ci • Démontre une fermeture passive (faute de considérer d'autres hypothèses que permettent de faire les données) ou active (faute de chercher à documenter son unique hypothèse)	• Demander à la stagiaire de résumer la situation de soins, de proposer un problème prioritaire et de nommer d'autres problèmes potentiels. • Lui faire justifier les problèmes et leur priorisation. • L'encourager à réfléchir sur les motifs l'amenant à ne pas considérer d'autres hypothèses.
	Difficultés de priorisation	• Priorise inadéquatement les problèmes identifiés chez la personne • Éprouve des difficultés à accorder ou non de l'importance à certaines données obtenues	• En tant que superviseure, expliciter son propre raisonnement de priorisation. • Amener la stagiaire à considérer la priorisation sous un autre angle. • En tant que superviseure, résoudre la situation de soins et expliciter son processus *a posteriori*.

Tableau 11.5 Des exemples de difficultés de raisonnement clinique
et les remédiations associées (*suite*)

Étape du raisonnement clinique	Difficulté associée	Exemples de manifestations de la difficulté	Stratégies de remédiation
4. Validation d'une hypothèse	Difficulté à élaborer un portrait global de la situation de soins	Ne fait pas de liens entre les différentes données, la perspective de la personne et le contexte pour construire un portrait adéquat de la situation et ajuster son plan d'intervention	• Encourager la stagiaire à bien se documenter, par exemple en consultant le dossier de la personne, puis en en faisant un court résumé. • La faire réfléchir par le questionnement sur les liens entre les différents éléments de la situation.
5. Prise de décision	Difficulté à élaborer un plan d'intervention	Propose de procéder à des interventions inadéquates ou de ne pas intervenir alors que des interventions sont nécessaires	• En tant que superviseure, expliciter son propre raisonnement menant au plan d'intervention. • Inciter la stagiaire à se prononcer, à prendre position à propos des interventions possibles. • Reprendre les différentes interventions et les mettre en lien avec les particularités et les ressources de la personne.

Source : Adapté de Audétat et Laurin, 2018, p. 193.

Prendre le temps nécessaire pour poser un diagnostic pédagogique permet aux superviseures de mieux adapter leurs interventions pour remédier au problème identifié. Le cas échéant, les responsables académiques de stage peuvent aussi aider les superviseures à déterminer des stratégies de remédiation efficaces. Le choix de ces stratégies est nécessairement orienté par les causes sous-jacentes des difficultés des stagiaires. Cependant, d'autres facteurs sont à prendre en compte, notamment le temps disponible, le contexte et le niveau de formation des stagiaires. Dans certains cas, il s'avère utile de recourir à un plan de remédiation global plutôt qu'à un plan portant sur une difficulté spécifique de raisonnement clinique. Par exemple, si une superviseure constate que la difficulté de sa stagiaire à recueillir des données

pertinentes tient à son inexpérience ou à son manque de confiance, l'objectif pourrait être d'améliorer sa capacité à recueillir des données et les moyens suggérés seraient de faire un aide-mémoire et de noter les données au fur et à mesure lors des prochaines situations de soins. Pour la mettre à l'aise, il suffirait de lui dire d'aviser simplement la personne qu'elle prendra des notes au cours des soins afin de ne rien oublier (Audétat *et al.*, 2011 ; Audétat et Laurin, 2018).

D'autres stratégies peuvent être utilisées, selon les superviseures elles-mêmes, le contexte ou encore les caractéristiques des stagiaires. Ces stratégies gagnent à être mises en place rapidement, car, dans plusieurs cas, elles permettent aux stagiaires de poursuivre leur cheminement scolaire et professionnel avec succès (Audétat *et al.*, 2017).

Conclusion

L'accompagnement des stagiaires présentant des difficultés soulève plusieurs enjeux et suscite divers questionnements auxquels ce chapitre s'est efforcé d'apporter des réponses. L'art de la supervision consiste à identifier de façon précoce les difficultés des stagiaires, ce qui aide à mettre en place rapidement des mesures de remédiation appropriées. Les stagiaires disposent ainsi de plus de temps pour remédier à leurs difficultés. Les comportements non sécuritaires ou les comportements non professionnels peuvent être plus complexes à cerner. Néanmoins, il existe des indicateurs qui permettent de les mettre au jour et de les identifier. Dans tous les cas, il vaut la peine de tenter de résoudre les difficultés présentes chez les stagiaires, en gardant en tête qu'il s'agit de la meilleure façon de soutenir leurs apprentissages et le développement de leurs compétences.

Questions
de réflexion

1. Comment l'identification et le dévoilement des difficultés des stagiaires contribuent-ils à soutenir leurs apprentissages et le développement de leurs compétences ?

2. Quels sont les aspects à prendre en compte dans l'élaboration d'un plan de remédiation pour une stagiaire présentant des difficultés ?

3. Quels arguments peut-on avancer face aux réticences possibles des superviseures à faire part aux stagiaires des difficultés identifiées chez elles ?

4. Quelle démarche permet aux superviseures d'établir un diagnostic pédagogique en lien avec le raisonnement clinique ?

5. Comment les superviseures peuvent-elles aider les stagiaires à remédier à leurs difficultés de raisonnement clinique ?

Gérer les conflits en situation de stage

Plan du chapitre

Objectifs du chapitre

- Décrire les conflits et certaines de leurs conséquences.
- Discerner les causes pouvant conduire à des conflits.
- Reconnaître les phases d'évolution d'un conflit.
- Appliquer des stratégies pour gérer les situations conflictuelles.

Ressource en ligne sur la plateforme *i+ Interactif*:
- Livre numérique

Introduction

Le succès du stage dépend de la qualité de la relation pédagogique entre la superviseure et la stagiaire. Lorsque cette relation est de qualité, la dynamique est favorable à l'apprentissage, mais lorsque des conflits émergent, ceux-ci peuvent avoir un impact tant sur les apprentissages que sur l'expérience de supervision. Le maintien d'une relation pédagogique saine exige donc de faire preuve de souplesse et d'être capable de s'ajuster. Cependant, comme chaque personne a sa propre lecture des situations qu'elle vit, selon ses intérêts, ses perceptions ou ses valeurs, des conflits peuvent malgré tout survenir. Ces conflits se présentent sous différentes formes et peuvent poser un défi parfois lourd de conséquences pour les personnes impliquées. Plutôt que de les éviter ou de les passer sous silence, mieux vaut apprendre à les gérer pour en faire une occasion d'enrichissement mutuelle et non d'affrontement.

12.1 Les conflits et leurs conséquences

Au quotidien, nous avons tous à régler des problèmes. Un problème correspond à une difficulté pour laquelle il n'y a pas de solution dans l'instant présent. Il peut en résulter un désaccord ou de l'insatisfaction, mais cela demeure dans des limites acceptables pour les deux parties. Cependant, s'il n'est pas résolu, le problème persiste et risque de dégénérer en conflit. Ce dernier se définit comme étant un processus dynamique qui s'enclenche entre des parties interdépendantes lorsque la perception de désaccords et d'interférences dans l'atteinte de leurs buts entraîne chez elles des réactions émotionnelles négatives (Barki et Hartwick, 2004, p. 234, traduction libre). Dit plus simplement, un conflit résulte d'un processus de résolution de problème qui a échoué (Poitras *et al.*, 2018).

Toutefois, tous les problèmes ne prennent pas l'ampleur d'un conflit (Poitras *et al.*, 2018). À l'inverse, un conflit peut également émerger d'un problème dont les personnes ne sont pas forcément conscientes ou ne s'accordent pas à confirmer l'existence (Jannas, 2019).

Dans un contexte de supervision, un conflit peut s'installer lorsqu'il y a une confrontation entre les idées, les valeurs ou les perceptions de la superviseure et de la stagiaire en réaction à un comportement perçu négativement ou à une attitude jugée inappropriée (Broukhim *et al.*, 2019).

Par exemple, les conflits peuvent être engendrés par :

- des tensions qui demeurent inexprimées ;
- une attitude négative ;
- des comportements abrupts ;
- des comportements de manipulation ;
- une démonstration excessive de connaissance ;
- une ignorance volontaire des idées ou des suggestions de l'autre ;
- des questionnements incessants ;
- de l'anxiété.

12.1.1 Les conséquences d'un conflit

Lorsque des situations conflictuelles surviennent entre la superviseure et la stagiaire, elles ont plusieurs types de répercussions, notamment sur la qualité des soins et donc sur les personnes soignées (Broukhim *et al.*, 2019 ; Vandergoot *et al.*, 2018). Ces conséquences sont regroupées ici en trois grandes catégories : les conséquences individuelles, les conséquences interpersonnelles et les conséquences organisationnelles. De plus, selon que la gestion des conflits est efficace ou inefficace, les conséquences sont constructives ou négatives (Almost *et al.*, 2016 ; Babin, 2019 ; Bajwa *et al.*, 2020 ; Broukhim *et al.*, 2019 ; Chan *et al.*, 2019 ; Kfouri et Lee, 2019 ; Kim *et al.*, 2017 ; McKibben, 2017). Le tableau 12.1 en donne des exemples pour les trois grands types de conséquences.

Tableau 12.1 Des exemples de conséquences constructives et négatives

Conséquences constructives (gestion efficace)	Conséquences négatives (gestion inefficace)
Individuelles	
• Soutien au développement du jugement, du raisonnement et de la prise de décision • Amélioration de la satisfaction dans l'exercice de ses fonctions • Diminution du stress • Amélioration de la confiance en soi et en ses capacités • Motivation à l'amélioration continue • Acquisition d'habiletés dans la gestion de conflits • Consolidation de l'attrait pour la profession	• Apparition de symptômes physiques (maux de tête, manque de sommeil, etc.) • Insatisfaction dans l'exercice de ses fonctions ou erreurs • Augmentation du stress • Émergence d'émotions négatives (frustration, colère, sentiment d'injustice ou de favoritisme, détresse, etc.) • Hésitation à s'engager dans certaines situations d'apprentissage ou diminution de l'engagement • Baisse de l'estime de soi liée à l'impuissance et à la peur • Intention de quitter le programme de formation
Interpersonnelles	
• Amélioration des relations interpersonnelles, de la communication et des habiletés au travail d'équipe • Respect des rôles et des buts respectifs • Meilleur esprit d'équipe	• Diminution de la collaboration et de la communication dans l'équipe • Baisse du rendement lié à une diminution de la confiance en soi et à la présence accrue de stress • Désaccord ou confusion quant aux rôles et au partage des responsabilités • Déficiences dans le partage d'information dans l'équipe
Organisationnelles (environnement de soins et d'apprentissage)	
• Consolidation d'un climat de travail ou d'apprentissage sain et d'un environnement de confiance • Remise en question de certains problèmes conduisant à des changements avantageux	• Diminution de la qualité du climat de travail ou d'apprentissage • Possibilités accrues d'erreurs occasionnées par le conflit • Baisse de la satisfaction au travail
Organisationnelles (personnes soignées)	
• Amélioration de la qualité des soins et de la sécurité • Consolidation de la relation de confiance avec le personnel, dont les stagiaires et les superviseures • Innovation dans la manière de répondre à des problèmes	• Détérioration de la qualité des soins • Altération de la sécurité liée à l'augmentation potentielle des erreurs • Désaccord dans l'équipe de soins quant aux interventions à poser • Effritement de la relation de confiance avec le personnel, dont les stagiaires et les superviseures

Un conflit qui n'est pas identifié promptement et géré de façon inefficace peut mener à d'autres conflits – notamment des conflits dits d'allégeance, entre collègues ou personnes d'un même niveau hiérarchique – ou même générer un climat d'intimidation et de harcèlement (Almost *et al.*, 2016 ; Chachula *et al.*, 2022).

12.1.2 L'intimidation et le harcèlement

L'intimidation représente un réel problème dans plusieurs milieux de travail, et le domaine des soins n'y fait pas exception. Examiner en détail ce phénomène récurrent dépasse la portée de ce chapitre, mais une sensibilisation à l'intimidation et au harcèlement est primordiale. L'intimidation se présente sous la forme de comportements hostiles qui peuvent sembler inoffensifs de prime abord, mais dont les effets n'en sont pas moins dévastateurs lorsqu'ils se répètent dans le temps (Fernández-Gutiérrez et Mosteiro-Díaz, 2021 ; Minton et Birks, 2019). Par exemple, faire des commentaires dénigrants visant à diminuer la personne, traiter l'autre comme un être inférieur et proférer des insultes ou adopter des comportements perçus comme menaçants sont autant de comportements d'intimidation.

Les étudiantes infirmières n'échappent pas toujours à l'intimidation lors des stages : elles en souffrent autant, sinon plus, que les infirmières (Chachula *et al.*, 2022 ; Fernández-Gutiérrez et Mosteiro-Díaz, 2021). Ce qu'elles subissent en tant que stagiaires peut les conduire par la suite, en tant que professionnelles, à reproduire de tels comportements à l'encontre de collègues ou de stagiaires. Le fait de normaliser ces comportements revient à laisser croire à tous qu'ils sont acceptables. Par exemple, si une stagiaire a affaire à des personnes qui, d'emblée, la considèrent comme ayant peu de connaissances, puisque « ce n'est qu'une étudiante », elle se sent constamment dévalorisée et en vient à croire qu'en effet, elle n'est « qu'une étudiante ». Devenue infirmière, puis superviseure de stage, elle risque d'avoir intégré ce comportement comme étant une norme acceptable qu'elle pourrait reproduire inconsciemment auprès de ses stagiaires.

Sur le plan de l'apprentissage, les superviseures doivent être sensibles au fait qu'en subissant de l'intimidation sans la dénoncer, les étudiantes perdent des occasions d'apprendre, peuvent être incapables d'atteindre les objectifs d'apprentissage et risquent de manquer de motivation pour suivre leur programme de formation, ou pour la profession infirmière (Minton et Birks, 2019). L'intimidation est souvent perçue comme un rituel de passage par les stagiaires. Craignant d'être mises en échec ou pensant qu'il n'y a aucune autre solution, elles se résignent à la subir sans la dénoncer. L'intimidation prend de multiples visages, comme l'illustrent les rubriques Sur le terrain 12.1 et 12.2.

Sur le TERRAIN 12.1   Une stagiaire intimidée

Janice effectue son stage de deuxième année dans une unité d'orthopédie. Elle sollicite l'aide du préposé aux bénéficiaires, Carl, pour mobiliser une personne ayant subi une chirurgie à la colonne vertébrale. Il accepte volontiers et avec bonne humeur. Rendu au chevet de la personne, Carl la taquine et dit : « Ouais, ce n'est pas drôle, la petite a besoin d'aide pour tourner un patient, malgré ses études universitaires ! C'est bien beau, la théorie, mais en pratique, c'est autre chose ! » En sortant de la chambre, il ajoute : « C'est le temps de passer les plateaux pour les repas, ça, tu dois bien être capable de le faire seule. » Le lendemain, en la voyant arriver, il dit tout haut devant le poste des infirmières : « Oh, elle est donc bien belle, la petite, avec un uniforme tout neuf ! Il va bien falloir lui faire perdre ses plis du magasin. » Carl ne manque pas une occasion de faire des blagues à propos de Janice, qui se sent ridiculisée chaque fois. Elle perd de plus en plus sa motivation à venir en stage, elle n'ose pas se plaindre à Coralie, sa superviseure, qui, par ailleurs, n'a été témoin que de sa blague sur son uniforme.

▶

Sur le TERRAIN 12.1 Une stagiaire intimidée (*suite*)

Un peu plus tard, au cours de l'avant-midi, considérant que la blague de Carl peut avoir blessé Janice, Coralie entame avec elle une conversation pour explorer la façon dont elle se sent intégrée dans l'équipe et vérifier si certains membres du personnel, dont Carl, ont des comportements qui la mettent mal à l'aise. Janice commence par lui dire qu'elle se sent très bien accueillie par l'équipe. Elle hésite, puis, finalement, lui fait part des blagues répétées de Carl et lui confie qu'elles la mettent très mal à l'aise. Elle ajoute qu'elle se sent dénigrée par ses propos au point, avant chaque jour de stage, de souhaiter qu'il ne soit pas présent. Comme cette situation implique un comportement d'un membre du personnel et que ce n'est pas à elle qu'incombe la responsabilité de la gestion, Coralie lui dit qu'elle en avisera, de façon confidentielle, la responsable de l'unité. En tant que supérieure immédiate, celle-ci interviendra auprès de Carl afin que ses comportements cessent. Pour sa part, Coralie pourra effectuer un suivi auprès de Janice pour l'aider à regagner confiance en elle. Elle demandera aussi le soutien de la responsable académique de stage, au besoin.

Sur le TERRAIN 12.2 Une superviseure intimidante

Antoinette est une personne très spontanée qui n'hésite pas à dire ce qu'elle pense. Elle encadre depuis quelques jours Vicky, qui démontre de bons progrès. De son côté, Vicky ne veut pas commettre d'erreur. Habituellement, lors de ses stages précédents, elle n'hésitait pas à faire part de ses questionnements à ses superviseures, mais certaines attitudes et certains propos d'Antoinette l'ont amenée à se sentir diminuée, voire dénigrée. Ainsi, lorsqu'elle lui pose des questions, Antoinette se montre impatiente et lève les yeux au ciel. Ses réponses débutent souvent par des propos tels que :

- « Bien voyons, tu n'as pas appris ça à l'école ? »

- « Tu n'as sûrement pas bien étudié, tu devrais savoir ça. »

- « Encore quelque chose que tu ne sais pas... »

- « Tu as appris ça à l'école, mais dans la vraie vie, ce n'est pas comme cela que ça se passe. »

- « N'essaie pas de m'en apprendre, tu n'es qu'une étudiante après tout ! »

Aujourd'hui, alors que Vicky tente de lui brosser le portrait de la condition de santé de M. Lebel, Antoinette dit à sa collègue, qui est à côté d'elle : « Franchement, je ne sais pas ce qu'ils apprennent à l'école, mais elles ont de la misère à faire une synthèse et se perdent dans des détails inutiles. »

Vicky ne sait plus sur quel pied danser. Chaque fois qu'elle parle avec Antoinette, elle a l'impression de ne dire que des bêtises, ce qui la stresse énormément. Ne sachant que faire, elle se replie sur elle-même et ne lui fait plus part de ses incertitudes. Elle évite les échanges avec Antoinette et se concentre sur les soins à donner aux personnes, qui en retour lui démontrent leur satisfaction. Pour sa part, Antoinette ne prend pas conscience de l'impact de ses comportements sur Vicky. Elle constate que sa stagiaire est de plus en plus nerveuse et se dit que c'est probablement parce qu'elle manque d'assurance.

Dans une telle situation, il peut être difficile pour la stagiaire d'entamer la discussion avec la superviseure. Néanmoins, il faut éviter de rester seule dans de pareils cas et en discuter avec d'autres personnes. Vicky pourrait ainsi consulter la responsable académique de stage afin d'envisager des solutions.

Comme l'illustrent les cas de Janice et de Vicky (*voir Sur le terrain 12.1 et 12.2, page précédente*), les personnes victimes d'intimidation gardent souvent le silence, ce qui ne fait que perpétuer la situation. Or, celle-ci entraîne des effets néfastes, tant sur le plan physique que psychologique. L'intimidation et le harcèlement psychologique ont souvent pour origine un conflit qui n'a pas été géré constructivement. Diverses stratégies peuvent être mises en place afin de prévenir les situations d'intimidation ou de gérer les conflits qui les occasionnent (*voir la section 12.4.2, p. 217*). Comme il incombe aux superviseures de veiller à la sécurité et au bien-être des stagiaires, elles doivent être attentives aux situations d'intimidation qui surviennent. Elles disposent à cet égard de ressources tant dans leur milieu de travail qu'auprès des responsables académiques de stage. Les organisations mettent de l'avant plusieurs mécanismes pour prévenir l'intimidation et la dénoncer. Si une telle situation se présente, il faut dire à la personne qui manque de respect que son comportement incommode et lui demander d'arrêter. Elle doit également être avisée que si elle persiste, son attitude sera signalée aux instances concernées. Dans la majorité de cas, cette intervention permet de faire cesser le comportement vexatoire. Enfin, il est utile de recourir à la prise de notes pour consigner tout élément de preuve d'intimidation (faits, date, heure, endroit, nom de la personne, témoins, etc.). Le cas échéant, ces notes serviront à documenter la situation et à l'exposer à un supérieur ou à d'autres autorités, afin d'aider les stagiaires à rompre le silence (Université Laval, s. d.).

12.2   Les causes des conflits

Afin de minimiser les conséquences des conflits, il faut déterminer rapidement quelles sont leurs causes principales. Telle la partie immergée d'un iceberg, les causes des conflits survenant lors des stages se dissimulent souvent sous la surface (Almost *et al.*, 2016 ; Parsons *et al.*, 2017). Elles peuvent être regroupées en trois grandes catégories qui ne sont pas mutuellement exclusives : causes individuelles, causes interpersonnelles et causes organisationnelles (Almost *et al.*, 2016 ; Bajwa *et al.*, 2020 ; Kim *et al.*, 2017 ; McKibben, 2017).

L'identification de la source des conflits permet de les prévenir en amont ou, lorsqu'ils surviennent, de les gérer de façon constructive.

12.2.1   Les causes individuelles des conflits

Les conflits causés par les différences individuelles découlent, par exemple, de traits de personnalité incompatibles, de la perception divergente que différentes personnes ont d'une même situation, de leurs valeurs, de leur capacité à gérer leurs émotions ou encore de leurs connaissances (Almost *et al.*, 2016).

Les traits de personnalité

La personnalité joue un rôle majeur dans la propension à se trouver dans une situation conflictuelle. Certains types de personnalité tendent à recourir à des styles de gestion des conflits qui prolongent les mésententes, alors que d'autres utilisent plus naturellement des modes facilitant leur résolution (Poitras *et al.*, 2018).

Plus précisément, les traits de personnalité dominants sont classés selon cinq grandes dimensions – les « *Big Five* », ou *Five Factor Model* –, associées à l'acronyme OCEAN, soit les traits d'ouverture, de conscienciosité, d'extraversion, d'agréabilité et de névrosisme (Babcock et Wilson, 2020 ; Poitras *et al.*, 2018 ; Tehrani et Yamini, 2020). Ces cinq dimensions regroupent l'ensemble des traits de personnalité et, selon les études qui leur ont été consacrées, chacun de ces traits a des effets spécifiques sur les conflits (Babcock et Wilson, 2020). Ces traits sont plus ou moins présents chez l'ensemble des personnes, dont les superviseures et les stagiaires, le continuum allant de « fortement présent » à « faiblement présent », avec toutes les nuances intermédiaires possibles (Poitras *et al.*, 2018 ; Tehrani et Yamini, 2020). Le tableau 12.2 présente les caractéristiques générales associées à chaque trait ainsi que les aspects dominants des personnes observés lorsque ces traits sont faiblement ou fortement présents. Les superviseures peuvent s'y référer pour déterminer dans quelle mesure ces traits sont présents chez elles et chez les stagiaires afin d'appréhender leur impact sur leur relation et, ainsi, de mieux gérer les conflits.

Tableau 12.2 Les cinq dimensions regroupant les traits de personnalité dominants

(O)uverture à l'expérience

- Curiosité intellectuelle et désir d'apporter des ajustements dans sa vie
- Propension à accueillir la nouveauté et le changement
- Capacité à exprimer aisément ses émotions et son intérêt pour comprendre et explorer la perspective des autres et leurs idées
- Propension à envisager des solutions gagnantes en fonction des intérêts de l'autre pour éviter les conflits

Les personnes présentant ces traits ont moins de risque d'être associées à un conflit, car elles se montrent plus aptes à la négociation efficace. Elles peuvent être d'excellentes conseillères lorsqu'un conflit perdure.

Faiblement présent	Fortement présent
Un manque d'ouverture à l'expérience peut être associé à un esprit fermé ou trop pragmatique.	Une ouverture à l'expérience très marquée peut entraîner des comportements pouvant être considérés comme imprévisibles.

(C)onsciensiosité

- Prudence, autodiscipline et vigilance
- Régulation des impulsions et tendance à prendre un temps de réflexion avant d'entrer en action
- Fort désir de bien effectuer les tâches ainsi que d'atteindre ses buts
- Planification des démarches et fidélité à sa ligne de conduite pour atteindre ses objectifs

Les personnes présentant ces traits restent centrées sur leurs objectifs, évitent l'escalade conflictuelle et font preuve d'une approche pragmatique. Ces traits de personnalité sont fortement associés à un style de gestion des conflits prenant en compte les intérêts de chacun dans la recherche de solutions. Ces personnes ont moins de risque de se retrouver dans une situation problématique.

Faiblement présent	Fortement présent
Ces personnes peuvent être vues comme désorganisées, peu fiables ou chaotiques.	Ces personnes peuvent sembler obsessives ou têtues.

(E)xtraversion

- Propension à exprimer facilement ses émotions et à aborder les situations directement et rapidement
- Intérêt réel porté aux autres et aux événements externes
- Style empreint d'énergie et généralement de bonne humeur
- Volonté d'essayer de nouvelles choses
- Propension à parler

Les personnes présentant ces traits peuvent être de bons *leaders* pour résoudre un conflit. Elles peuvent aussi avoir tendance à imposer leurs opinions, leurs visions ou être perçues comme étant à la recherche d'attention.

Faiblement présent	Fortement présent
Ces personnes peuvent être vues comme solitaires ou réservées.	Ces personnes peuvent s'avérer très compétitives, voire dominantes dans certains cas. Elles sont impliquées plus souvent que d'autres dans des conflits.

Tableau 12.2 Les cinq dimensions regroupant les traits de personnalité dominants (*suite*)

(A)gréabilité

- Capacité à être à l'écoute de la perspective d'autrui
- Désir d'entretenir des relations harmonieuses, de trouver un terrain d'entente et d'éviter une escalade menant au conflit
- Tendance à être généreux, amical, serviable et à faire preuve de compassion
- Recherche spontanée de la coopération, des compromis, pouvant amener à céder facilement pour ne pas provoquer l'autre

Étonnamment, les personnes présentant ces traits se trouvent davantage impliquées indirectement dans des conflits, même si elles ne les provoquent pas. Néanmoins, leur personnalité fait que, dans certains cas, elles montrent une plus grande capacité à résoudre les différends à l'amiable.

Faiblement présent	Fortement présent
Ces personnes peuvent être vues comme naïves, passives.	Ces personnes évitent de prendre position dans des situations conflictuelles, favorisant ainsi malgré elles l'escalade des conflits et la formation de clans.

(N)évrosisme

- Tendance à s'émouvoir plus facilement que la moyenne dans des situations qui n'affectent que peu ou pas les autres
- Propension à percevoir les situations ordinaires comme étant menaçantes ou injustes
- Propension aux émotions négatives (colère, frustration ou envie, etc.) lors d'un conflit
- Gestion des émotions moins bonne due à une plus grande impulsivité et à une humeur variable

Aux yeux des personnes présentant ces traits, les problèmes mineurs peuvent prendre des proportions importantes. Ainsi, elles se considèrent plus facilement comme des victimes lors de différends.

Faiblement présent	Fortement présent
Ces personnes peuvent être vues comme stables, calmes ou peu concernées.	En raison d'autres aspects de leur personnalité, ces personnes réagissent par l'hostilité passive (par exemple, en boudant) ou proactive (en adoptant une attitude de confrontation). Elles se trouvent donc plus fréquemment en situation de conflit.

Les caractéristiques des traits de personnalité énoncées dans le tableau 12.2 ne permettent pas à elles seules d'expliquer tous les cas de figure de conflit possibles. Elles peuvent néanmoins être considérées comme l'une des causes possibles (Poitras *et al.*, 2018). Comme le montre le *Five Factor Model*, les traits de personnalité peuvent présenter de grandes variations et être très différents d'une stagiaire à l'autre (Babcock et Wilson, 2020). Les traits de personnalité influençant la propension aux conflits et les modes de gestion choisis (Erdenk et Altuntaş, 2017), il peut être intéressant pour la superviseure de comprendre quels sont ses propres traits de personnalité ainsi que ceux des stagiaires, et parmi ces traits, ceux qui sont susceptibles de favoriser un conflit (Broukhim *et al.*, 2019). Pour les personnes qui veulent aller plus loin, il existe des tests sur Internet, comme le test *Big Five*, qui permettent de déterminer sa propre tendance. Bien que ces tests ne soient pas toujours formellement recommandés, ils donnent une bonne idée des traits dominants d'une personne et aident à mieux comprendre comment une différence de personnalités peut être abordée (*voir Sur le terrain 12.3*).

Sur le TERRAIN 12.3   Des personnalités opposées

Maya est superviseure depuis cinq ans et travaille dans la même unité de soins depuis huit ans. De nature communicative, elle favorise la collaboration avec sa stagiaire Colleen, étudiante en début de deuxième année. Maya est volubile, aime être dans l'action et donner des trucs qu'elle a appris de son expérience. Pour sa part, Colleen est réservée, elle aime prendre le temps de bien faire les choses et tend à s'effacer devant les personnes faisant preuve de *leadership*. Lors d'une journée de stage, Maya demande à Colleen de préparer une perfusion intraveineuse. Alors que Colleen rassemble le matériel nécessaire et s'exécute avec minutie, elle espère que Maya remarquera l'attention qu'elle porte aux détails. Lors du montage de la tubulure, sous l'effet du stress, Colleen se montre cependant maladroite. Il y a plusieurs bulles d'air dans la tubulure. Maya le remarque, trouve que Colleen est lente à réagir et se dit qu'elle lui fait perdre son temps. Elle décide de lui en parler : « Aimerais-tu que je te montre un truc pour être plus rapide ? » Colleen, qui tend à s'effacer, croit que Maya préfère terminer la tâche elle-même. Elle lui cède donc la place, gênée. Elle sent que sa superviseure est bien meilleure qu'elle. Pendant que Maya lui montre comment déloger les bulles dans la tubulure, Colleen reste en retrait. Surprise de la réaction de Colleen, Maya l'invite à s'approcher : « Je t'ai donné un truc, mais c'est à toi de terminer la tâche. Je suis certaine que tu en es capable. » Colleen poursuit donc, encouragée par sa superviseure.

Maya sait qu'elle est plutôt extravertie et se rend bien compte que Colleen a une personnalité différente de la sienne : elle est plus méthodique et à tendance à s'effacer. Maya devra veiller à lui laisser le temps nécessaire pour effectuer de nouvelles procédures et aussi lui permettre de prendre sa place comme elle vient de le faire. Elle encouragera également Colleen à verbaliser davantage. Elle veut aussi mettre en place des mesures pour éviter les conflits potentiels.

Les valeurs

Les valeurs sont profondément ancrées en chaque personne et guident inévitablement les actions des individus (Babin, 2019). Les valeurs propres à chacun peuvent aussi entraîner des conflits, particulièrement lorsqu'une autre personne tend à les remettre en question, consciemment ou non (Almost *et al.*, 2016 ; Broukhim *et al.*, 2019). Un conflit de valeurs peut être ressenti au plan personnel (McKibben, 2017), par exemple lorsqu'une stagiaire est confrontée à des façons d'agir ne correspondant pas à ses valeurs ou aux valeurs prônées dans son programme de formation. Dans de telles situations, le fait de prendre conscience de ses valeurs personnelles et de les clarifier permet de réagir avec plus de mesure ou moins impulsivement.

Les valeurs influencent également la façon dont une personne perçoit dans une situation donnée les faits et les contenus des messages véhiculés ou des gestes (Almost *et al.*, 2016). Les perceptions sont souvent des éléments déclencheurs d'une situation conflictuelle. Elles peuvent conduire à formuler des jugements biaisés ou des interprétations erronées des comportements, comme l'illustre la rubrique Sur le terrain 12.4, à la page suivante.

Ces différences potentielles entre les perceptions et les interprétations peuvent générer une dynamique propice aux conflits. Les clarifier pour partager une compréhension commune de la situation permet de réduire les conflits potentiels. Par ailleurs, ces différences soulèvent aussi des émotions plus ou moins fortes selon les situations et les individus (Danan *et al.*, 2018). Les émotions interfèrent parfois avec les jugements posés et affectent l'objectivité des personnes, ce qui peut contribuer à une escalade de conflits. En tant que superviseure, il est plus simple de prendre conscience de ses propres émotions que de chercher à reconnaître celles vécues par les stagiaires. Pour ce faire, il est conseillé de prendre le temps de s'interroger sur son ressenti lors des situations vécues avec des stagiaires. Avoir ce recul aide à mieux gérer les situations, en gardant en tête qu'elles peuvent teinter la façon de communiquer avec les stagiaires ou de réagir à leur égard.

Sur le TERRAIN 12.4   Une question de ponctualité

Maggie supervise le stage de Louis. Elle a bien pris soin hier de lui préciser qu'il devait arriver à 7 h 30 dans l'unité de soins afin qu'elle puisse lui attribuer les soins de certaines personnes et qu'il se prépare. Pour elle, la ponctualité est primordiale.

À 7 h 15, Maggie se demande bien si Louis arrivera à l'heure.

À 7 h 20, Louis est au vestiaire et il est fin prêt à se rendre à l'unité. De nature ponctuelle, il est arrivé en avance pour être certain d'être à l'heure.

À 7 h 25, Maggie s'impatiente.

À 7 h 27, Louis monte dans l'ascenseur. Comme l'unité de soins est au 11e étage, c'est plutôt lent...

À 7 h 31, Louis arrive dans l'unité et se dirige vers Maggie.

Maggie fronce les sourcils en se disant que Louis a sûrement tendance à ne pas être ponctuel. « J'ai eu peur que tu prennes déjà l'habitude d'arriver en retard, tu es arrivé pas mal juste. Attention au retard à l'avenir. »

Ne voulant pas générer un conflit, Louis ne dit rien, mais trouve que c'est un drôle d'accueil pour une première journée de stage. Il trouve qu'une minute de retard, ce n'est pas exagéré. Il commence sa journée en se sentant un peu irrité et stressé pour la suite des choses.

Demeurer à l'affût du langage corporel, des expressions faciales ou du ton de voix des stagiaires peut fournir aux superviseures des indications sur leurs propres émotions dans les différentes situations rencontrées en stage (Raines, 2020). Ces informations éclairent leurs actions et leurs interprétations dans une situation conflictuelle. Comme il est difficile de modifier sa personnalité, les conflits causés par les différences individuelles peuvent s'avérer complexes. Chaque personne a donc avantage à prendre conscience de l'impact de ses caractéristiques personnelles lors d'un conflit. Les expériences passées de conflits non résolus causés par des différences individuelles sont aussi des signes avant-coureurs de nouveaux conflits (Almost *et al.*, 2016).

12.2.2   Les causes interpersonnelles des conflits

En plus des causes individuelles, il existe au cœur de la relation entre les superviseures et les stagiaires des causes interpersonnelles qui contribuent à l'émergence de conflits. Parce qu'elles débouchent sur différentes visions, ces causes peuvent conduire à des bris dans l'alliance pédagogique (*voir la section 5.2, p. 67*) et dans la relation entre les superviseures et les stagiaires, ou même dans la relation entre stagiaires.

Les causes interpersonnelles de conflit sont notamment les suivantes (Almost *et al.*, 2016 ; Bajwa *et al.*, 2020 ; Broukhim *et al.*, 2019 ; Chan *et al.*, 2019 ; Kim *et al.*, 2017) :

- l'ambiguïté des rôles (*voir le chapitre 4*) ;
- les différences liées à la diversité (*voir la section 3.3, p. 33*) ;
- les difficultés de communication (*voir le chapitre 5*) ;
- des attentes mal définies (*voir le chapitre 6*) ;
- le manque de confiance en soi ou de reconnaissance (*voir le chapitre 8*) ;
- le sentiment d'injustice ou de favoritisme ;
- les luttes de pouvoir ou la relation hiérarchique.

Ces conflits prennent source dans des perceptions souvent différentes, voire discordantes, et parfois erronées de certaines parties impliquées, comme l'illustre la rubrique Sur le terrain 12.5.

Les conflits de nature interpersonnelle peuvent aussi découler d'attentes mal définies, qu'il s'agisse d'attentes trop élevées de la part des superviseures, d'attentes différentes entre les stagiaires et les superviseures ou d'attentes incompatibles avec les objectifs (Kim *et al.*, 2017). Les facteurs fréquemment nommés par les stagiaires sont, entre autres, les

Sur le TERRAIN 12.5   Une perception erronée de favoritisme

Mylène supervise simultanément deux stagiaires qui sont en fin de deuxième année, Alexis et Donna. Alexis a obtenu jusqu'à maintenant de très bonnes évaluations dans ses stages. Il se montre rigoureux, ouvert à la critique et recherche activement les occasions d'apprentissage. Il n'hésite pas à faire des lectures supplémentaires le soir pour enrichir ses connaissances. Donna est timide et peu sûre d'elle, elle se sent facilement dévalorisée. Ses difficultés dans ses précédents stages ont miné sa confiance en elle, ce qui explique qu'elle se montre peu proactive dans ses apprentissages.

Mylène donne souvent Alexis en exemple à Donna. Il lui est même arrivé de demander à Alexis de revoir avec Donna une procédure de soins qu'il maîtrise bien. Mylène défend sa position ainsi : Alexis est un bon modèle de rôle pour Donna. Comme c'est son collègue, il est peut-être moins menaçant qu'elle ne l'est, elle, comme superviseure. De plus, il est tout

sauf prétentieux et aime au contraire partager ses connaissances.

Donna ne voit pas les choses du même œil. Elle croit qu'Alexis est le préféré de Mylène et que celle-ci passe son temps à le donner en exemple au lieu de lui demander ce qu'elle sait. Ainsi, l'autre jour, elle a préféré demander à Alexis de lui démontrer une procédure, plutôt que de lui demander à elle de la faire. De plus, Mylène dit fréquemment à Alexis qu'il a bien agi, qu'il a de bonnes connaissances, alors qu'avec Donna, elle insiste davantage sur les aspects qu'elle doit améliorer. Du point de vue de Donna, Mylène fait clairement preuve de favoritisme.

Les perceptions de Mylène et de Donna diffèrent énormément, ce qui constitue un terreau fertile pour que la situation s'envenime. Alexis pourrait aussi en souffrir s'il continue d'être une des sources de conflit sans même le savoir.

---

attentes jugées trop élevées, le stress qu'elles vivent, la concurrence avec d'autres stagiaires et l'évaluation (Kim *et al.*, 2017 ; Shanahan *et al.*, 2019). Quant aux superviseures, la lourdeur de la charge d'encadrement – notamment leur double rôle de clinicienne et de superviseure – constitue à leurs yeux l'une des principales sources de conflits de nature interpersonnelle (Shanahan *et al.*, 2019).

Étant donné sa nature hiérarchique, la supervision débouche dans la relation entre superviseures et stagiaires sur des enjeux de pouvoir qui peuvent entraîner des conflits (Broukhim *et al.*, 2019 ; Parsons *et al.*, 2017). Par conséquent, les stagiaires ont souvent des craintes à s'exprimer librement, hésitent à faire part de leurs désaccords à leur superviseure et ne communiquent pas leurs préoccupations facilement. Le conflit peut donc passer inaperçu pour les superviseures, du moins au départ. Par ailleurs, en raison de la position hiérarchique des superviseures, il arrive fréquemment qu'un conflit trouve sa source dans l'évaluation, notamment en cas de divergence de visions (*voir le chapitre 10*) ou en présence de compor-

tements non professionnels ou non sécuritaires (*voir le chapitre 11*). De fait, les enjeux liés à l'évaluation ont des répercussions considérables pour les stagiaires et suscitent des émotions vives pouvant conduire à des conflits (Shanahan *et al.*, 2019).

Enfin, les différences dans l'interprétation des comportements s'expliquent parfois par des écarts générationnels (*voir la section 3.3.2, p. 34*). Chaque génération a ses particularités, notamment quant à sa vision du monde, ses valeurs, ses idées ou son rapport avec la hiérarchie ou l'autorité. Dans un contexte de supervision, des divergences peuvent générer des conflits, surtout lorsqu'elles soulèvent des émotions. Par exemple, une étudiante de 20 ans hyperconnectée envoie un courriel à sa superviseure le dimanche soir à 22 heures pour lui poser une question relative à la journée de stage du lendemain... et s'étonne de ne pas recevoir de réponse dans l'heure qui suit ! Par ailleurs, la diversité des personnes, par exemple sur le plan culturel, est aussi une source de divergences dans les perceptions et les interprétations, et peut ainsi donner lieu à des conflits (*voir le chapitre 3*).

12.2.3 Les causes organisationnelles des conflits

Des causes liées au contexte organisationnel des milieux de soins peuvent contribuer à créer un climat défavorable ou malsain. Les sources de conflit de nature organisationnelle sont notamment :

- l'environnement de travail ;
- les normes en vigueur dans l'établissement ;
- la charge de travail ;
- l'attribution de la responsabilité de l'encadrement de stagiaires.

Dans l'environnement de travail, les lieux physiques eux-mêmes présentent des contraintes. Par exemple, le poste de travail des infirmières devient bondé facilement lorsqu'il y a des stagiaires, ce qui peut générer des tensions ou des malaises. Souvent, les stagiaires ne disposent pas d'un endroit où déposer leurs effets personnels, comme leurs livres de référence. De plus, comme les charges de travail sont souvent lourdes, une pression à intervenir rapidement auprès des personnes soignées peut s'exercer sur l'équipe de soins. Le fait que les stagiaires n'arrivent pas à assumer une telle cadence et qu'elles requièrent un encadrement peut créer un stress pour les superviseures et l'équipe de soin, qui doivent alors compenser. Ce stress supplémentaire génère aussi des conflits (Almost *et al.*, 2016 ; Broukhim *et al.*, 2019 ; Kim *et al.*, 2017).

Un conflit sur les tâches à effectuer peut découler d'un désaccord sur les objectifs, qu'il s'agisse du degré de qualité recherché ou des priorités (Poitras *et al.*, 2018). Par exemple, il n'est pas rare que les procédures techniques s'effectuent différemment dans le milieu académique et dans le milieu clinique, ainsi que d'un milieu clinique à l'autre, ce qui génère de l'incertitude chez les stagiaires. Leurs façons d'agir peuvent sembler étranges dans un établissement, alors qu'elles seront adéquates dans d'autres milieux.

L'ambiguïté des normes en vigueur ou la délégation de tâches dépassant les compétences des stagiaires sont d'autres sources potentielles de conflit (Babin, 2019 ; Kim *et al.*, 2017). Par ailleurs, pour bien planifier et organiser le stage, les superviseures doivent, en parallèle à leurs tâches cliniques, exercer des tâches pédagogiques et administratives, ce qui entraîne une charge de travail en général plus grande, du moins en début de stage (Broukhim *et al.*, 2019 ; Shanahan *et al.*, 2019).

Certains agents de stress présents dans le milieu de travail peuvent également susciter des réactions émotives, tant chez les superviseures que les stagiaires, et mener à des conflits. Par exemple, une surcharge de travail amène parfois une superviseure à exprimer de façon non verbale ou verbale de l'impatience envers sa stagiaire, qui s'offusquerait d'être traitée ainsi, faute de percevoir ce qui provoque cette impatience (*voir le chapitre 3*).

S'agissant de la responsabilité de l'encadrement du stage, les superviseures peuvent ressentir une absence de valorisation de leur rôle ou un manque de soutien de la part de leurs collègues concernant leurs fonctions de supervision. Si elles sont ponctuelles, de telles situations ne sont pas en soi conflictuelles, mais elles le deviennent si elles perdurent. Il ressort de cela que les mésententes liées à des tâches se transforment en conflits lorsqu'une dimension relationnelle vient s'y ajouter (Poitras *et al.*, 2018).

Il importe de savoir identifier non seulement les causes de conflits, mais également les différentes phases de l'évolution d'un conflit.

12.3 L'évolution des conflits

La plupart des désaccords entre les superviseures et les stagiaires n'évoluent pas vers un conflit, et lorsque cela arrive, certains ne sont pas perçus comme tels. Toutefois, plus ces désaccords progressent, plus les personnes concernées réagissent et plus il y a de risques qu'une escalade conflictuelle survienne. Une telle escalade se déroule en trois phases : la phase de latence, la phase de détérioration des relations et la phase de coercition (*voir la figure 12.1*) (Jannas, 2019 ; Poitras *et al.*, 2018 ; Raines, 2020).

12.3.1 La phase de latence

Lors de la phase de latence, les germes du conflit s'installent. Les désaccords surviennent généralement concernant les tâches, les buts ou les manières de travailler. À ce stade, les mésententes sont plutôt faibles. Certaines situations se règlent parfois d'elles-mêmes.

Figure 12.1 Les phases d'évolution des conflits

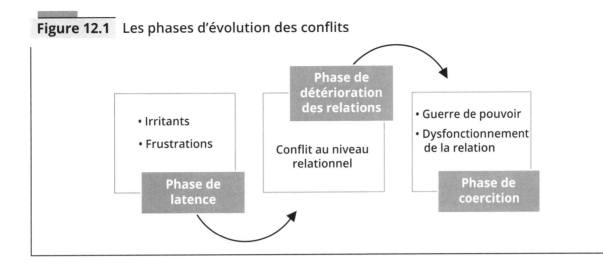

Comme elles ne se doutent pas que la situation peut dégénérer, les superviseures et les stagiaires continuent de fonctionner plus ou moins normalement. Le défi lors de la phase de latence est justement de reconnaître qu'un conflit prend forme et qu'il pourrait s'envenimer. Les superviseures ont la possibilité d'instaurer une démarche d'accommodement, décrite plus loin, ou de gestion des conflits avant que le conflit ne s'amplifie. À ce stade, le conflit passe facilement inaperçu. Souvent, ce n'est qu'en constatant son escalade que les superviseures prennent conscience de la situation. Le conflit entre alors dans la phase de détérioration (Poitras *et al.*, 2018 ; Raines, 2020). La rubrique Sur le terrain 12.6 présente deux situations conflictuelles à la phase de latence.

12.3.2 La phase de détérioration des relations

Cette phase se caractérise par une augmentation de l'intensité du conflit. Ce n'est plus le problème à la source du conflit qui attire l'attention, mais plutôt la personne qui en est tenue responsable. Considérant l'autre comme la source du problème, chacune des parties se retranche dans sa position et aborde le différend selon sa perspective. La principale cause de l'escalade est le phénomène action-réaction entre les parties (Poitras *et al.*, 2018 ; Raines, 2020). La rubrique Sur le terrain 12.7, à la page suivante, présente deux exemples concrets de phase de détérioration.

Lors de la phase de détérioration des relations, l'intensité du conflit s'accroît, des modifications dans

Sur le TERRAIN 12.6

La phase de latence en stage : deux exemples

Des oublis qui s'accumulent

À sa troisième journée de stage, Héloïse, la stagiaire, oublie d'inscrire les signes vitaux de M. Henri dans son dossier. Hier, elle a oublié d'inscrire ses notes infirmières à son dossier avant de partir. Daniel, son superviseur, commence à s'impatienter de ces oublis.

Une question d'attitude

Paola, superviseure, tend une chaise à Diane, la stagiaire, pour communiquer avec M. Bergeron, qui présente un problème de surdité. « Tu dois t'asseoir face à lui pour qu'il puisse lire sur tes lèvres. » Même si celui-ci ne peut entendre, Diane déteste se faire reprendre devant un patient et espère que cela ne sera pas trop fréquent.

la communication verbale et non verbale apparaissent et laissent voir des tensions. Les personnes impliquées peuvent chercher des alliés, comme le fait Diane en se plaignant à l'autre stagiaire (*voir Sur le terrain 12.7*). Le défi à relever par les superviseures consiste à modérer la dynamique d'action-réaction et à prendre des mesures pour réconcilier les objectifs et les besoins respectifs. L'assistance d'une personne neutre peut être requise à cette phase : par exemple, il y aura

Sur le TERRAIN 12.7 · La phase de détérioration en stage : deux exemples

Des oublis qui s'accumulent (*suite*)

Afin de ne pas faire d'autres oublis, Héloïse a demandé des explications sur une procédure à Daniel, son superviseur, mais sans succès. Elle éprouve toujours des difficultés à le comprendre. Daniel perd patience : « Je ne sais plus comment te l'expliquer, ce n'est pourtant pas si compliqué ! » Héloïse lui répond du tac au tac : « Si tes explications étaient claires, je comprendrais. » Daniel est offusqué de sa réponse. Héloïse lui en veut de ne pas l'aider à comprendre, ce qui lui permettrait de mieux s'organiser.

Une question d'attitude (*suite*)

Paola, la superviseure, ne donne pas suite aux demandes répétées de Diane, qui souhaite avoir des rétroactions plus fréquentes sur ce qu'elle doit améliorer. Elle se dit : « Elle cherche constamment mon approbation. Elle doit se montrer plus autonome. Si je commence à lui dire ce qui ne va pas, je n'en finirai plus ! En plus, quand je lui donne des précisions lors des soins auprès des patients, elle semble offusquée. »

De son côté, Diane craint un échec. Elle veut avoir l'heure juste pour mettre en place des mesures d'amélioration. Elle pense que Paola ne veut pas l'aider ; elle a l'impression que celle-ci ne cesse de la reprendre devant les patients. Diane est découragée, elle est en colère contre Paola, qui se contente de lui dire « ça va » lors de leurs brefs échanges. Diane a décidé d'aller en parler à l'autre stagiaire encadré en ce moment par Paola pour se plaindre.

---

une intervention de la responsable académique de stage. Cette personne neutre pourra aider à ce que les points de vue respectifs des deux parties soient pris en compte afin de s'orienter vers une gestion du problème plutôt que d'aller vers une confrontation. Si les tensions et les différends ne sont pas résolus, la polarisation des positions peut conduire à un bris de communication, ce qui amène à la phase de coercition.

12.3.3   La phase de coercition

À la phase de coercition, la situation s'est envenimée à un tel point que chaque partie tente de forcer l'autre à adopter sa position ou son point de vue. Il n'est pas rare que la relation devienne dysfonctionnelle, puisque des tentatives de coercition ont été tentées de part et d'autre. L'hostilité et l'agressivité se sont installées dans la relation. Le statu quo n'est plus tolérable. Il se produit à ce stade une perte de vue des objectifs communs. Vu la radicalisation des positions, le désir de mettre fin à la relation est présent. Des efforts de régularisation des comportements doivent être instaurés, comme mentionné pour la phase précédente. Mais, comme la situation est devenue chronique, cela peut s'avérer plus difficile. L'aide d'une personne externe devient maintenant essentielle. Il peut même survenir une rupture telle que le stage doive être suspendu ou

qu'une nouvelle superviseure doive prendre le relais. La rubrique Sur le terrain 12.8 présente deux exemples de phase de coercition.

Sur le TERRAIN 12.8

La phase de coercition en stage : deux exemples

Des oublis qui s'accumulent (*suite*)

Daniel, le superviseur d'Héloïse, n'a pas consulté la responsable académique de stage pour lui faire part des difficultés rencontrées, notamment les oublis et les incompréhensions d'Héloïse. Comme il n'en peut plus, il téléphone aujourd'hui à la responsable pour l'aviser qu'il ne veut plus encadrer cette stagiaire. Il se dit à bout de ressources.

Une question d'attitude (*suite*)

Diane ne veut plus être encadrée par Paola. Elle dit ne recevoir de sa superviseure aucune indication sur ce qu'elle doit améliorer. Elle contacte sa responsable académique de stage pour l'en aviser. Elle est en pleurs et craint d'échouer son stage à cause de Paola (ce qui n'est pas le cas).

12.4 La gestion des conflits

Lorsque les sources des conflits sont connues, que les phases naturelles d'un conflit sont comprises, comment le gérer efficacement ? Pour ce faire, il est recommandé de s'engager dans une perspective de prévention ou de mitigation (atténuation) de conflits, c'est-à-dire de mettre en place des stratégies qui visent à désamorcer le conflit ou à le transformer pour limiter les comportements ayant des conséquences négatives et diminuer les tensions émotionnelles et les perceptions opposées, au lieu de tenter de le résoudre alors qu'il a dégénéré (Arveklev *et al.*, 2018).

Tel que mentionné précédemment, en adoptant une posture de gestion efficace en collaboration avec les stagiaires, les superviseures contribuent à ce que le conflit devienne une expérience constructive. À l'opposé, une gestion inefficace mène à une expérience négative pour les deux parties. Le tableau 12.3 donne des exemples d'attitudes constructives et négatives dans la gestion d'un conflit (Babin, 2019).

12.4.1 Les styles de gestion des conflits

Parmi tous les modèles de gestion des conflits, celui proposé par Kilmann et Thomas (1974) et réactualisé par Thomas (1992) sert fréquemment de référence dans le domaine des sciences de la santé. Il permet aux superviseures de comprendre comment les personnes, dont elles-mêmes, ont tendance à aborder les conflits. La figure 12.2, à la page suivante, présente en détail les cinq styles de gestion des conflits définis par leur positionnement sur deux axes : l'affirmation de soi et la coopération.

L'affirmation de soi, ou la détermination, renvoie aux efforts qu'une personne consent pour faire triompher ses propres intérêts ou satisfaire ses propres besoins lors d'un conflit. Au niveau le plus bas, l'affirmation de soi est totalement passive, à un niveau moyen, elle correspond à une attitude active, et au niveau plus élevé, il s'agira d'une attitude de détermination.

Pour ce qui est de la dimension coopération, elle correspond à la volonté de la personne de satisfaire les besoins ou les intérêts de l'autre partie (Shanahan *et al.*, 2019) : le continuum va d'une absence de coopération à une coopération complète.

En combinant le niveau d'affirmation de soi et le niveau de coopération d'une personne, il est possible de déduire à quel style de gestion des conflits elle aura tendance à recourir. La plupart des personnes privilégient spontanément un ou deux de ces styles. Ces tendances peuvent être teintées par leurs traits de personnalité, la culture ou la façon dont les conflits sont gérés dans leur famille (Poitras *et al.*, 2018). Idéalement, le compromis et la collaboration sont les styles à valoriser, mais il n'y a pas une seule bonne façon de gérer les conflits, car chaque style a des effets positifs et négatifs. Il est important pour les superviseures de connaître ces différents styles et d'apprendre à les utiliser au moment opportun, c'est-à-dire en tenant compte de la dynamique du conflit.

Tableau 12.3 Des exemples d'attitudes constructives ou négatives dans la gestion d'un conflit

Attitudes constructives	Attitudes négatives
• Rechercher des solutions pouvant convenir aux deux parties. • Adopter une vision positive et de coopération. • Identifier un terrain d'entente. • Viser une issue procurant une satisfaction mutuelle. • Concevoir la gestion de conflit comme une expérience à acquérir.	• Adopter une position défensive. • Manifester de l'agressivité, du désengagement ou de la rigidité. • Témoigner de l'insatisfaction quant à l'issue du conflit. • Exprimer l'impression de « perdre la bataille ».

Figure 12.2 Les styles de gestion des situations conflictuelles selon le modèle de Thomas-Kilmann (1974), réactualisé par Thomas (1992)

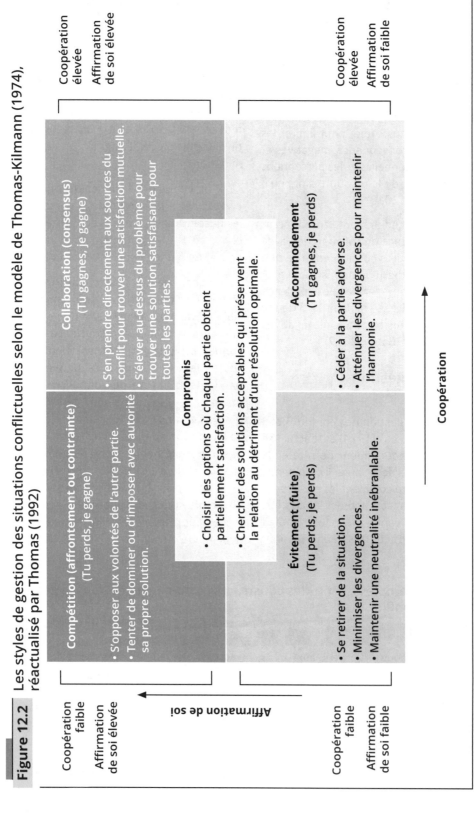

Compétition (affrontement ou contrainte)
(Tu perds., je gagne)

• S'opposer aux volontés de l'autre partie.
• Tenter de dominer ou d'imposer avec autorité sa propre solution.

Collaboration (consensus)
(Tu gagnes, je gagne)

• S'en prendre directement aux sources du conflit pour trouver une satisfaction mutuelle.
• S'élever au-dessus du problème pour trouver une solution satisfaisante pour toutes les parties.

Compromis

• Choisir des options où chaque partie obtient partiellement satisfaction.
• Chercher des solutions acceptables qui préservent la relation au détriment d'une résolution optimale.

Évitement (fuite)
(Tu perds, je perds)

• Se retirer de la situation.
• Minimiser les divergences.
• Maintenir une neutralité inébranlable.

Accommodement
(Tu gagnes, je perds)

• Céder à la partie adverse.
• Atténuer les divergences pour maintenir l'harmonie.

Coopération faible
Affirmation de soi élevée

Coopération élevée
Affirmation de soi élevée

Coopération faible
Affirmation de soi faible

Coopération élevée
Affirmation de soi faible

Affirmation de soi

Coopération

Source : Adaptée de Babin, 2019, p. 66 ; Shanahan *et al.*, 2019, p. 404.

L'évitement

La personne qui adopte l'évitement en cas de conflit fait preuve d'une attitude de non-coopération tout en refusant de s'affirmer. Elle tend à se retirer systématiquement lors de situations conflictuelles, ou à les fuir, et à éviter d'exprimer ses réserves, ses insatisfactions ou ses désaccords, ce qui peut retarder la gestion du conflit. Généralement, les traits de personnalité davantage associés à ce style sont le névrosisme et l'agréabilité (Tehrani et Yamini, 2020). Si une des personnes impliquées dans le conflit fait de l'évitement, il y a des risques élevés que les comportements indésirables se cristallisent ou se perpétuent ou même que le conflit en phase de latence évolue vers celle de détérioration des relations (*voir la section 12.3.2, p. 211*).

Néanmoins, il peut être opportun de recourir à l'évitement dans certains cas, par exemple lorsqu'il est préférable de laisser « tomber la poussière » avant d'agir, lorsque l'on n'a pas de pouvoir pour changer les choses ou que le problème n'est pas significatif et peut se résoudre potentiellement par lui-même (Jannas, 2019 ; Poitras *et al.*, 2018 ; Raines, 2020). Si une superviseure tend à faire de l'évitement – en évitant de souligner les difficultés d'une stagiaire par crainte de susciter de la colère, par exemple –, il est souhaitable qu'elle en prenne conscience et trouve des façons positives de développer son sens de l'affirmation. Une des solutions serait pour elle d'apprendre à faire des rétroactions efficaces (*voir le chapitre 8*). Si une superviseure note que sa stagiaire fait de l'évitement, elle peut lui proposer de faire un retour sur une situation vécue en lui demandant d'abord son point de vue pour l'amener à affirmer sa perspective.

L'accommodement

L'accommodement se manifeste lorsqu'une personne est peu affirmative, mais fait preuve de coopération. Elle préfère sacrifier ses intérêts au profit de ceux de l'autre de façon à ne pas entacher leur relation. Ce type de gestion des conflits est favorisé par les personnes qui se préoccupent grandement des sentiments des autres et souhaitent maintenir l'harmonie dans la relation et leur environnement de travail. Cependant, ces personnes peuvent se montrer très indécises lorsque des décisions doivent être prises, faire preuve de trop de gentillesse et être incapables de dire non à des demandes ou de déléguer. Elles hésitent à partager leurs idées, leurs préoccupations ou leurs rétroactions de peur d'offenser. Résultat : l'équipe bénéficie peu de leur contribution. Le plus souvent, ce sont les personnes présentant des traits d'agréabilité qui ont davantage tendance à adopter ce style de gestion des conflits (Tehrani et Yamini, 2020).

L'accommodement peut toutefois s'avérer utile face à une personne qui se trouve dans une position hiérarchique inférieure. Par exemple, face à une stagiaire stressée qui a besoin de plus de temps pour effectuer des soins, une superviseure qui est accommodante se préoccupera de soutenir ses apprentissages plutôt que de se montrer impatiente à son égard, même si le temps file. Dans le cas d'une stagiaire qui fait preuve d'une grande propension à l'accommodement et qui est peu affirmative, la superviseure peut favoriser le développement de son affirmation de soi en l'invitant à partager ses connaissances sur une nouvelle façon d'exécuter une procédure, pour lui démontrer que la superviseure a elle aussi besoin d'apprendre de la stagiaire (Jannas, 2019 ; Poitras *et al.*, 2018 ; Raines, 2020).

La collaboration

Une personne qui favorise la collaboration a une approche à la fois coopérative et déterminée. Elle est portée à travailler avec les autres pour obtenir des résultats qui satisfont les besoins ou les intérêts de chacun et cherche donc à arriver à un consensus. Tel que mentionné précédemment, les personnes ayant des traits de personnalité d'ouverture sont enclines à trouver un terrain d'entente (Tehrani et Yamini, 2020). Idéalement, c'est le style de gestion des conflits qui devrait être priorisé, mais dans certains cas où le temps presse, il doit malheureusement être mis de côté.

La collaboration est surtout utile lorsque les enjeux sont trop importants pour faire un compromis, que ce soit pour réduire les tensions nuisant au climat de travail ou de supervision, ou encore pour soutenir l'apprentissage et l'engagement des stagiaires (Jannas, 2019 ; Poitras *et al.*, 2018 ; Raines, 2020). Par exemple, face aux difficultés de rédaction de notes infirmières d'une stagiaire, une superviseure ne peut pas faire de compromis quant à leur qualité, même si elle sent l'impatience la gagner. Elle peut alors susciter la collaboration de la stagiaire pour identifier des straté-gies d'amélioration et réduire le temps d'encadrement requis en fin de journée. La collaboration permettra ainsi de répondre à la fois au besoin de la superviseure d'utiliser plus efficacement son temps et au besoin de la stagiaire d'apprendre à rédiger des notes infirmières, et le conflit potentiel sera désamorcé.

Le compromis

Une personne qui cherche le compromis se situe à la fois au centre de l'axe de la coopération et au centre de l'axe de l'affirmation de soi. Faire des compromis, c'est opter pour des solutions qui ne donnent entière satisfaction ni à l'une ni à l'autre des parties. Les so-lutions sont acceptables sans être optimales. Aucune des deux parties n'est complètement satisfaite. De façon générale, le compromis stimule la motivation, la productivité et la satisfaction. Le compromis engage les personnes dans une forme de jeu de négociation ne permettant pas l'expression sincère des besoins, des buts ou des limites.

Le compromis est approprié lorsqu'une décision n'est pas de la plus haute importance, que le temps de négociation est relativement court et que le processus de prise de décision doit être vu comme étant juste pour tous. Il est aussi à privilégier lorsque les deux par-ties ont plusieurs besoins ou objectifs contradictoires ou qu'une entente provisoire est recherchée dans une situation problématique (Jannas, 2019 ; Poitras *et al.*, 2018 ; Raines, 2020). Les superviseures peuvent être amenées à faire des compromis qui ont peu d'impact et qui sont provisoires, par exemple lorsqu'une stagiaire souhaite avoir sous ses soins un type de cas clinique donné pour atteindre des objectifs d'apprentissage personnels. En contrepartie, la stagiaire devra aussi accepter de participer à d'autres activités d'appren-tissage proposées par la superviseure en fonction des compétences à développer en cours de stage. Comme le compromis peut générer des insatisfactions de part et d'autre, il est judicieux de clarifier les visées, les attentes et les conditions à respecter. Néanmoins, il incombe aux superviseures de juger de ce qui est acceptable pour permettre les apprentissages et ne pas porter atteinte à la qualité des soins.

Pour mieux comprendre le compromis, il est né-cessaire de saisir ce qui le distingue du consensus (*voir l'encadré 12.1*).

Encadré 12.1   Une analogie festive

En attendant l'arrivée de leurs invités au chalet, deux amies s'apprêtent à préparer chacune une recette de cocktail. Elles constatent qu'elles n'ont apporté qu'une seule lime, alors que chacune d'elles a besoin d'une lime complète pour prépa-rer son cocktail. Les épiceries sont trop loin pour qu'elles puissent s'y rendre à temps. En échan-geant, les deux amies constatent que l'une a be-soin du zeste et l'autre du jus. Couper la lime en deux (compromis) ne représente pas la solution idéale, car chacune n'aurait que la moitié de la quantité dont elle a besoin. Elles décident en-semble que la première commencera par préle-ver le zeste et que la deuxième pourra ensuite extraire le jus. De la sorte, chacune aura les in-grédients et la quantité souhaités (collaboration). Comme cette analogie le montre bien, le consen-sus (ou collaboration) et le compromis sont deux options intéressantes à considérer pour favori-ser une gestion positive des conflits, même si dans l'un des deux cas, la décision n'est pas opti-male pour les deux parties (Poitras *et al.*, 2018).

La compétition

La personne privilégiant la compétition, ou confronta-tion, est très affirmative, mais peu collaborative. Elle peut même être perçue comme insensible, puisqu'elle désire gagner autant que possible, même au détriment de l'autre ou au risque de compromettre la relation existante. Une orientation vers les résultats ainsi que des prises de décisions unilatérales l'emportent sur le fait de préserver la relation. Lorsqu'il prédomine entre des stagiaires ou entre une superviseure et une stagiaire, ce style de gestion des conflits peut avoir des effets négatifs majeurs. Les superviseures doivent garder un œil sur la compétition qui existe entre les stagiaires lors de l'encadrement d'un groupe.

Néanmoins, dans le contexte d'un stage, il peut être opportun de recourir à la confrontation. C'est par exemple le cas lorsque la superviseure constate un comportement non sécuritaire susceptible de com-promettre la sécurité d'une personne. Elle s'appuie alors sur ses connaissances théoriques et expérien-tielles pour affirmer avec conviction les raisons pour lesquelles certaines interventions doivent être posées ou d'autres évitées pour ne pas nuire à la santé des personnes soignées. Dans ce cas, elles explicitent leur démarche et les motifs sous-jacents pour les faire connaître aux stagiaires. Face à une stagiaire peu collaborative, les superviseures peuvent utiliser, entre autres, l'entretien de gestion de conflit (*voir la section 12.4.2, p. 219*).

Il faut donc considérer que, selon le contexte, chacun de ces styles de gestion des conflits peut aboutir à des réponses acceptables ou inappropriées (Poitras *et al.*, 2018). Ainsi, pour gérer adéquatement les situations conduisant à un conflit, les superviseures doivent analyser les problèmes présents et choisir en connaissance de cause le style de gestion des conflits le plus susceptible de produire les résultats escomptés (*voir Sur le terrain 12.9*). Parfois, l'objectif ultime est de préserver la relation, alors que dans d'autres situations, il faut prendre une décision rapide et juste (Poitras *et al.*, 2018).

Les différents styles de gestion des conflits sont des stratégies utiles, mais les superviseures disposent d'autres outils pour prévenir ou résoudre des conflits.

12.4.2 Des stratégies pour prévenir et résoudre des conflits

Tel que mentionné précédemment, certains conflits latents peuvent passer inaperçus, que cela résulte d'une stratégie d'évitement ou d'un souci de ne pas créer de conflit ou d'éviter une escalade. En tant que superviseure, il est nécessaire de prendre conscience rapidement des conflits potentiels afin de ne pas compromettre la qualité de la relation. En ce sens, la stratégie ŒIL proposée par Jannas (2019) représente un outil fort intéressant (*voir le tableau 12.4, page suivante*).

Sur le TERRAIN 12.9 Les styles de gestion des conflits en action

Maria, superviseure de Jérémy, n'est pas satisfaite. Lorsqu'il convient de se documenter sur un sujet pour l'approfondir, Jérémy trouve toujours des justifications pour ne pas le faire. Mais comme il répond adéquatement dans la majorité des cas, même si ses réponses sont peu élaborées, elle se dit que son comportement se corrigera probablement avec le temps. Elle croit qu'il prendra l'habitude de se documenter de façon approfondie lorsqu'il sera confronté à des cas plus complexes lors de ses prochains stages. Elle ne lui en parle pas : ses prochaines superviseures le lui demanderont probablement (évitement).

À un moment de la journée, Maria est débordée et lui demande un coup de main. Jérémy lui répond : « Je n'ai pas le temps, je dois faire des lectures sur le problème de santé d'une patiente. » Maria insiste et lui demande de prendre 10 minutes, ce qui l'aidera tout de même un peu. Il pourra ensuite disposer de 10 à 15 minutes pour aller faire ses lectures. Jérémy acquiesce tout en se disant qu'il devra donc terminer ces lectures ce soir à la maison (compromis).

Au cours des deux jours qui suivent, Jérémy éprouve des difficultés à répondre aux questions des personnes dont il assume les soins. Bien que leurs questions soient assez simples, il vient pourtant demander chaque fois à Maria ce qu'il doit répondre. Celle-ci commence à être exaspérée, ce que perçoit Jérémy sans trop comprendre pourquoi. Maria trouve qu'il lui prend beaucoup de temps avec ses questions, au lieu de se montrer plus autonome. Elle se demande quelle est la meilleure stratégie à adopter et, comme ses émotions sont à fleur de peau, elle décide de prendre un peu de recul (évitement). Le lendemain, au cours d'une rétroaction, Maria aborde le sujet afin de désamorcer le conflit de plus en plus présent et de mettre à contribution la collaboration de Jérémy dans la recherche de solutions (collaboration).

Tableau 12.4   Les actions privilégiées dans la stratégie ŒIL

Action	Exemples
Observer l'environnement qui prévaut dans le milieu clinique.	• Atmosphère dans le milieu • Interaction des stagiaires avec le personnel • Climat d'apprentissage • Humeur dans l'équipe de soins • Présence de tension, d'hostilité
Écouter les messages verbaux, paraverbaux, non verbaux des stagiaires et de l'équipe de soins.	• Propos à l'écrit ou à l'oral • Expressions du visage, regard, posture • Intonation de la voix, débit, silences
Interroger les stagiaires et l'équipe de soins pour mieux comprendre la situation.	• Causes de conflit • Intérêts • Buts • Sources de désaccord
Lâcher prise sur la situation conflictuelle.	Dans certains cas, il n'est pas possible de transformer les éléments en cause dans le conflit. Il faut alors faire preuve de sagesse et lâcher prise.

Par ailleurs, pour gérer efficacement les conflits, la superviseure doit respecter trois conditions (Carré, 2019 ; Poitras *et al.*, 2018) :

- démontrer une authenticité : être soi-même tout en mettant ses idées préconçues de côté ;

- avoir de bonnes intentions : arriver à identifier des solutions convenant aux deux parties ;

- rester centrée sur des buts communs : garder en tête des objectifs, des intérêts communs.

Trois stratégies doivent être mises de l'avant pour favoriser une bonne gestion des conflits : assurer une communication de qualité, recourir à l'écoute active et mettre en place l'entretien de gestion de conflit.

L'importance de la communication

La communication représente à la fois une source fréquente de conflits et un outil pour gérer les conflits. Qu'il s'agisse de communication verbale (qui fait référence au langage, aux mots ou au contenu du message, à sa signification, à sa clarté), de communication paraverbale (qui correspond à l'intonation, à l'accent, au débit, à la vitesse ou au rythme de la parole, à l'intensité, à la hauteur ou au timbre de voix lors de la communication, mais aussi aux silences) ou de communication non verbale (qui renvoie aux expressions du visage, aux gestes, à la posture du corps et à la façon de s'habiller, etc.), toutes les stratégies communicationnelles acquises lors de la formation infirmière ou en cours de pratique peuvent être mises en application pour favoriser une bonne gestion des conflits (Pottecher *et al.*, 2016) (*voir le chapitre 5*).

Lorsque les superviseures communiquent avec les stagiaires, il importe qu'il y ait une cohérence entre le message qu'elles leur transmettent, la façon dont il est transmis et la façon dont il est véhiculé de manière non verbale. La communication paraverbale et la communication non verbale ont souvent plus de poids que les mots. Prenons l'exemple d'une superviseure qui dit à une stagiaire : « Tu ne connais pas ce médicament ? Il est pourtant fréquent. Tu peux prendre le temps de t'informer. » En soi, cette intervention est plutôt neutre. C'est bien le cas si la superviseure prononce ses mots à un débit régulier et pointe du doigt un livre de référence, mais qu'en est-il si elle parle sur un ton impatient, lève les yeux au ciel et soupire ? Dans le premier cas, la stagiaire se sentira accueillie et écoutée, alors que dans le second, elle se sentira plutôt diminuée et presque ridiculisée, ce qui peut facilement mener à un conflit.

L'écoute active : un outil essentiel

L'écoute active et l'empathie constituent un deuxième outil dont disposent les superviseures. Utilisées auprès des personnes soignées, elles peuvent grandement contribuer à la gestion des conflits. Par l'écoute active, les superviseures se montrent attentives aux émotions et aux idées exprimées par les stagiaires (Pottecher *et al.*, 2016 ; Raines, 2020). L'écoute active se traduit par une rétroaction verbale (*voir le chapitre 8*) et non verbale dont les éléments clés sont mentionnés dans l'encadré 12.2 (Raines, 2020).

Encadré 12.2

Les éléments clés de l'écoute active

- Éviter les distractions, choisir un lieu en retrait et calme.
- Établir un contact visuel (si c'est culturellement acceptable).
- Utiliser un langage corporel d'ouverture, par exemple des hochements de tête.
- Écouter pour comprendre la vision de la stagiaire.
- Utiliser des stratégies pour stimuler la conversation, par exemple des « hum, hum… ».
- Résumer ce qui a été dit pour faire preuve de compréhension.
- Éviter de poser un jugement (positif ou négatif) sur ce qui a été dit.
- Éviter de vouloir résoudre le problème ou de faire dévier la conversation.

Faire preuve d'empathie consiste à communiquer aux stagiaires que leurs sentiments sont perçus et compris, sans jugement de valeur. L'empathie est un comportement facilitateur, de même que le recours à la normalisation (Raines, 2020).

L'entretien de gestion de conflit

Utilisé lors d'un entretien de gestion de conflit, l'outil DESC est une façon simple et efficace de gérer les conflits. Il est recommandé par plusieurs auteurs (Poitras *et al.*, 2018 ; Ravat-Farenc, 2019 ; Vandergoot *et al.*, 2018) et se décline comme suit :

(**D**)escription des faits

(**E**)xpression des sentiments et des besoins

(**S**)uggestion de solutions

(**C**)onclusion et conséquences

L'outil DESC s'appuie sur les principes d'une communication non violente. Ces principes contribuent à structurer la pensée de façon à la communiquer calmement ensuite aux stagiaires sans susciter de leur part une attitude défensive. Voici quelques recommandations pour conduire un entretien de gestion de conflit en recourant à l'outil DESC (Ravat-Farenc, 2019 ; Poitras *et al.*, 2018) :

- Prévoir une rencontre individuelle. Si les émotions risquent d'être vives, il est cependant possible d'inclure une personne neutre pour modérer les discussions et éviter les dérapages.
- Choisir un endroit clos, retiré et calme.
- S'assurer d'être soi-même calme avant d'aborder le problème pour permettre aux émotions de s'atténuer.
- Faire une introduction à la rencontre et expliquer son déroulement (« Cet entretien a pour but de comprendre la situation X selon les points de vue respectifs et de trouver ensemble des solutions acceptables de part et d'autre. La rencontre va se dérouler ainsi… »).
- Éviter de revenir continuellement sur des sujets sensibles afin d'éviter de réactiver des émotions négatives.
- Rester centré sur les objectifs à atteindre.

La description des faits ▪ Pour gérer efficacement des conflits, il faut d'abord en préciser les sources et chercher à les comprendre. Pour ce faire, il faut revenir aux faits et ne pas se limiter aux interprétations. Les faits sont des comportements concrets tels qu'ils se produisent, sans modification, c'est-à-dire exempts des émotions ressenties, des interprétations ou des impressions. C'est pourquoi la première étape consiste à décrire de façon objective ce qui a été observé ou entendu, sans jugement, inférence ou opinion. Dire « J'ai remarqué que... » ou « J'ai constaté... » est une bonne façon de commencer la description de la situation.

Voici quelques questions à se poser pour faciliter la description :

- Qu'est-ce qui s'est passé ?
- À quel moment ?
- Qui était présent ?
- Comment cela est-il arrivé ?
- Comment la situation s'est-elle déroulée ?

Pour amorcer cette première étape, la stagiaire peut être invitée à présenter en premier sa version des faits, ce qui permet à la superviseure de reformuler ensuite ces propos pour valider sa compréhension. Il importe de ne pas interrompre la stagiaire lorsqu'elle s'exprime et de ne pas terminer ses phrases à sa place. Il faut veiller à ne pas exagérer ou minimiser les faits. Le non-verbal étant éloquent, la superviseure doit maintenir une attitude d'écoute active. Il est également recommandé d'adopter une posture neutre ainsi qu'un ton de voix approprié.

La prise de notes est possible au cours de l'échange ; il est préférable d'en aviser la stagiaire. Il est même recommandé de noter les faits rapportés dans le carnet de la superviseure afin de se les rappeler plus précisément. Le carnet peut également servir à consigner d'autres informations telles que le résumé de la rencontre, les forces et les lacunes observées, les solutions envisagées ou encore les suites à donner (*voir le chapitre 8*).

L'expression des sentiments et des besoins ■ Dans un premier temps, il importe que les superviseures prennent le recul nécessaire pour explorer leurs propres sentiments ou pour identifier leurs malaises face à la situation décrite. Elles sont ensuite invitées à décrire leurs sentiments et à faire part aux stagiaires de ce qui les a dérangées, en ayant recours au « je ». Grâce à une bonne gestion de ses émotions, il est possible de les exprimer et d'entendre celles exprimées par les stagiaires. Laisser la chance aux stagiaires

de nommer leurs émotions est tout aussi essentiel. L'écoute et l'ouverture sont primordiales, autant de la part de la superviseure que de la part de la stagiaire, afin que chacune comprenne mieux la situation selon la perspective de l'autre. Il est préférable d'éviter de donner son opinion à cette étape de la rencontre.

Les suggestions de solutions ■ Autant les superviseures que les stagiaires peuvent apporter des pistes de solutions pour améliorer la situation eu égard au bien-être de chacune et pour atténuer le conflit. Les solutions envisagées doivent être claires, réalistes et formulées de façon positive plutôt que négative. En communication non violente, les suggestions sont généralement présentées sous la forme de questions : par exemple, « Serais-tu d'accord pour... ? »

Les solutions proposées doivent convenir aux deux parties, dans une perspective de compromis ou de consensus, selon la situation. Les solutions peuvent être issues d'un seul ou d'une combinaison des six types de solutions (Ravat-Farenc, 2019) :

- Solution-temps (le moment)
- Solution-acteurs (qui fait quoi)
- Solution-règle (qui propose ou modifie les règles)
- Solution-matériel (matériel requis)
- Solution-espace (le lieu, le périmètre, etc.)
- Solution-réparation réelle ou symbolique (qui propose une compensation)

Les conclusions et les conséquences ■ Au terme de l'échange, il appartient à la superviseure de reformuler les solutions convenues et d'énoncer les effets positifs de la résolution du conflit. Si la conversation ne mène pas à la résolution du conflit, il peut être opportun de la suspendre et de planifier une rencontre ultérieurement pour trouver des solutions. Remercier la stagiaire de sa participation à la rencontre ouvre la porte à une prochaine discussion. La rubrique Sur le terrain 12.10 illustre l'entretien de gestion de conflit.

Sur le TERRAIN 12.10 L'entretien de gestion de conflit en stage

Amina, qui supervise Mary-Lee, veut que celle-ci cesse de l'interrompre à tout moment comme elle le fait depuis le début du stage. Ce comportement commence à vraiment l'agacer. Amina prend donc un moment pour rencontrer Mary-Lee dans un local où elles pourront échanger calmement.

« J'aimerais discuter avec toi d'une situation survenue aujourd'hui. Tout à l'heure, tu es venue m'interrompre alors que j'avais une discussion avec une patiente très anxieuse. Tu souhaitais connaître ce qu'est une acromioplastie alors que cela ne concerne aucune des personnes sous tes soins actuellement. Peux-tu me dire ce qui t'a amenée à m'interpeller à ce moment-là ? » (**D**escription des faits.)

« J'avais cru comprendre que tu m'attribuerais les soins de Mme Poitras, qui doit subir cette chirurgie demain. Je voulais simplement prendre de l'avance et me documenter. Je suis un peu stressée, car je ne connais rien des soins post-opératoires dans ce cas. »

« Je comprends. De mon côté, lorsque tu es entrée dans la chambre pour m'interrompre, cela m'a choquée, j'avais besoin de ce moment avec la dame pour l'aider à diminuer son anxiété. Je n'aime pas être interrompue sans préavis dans de telles situations. (**E**xpression des sentiments et des besoins.) À l'avenir, lorsque tu as des questions qui ne sont pas urgentes, pourrais-tu entamer une recherche et ensuite la valider avec moi lorsque je serai disponible ? » (**S**uggestion de solutions.)

« D'accord et si j'ai des questions urgentes, pourrions-nous convenir d'un signal discret pour que je puisse te le faire savoir et que tu me répondes en priorité, si c'est possible ? » (**S**uggestion de solutions.)

« Oui, cela me convient. Tu pourras lever la main discrètement et je comprendrai que tu as besoin de moi à l'instant. Je pense aussi qu'apprendre à trouver des réponses par toi-même t'aidera à développer ton autonomie. Nous pourrons très certainement en discuter ensemble par la suite pour les valider. Concernant l'acromioplastie, c'est vrai que j'ai envisagé de te confier les soins de Mme Poitras demain. Si tu veux en savoir plus sur les soins en post-opératoire, tu peux consulter ton livre en médecine-chirurgie. Nous prendrons un peu de temps ensuite pour déterminer les priorités pour demain. Est-ce que cela te convient ? » (**C**onclusion et conséquences.)

« Oui, c'est parfait pour moi. »

Amina est satisfaite de son intervention auprès de Mary-Lee et des solutions qu'elles ont identifiées ensemble. Mary-Lee, pour sa part, a pris conscience qu'en effet, elle avait tendance à interpeller Amina à tout moment et que cela pouvait être dérangeant. Elle est d'accord sur le fait qu'elle doit se montrer plus autonome. Elle est tout de même contente de savoir qu'Amina demeure disponible pour répondre à ses questions et valider les informations trouvées.

Conclusion

La plupart du temps, la relation entre les superviseures et les stagiaires se déroule harmonieusement. Des conflits peuvent néanmoins survenir, car ils sont inhérents aux relations humaines. Toutefois, leur détérioration peut être évitée dans la majorité des cas. Demeurer à l'affût des premiers signes des conflits aide à mettre en œuvre rapidement des stratégies pour les désamorcer et maintenir, voire consolider, la relation entre les superviseures et les stagiaires, et en faire une expérience constructive pour les deux parties. Des causes variées sont à l'origine des conflits, qu'elles soient d'ordre individuel, interpersonnel ou organisationnel. La responsabilité de gérer les conflits incombe avant tout aux superviseures, mais la collaboration des stagiaires n'en demeure pas moins souhaitable. Plusieurs stratégies permettent d'empêcher l'escalade des conflits et les milieux cliniques et académiques offrent des ressources à cet égard. Avant tout, en raison des conditions gagnantes qui y sont associées, il importe d'instaurer un climat d'apprentissage sain, et ce, avant même le début du stage.

Questions de réflexion

1 Quelles retombées une gestion constructive (efficace) des conflits peut-elle avoir tant pour les superviseures que pour les stagiaires ?

2 Comment reconnaître l'intimidation ou le harcèlement et comment intervenir dans des situations vexatoires ?

3 Quels traits de personnalité vous caractérisant peuvent contribuer à l'apparition de conflits lors de la supervision de stagiaires ? Quels traits peuvent faciliter la gestion des conflits ?

4 Au-delà des exemples donnés dans ce chapitre, quelles autres situations conflictuelles pourriez-vous citer à partir de vos expériences antérieures comme stagiaire et comme superviseure ?

5 Quelles stratégies retiennent votre attention en matière de gestion des conflits et comment est-il possible de les intégrer dans votre pratique de supervision ?

Bibliographie

Chapitre 1

Aloisio Alves, C. et Fernandez, N. (2018). Une place pour les savoirs d'expérience en formation des profession-nels de la santé. *Pédagogie Médicale*, 19(1), 1-2. https://doi.org/10.1051/pmed/2019005

Bélisle, M., Lavoie, P., Pepin, J., Fernandez, N., Boyer, L., Lechasseur, K. et Larue, C. (2021). A conceptual framework of student professionalization for health professional education and research. *International Journal of Nursing Education Scholarship*, 18(1). https://doi.org/10.1515/ijnes-2020-0104

Bélisle, M., Mazalon, É., Belanger, M. et Fernandez, N. (2020). Les stages cliniques dans les formations en alternance : étude de la portée quant à leurs carac-téristiques et leurs retombées sur la professionnali-sation. *Pédagogie Médicale*, 21(1), 21-38. https://doi.org/10.1051/pmed/2020029

Côté, L., Perry, G. et Cloutier, P.-H. (2013). Développer son modèle de rôle en formation pratique : la contribu-tion d'une communauté de pratique de cliniciens en-seignants. *Pédagogie Médicale*, 14(4), 241-254. https://doi.org/10.1051/pmed/2013057

Dietemann, L., Jung, N., Groff, F. et Bayle, I. (2018). La place du stage dans la formation des étudiants et le rôle des différents acteurs du terrain de stage. Dans T. Pelaccia (dir.), *Comment (mieux) superviser les étudiants en sciences de la santé dans leurs stages et dans leurs activités de recherche ?* De Boeck Supérieur.

Falender, C. A. et Shafranske, E. P. (2021). *Clinical super-vision: A competency-based approach* (2e éd.). American Psychological Association.

Kolb, D. (1984). *Experiential learning: Experience as the source of learning and development*. Prentice-Hall.

Le Boterf, G. (2008). *Ingénierie et évaluation des compé-tences*. Éditions Eyrolles.

Legendre, R. (2007). *Dictionnaire actuel de l'éducation*. Guérin.

Leroux, J.-L. et Bélair, L. (2015). Concevoir des tâches d'évaluation en situation authentique. Dans J.-L. Leroux (dir.), *Évaluer les compétences au collégial et à l'université : un guide pratique* (p. 157-195). Association québécoise de pédagogie collégiale.

Mandeville, L. (2009). Une expérience d'apprentissage significatif pour l'étudiant. Dans D. Bédard et J.-P. Béchard (dir.), *Innover dans l'enseignement supérieur*. Presses Universitaires de France.

Nyqvist, J., Brolin, K., Nilsson, T. et Lindström, V. (2020). The learning environment and supportive supervision promote learning and are based on the relationship between students and supervisors - A qualitative study. *Nurse Educ Pract*, 42, 102692. https://doi.org/10.1016/j.nepr.2019.102692

Oermann, M. H., Shellenbarger, T. et Gaberson, K. B. (2018). *Clinical teaching strategies in nursing* (5e éd.). Springer Publishing Company.

Parent, F. et Jouquan, J. (2016). Inscrire la formation dans le cadre d'une approche par compétences. Dans T. Pelaccia (dir.), *Comment (mieux) former et évaluer les étudiants en médecine et en sciences de la santé ?* (p. 107-123). De Boeck Supérieur.

Pelaccia, T., Groff, F., Jung, N., Dietemann, L. et Bayle, I. (2018). Apprendre en stage. Dans T. Pelaccia (dir.), *Comment (mieux) superviser les étudiants en sciences de la santé dans leurs stages et dans leurs activités de recherche ?* (p. 61-80). De Boeck Supérieur.

Perrenoud, P. (2002). D'une métaphore à l'autre : transférer ou mobiliser ses connaissances ? Dans J. Dolz et E. Ollagnier (dir.), *L'énigme de la compétence en éducation* (p. 45-60). De Boeck Université.

Prégent, R., Bernard, H. et Kozanitis, A. (2009). *Enseigner à l'université dans une approche programme : un défi à relever*. Presses internationales Polytechnique.

Scaife, J. (2019). *Supervision in clinical practice* (3e éd.). Routledge.

Silva, L. C., Troncon, L. E. A. et Panúncio-Pinto, M. P. (2019). Perceptions of occupational therapy students and clinical tutors on the attributes of a good role model. *Scand J Occup Ther*, 26(4), 283-293. https://doi.org/10.1080/11038128.2018.1508495

Tardif, J. (2006). *L'évaluation des compétences : documenter le parcours de développement*. Chenelière Éducation.

Tardif, J. (2017). Des repères conceptuels à propos de la notion de compétence, de son développement et de son évaluation. Dans M. Poumay, J. Tardif et F. Georges (dir.), *Organiser la formation à partir des compétences : un pari gagnant pour l'apprentissage dans le supérieur* (p. 15-37). De Boeck Supérieur.

Vandette, M.-P., Gosselin, J. et Kogan, C. (2021). *La su-pervision clinique en contexte professionnel*. Presses de l'Université du Québec.

Vec, T., Rupnic Vec, T. et Zorga, S. (2014). Understanding how supervision works and what it can achieve. Dans C. E. Watkins et D. L. Milne (dir.), *The Wiley international handbook of clinical supervision* (p. 103-127). Wiley-Blackwell.

Chapitre 2

Bernard, J. M. et Goodyear, R. K. (2019). *Fundamentals of clinical supervision* (6e éd.). Pearson.

Bownes, N. A. et Freeman, M. A. (2020). Clinical nurse instructor competencies: An exploratory study of role requirements. *Quality Advancement in Nursing Education – Avancées en formation infirmière*, 6(3), Article 5. https://doi.org/10.17483/2368-6669.1226

Cantillon, P., Dornan, T. et De Grave, W. (2019). Becoming a clinical teacher: Identity formation in context. *Academic Medicine, 94*(10), 1610-1618.

Chamberland, M. et Hivon, R. (2005). Les compétences de l'enseignant clinicien et le modèle de rôle en formation clinique. *Pédagogie Médicale, 6*(2), 98-111. https://doi.org/10.1051/pmed:2005015

Dietemann, L., Jung, N., Groff, F. et Bayle, I. (2018). La place du stage dans la formation des étudiants et le rôle des différents acteurs du terrain de stage. Dans T. Pelaccia (dir.), *Comment (mieux) superviser les étudiants en sciences de la santé dans leurs stages et dans leurs activités de recherche ?* (p. 45-60). De Boeck Supérieur.

Falender, C. A. et Shafranske, E. P. (2021). *Clinical supervision: A competency-based approach* (2ᵉ éd.). American Psychological Association.

Immonen, K., Oikarainen, A., Tomietto, M., Kääriäinen, M., Tuomikoski, A. M., Kaučič, B. M., Filej, B., Riklikiene, O., Vizcaya-Moreno, M. F., Perez-Cañaveras, R. M., De Raeve, P. et Mikkonen, K. (2019). Assessment of nursing students' competence in clinical practice: A systematic review of reviews. *International Journal of Nursing Studies, 100*, 103414. https://doi.org/10.1016/j.ijnurstu.2019.103414

Kilminster, S., Cottrell, D., Grant, J. et Jolly, B. (2007). AMEE Guide No. 27 : Effective educational and clinical supervision. *Medical Teacher, 29*(1), 2-19. https://doi.org/10.1080/01421590701210907

King, C., Edlington, T. et Williams, B. (2020). The « ideal » clinical supervision environment in nursing and allied health. *J Multidiscip Healthc, 13*, 187-196. https://doi.org/10.2147/JMDH.S239559

Loughran, M. C. et Koharchick, L. (2019). Ensuring a successful preceptorship: Tips for nursing preceptors. *American Journal of Nursing, 119*(5), 60-65.

Milnes, D. L. et Watkins, C. E. (2014). Defining and understanding clinical supervision: A functional approach. Dans C. E. Watkins et D. L. Milne (dir.), *The Wiley international handbook of clinical supervision* (p. 3-19). Wiley-Blackwell.

Otti, A., Pirson, M., Goudreau, J., Piette, D. et Coppieters't Wallant, Y. (2017). Un outil d'analyse de la qualité de la supervision clinique en sciences infirmières. *L'infirmière clinicienne, 14*(1).

Pilling, S. et Roth, A. D. (2014). The competent clinical supervisor. Dans C. E. Watkins et D. L. Milne (dir.), *The Wiley international handbook of clinical supervision* (p. 20-37). Wiley-Blackwell.

Tugendrajch, S. (2021). What is the evidence for supervision best practices ? *The Clinical Supervisor, 40*(1).

Vandette, M.-P. (2019). *Le développement de compétences en supervision clinique chez le psychologue en formation.* Université d'Ottawa.

Vandette, M.-P., Gosselin, J. et Kogan, C. (2021). *La supervision clinique en contexte professionnel.* Presses de l'Université du Québec.

Chapitre 3

Association québécoise interuniversitaire des conseillers aux étudiants en situation de handicap. (2020). *Statistiques concernant les étudiants en situation d'handicap dans les universités québécoises.* https://www.aqicesh.ca/wp-content/uploads/2020/11/Statistiques-AQICESH-2019-2020-sans-les-universit%C3%A9s.pdf

Benner, P. (1995). *De novice à expert : L'excellence en soins infirmiers.* ERPI.

Benner, P., Tanner, C. et Chesla, C. (2009). *Expertise in nursing practice. Caring, clinical judgment, and ethics* (2ᵉ éd.). Springer Publishing Company.

Bernard, J. M. et Goodyear, R. K. (2019). *Fundamentals of clinical supervision* (6ᵉ éd.). Pearson.

Bhurtun, H. D., Azimirad, M., Saaranen, T. et Turunen, H. (2019). Stress and coping among nursing students during clinical training: An integrative review. *Journal of Nursing Education, 58*(5), 266-276. https://doi.org/10.3928/01484834-20190422-04

Cheng, T. L. et Hackworth, J. M. (2021). The « Cs » of mentoring: Using adult learning theory and the right mentors to position early-career investigators for success. *Journal of Pediatrics, 238*, 6-8.e2. https://doi.org/10.1016/j.jpeds.2021.03.023

Ching, S. S. Y., Cheung, K., Hegney, D. et Rees, C. S. (2020). Stressors and coping of nursing students in clinical placement: A qualitative study contextualizing their resilience and burnout. *Nurse Education in Practice, 42*, 102690. https://doi.org/10.1016/j.nepr.2019.102690

Danan, J.-L., Pelaccia, T. et Kanny, G. (2018). Mieux connaître les étudiants que vous supervisez. Dans T. Pelaccia (dir.), *Comment (mieux) superviser les étudiants en sciences de la santé dans leurs stages et dans leurs activités de recherche ?* (p. 21-40). De Boeck Supérieur.

Eckleberry-Hunt, J. (2018). Is medical education ready for Generation Z ? *Journal of Graduate Medical Education, 10*(4), 378-381. https://doi.org/10.4300/JGME-D-18-00466.1

Falender, C. A. et Shafranske, E. P. (2021). *Clinical supervision: A competency-based approach* (2ᵉ éd.). American Psychological Association.

Fortinash, K. M. et Holoday Worret, P. A. (2016). *Santé mentale et psychiatrie.* Chenelière Éducation.

Knowles, M. (1990). *L'apprenant adulte. Vers un nouvel art de la formation.* Les Éditions d'Organisation.

Lazarus, R. et Folkman, S. (1984). *Stress, appraisal and coping.* Springer Publishing Company.

Lechasseur, K. (2009). *Mobilisation des savoirs par une pensée critique chez des étudiantes infirmières bachelières en situation de soins.* Université Laval.

Lerchenfeldt, S., Attardi, S. M., Pratt, R. L., Sawarynski, K. E. et Taylor, T. A. H. (2021). Twelve tips for interfacing with the new generation of medical students : iGen. *Medical Teacher, 43*(11), 1249-1254. https://doi.org/10.1080/0142159X.2020.1845305

McCarthy, B., Trace, A., O'Donovan, M., Brady-Nevin, C., Murphy, M., O'Shea, M. et O'Regan, P. (2018). Nursing and midwifery students' stress and coping during their undergraduate education programmes: An integrative review. *Nurse Education Today*, *61*, 197-209. https://doi.org/10.1016/j.nedt.2017.11.029

Oermann, M. H., Shellenbareger, T. et Gaberson, K. B. (2018). *Clinical teaching strategies in nursing* (5ᵉ éd.). Springer Publishing Company.

Pepin, J., Larue, C., Goudreau, J. et Gagné, S. (2017). *Facteurs incontournables d'exposition aux situations cliniques dans la formation infirmière menant au permis d'exercice. Rapport*. Centre d'innovation en formation infirmière (CIFI).

Philibert, M. D. (s. d.). *Handicaps, incapacités, limitation d'activités et santé fonctionnelle*, IPCDC, Fiche thématique. INSPQ. https://www.inspq.qc.ca/sites/default/files/responsabilite-populationnelle/f010_handicaps_incapacite.pdf

Programme des chaires de recherche du Canada. (2017). *Les préjugés inconscients et le processus d'évaluation par les pairs*, Gouvernement du Canada. https://www.chairs-chaires.gc.ca/program-programme/equity-equite/bias/module-fra.pdf

Pulido-Martos, M., Augusto-Landa, J. M. et Lopez-Zafra, E. (2012). Sources of stress in nursing students: A systematic review of quantitative studies. *International Nursing Review*, *59*(1), 15-25. https://doi.org/https://doi.org/10.1111/j.1466-7657.2011.00939.x

Scaife, J. (2019). *Supervision in clinical practice* (3ᵉ éd.). Routledge.

Schenarts, P. J. (2020). Now arriving: Surgical trainees from Generation Z. *Journal of Surgical Education*, *77*(2), 246-253. https://doi.org/https://doi.org/10.1016/j.jsurg.2019.09.004

Shorey, S., Chan, V., Rajendran, P. et Ang, E. (2021). Learning styles, preferences and needs of generation Z healthcare students: Scoping review. *Nurse Educ Pract*, *57*, 103247. https://doi.org/10.1016/j.nepr.2021.103247

Simpson, M. G. et Sawatzky, J. V. (2020). Clinical placement anxiety in undergraduate nursing students: A concept analysis. *Nurse Educ Today*, *87*, 104329. https://doi.org/10.1016/j.nedt.2019.104329

Taylor, D. C. et Hamdy, H. (2013). Adult learning theories: Implications for learning and teaching in medical education: AMEE Guide No. 83. *Med Teach*, *35*(11), e1561-1572. https://doi.org/10.3109/0142159x.2013.828153

Université Laval. (2020). *Les mesures d'accommodement en stage : un questionnement en quatre temps*. https://www.aide.ulaval.ca/wp-content/uploads/2021/03/Guide-CAE-stages.pdf

Université Laval. (2022). *Concepts clés en EDI*. https://www.ulaval.ca/equite-diversite-inclusion/concepts-cles-en-edi

UQAM. (s. d.). *Pour une université inclusive*. https://edi.uqam.ca/lexique/equite/

Chapitre 4

Bernard, J. M. et Goodyear, R. K. (2019). *Fundamentals of clinical supervision* (6ᵉ éd.). Pearson.

Dietemann, L., Jung, N., Groff, F. et Bayle, I. (2018). La place du stage dans la formation des étudiants et le rôle des différents acteurs du terrain de stage. Dans T. Pelaccia (dir.), *Comment (mieux) superviser les étudiants en sciences de la santé dans leurs stages et dans leurs activités de recherche ?* (p. 45-60). De Boeck Supérieur.

Giroux, M. et Girard, G. (2009). Favoriser la position d'apprentissage grâce à l'interaction superviseur-supervisé. *Pédagogie Médicale*, *10*(3), 193-210. https://doi.org/10.1051/pmed/20099991

Giroux, M., Saucier, D., Cameron, C. et Rheault, C. (2016). La position d'apprentissage : un incontournable pour le développement des compétences. *Canadian Family Physician - Le Médecin de famille canadienne*, *62*, 86-89.

Loughran, M. C. et Koharchik, L. (2019). Ensuring a successful preceptorship. *The Journal of American Nursing*, *119*(5), 61-65. https://doi.org/10.1097/01.NAJ.0000557917.73516.00

Normand, L. (2017). L'apprentissage actif : une question de risques... calculés. *Pédagogie Collégiale*, *31*(1), 5-12.

Oermann, M. H., Shellenbareger, T. et Gaberson, K. B. (2018). *Clinical teaching strategies in nursing* (5ᵉ éd.). Springer Publishing Company.

Oermann, M. H., Shellenbarger, T. et Gaberson, K. B. (2021). *Clinical teaching strategies in nursing* (6ᵉ éd.). Springer Publishing Company.

Pelaccia, T., Groff, F., Jung, N., Dietemann, L. et Bayle, I. (2018). Apprendre en stage. Dans T. Pelaccia (dir.), *Comment (mieux) superviser les étudiants en sciences de la santé dans leurs stages et dans leurs activités de recherche ?* (p. 61-80). De Boeck Supérieur.

Poteaux, N. et Pelaccia, T. (2016). Motiver les étudiants et les impliquer activement dans leur apprentissage. Dans T. Pelaccia (dir.), *Comment (mieux) former et évaluer les étudiants en médecine et en sciences de la santé ?* (p. 181-194). De Boeck Supérieur.

Scaife, J. (2019). *Supervision in clinical practice* (3ᵉ éd.). Routledge.

Tardif, J. (2016). Ancrer les apprentissages sur les connaissances antérieures des étudiants. Dans T. Pelaccia (dir.), *Comment (mieux) former et évaluer les étudiants en médecine et en sciences de la santé ?* (p. 149-166). De Boeck Supérieur.

Vanpee, M. F., Godin, V. et Bédard, D. (2010). Ce que la perspective de l'apprentissage et de l'enseignement contextualisés authentiques peut apporter pour optimaliser la qualité pédagogique des stages d'externat. *Pédagogie Médicale*, *10*(4), 253-266.

Chapitre 5

Beinart, H. (2014). Building and sustaining the supervisory relationship. Dans C. E. Watkins et D. L. Milne (dir.), *The Wiley international handbook of clinical supervision*. Wiley-Blackwell.

Bernard, J. M. et Goodyear, R. K. (2019). *Fundamentals of clinical supervision* (6ᵉ éd.). Pearson.

Bing-You, R., Varakis, K., Hayes, V., Trowbridge, R., Kemp, H. et McKelvy, D. (2018). The feedback tango: An integrative review and analysis of the content of the teacher-learner feedback exchange. *Academic Medicine*, 93(4), 657-663. https://doi.org/10.1097/ACM.0000000000001927

Bordin, E. S. (1983). A working alliance based model of supervision. *The Counseling Psychologist*, 11(1), 35-42.

Chen, S.-L., Sun, J.-L. et Jao, J.-Y. (2020). A predictive model of student nursing competency in clinical practicum: A structural equation modelling approach. *Nurse Education Today*, 95, 104579. https://doi.org/https://doi.org/10.1016/j.nedt.2020.104579

Côté, L. (2015). Réflexion sur une expérience de supervision clinique sous l'angle de l'alliance pédagogique. *Pédagogie Médicale*, 16(1), 79-84. https://doi.org/10.1051/pmed/2015013

Côté, L., Breton, E., Boucher, D., Déry, É. et Roux, J.-F. (2017). L'alliance pédagogique en supervision clinique : une étude qualitative en sciences de la santé. *Pédagogie Médicale*, 18(4), 161-170. https://doi.org/10.1051/pmed/2018017

Côté, L., Laurin, S. et Sanche, G. (2018). Échanger de la rétroaction avec les étudiants. Dans T. Pelaccia (dir.), *Comment (mieux) superviser les étudiants en sciences de la santé dans leurs stages et dans leurs activités de recherche ?* (p. 81-109). De Boeck Supérieur.

Dietemann, L., Jung, N., Groff, F. et Bayle, I. (2018). La place du stage dans la formation des étudiants et le rôle des différents acteurs du terrain de stage. Dans T. Pelaccia (dir.), *Comment (mieux) superviser les étudiants en sciences de la santé dans leurs stages et dans leurs activités de recherche ?* (p. 45-60). De Boeck Supérieur.

Falender, C. A. et Shafranske, E. P. (2021). *Clinical supervision: A competency-based approach* (2ᵉ éd.). American Psychological Association.

Gibson, S. J., Porter, J., Anderson, A., Bryce, A., Dart, J., Kellow, N., Meiklejohn, S., Volders, E., Young, A. et Palermo, C. (2019). Clinical educators' skills and qualities in allied health: A systematic review. *Medical Education*, 53(5), 432-442. https://doi.org/https://doi.org/10.1111/medu.13782

Jackson, D., Davison, I., Adams, R., Edordu, A. et Picton, A. (2019). A systematic review of supervisory relationships in general practitioner training. *Medical Education*, 53(9), 874-885. https://doi.org/https://doi.org/10.1111/medu.13897

Jubin, P. (2013). Apprendre par le contrat : un intérêt pour la professionnalisation des étudiants infirmiers. *Recherche en Soins Infirmiers*, 112(1), 107-124. https://doi.org/10.3917/rsi.112.0107

King, C., Edlington, T. et Williams, B. (2020). The « ideal » clinical supervision environment in nursing and allied health. *J Multidiscip Healthc*, 13, 187-196. https://doi.org/10.2147/jmdh.S239559

Kozanitis, A. (2015). La relation pédagogique au collégial : une alliée vitale pour la création d'un climat de classe propice à la motivation et à l'apprentissage. *Pédagogie Collégiale*, 28(4), 4-9.

MacLeod, L. (2012). Making SMART goals smarter. *Physician Executive*, 38(2), 68-70, 72.

Oermann, M. H., Shellenbarger, T. et Gaberson, K. B. (2021). *Clinical teaching strategies in nursing* (6ᵉ éd.). Springer Publishing Company.

Page, V. (2015). Établir une relation pédagogique à distance… est-ce possible ? *Pédagogie Collégiale*, 28(4), 10-15.

Poteaux, N. et Pelaccia, T. (2016). Motiver les étudiants et les impliquer activement dans leur apprentissage. Dans T. Pelaccia (dir.), *Comment (mieux) former et évaluer les étudiants en médecine et en sciences de la santé ?* (p. 181-194). De Boeck Supérieur.

Prégent, R., Bernard, H. et Kozanitis, A. (2009). *Enseigner à l'université dans une approche programme : un défi à relever*. Presses internationales Polytechnique.

Ramani, S., Könings, K. D., Ginsburg, S. et van der Vleuten, C. P. M. (2019). Twelve tips to promote a feedback culture with a growth mind-set: Swinging the feedback pendulum from recipes to relationships. *Medical Teacher*, 41(6), 625-631. https://doi.org/10.1080/0142159X.2018.1432850

Scaife, J. (2019). *Supervision in clinical practice* (3ᵉ éd.). Routledge.

Schut, S., van Tartwijk, J., Driessen, E., van der Vleuten, C. et Heeneman, S. (2020). Understanding the influence of teacher-learner relationships on learners' assessment perception. *Advances in Health Sciences Education*, 25(2), 441-456. https://doi.org/10.1007/s10459-019-09935-z

Shorey, S., Chan, V., Rajendran, P. et Ang, E. (2021). Learning styles, preferences and needs of generation Z healthcare students: Scoping review. *Nurse Educ Pract*, 57, 103247. https://doi.org/10.1016/j.nepr.2021.103247

Telio, S., Ajjawi, R. et Regehr, G. (2015). The « educational alliance » as a framework for reconceptualizing in medical education. *Academic Medicine*, 90(5), 609-614. https://doi.org/10.1097/ACM.0000000000000560

Tugendrajch, S., Sheerin, K. M., Andrews, J. H., Reimers, R., Marriott, B. R., Cho, E. et Hawley, K. M. (2021). What is the evidence for supervision best practices ? *The Clinical Supervisor*, 40(1), 68-87, https://doi.org/10.1080/07325223.2021.1887785

Vandette, M.-P., Jones, G., Gosselin, J. et Kogan, C. S. (2021). The role of the supervisory working alliance in experiential supervision-of-supervision training: A mixed design and multiple perspective study. *Journal of Psychotherapy Integration*, *31*(4), 435-451. https://doi.org/10.1037/int0000269

Chapitre 6

Ammirati, C., Gagnayre, R. et Amsallem, C. (2016). Préparer et animer une séance d'apprentissage d'un geste. Dans T. Pelaccia (dir.), *Comment (mieux) former et évaluer les étudiants en médecine et en sciences de la santé ?* (p. 229-248). De Boeck Supérieur.

Bernard, J. M. et Goodyear, R. K. (2019). *Fundamentals of clinical supervision* (6e éd.). Pearson.

Ching, S. S. Y., Cheung, K., Hegney, D. et Rees, C. S. (2020). Stressors and coping of nursing students in clinical placement: A qualitative study contextualizing their resilience and burnout. *Nurse Education in Practice*, *42*, N.PAG-N.PAG. https://doi.org/10.1016/j.nepr.2019.102690

Danan, J.-L., Pelaccia, T. et Kanny, G. (2018). Mieux connaître les étudiants que vous supervisez. Dans T. Pelaccia (dir.), *Comment (mieux) superviser les étudiants en sciences de la santé dans leurs stages et dans leurs activités de recherche ?* (p. 21-40). De Boeck Supérieur.

Dietemann, L., Jung, N., Groff, F. et Bayle, I. (2018). La place du stage dans la formation des étudiants et le rôle des différents acteurs du terrain de stage. Dans T. Pelaccia (dir.), *Comment (mieux) superviser les étudiants en sciences de la santé dans leurs stages et dans leurs activités de recherche ?* (p. 45-60). De Boeck Supérieur.

Eckleberry-Hunt, J., Lick, D. et Hunt, R. (2018). Is medical education ready for Generation Z ? *Journal of Graduate Medical Education*, *10*(4), 378-381. https://doi.org/10.4300/JGME-D-18-00466.1

Falender, C. A. et Shafranske, E. P. (2021). *Clinical supervision: A competency-based approach* (2e éd.). American Psychological Association.

Hill, M., Spencer, A., McGee, D., Scott, S., Frame, M. et Cumming, S. P. (2020). The psychology of bio-banding: A Vygotskian perspective. *Annals of Human Biology*, *47*(4), 328-335. https://doi.org/10.1080/03014460.2020.1797163

Kantar, L. D., Ezzeddine, S. et Rizk, U. (2020). Rethinking clinical instruction through the zone of proximal development. *Nurse Education Today*, *95*, 104595. https://doi.org/https://doi.org/10.1016/j.nedt.2020.104595

Kardong-Edgren, S., Oermann, Marilyn H. et Rizzolo, Mary A. (2019). Emerging theories influencing the teaching of clinical nursing skills. *The Journal of Continuing Education in Nursing*, *50*(6), 257-262. https://doi.org/10.3928/00220124-20190516-05

Lazarus, J. (2016). Precepting 101: Teaching strategies and tips for success for preceptors. *Journal of Midwifery & Women's Health*, *61*(S1), 11-21. https://doi.org/10.1111/jmwh.12520

Lerchenfeldt, S., Attardi, S. M., Pratt, R. L., Sawarynski, K. E. et Taylor, T. A. H. (2021). Twelve tips for interfacing with the new generation of medical students: iGen. *Medical Teacher*, *43*(11), 1249-1254. https://doi.org/10.1080/0142159X.2020.1845305

Loughran, M. C. et Koharchick, L. (2019). Ensuring a successful preceptorship: Tips for nursing preceptors. *American Journal of Nursing*, *119*(5), 60-65.

Lyons, K. M., Cain, J. J., Haines, S. T., Gasevic, D. et Brock, T. P. (2021). The clinical educator's guide to fostering learner motivation: AMEE Guide No. 137. *Medical Teacher*, *43*(5), 492-500. https://doi.org/10.1080/0142159x.2020.1837764

Nyqvist, J., Brolin, K., Nilsson, T. et Lindström, V. (2020). The learning environment and supportive supervision promote learning and are based on the relationship between students and supervisors - A qualitative study. *Nurse Educ Pract*, *42*, 102692. https://doi.org/10.1016/j.nepr.2019.102692

Oermann, M. H., Shellenbarger, T. et Gaberson, K. B. (2018). *Clinical teaching strategies in nursing* (5e éd.). Springer Publishing Company.

Oermann, M. H., Shellenbarger, T. et Gaberson, K. B. (2021). *Clinical teaching strategies in nursing* (6e éd.). Springer Publishing Company.

Otti, A., Pirson, M., Goudreau, J., Piette, D. et Coppieters't Wallant, Y. (2017). Un outil d'analyse de la qualité de la supervision clinique en sciences infirmières. *L'infirmière clinicienne*, *14*(1).

Pelaccia, T., Groff, F., Jung, N., Dietemann, L. et Bayle, I. (2018). Apprendre en stage. Dans T. Pelaccia (dir.), *Comment (mieux) superviser les étudiants en sciences de la santé dans leurs stages et dans leurs activités de recherche ?* (p. 61-80). De Boeck Supérieur.

Rozental, L., Meitar, D. et Karnieli-Miller, O. (2021). Medical students' experiences and needs from written reflective journal feedback. *Medical Education*, *55*(4), 505-517. https://doi.org/10.1111/medu.14406

Scaife, J. (2019). *Supervision in clinical practice* (3e éd.). Routledge.

Schenarts, P. J. (2020). Now arriving: Surgical trainees from generation Z. *Journal of Surgical Education*, *77*(2), 246-253. https://doi.org/10.1016/j.jsurg.2019.09.004

Shorey, S., Chan, V., Rajendran, P. et Ang, E. (2021). Learning styles, preferences and needs of generation Z healthcare students: Scoping review. *Nurse Educ Pract*, *57*, 103247. https://doi.org/10.1016/j.nepr.2021.103247

Skidmore-Roth, L. (2016). *Le guide des médicaments*. Chenelière Éducation.

Vygotsky, L. S. (1978). *Mind in society: The development of higher psychological processes*. Harvard University Press.

Chapitre 7

Chamberland, M. et Hivon, R. (2005). Les compétences de l'enseignant clinicien et le modèle de rôle en formation clinique. *Pédagogie Médicale*, *6*(2), 98-111. https://doi.org/10.1051/pmed:2005015

Côté, L., Laurin, S. et Sanche, G. (2020). Exercer le rôle de modèle auprès du stagiaire. *Le Médecin du Québec*, *55*(10), 67-70.

Côté, L., Perry, G. et Cloutier, P.-H. (2013). Développer son modèle de rôle en formation pratique : la contribution d'une communauté de pratique de cliniciens enseignants. *Pédagogie Médicale*, *14*(4), 241-254. https://doi.org/10.1051/pmed/2013057

Cruess, S. R., Cruess, R. L. et Steinert, Y. (2008). Role modelling—making the most of a powerful teaching strategy. *BMJ*, *336*(7646), 718-721. https://doi.org/10.1136/bmj.39503.757847.BE

Lazarus, J. (2016). Precepting 101: Teaching strategies and tips for success for preceptors. *Journal of Midwifery & Women's Health*, *61*(S1), 11-21. https://doi.org/https://doi.org/10.1111/jmwh.12520

Passi, V. et Johnson, N. (2016a). The hidden process of positive doctor role modelling. *Medical Teacher*, *38*(7), 700-707. https://doi.org/10.3109/0142159x.2015.1087482

Passi, V. et Johnson, N. (2016b). The impact of positive doctor role modeling. *Medical Teacher*, *38*(11), 1139-1145. https://doi.org/10.3109/0142159x.2016.1170780

Pinard, A. M., Savard, I. et Côté, L. (2018). Role modelling: Moving from implicit to explicit. *Clin Teach*, *15*(5), 430-432. https://doi.org/10.1111/tct.12727

Ramani, S., Könings, K. D., Ginsburg, S. et van der Vleuten, C. P. M. (2019). Twelve tips to promote a feedback culture with a growth mind-set: Swinging the feedback pendulum from recipes to relationships. *Medical Teacher*, *41*(6), 625-631. https://doi.org/10.1080/0142159X.2018.1432850

Robert, D., Payot, A. et Lajeunesse, Y. (2016). Un professionnel de santé qui se comporte de façon professionnelle et éthique : le professionnalisme. Dans T. Pelaccia (dir.), *Comment (mieux) former et évaluer les étudiants en médecine et en sciences de la santé ?* (p. 21-44). De Boeck Supérieur.

Silva, L. C., Troncon, L. E. A. et Panúncio-Pinto, M. P. (2019). Perceptions of occupational therapy students and clinical tutors on the attributes of a good role model. *Scand J Occup Ther*, *26*(4), 283-293. https://doi.org/10.1080/11038128.2018.1508495

Sternszus, R., Steinert, Y., Bhanji, F., Andonian, S. et Snell, L. S. (2018). Evaluating a novel resident role-modelling programme. *Clin Teach*, *15*(3), 252-257. https://doi.org/10.1111/tct.12669

Chapitre 8

Ajjawi, R. et Boud, D. (2018). Examining the nature and effects of feedback dialogue. *Assessment & Evaluation in Higher Education*, *43*(7), 1106-1119. https://doi.org/10.1080/02602938.2018.1434128

Atkinson, A., Watling, C. J. et Brand, P. L. P. (2021). Feedback and coaching. *European Journal of Pediatrics*. https://doi.org/10.1007/s00431-021-04118-8

Bernard, J. M. et Goodyear, R. K. (2019). *Fundamentals of clinical supervision* (6e éd.). Pearson.

Bing-You, R., Varakis, K., Hayes, V., Trowbridge, R., Kemp, H. et McKelvy, D. (2018). The feedback tango : An integrative review and analysis of the content of the teacher-learner feedback exchange. *Academic Medicine*, *93*(4), 657-663. https://doi.org/10.1097/ACM.0000000000001927

Cantillon, P. et Sargeant, J. (2008). Teaching rounds: Giving feedback in clinical settings. *British Medical Journal*, *337*(7681), 1292-1294.

Côté, L., Laurin, S. et Sanche, G. (2018). Échanger de la rétroaction avec les étudiants. Dans T. Pelaccia (dir.), *Comment (mieux) superviser les étudiants en sciences de la santé dans leurs stages et dans leurs activités de recherche ?* (p. 81-109). De Boeck Supérieur.

Duffy, K. (2013). Providing constructive feedback to students during mentoring. *Nursing Standard*, *27*(31), 50-56.

Falender, C. A. et Shafranske, E. P. (2021). *Clinical supervision: A competency-based approach* (2e éd.). American Psychological Association.

Holmboe, E. (2017). Direct observation by faculty. Dans E. Holmboe, S. Durning et R. Hawkins (dir.), *Practical guide to the evaluation of clinical competence* (2e éd., p. 61-90). Elsevier.

Jug, R., Jiang, X. S. et Bean, S. M. (2019). Giving and receiving effective feedback: A review article and how-to guide. *Archives of Pathology and Laboratory Medicine*, *143*(2), 244-250. https://doi.org/10.5858/arpa.2018-0058-RA

Laurin, S., Côté, L. et Sanche, G. (2017). Un excellent stagiaire. *Le Médecin du Québec*, *52*(2), 57-59.

Lazarus, J. (2016). Precepting 101: Teaching strategies and tips for success for preceptors. *J Midwifery Women's Health*, *61*(S1), 11-21. https://doi.org/10.1111/jmwh.12520

Ménard, L. et Gosselin, R. (2015). Évaluer sur le terrain et dans l'action : de nombreux défis. Dans J.-L. Leroux (dir.), *Évaluer les compétences au collégial et à l'université : un guide pratique* (p. 577-625). Association québécoise de pédagogie collégiale.

O'Brien, H. V., Marks, M. B. et Charlin, B. (2003). Le feedback (ou rétro-action) : un élément essentiel de l'intervention pédagogique en milieu clinique. *Pédagogie Médicale*, *4*(3), 184-191. https://doi.org/10.1051/pmed:2003008

Oermann, M. H., Shellenbarger, T. et Gaberson, K. B. (2021). *Clinical teaching strategies in nursing* (6ᵉ éd.). Springer Publishing Company.

Parkes, J., Abercrombie, S. et McCarty, T. (2013). Feedback sandwiches affect perceptions but not performance. *Advances in Health Sciences Education*, *18*(3), 397-407. https://doi.org/10.1007/s10459-012-9377-9

Ramani, S., Könings, K. D., Ginsburg, S. et Van der Vleuten, C. P. M. (2019a). Meaningful feedback through a sociocultural lens. *Medical Teacher*, *41*(12), 1342-1352. https://doi.org/10.1080/0142159x.2019.1656804

Ramani, S., Könings, K. D., Ginsburg, S. et Van der Vleuten, C. P. M. (2019b). Twelve tips to promote a feedback culture with a growth mind-set: Swinging the feedback pendulum from recipes to relationships. *Medical Teacher*, *41*(6), 625-631. https://doi.org/10.1080/0142159X.2018.1432850

Rietmeijer, C. B. T., Huisman, D., Blankenstein, A. H., de Vries, H., Scheele, F., Kramer, A. W. M. et Teunissen, P. W. (2018). Patterns of direct observation and their impact during residency: General practice supervisors' views. *Medical Education*, *52*(9), 981-991. https://doi.org/10.1111/medu.13631

Rudland, J., Wilkinson, T., Wearn, A., Nicol, P., Tunny, T., Owen, C. et O'Keefe, M. (2013). A student-centred feedback model for educators. *The Clinical Teacher*, *10*(2), 99-102. https://doi.org/https://doi.org/10.1111/j.1743-498X.2012.00634.x

Russell, K., Alliex, S. et Gluyas, H. (2019). The art of clinical supervision program: Its impact on nurses attitudes towards nursing students. *Contemporary Nurse: A Journal for the Australian Nursing Profession*, *55*(6), 576-586. https://doi.org/10.1080/10376178.2020.1737553

Sargeant, J., Lockyer, J. M., Mann, K., Armson, H., Warren, A., Zetkulic, M., Soklaridis, S., Könings, K. D., Ross, K., Silver, I., Holmboe, E., Shearer, C. et Boudreau, M. (2018). The R2C2 model in residency education: How does it foster coaching and promote feedback use? *Academic Medicine*, *93*(7), 1055-1063. https://doi.org/10.1097/acm.0000000000002131

Spooner, M., Duane, C., Uygur, J., Smyth, E., Marron, B., Murphy, P. J. et Pawlikowska, T. (2022). Self-regulatory learning theory as a lens on how undergraduate and postgraduate learners respond to feedback: A BEME scoping review: BEME Guide No. 66. *Medical Teacher*, *44*(1), 3-18. https://doi.org/10.1080/0142159X.2021.1970732

Chapitre 9

Anderson, L. W. et Krathwohl, D. R. (2001). *A taxonomy for learning, teaching, and assessing: A revision of Bloom's taxonomy of educational objectives*. Allyn & Bacon.

Audétat, M.-C., Laurin, S., Dory, V., Charlin, B. et Nendaz, M. (2017). Diagnostic et prise en charge des difficultés de raisonnement clinique. Guide AMEE n° 117 (version courte). Seconde partie: gestion des difficultés et stratégies de remédiation. *Pédagogie Médicale*, *18*(3), 139-149. https://doi.org/10.1051/pmed/2018011

Audétat, M.-C. et Laurin, S. (2018). Superviser l'apprentissage du raisonnement clinique. Dans T. Pelaccia (dir.), *Comment (mieux) superviser les étudiants en sciences de la santé dans leurs stages et dans leurs activités de recherche?*, 111-128. De Boeck Supérieur.

Bégin, S. (2014). *Comparaison Taxonomie* [image]. TELUQ/Wiki-TEDia sous licence Creative Commons Attribution – Partage dans les mêmes conditions 4.0. https://wiki.teluq.ca/wikitedia/index.php/Fichier:Comparaison_Taxonomie.png

Bott, G., Mohide, E. A. et Lawlor, Y. (2011). A clinical teaching technique for nurse preceptors: The five minute preceptor. *Journal of Professional Nursing*, *27*(1), 35-42. https://doi.org/10.1016/j.profnurs.2010.09.009

Burbach, B., Barnason, S. et Thompson, S. A. (2015). Using «think aloud» to capture clinical reasoning during patient simulation. *International Journal of Nursing Education Scholarship*, *12*(1), 1-7. https://doi.org/10.1515/ijnes-2014-0044

Cogan, E., Maisonneuve, H., Leeman, M., Goffard, J.-C., Michelet, E. et Audétat, M.-C. (2020). Formalisation de la supervision de l'apprentissage du raisonnement clinique. *Revue de Médecine Interne*, *41*(8), 529-535. https://doi.org/10.1016/j.revmed.2020.04.014

Cook, C. (2016). A toolkit for clinical educators to foster learners' clinical reasoning and skills acquisition. *Nursing Praxis in New Zealand*, *32*(1), 28-37.

Cook, D., Durning, S., Sherbino, J. et Gruppen, L. (2019). Management reasoning: Implications for health professions educators and a research agenda. *Academic Medicine*, *94*(9), 1310-1316. https://doi.org/10.1097/ACM.0000000000002768

Daniel, M., Rencic, J., Durning, S. J., Holmboe, E., Santen, S. A., Lang, V., Ratcliffe, T., Gordon, D., Heist, B., Lubarsky, S., Estrada, C. A., Ballard, T., Artino, A. R. Jr., Sergio Da Silva, A., Cleary, T., Stojan, J. et Gruppen, L. D. (2019). Clinical reasoning assessment methods: A scoping review and practical guidance. *Academic Medicine*, *94*(6), 902-912. https://doi.org/10.1097/acm.0000000000002618

Deschênes, M.-F. et Goudreau, J. (2020). L'apprentissage du raisonnement clinique infirmier dans le cadre d'un dispositif éducatif numérique basé sur la concordance de scripts. *Pédagogie Médicale*, *21*(3), 143-157. https://doi.org/10.1051/pmed/2020041

Fagundes, E. D. T., Ibiapina, C. C., Alvim, C. G., Fernandes, R. F. A., Carvalho-Filho, M. A. et Brand, P. L. P. (2020). Case presentation methods: A randomized controlled trial of the one-minute preceptor versus SNAPPS in a controlled setting. *Perspect. Med. Educ*, *9*(4), 245-250. https://doi.org/10.1007/s40037-020-00588-y

Farrugia, A., Saul, J.-S. et Pelaccia, T. (2019). Comment superviser l'apprentissage du raisonnement clinique des étudiants en stage grâce à la méthode SNAPPS? Description de la méthode et retour d'expérience au sein de l'institut de médecine légale. *La Revue légale de médecine, 10*(3), 108-112.

Faucher, C., Pelaccia, T., Nendaz, M., Audétat, M.-C. et Charlin, B. (2016). Un professionnel de santé qui résout efficacement des problèmes : le raisonnement clinique. Dans T. Pelaccia (dir.), *Comment (mieux) former et évaluer les étudiants en médecine et en sciences de la santé ?* De Boeck Supérieur.

Jouquan, J. (2010). La minute du superviseur. *Pédagogie Médicale, 11*(1), 71-72. https://doi.org/10.1051/pmed/2010010

Lavoie, P., Deschênes, M.-F., Richard, V., Pepin, J. et Tanner, C. A. (2021). Traduction et adaptation d'un modèle du jugement clinique infirmier pour la recherche et la formation infirmière en contexte francophone. *Quality Advancement in Nursing Education – Avancées en formation infirmière, 7*(2), article 4. https://doi.org/10.17483/2368-6669.1272

Lechasseur, K., Hegg, S., Gagnon, J., Gagnon, M.-P. et Goudreau, J. (2021). Développement du raisonnement clinique chez des étudiantes en sciences infirmières par la méthode SNAPPS-A : une étude pilote. *Pédagogie Médicale, 22*(4), 167-176. https://doi.org/10.1051/pmed/2021022

Merisier, S., Larue, C. et Boyer, L. (2018). How does questioning influence nursing students' clinical reasoning in problem-based learning ? A scoping review. *Nurse Education Today, 65*, 108-115. https://doi.org/10.1016/j.nedt.2018.03.006

Pierce, C., Corral, J., Aagaard, E., Harnke, B., Irby, D. M. et Stickrath, C. (2020). A BEME realist synthesis review of the effectiveness of teaching strategies used in the clinical setting on the development of clinical skills among health professionals: BEME Guide No. 61. *Medical Teacher, 42*(6), 604-615. https://doi.org/10.1080/0142159X.2019.1708294

Psiuk, T. (2019). *L'apprentissage du raisonnement clinique.* De Boeck Supérieur.

Pylman, S. et Ward, A. (2020). 12 tips for effective questioning in medical education. *Medical Teacher, 42*(12), 1330-1336. https://doi.org/10.1080/0142159X.2020.1749583

Tanner, C. A. (2006). Thinking like a nurse: A research-based model of clinical judgment in nursing. *Journal of Nursing Education, 45*(6), 204-211. https://doi.org/10.3928/01484834-20060601-04

Trowbridge, R. L., Rencic, J. J. et Durning, S. J. (2015). *Teaching clinical reasoning.* Am Coll Physicians.

Wolpaw, T., Wolpaw, D. et Papp, K. (2003). SNAPPS: A learner-centered model for outpatient education. *Academic Medicine, 78*(9), 893-898.

Wolpaw, T., Papp, K. K. et Bordage, G. (2009). Using SNAPPS to facilitate the expression of clinical reasoning and uncertainties: A randomized comparison group trial. *Academic Medicine, 84*(4), 517-524.

Chapitre 10

Bachmann Liv, L. (2019). Failing to Fail nursing students among mentors: A confirmatory factor analysis of the Failing to Fail scale. *Nursing Open, 6*(3), 966-973.

Bernard, J. M. et Goodyear, R. K. (2019). *Fundamentals of clinical supervision* (6e éd.). Pearson.

Bertrand, C., Dory, V., Pelaccia, T., Charlin, B. et Hodges, B. (2016). Comprendre les principes généraux de l'évaluation. Dans T. Pelaccia (dir.), *Comment (mieux) former et évaluer les étudiants en médecine et en sciences de la santé ?* (p. 343-355). De Boeck Supérieur.

Côté, F. (2014). *Construire des grilles d'évaluation descriptives au collégial : guide d'élaboration et exemples de grilles.* Presses de l'Université du Québec.

Côté, L., Laurin, S. et Sanche, G. (2018). Échanger de la rétroaction avec les étudiants. Dans T. Pelaccia (dir.), *Comment (mieux) superviser les étudiants en sciences de la santé dans leurs stages et dans leurs activités de recherche ?* (p. 81-109). De Boeck Supérieur.

Falender, C. A. et Shafranske, E. P. (2021). *Clinical supervision: A competency-based approach* (2e éd.). American Psychological Association.

González-Gil, M. T., Parro-Moreno, A. I., Oter-Quintana, C., González-Blázquez, C., Martínez-Marcos, M., Casillas-Santana, M., Arlandis-Casanova, A. et Canalejas-Pérez, C. (2020). 360-Degree evaluation: Towards a comprehensive, integrated assessment of performance on clinical placement in nursing degrees: A descriptive observational study. *Nurse Education Today, 95*, 104594. https://doi.org/https://doi.org/10.1016/j.nedt.2020.104594

Guraya, S. Y., van Mook, W. N. K. A. et Khoshhal, K. I. (2019). Failure of faculty to fail failing medical students: Fiction or an actual erosion of professional standards ? *Journal of Taibah University Medical Sciences, 14*(2), 103-109. https://doi.org/10.1016/j.jtumed.2019.01.001

Hauge, K. W., Bakken, H., Brask, O. D., Gutteberg, A., Malones, B. D. et Ulvund, I. (2019). Are Norwegian mentors failing to fail nursing students ? *Nurse Education in Practice, 36*, 64-70. https://doi.org/https://doi.org/10.1016/j.nepr.2019.03.002

Immonen, K., Oikarainen, A., Tomietto, M., Kääriäinen, M., Tuomikoski, A. M., Kaučič, B. M., Filej, B., Riklikiene, O., Flores Vizcaya-Moreno, M., Perez-Cañaveras, R. M., De Raeve, P. et Mikkonen, K. (2019). Assessment of nursing students' competence in clinical practice: A systematic review of reviews. *International Journal of Nursing Studies, 100*, 103414. https://doi.org/10.1016/j.ijnurstu.2019.103414

Lacasse, M., Audétat, M.-C., Boileau, É., Caire Fon, N., Dufour, M.-H., Laferrière, M.-C., Lafleur, A., La Rue, È., Lee, S., Nendaz, M., Paquette Raynard, E., Simard, C., Steinert, Y. et Théorêt, J. (2019). Interventions for undergraduate and postgraduate medical learners with academic difficulties: A BEME systematic review: BEME Guide No. 56 [Article]. *Medical Teacher, 41*(9), 981-1001. https://doi.org/10.1080/014215 9X.2019.1596239

Leroux, J.-L. et Bélair, L. (2015). Exercer son jugement professionnel en enseignement supérieur. Dans J.-L. Leroux (dir.), *Évaluer les compétences au collégial et à l'université : un guide pratique* (p. 66-104). Association québécoise de pédagogie collégiale.

Ménard, L. et Gosselin, R. (2015). Évaluer sur le terrain et dans l'action : de nombreux défis. Dans J.-L. Leroux (dir.), *Évaluer les compétences au collégial et à l'université : un guide pratique* (p. 577-625). Association québécoise de pédagogie collégiale.

Oermann, M. H., Shellenbarger, T. et Gaberson, K. B. (2021). *Clinical teaching strategies in nursing* (6e éd.). Springer Publishing Company.

Pelaccia, T. et Bayle, I. (2018). Évaluer les étudiants. Dans T. Pelaccia (dir.), *Comment (mieux) superviser les étudiants en sciences de la santé dans leurs stages et dans leurs activités de recherche* (p. 129-159). De Boeck Supérieur.

Romainville, M. (2011). Objectivité vs subjectivité dans l'évaluation des acquis des étudiants. *Revue internationale de pédagogie de l'enseignement supérieur, 27*(2), 1-9.

Roulin, V., Allin-Pfister, A.-C. et Berthiaume, D. (2017). *Comment évaluer les apprentissages dans l'enseignement supérieur professionnalisant ?* De Boeck Supérieur.

Wiggins, G. (1990). The case for authentic assessment. *Practical Assessment, Research, and Evaluation, 2*, Article 2. https://doi.org/10.7275/ffb1-mm19

Yepes-Rios, M., Dudek, N., Duboyce, R., Curtis, J., Allard, R. J. et Varpio, L. (2016). The failure to fail underperforming trainees in health professions education: A BEME systematic review: BEME Guide No. 42. *Medical Teacher, 38*(11), 1092-1099. https://doi.org/10.1080/0142159x.2016.1215414

Chapitre 11

Audétat, M.-C., Laurin, S., Dory, V., Charlin, B. et Nendaz, M. (2017). Diagnostic et prise en charge des difficultés de raisonnement clinique. Guide AMEE n° 117 (version courte). *Pédagogie Médicale, 18*(3), 139-149. https://doi.org/10.1051/pmed/2018011

Audétat, M.-C., Laurin, S. et Sanche, G. (2011a). Aborder le raisonnement clinique du point de vue pédagogique. I. Un cadre conceptuel pour identifier les problèmes de raisonnement clinique. *Pédagogie Médicale, 12*(4), 223-229. https://doi.org/10.1051/pmed/2011109

Audétat, M.-C., Laurin, S. et Sanche, G. (2011b). Aborder le raisonnement clinique du point de vue pédagogique. II. Les difficultés de raisonnement clinique à l'étape du recueil initial des données et de la génération d'hypothèses. *Pédagogie Médicale, 12*(4), 231-236. https://doi.org/10.1051/pmed/2011110

Audétat, M. C. et Caire Fon, N. (2018). Aider les étudiants en difficulté. Dans T. Pelaccia (dir.), *Comment (mieux)* superviser les étudiants en sciences de la santé dans leurs stages et dans leurs activités de recherche ? (p. 161-184). De Boeck Supérieur.

Audétat, M. C. et Laurin, S. (2018). Intervenir auprès des étudiants en difficulté de raisonnement clinique. Dans T. Pelaccia (dir.), *Comment (mieux) superviser les étudiants en sciences de la santé dans leurs stages et dans leurs activités de recherche ?* (p. 185-202). De Boeck Supérieur.

Bernard, J. M. et Goodyear, R. K. (2019). *Fundamentals of clinical supervision* (6e éd.). Pearson.

Chunta, K. S. et Custer, N. R. (2018). Addressing unsafe student behavior. *American Journal of Nursing, 118*(11), 57-61.

Côté, F. (2014). *Construire des grilles d'évaluation descriptives au collégial : guide d'élaboration et exemples de grilles*. Presses de l'Université du Québec.

Côté, F. (2017). L'évaluation des apprentissages au collégial. *Pédagogie collégiale, 30*(4), 3-9.

Côté, L., Laurin, S. et Sanche, G. (2018). Échanger de la rétroaction avec les étudiants. Dans T. Pelaccia (dir.), *Comment (mieux) superviser les étudiants en sciences de la santé dans leurs stages et dans leurs activités de recherche ?* (p. 81-109). De Boeck Supérieur.

Falender, C. A. et Shafranske, E. P. (2021). *Clinical supervision: A competency-based approach* (2e éd.). American Psychological Association.

Goode, W. J. (1960). The profession: Reports and opinion. *American Sociological Review, 25*(6), 902-965. https://www.jstor.org/stable/2094647

Lacasse, M. (2009). *Diagnostic et prise en charge des situations d'apprentissage problématiques en éducation médicale*. Université Laval.

Lacasse, M., Audétat, M.-C., Boileau, É., Caire Fon, N., Dufour, M.-H., Laferrière, M.-C., Lafleur, A., La Rue, È., Lee, S., Nendaz, M., Paquette Raynard, E., Simard, C., Steinert, Y. et Théorêt, J. (2019). Interventions for undergraduate and postgraduate medical learners with academic difficulties: A BEME systematic review: BEME Guide No. 56 [Article]. *Medical Teacher, 41*(9), 981-1001. https://doi.org/10.1080/014215 9X.2019.1596239

Legault, G. A. (1999). *Professionnalisme et délibération éthique*. Presses de l'Université du Québec.

Leroux, J.-L. et Bélair, L. (2015). Exercer son jugement professionnel en enseignement supérieur. Dans J.-L. Leroux (dir.), *Évaluer les compétences au collégial et à l'université : un guide pratique* (p. 66-104). Association québécoise de pédagogie collégiale.

Ménard, L. et Gosselin, R. (2015). Évaluer sur le terrain et dans l'action : de nombreux défis. Dans J.-L. Leroux (dir.), *Évaluer les compétences au collégial et à l'université : un guide pratique* (p. 577-625). Association québécoise de pédagogie collégiale.

Oermann, M. H., Shellenbarger, T. et Gaberson, K. B. (2021). *Clinical teaching strategies in nursing* (6e éd.). Springer Publishing Company.

Robert, D., Payot, A. et Lajeunesse, Y. (2016). Un professionnel de santé qui se comporte de façon professionnelle et éthique : le professionnalisme. Dans T. Pelaccia (dir.), Comment (mieux) former et évaluer les étudiants en médecine et en sciences de la santé ? (p. 21-44). De Boeck Supérieur.

Steinert, Y. (2013). The « problem » learner: Whose problem is it ? AMEE Guide No. 76. Medical Teacher, 35(4), e1035-1045. https://doi.org/10.3109/014215 9x.2013.774082

Vandette, M.-P., Gosselin, J. et Kogan, C. (2021). La supervision clinique en contexte professionnel. Presses de l'Université du Québec.

Yepes-Rios, M., Dudek, N., Duboyce, R., Curtis, J., Allard, R. J. et Varpio, L. (2016). The failure to fail underperforming trainees in health professions education: A BEME systematic review : BEME Guide No. 42. Medical Teacher, 38(11), 1092-1099. https://doi.org/10.1080/0 142159x.2016.1215414

Chapitre 12

Almost, J., Wolff, A. C., Stewart-Pyne, A., McCormick, L. G., Strachan, D. et D'Souza, C. (2016). Managing and mitigating conflict in healthcare teams: An integrative review. Journal of Advanced Nursing, 72(7), 1490-1505. https://doi.org/https://doi.org/10.1111/jan.12903

Arveklev, S. H., Berg, L., Wigert, H., Morrison-Helme, M. et Lepp, M. (2018). Learning about conflict and conflict management through drama in nursing education. Journal of Nursing Education, 57(4), 209-216. https://doi.org/10.3928/01484834-20180322-04

Babcock, S. E. et Wilson, C. A. (2020). Big five model of personality. Dans J. Bernardo, C. S. Carducci, A. D. F. Nave et H. S. Donald (dir.), The Wiley encyclopedia of personality and individual differences: Personality processes and individual differences (p. 55-60). John Wiley & Sons Ltd. https://doi.org/10.1002/9781119547174.ch186

Babin, M.-J. (2019). Les équipes de travail au collégial : Analyse des pratiques en gestion de conflits intragroupes. Université Laval.

Bajwa, N. M., Bochatay, N., Muller-Juge, V., Cullati, S., Blondon, K. S., Junod Perron, N., Maître, F., Chopard, P., Vu, N. V., Kim, S., Savoldelli, G. L., Hudelson, P. et Nendaz, M. R. (2020). Intra versus interprofessional conflicts: Implications for conflict management training. Journal of Interprofessional Care, 34(2), 259-268. https://doi.org/10.1080/13561820.2019.1639645

Barki, H. et Hartwick, J. (2004). Conceptualizing the construct of interpersonal conflict. International Journal of Conflict Management, 15(3), 216-244.

Broukhim, M., Yuen, F., McDermott, H., Miller, K., Merrill, L., Kennedy, R. et Wilkes, M. (2019). Interprofessional conflict and conflict management in an educational setting. Medical Teacher, 41(4), 408-416. https://doi.org/10.1080/0142159X.2018.1480753

Carré, C. (2019). Sortir des conflits : comprendre, gérer et transformer les affrontements en épisodes constructifs (3e éd.). Éditions Eyrolles.

Chachula, K., Ahmad, N., Smith, N. et Henriquez, N. (2022). Incivility in nursing education: Sources of bullying and their impact on nursing and psychiatric nursing students. Quality Advancement in Nursing Education – Avancées en formation infirmière, 8(4), article 11. https://doi.org/https://doi.org/10.17483/2368-6669.1331

Chan, H. Y. L., So, W. K. W., Aboo, G., Sham, A. S. Y., Fung, G. S. C., Law, W. S. L., Wong, H. L. H., Chau, C. L. T., Tsang, L. F., Wong, C. et Chair, S. Y. (2019). Understanding the needs of nurse preceptors in acute hospital care setting: A mixed-method study. Nurse Education in Practice, 38, 112-119. https://doi.org/10.1016/j.nepr.2019.06.013

Danan, J.-L., Pelaccia, T. et Kanny, G. (2018). Mieux connaître les étudiants que vous supervisez. Dans T. Pelaccia (dir.), Comment (mieux) superviser les étudiants en sciences de la santé dans leurs stages et dans leurs activités de recherche ? (p. 21-40). De Boeck Supérieur.

Erdenk, N. et Altuntaş, S. (2017). Do personality traits of nurses have an effect on conflict management strategies ? Journal of Nursing Management, 25(5), 366-374. https://doi.org/10.1111/jonm.12474

Fernández-Gutiérrez, L. et Mosteiro-Díaz, M.-P. (2021). Bullying in nursing students: A integrative literature review. International Journal of Mental Health Nursing, 30(4), 821-833. https://doi.org/10.1111/inm.12854

Jannas, S. (2019). Comment gérer autrement les conflits au travail ? Éditions Yvon Blais.

Kfouri, J. et Lee, P. E. (2019). Conflict among colleagues: Health care providers feel undertrained and unprepared to manage inevitable workplace conflict. Journal of Obstetrics and Gynaecology Canada, 41(1), 15-20. https://doi.org/https://doi.org/10.1016/j.jogc.2018.03.132

Kim, S., Bochatay, N., Relyea-Chew, A., Buttrick, E., Amdahl, C., Kim, L., Frans, E., Mossanen, M., Khandekar, A., Fehr, R. et Lee, Y.-M. (2017). Individual, interpersonal, and organisational factors of healthcare conflict: A scoping review. Journal of Interprofessional Care, 31(3), 282-290. https://doi.org/10.1080/13561820.2016.1272558

McKibben, L. (2017). Conflict management: Importance and implications. British Journal of Nursing, 26(2), 100-103. https://doi.org/10.12968/bjon.2017.26.2.100

Minton, C. et Birks, M. (2019). « You can't escape it »: Bullying experiences of New Zealand nursing students on clinical placement. Nurse Education Today, 77, 12-17. https://doi.org/10.1016/j.nedt.2019.03.002

Parsons, M., Gaudet, J. et Sajjad, A. (2017). *Résolution de conflit : le guide ressource*. Lough Barnes Consulting Group.

Poitras, J., Moisan, F. et Pronovost, S. (2018). *Gestion des conflits au travail : Mythes et meilleures pratiques*. Éditions Québec-Livres.

Pottecher, T., Kuntz, C. et Pelaccia, T. (2016). Communiquer efficacement avec les étudiants et leur poser de bonnes questions. Dans T. Pelaccia (dir.), *Comment (mieux) former et évaluer les étudiants en médecine et en sciences de la santé ?* (p. 127-148). De Boeck Supérieur.

Raines, S. (2020). *Conflict management for managers: Resolving workplace, client, and policy disputes* (2e éd.). Rowman & Littlefield Publishing Group Inc.

Ravat-Farenc, C. (2019). *Conduisez l'entretien de résolution du conflit : le DESC*. OpenClassrooms. https://openclassrooms.com/fr/courses/4727076-apprenez-a-gerer-les-conflits/6143381-conduisez-lentretien-de-resolution-du-conflit-le-desc

Shanahan, E., van der Vleuten, C. et Schwirth, L. (2019). Conflict between clinician teachers and their students: The clinician perspective. *Advances in Health Sciences Education*, 2, 401-414. https://doi.org/doi.org/10.1007/s10459-019-09933-1

Tehrani, H. D. et Yamini, S. (2020). Personality traits and conflict resolution styles: A meta-analysis. *Personality and Individual Differences*, 157, 109794. https://doi.org/10.1016/j.paid.2019.109794

Thomas, K. W. (1992). Conflict and conflict management: Reflections and update. *Journal of Organizational Behavior*, 13(3), 265-274. https://doi.org/10.1002/job.4030130307

Thomas, K. W. et Kilmann, R. H. (1974). *The Thomas-Kilmann Conflict Mode Instrument*. CPP, Inc.

Université Laval (s. d.). *Que faire en cas de harcèlement*. https://www.ulaval.ca/prevention-du-harcelement/que-faire-en-cas-de-harcelement

Vandergoot, S., Sarris, A., Kirby, N. et Ward, H. (2018). Exploring undergraduate students' attitudes towards interprofessional learning, motivation-to-learn, and perceived impact of learning conflict resolution skills. *Journal of Interprofessional Care*, 32(2), 211-219. https://doi.org/10.1080/13561820.2017.1383975

Index

partage d'expérience de la part de la, 70

position d'évaluation et d'apprentissage
    chez la, 48-49

préparation des _ au stage, 81-82

relation entre la stagiaire et la, *voir* Relation(s)

ressources disponibles pour les, 57-58

rétroaction et influence de la, 135

rôles et responsabilités des, 54, 56

sentiment d'incompréhension de la, 73

stress chez la, 42

tendance personnelle de la, 172-173

Supervision

    d'un geste technique, 96-98

    de l'apprentissage du raisonnement clinique, 141-157

    de stage, modèle cyclique de Kolb en, 3-4

    définition de la, 18

    directe, 104, 143

    distinction entre modèle de rôle et, 104-105

    efficacité de la, 25-26

    indirecte, 104, 151

    obstacles à la, 26

    préparation à la, 45-59

    qualité de la, 25-26, 55

Supervision en milieu clinique, 18-26

    compétences à développer en, 21-25

défis de la, 25-26

objectifs de la, 18

obstacles à la, 26

particularités de la, 18-20

volets de la, 18-21

T

Taxonomie de Bloom révisée, 146

Technologies de l'information et des
    communications, 34-35

Tendance personnelle de la superviseure, 172-173

Traits de personnalité, 204-207

    dominants, 204-206

Triangle pédagogique, 61-62

V

Valeurs

    conflits de, 175, 207-208

    de la profession, 107

    de la stagiaire, 7, 107

    des superviseures, 142

Z

Zone proximale de développement, 92-94, 148